中亚国家税法丛书

哈萨克斯坦税收法律制度

王鸿貌　著

中国财经出版传媒集团
中国财政经济出版社

图书在版编目（CIP）数据

哈萨克斯坦税收法律制度 / 王鸿貌著. --北京：
中国财政经济出版社，2023.2
（中亚国家税法丛书）
ISBN 978-7-5223-1837-0

Ⅰ.①哈… Ⅱ.①王… Ⅲ.①税法-制度-哈萨克
Ⅳ.①D936.122

中国国家版本馆 CIP 数据核字（2023）第 012556 号

责任编辑：卢关平　　　　责任印制：张　健
封面设计：孙俪铭

哈萨克斯坦税收法律制度
HASAKESITAN SHUISHOU FALU ZHIDU

中国财政经济出版社 出版
URL：http：//www.cfeph.cn
E-mail：cfeph@cfeph.cn

社址：北京市海淀区阜成路甲 28 号　邮政编码：100142
营销中心电话：010-88191522
天猫网店：中国财政经济出版社旗舰店
网址：https：//zgczjjcbs.tmall.com
北京财经印刷厂印刷　各地新华书店经销
成品尺寸：170mm×240mm　16 开　25.75 印张　439 000 字
2023 年 2 月第 1 版　2023 年 2 月北京第 1 次印刷
定价：78.00 元
ISBN 978-7-5223-1837-0
（图书出现印装问题，本社负责调换，电话：010-88190548）
本社质量投诉电话：010-88190744
打击盗版举报热线：010-88191661　QQ：2242791300

西北大学“双一流”建设项目资助
Sponsored by First-class Universities and Academic Programs of Northwest University

《中亚国家税法丛书》
编　委　会

总　序

“一带一路”倡议是以习近平总书记为核心的党中央于2013年提出的。这是站在一个新的历史高度，面对世界政治、经济深刻变化的大背景，中国坚持对外开放政策的一项重大建设，是中国统筹国内国外两个大局作出的重大决策，是中国为建立一个政治互信、经济融合、文化包容的全球命运共同体和全球利益共同体而作出的重大贡献。“一带一路”倡议已得到了世界上100多个国家和国际组织的热烈响应和积极参与，对推动全球和平发展、共同繁荣产生了重大影响。

“一带一路”倡议所取得的巨大成就，应该说离不开各级政府的大力支持与推动，也离不开中国企业的笃信与践行。税收作为一种经济杠杆，不仅对企业的投资决策和税前收益产生重要的影响，而且也对企业的最终运营过程和最终收益产生重要的影响。因此，企业在对外投资贸易过程中，必须通过对东道国税收法治环境进行全面的考察，对税收风险进行精准的预判，对税后利益进行精细的测算，才能大胆地“走出去”，放心投资，合规经营，从而取得预期的商业利益。应该说，准确掌握东道国的税收法律制度，已经成为“走出去”企业面临的关键问题。根据国家商务部2019年披露的数据，我国海外投资企业所遇到的问题中有60%来自于税收，税收歧视、税收争议等问题给我国走出去企业每年带来的损失或高达数百亿元之多。很多企业特别是中小企业，由于缺少对东道国税收法律制度的了解，从而蒙受了不必要的税收损失，个别企业甚至陷入了极其困难的境地。因此，了解、掌握和正确地适用东道国的税收法律制度，是一个需要高度重视和妥善解决的重要问题。

中亚五国地处欧亚大陆中心，是“丝绸之路”的重要通道，自古与我国有着频繁的经济交往。自“一带一路”建设实施以来，中国与中亚国家的经济合作更加广泛和深入，不仅中央政府和许多地方政府加强了与中亚各国沟通与经济合作，而且，中国许多企业也纷纷进军中亚各国，在能源、基础设施、交通通信、机械制造等领域进行投资或合作开发，取得了很大的成效。但同时也面临着许多的税收风险。一方面，由于中亚五国自独立以来，不仅经济发展水平不高，而且由于历史、文化、民族、宗教等方面的原因，导致各自都面临着十分复杂的政治、经济和社会问题。在这样的背景下，这些国家的税收法律制度不仅不够发达和完善，而且修改频繁，极不稳定。再加上税收执法人员水平不高，腐败问题比较严重，因此使得这些国家的税收法律环境不够理想。另一方面，由于语言上的隔阂、文化上的差异和制度上的不同，导致国内对中亚各国税法的了解十分有限。据了解，目前国内对中亚国家税法的介绍和研究，仅有《中亚五国税收法律概论》、新疆维吾尔自治区原国家税务局翻译出版的中亚五个国家税法典和一些企业组织翻译的中亚个别国家税法典。但由于税法本身专业性强和修订变化快等原因，故难以满足企业的需要。因此，编撰一套中亚各国的税法著作，对中亚五国的税收法律制度进行全面、系统、详尽地介绍与研究，这不仅具有非常重要的学术价值和理论意义，而且也具有非常重要的实践价值和现实意义。

本套丛书的作者王鸿貌教授从20世纪90年代中期至21世纪初任职于扬州大学税务学院。该机构的另一名称为“国家税务总局扬州培训中心”，是国家税务总局直属的专业教育培训机构，担负着培育税务系统中高级领导的重任。在此期间，他受命组建了当时国内唯一的税收法律系，在为税务系统培养税法专门人才的同时，还担任了税务干部税法知识的培训课程。在税法学界和税务系统有着较高的知名度和较大的影响。近年来，他主持完成了3个财税法学方面的国家社科基金项目以及教育部、民盟中央和多个省部级社科规划项目或委托调研项目，出版了10本财税法学的理论著作，发表了50多篇财税法学术论文，对财税法的前沿理论问题以及我国税收基本法的立法问题、税收征管法的修改问题、税收流失治理问题等都有着较为深入的研究。另外，2011年，他还策划了《中国税务教育发展报告》系列丛书。该套丛书目前已经出版了6辑，在国内产生了较大的影响。由于我担任该套丛书的顾问，故在此期间，我和王鸿貌之间有过多次的交流与沟通，对他的为人和处事有着比较深入的了解，对他的学术理念和研究水平也有着较高的评价。值此《中亚国家税法丛书》出版之际，他邀我作序，我欣然允诺。借此谈谈我阅读本套丛书之后的一些认知与感想。

第一，有担当。在退休之前，我在国家税务总局担任过涉外税务管理司司长，分管过国际税收和税收政策法规工作。在工作过程中，我与一些“走出去”从事国际投资贸易的企业家有过接触，也探讨过一些涉外投资贸易活动过程中出现的税务问题。我深深地认识到，对东道国税收法律制度缺乏了解，是导致“走出去”企业遇到大量税收问题的根本原因。特别是许多在中亚投资贸易的中资企业，由于缺乏对东道国税法的了解，不仅极易出现税务问题，而且经常会出现采用一些非规范的解决方法，从而使企业蒙受损失。因此，对于中亚各国税法制度的了解与掌握，从小的方面来说，关乎在中亚地区投资贸易的中资企业的经济利益，从大的方面来说，则关乎国家“一带一路”倡议在中亚国家的落实。在此背景下，王鸿貌教授作为一个正值学术壮年的学者，放下自己手头的理论研究课题，在没有经费支持的情况下，凭借一人之力，花费数年时间，编撰一套这样的丛书，从动机上来看，显然不是为了自己扬名立万，而是作为学者用其专业知识报效国家、服务社会的责任、情怀与担当。

第二，有水平。在全球法学界，税法都被认为是一个新兴的和专业性、技术性最强的法律。由于税收活动是对纳税人经济活动或所得、财产的征税，涉及了复杂的利益分配和技术操作等问题，故能够精准地掌握一个国家的税法制度实属不易，更何况去掌握多个国家的税法。王鸿貌教授依其深厚的专业能力和认真的研究态度，克服语言障碍，查阅原文，探隐寻意，不仅对中亚各国税法制度的发展历史系统地进行了梳理，而且对中亚各国现行的税法制度进行了全面准确的解读，从而使读者不仅能够了解中亚各国税法制度的来龙去脉，而且能够一窥中亚国家税法制度的真实面目。在内容的把握上，既有对一般原则的宏观概括，更有对具体内容的详细论述。在表达方式上，既尽可能地保留了中亚各国税法的原有风貌，又能够根据国内税法的表达方式和国内读者的阅读习惯对其作本土化的改造，这就使得该套丛书内容全面，知识准确，表达流畅，特点鲜明，表现出了很高的学术水平。

第三，有价值。40 多年来，我国的税法学理论研究和税收法律制度相互促进，共同发展，取得了有目共睹的进步。但也存在对外国税收法律制度的了解不及时、不全面的问题。故不仅影响了我们的理论视野，而且也影响了我们的学习和借鉴。在这样的背景下，王鸿貌教授的这套丛书不仅拓宽了国内的税法研究者、税收立法者和税务管理者的理论视野，更多地了解近年来国外税法制度的发展方向和发展趋势，而且为税收立法工作提供了可资借鉴的样本和经验，这对于解决我国税收法律制度的系统化问题和税法典的制定问题，都必将产生积极的影响。同时，这套丛书对于帮助在中亚地区进行投资贸易的中资企业掌握东道国的税法制度、指导正确适用和遵从东道国税法、最大程度降低企业税收风险，都具有非常重要的意义。

"路漫漫其修远兮，吾将上下而求索"。当前正面临着百年未有之大变局。社会的进步，制度的转型，都向我们提出了许多亟待研究的重大课题。《中亚国家税法丛书》的编撰出版，是为落实"一带一路"倡议做了一件实事、一件大好事。因此，我在祝贺本套丛书出版之际，也乐意向广大读者介绍和推荐这套丛书。同时，我也衷心希望王鸿貌教授能够对"一带一路"沿线其他国家的税法制度进行研究，并希望有更多的学者投身于对"一带一路"沿线国家税法制度的研究之中，多出成果、出好成果，出有真正价值的成果。

是为序。

郝昭成①

2022 年元旦于北京玉渊潭

① 郝昭成，第十届全国政协委员，先后担任过国家税务总局涉外税务管理司副司长、司长，国家税务总局办公厅主任，国家税务总局原副局长、党组成员，中国国际税收学会会长等职。

目　录

第一编 哈国税法总论

第一章 哈国税法概览

第一节 哈国税法的制定与发展

哈萨克斯坦共和国（本书以下简称哈国）是 1991 年 12 月 16 宣布独立的。作为苏联的加盟共和国，独立哈萨克斯坦的经济实力仅次于俄罗斯和乌克兰，在全苏联 15 个加盟共和国中高居第三位。苏联解体前的 1990 年，哈萨克斯坦的国内生产总值高达 574.72 亿元，居于世界第 53 位，在人类发展指数的排名中居于世界第 54 位，属于发达国家集团。得益于独立前良好的经济发展状况和较高的经济发展水平，独立之初的哈国虽然在经济上出现了明显的下滑，但社会总体状况运行平稳。在这样的背景下，哈国在进行经济体制改革的同时，也着手进行本国法律制度的改革与完善。鉴于税法不仅是国家法律体系中的重要组织部分，而且对于保障国家财政收入、促进国家经济发展具有十分重要的作用，故自独立之时，哈国政府就非常重视税法的制度建设，并在独立后的第 8 天，就颁布了《哈萨克斯坦税务体系法》，从而开启了哈国税收法律制度建设的历史过程。30 年来，随着哈国社会政治经济法律制度的发展，哈国税法也经历了三个不同的发展阶段。

第一阶段是哈国税法的初创时期，时间从 1991 年 12 月至 1995 年 4 月。1991 年 12 月 24 日，哈国总统以总统令的形式颁布了《哈萨克斯坦税务体系法》。这是哈国历史上的第一部税收法律。它的颁布，标志着哈国税收法律制度建设迈出了第一步。根据该法律的规定，哈国的税收体系共分为三个层次43种税和费：第一层次是中央税和费，有16种；第二层次是各地统一的税和费，有10种；第三层次是符合地方自身特点的地方税和费，有17种。另外，该法还规定了税收的征收管理等内容。该法的制定和实施，使得哈国的税收收入在财政收入中的比重比苏联时期有了很大的提高。因此，它对于解决哈国独立之初政府的财政收入问题发挥了比较大的作用。但是，由于哈国在独立前是苏联的加盟共和国，适用的是苏联的税收法律制度，没有税法制定方面的专门人才。因此，哈国在独立之后制定的这部税法，实际上就是苏联和俄罗斯税法的翻版，自然也就存在着一些明确的缺陷。例如，由于税种过多，许多税种的计税依据过于繁琐，优惠政策过于宽泛，税收征管十分复杂，再加上该税法本身具有很大的任意性和不稳定性，从而导致大量的资本外逃或转入到了地下经济之中。

1993年以后，随着哈国政治制度的发展和经济体制由计划经济向市场经济的转轨，哈国政府先后颁布了《哈萨克斯坦共和国税法》、《哈萨克斯坦共和国企业、团体和组织税法》、《关于企业、团体和组织税收法实施程序》等一系列税收法律。这些税收法律的颁布与实施，不仅使哈国税收制度的规范性得到了明显的提升，而且由于这些法律在内容上借鉴了许多国际通行的做法，如对所得税按照年收入进行征税、统一税收优惠政策、规范和削减税收优惠项目等，从而使得哈国税法变得更加科学和合理。尽管如此，但这一时期税法的修改和补充过于频繁，且法出多门，破坏了税法的稳定性和权威性，影响了税法实施的效果。据统计，1993年税收收入占GDP的比重为14.8%，1994年则下降到了8.4%。

第二阶段为哈国税法的发展期，时间从1995年5月至2001年12月。1994年前后，根据《哈萨克斯坦税务体系法》所确立的税制模式越来越难以满足哈国社会政治经济文化发展的需要。哈国政府不得不放弃苏联和俄罗斯的税制模式，转而向西方寻求帮助。

1995年1月，哈国政府正式请求国际税收与投资中心协助起草新税法。根据哈国政府的请求，国际税收与投资中心向哈国政府提供了一本税法改革的"白皮书"。根据"白皮书"的建议，哈国税法改革的目的与原则应当为足够的税收、经济中立、对储蓄和投资的鼓励、公平、低法定税率、简易等。在"白皮书"的指导下，哈国财政部和国家税收委员会的专家，与来自多个国际组织的外国顾问，经过一年多时间的研究讨论，完成了名为“关于预算税收和其他规费”的新税法草案。1995 年 4 月 24 日，该草案经由总统以第 2235 号总统令正式颁布①，成为正式的法律，并于当年 6 月开始实施。根据该法律的规定，不仅哈国的税费种类由原先的 43 个减少到了 11 个，而且对中央、州、地方等各级政府的税收权力进行了统一和规范，并使所得税、增值税、消费税等主体税种的内容也变得更加科学与合理。另外，新税法还对征税程序、纳税人权利保护等内容作了具体规定。

1999 年 7 月 16 日，哈国议会通过第 440－1 号决议，明确赋予第 2235 号总统令以法律地位，同时扩大了税费的种类，将原先的 11 种税费扩大到了 17 种。这样，哈国税法就包括了法人和自然人所得税、增值税、消费税、证券发行登记费、地下资源利用者的专项支付和税、社会税、哈境内交通工具通行费、土地税、交通工具税、法人和自然人财产税、统一土地税、自然人从事经营和法人注册费、从事个别活动许可费、拍卖费、在市场销售商品许可费、法人和自然人在自己的公司服务和产品标识中使用阿拉木图标志许可费、法人和自然人在自己的公司、服务和产品名称中使用“哈萨克斯坦”、“中央”、“共和国”等字样的许可费等。

总体而言，哈国这一时期税法的发展，是在“白皮书”指导下，以市场经济为导向，根据哈国经济改革与税制改革的实际需要而进行的。新税法奠定了哈国现代化税收法律体系的基础，因此它被认为是当时独联体国家中最为系统化、现代化并且对投资者最友好的税法，从而得到了国际社会很高的评价。同时，它也被认为是哈国现代化改革的开始，对哈国的经济复苏和投资环境的改善作出了非常重要的贡献。这是一方面。但另一方面，哈国税法毕竟还处于发展时期，故这一时期税法无论在内容上还是在实施过程中，都不可避免地暴露出了一些比较明显的问题。例如，税法对资本和货物的增值税规定了一个较长的纳税期。这不但不符合增值税征收的原则，而且可能会导致税收欺诈等行为，从而加大税收征管的难度。再如，税法允许外国投资者可以选择使用本国货币。这在哈国通货膨胀快速发展的情况下，使得外国投资者不大会受到哈国通货膨胀的影响，从而不利于哈国本国的投资者和来自于通货膨胀率较高国家的投资者。又如，由于哈国税收征管人员普遍对现

---

① 鉴于当时哈国的最高苏维埃被撤销、新议会尚未产生，哈国实行总统治理，故总统令具有法律效力。哈国议会成立后，1999 年 7 月 16 日，哈国议会已将此总统令通过法律程序上升为了法律。

代税收制度缺乏了解，故导致在税法实施过程中有法不依、执法不严等情况比较严重，从而严重削弱了税法的强制性和规范性。

第三阶段为哈国税法的成熟期，时间从2002年至今。进入21世纪以来，由于哈国社会政治经济文化的迅速发展，急需建立与之相适应的税收法律制度。于是，哈国政府在总结之前税法制定和实施的经验与教训的基础上，于2001年6月制定颁布了《哈萨克斯坦共和国税款及其他强制性应缴纳财政款法》（以下简称《税法典》），于2002年1月1日起实施。《税法典》的制定与实施，标志着哈国税法的发展进入了成熟时期。

与《关于预算税收和其他规费》相比，《税法典》不仅在篇幅上扩大了两倍，而且在内容上也更加准确、规范和完整。第一，它明确规定了税收的五大法律原则，即税收强制性原则、税收确定性原则、税收公平性原则、税收制度统一性原则和税收法律公开原则，从而为税收制度的建立与执行奠定了良好的法律基础。第二，它不仅明确规定了税务机关的权利与义务，为税务机关依法从事税收征收和管理工作提供了具体明确的法律规范，而且非常详尽地规定了纳税人的权利与义务，使得纳税人在履行纳税义务过程中所应当享有的权利也得到了充分的保障。第三，它对税收活动中所涉及的36个基本概念进行了专门的规定，从而使得税法的内容变得更加具体、确定和清晰。第四，它明确规定哈国的税制体系包括9个税种、13个规费、9种收费、1个国家手续费、4个海关税，并对每一种税费的内容都作了具体的规定，从而使该法典涵盖了所有的税种与规费。第五，《税法典》不仅将原先的法人和自然人所得税变成了企业所得税和个人所得税两个税种，取消了道路税、交易税和多项消费税，而且将社会税的税率由32%降至21%，将增值税的税率由20%降至16%，同时还简化了纳税人的纳税登记手续，放宽了对进口设备的限制并对增值税进行优惠，对中小企业规定了弹性纳税制度，等等。第六，《税法典》还对税收征管制度进行了系统完整的规定。故《税法典》就成为哈国税收制度的基本法，适用于在哈国所有的税收和其他强制性的财政收入项目。

2008年初，基于哈国社会政治经济法律制度的进一步发展和国际政治特别是国际经济形势的巨大变化，哈国政府提出了修改《税法典》的建议。根据哈国政府总理的披露，《税法典》修改的基本思路是："以欧盟的税制原则为基础；降低非资源经济领域的税负，降低公司税率；继续实行原有的增值税原则；修改资源开采企业的征税标准。"按照这一思路，《税法典》的修改三易其稿，最终于2009年1月1日正式生效。

根据统计，本次《税法典》共修改了306处。从修改的内容来看，新税法不仅消除了之前法律中多处矛盾或不一致的地方，避免了法律条文重复，强化了税收行政管理，增加了税法的可操作性等，而且还在以下几个方面发生了明显的改变：第一，降低了企业所得税和增值税的税率。企业所得税税率从原来的30%直接下调到20%，并计划到2010年下调到17.5%，2011年下调到15%；增值税税率从13%下调为12%，并对农产品加工企业的增值税减征70%。第二，新增了两个税种，并实行浮动税率。新税法新增了两个税种：矿产资源开采税和矿产资源出口收益税，以此取代原来的矿产资源使用税和矿产资源出口税。同时，对这两个税种实行浮动税率。其中矿产资源开采税的税率有两种情况：原油、天然气凝析油和天然气矿产资源开采税税率按其产量不同采用7%—20%的浮动税率；而在哈国境内销售的天然气矿产资源开采税税率则依照产量的不同采用0.5%—1.5%的浮动税率。对于超额利润税则根据企业纯利润的多少设置了10%—60%不等的税率。此外，新税法还规定从2009年1月1日起，凡缴纳矿产资源开采税和矿产资源出口收益税的矿产资源企业将不必缴纳出口关税。第三，提高起征点。将超额利润税的起征点从原来的20%提高到25%，增加了5个百分点。将中小企业的增值税起征点从1.5万个核算单位提高到了3万（1个最小核算单位等于1168坚戈），这就大大降低中小企业的税收负担。第四，实施递进式税率。新税法对法人财产税制定了三个递增式税率档次。对数额在5000万坚戈以内的财产，征收0.05%—0.5%的财产税；对数额在5000万至1.2亿坚戈的财产，征收0.5%—0.7%的财产税；对数额超过1.2亿坚戈的财产，征收0.75%—1%财产税。对交通工具税采取递减式的征税方法。对排量在1100毫升以下的乘用车，按4－1个核算单位的税率征收；对排量在1100—1500毫升的乘用车，按6－2个核算单位征收；对排量在1500—2000毫升的乘用车，按7－3个核算单位征收；对排量在2000—2500毫升的乘用车，按17－8个核算单位征收；对排量在3000—4000毫升的乘用车，按22－15个核算单位征收。对排量超过4000毫升的乘用车，仍按117个核算单位征收。第五，相关费用的抵扣。在企业所得税中，其计税依据抵扣项目包括了在用建筑、设施、机械和设备。对地下资源开采企业，允许其在三年内对初始固定资产投资进行折旧，以此来抵扣企业所得税。即对于矿山开采企业，占初始固定资产50%的折旧费可根据矿山开采合同，在缴纳企业所得税时抵扣；对于石油天然气开采企业，占初始固定资产30%的折旧费根据石油天然气开采合同，在缴纳企业所得税时抵扣。在超额利润税方面，允许对纳税企业的某些费用支出，如纳税期内获取和建立固定资产时发生的费用、增加或平衡固定资产时发生的费用、地下资源勘探费用、资源开采前期发生的准备工作费用、地质勘探期间发生的实际亏损等，可以在任何一个纳税期内从超额利润中扣除。除上述变化外，新税法还简化了社会税的征收对象和税率、稳定了消费税的税率、优化了土地使用税的税率，等等。

2012年12月哈国政府又颁布了《对哈萨克斯坦共和国有关法令进行的修订和增补》，对有关税收征收和缴纳的法律问题进行了部分修订。

2017年哈国政府按照简化税制、强化征管、优化服务的原则，对《税法典》再一次进行了修订。其中，规定了一些税种和规费项目的相关政策，对个别税种和税率进行了适当的调整，减轻了非原料领域的税收负担，给予了中小企业更多的税收优惠等。

2018年，哈国再次对《税法典》进行了较大范围的修订。其中，除了对各税法的具体内容进行完善外，还确立了纳税人诚信原则。

2020年，哈国政府提出计划，准备在2021年通过修改《税法典》，合并对向自然人征收的财产税和土地税，取缔对公寓住宅征收的土地税等。

总之，《税法典》是哈国政府根据新世纪国内政治经济发展的实际情况和国际税收制度发展的最新趋势制定的，因此，依据《税法典》所确立的税收制度不仅使得税种体系更加科学和规范，而且也使得税收负担分配更加公平和合理。例如，在企业所得税方面，新税制将纳税人不再区分为内资企业和外资企业，而是统一执行相同的税制，对所有企业适用相同的税率和税前扣除标准，享受相同的税收优惠政策，这就使得各类企业都能够在同一起跑线上公平竞争，从而为进一步提高利用外资的质量和水平创造了有利条件。再如，新税制优化了税种结构，规范了税收优惠政策，这有利于降低地下经济规模，促进市场经济体制的进一步发展和完善。又如，新税制降低了非资源领域的税负，提高了矿产资源开采业的效率和经济贡献率，从而有利于促进哈国经济增长方式的转变和产业升级。因此，新税法的制定和实施，不仅标志着哈国现代化税收制度的进一步发展和完善，而且它对于促进哈国税收法律制度的发展和哈国社会的进步，都发挥了非常重要的作用。

第二节 哈国税种体系

一般而言，当代世界绝大多数国家都普遍实行复税制，即国家的税种体系是由若干个不同的税种组成。哈萨克斯坦也不例外。根据《税法典》第55条的规定，哈国国内的征收项目包括税收和规费两大类，并统一由《税法典》加以规定。

一、税收

根据《税法典》的规定，在哈萨克斯坦境内统一开征的税种有13个。其中，增值税和消费税为间接税，其余为直接税。

1. 企业所得税。企业所得税是指对哈国居民法人以及在哈境内通过常设机构从事经营活动或收入来源于哈国的非居民法人的所得进行的征税。

2. 个人所得税。个人所得税是指对在哈国的自然人的所得的征税。个人所得税的纳税人包括哈国居民和在哈国的非居民（包括自然人和法人），即居民纳税人和非居民纳税人两类。

3. 增值税。增值税是指对在哈国境内销售商品、进行工程施工和提供服务的营业增值额所征的税。

4. 消费税。消费税是指对在哈国境内销售酒精、酒类制品、烟草制品、机动车等7类产品所征的税。

5. 出口地租税。出口地租税是指对出口的原油、天然气凝析油、煤炭等所征的税。

6. 地下资源使用税和专项收费。地下资源使用税和专项收费是指根据哈国矿藏利用合同开展矿藏利用业务时，矿藏使用者应缴纳的税种。具体包括矿藏资源使用者支付的专项费用（具体又包括签约酬金、商业发现红利、历史性支出补偿三种）、矿产开采税、超额利润税三种。

7. 社会税。社会税是指对哈国境内的居民法人、非居民法人以及法人的分支机构依法向雇员支付的工资所征的税。

8. 运输工具税。运输工具税是指对纳税人在哈国境内拥有的交通工具所征的税。

9. 土地税。土地税是指对哈国境内拥有土地所有权、土地永久使用权和土地初次临时使用权的人所征的税。

10. 财产税。财产税是指对在哈国境内拥有财产的所有权、经济管辖权或经营管理权的法人，拥有财产所有权的个体企业主或者根据租赁合同拥有租赁财产所有权及使用权的承租人所征的税。

11. 博彩税。博彩税是指对在哈国境内开设赌场、老虎机室、赌马、投注站等的个体企业主与法人所征的税。

12. 定额税。定额税是指对在哈国境内从事无奖励老虎机、个人游戏电脑、赛道（保龄球）、卡丁车、台球桌（台球）等经营活动的个体业主和法人所征的税。

13. 统一土地税。

二、规费

根据《税法典》的规定，在哈国境内统一征收的规费包括 17 种，分别是：

1. 行政性收费。行政性收费指的是对国家主管机关或公职人员实施重要的法律活动或颁发证书时征收或必须缴纳的费用，主要包括了行政性收费、法院行政性收费、公证行政性收费、户籍登记行政性收费、办理出境手续或取得哈国公民身份等的行政性收费、知识产权的行政性收费及其他的行政性收费等。

2. 收费。

3. 登记费。登记费是指国家主管机关对法人登记以及重新登记、分支机构和代表处登记以及重新登记、个体经营者登记、房地产登记、动产抵押登记和船只抵押登记、航天器及其权属登记、交通工具登记、药品登记、医疗器械和医疗技术设备登记、著作权登记、电视及无线电频道等的登记或国家注册时收取的费用。

4. 哈国境内汽车运输工具通行费。哈国境内汽车运输工具通行费指的是对在哈国境内通行的大型或重型汽车、从事国际线路运输的哈国汽车在驶出哈国时或从事国际线路运行的外国汽车在进入哈国境内时收取的费用。

5. 拍卖费。拍卖费是指对在哈国境内拍卖财产时所征收的专项规费。

6. 特种经营权许可证费。特种经营权许可证费是指对根据哈国法律规定需要办理执照才能开展特许经营业务的项目，在发放或重新发放执照时征收的费用。

7. 广电机构颁发射频频谱使用许可证费。广电机构颁发射频频谱使用许可证费指的是国家权力机构向广播电视机构发放哈国无线电使用频谱执照并允许其通过模拟信号从事活动时征收的费用。

8. 土地使用费。土地使用费是指国家为自然人和法人提供土地临时有偿使用（租赁）而征收的费用。

9. 地表水源的水源资源使用费。地表水源的水源资源使用费是指针对地表水源的几类特种用水情况而征收的费用。如从海水和地表水中取水、用水发电、利用水利设施进行水产养殖、进行水上运输等。

10. 空气污染费。空气污染费是指对按照自然资源特种利用程序对环境排污而征收的费用。

11. 动物利用管理费。动物利用管理费是指为促进合理利用野生动物资源而对野生动物资源进行利用而设置的收费项目。

12. 森林资源费。森林资源税是指对国家的林业资源进行木材采伐、松脂采集、次级林木资源（树皮、树枝、树根、树叶等）采集、森林利用副业（割草、放牧、兽类养殖、药用植物等的采集和加工等）、利用森林资源从事文化保健、娱乐、旅游、打猎等活动而征收的费用。

13. 自然保护区利用费。自然保护区利用费指的是根据哈国《自然保护区法》确定的，以科学、生态教育、教学、旅游、休闲和有限生产为目的，在使用哈国自然保护区土地时征收的费用。

14. 射频频谱使用费。射频频谱使用费指的是对国家主管机关分配的无线电频谱中的标准频道（频带、波段）征收的费用。

15. 提供城市间或国际电话通信、提供移动通信服务的收费。这是对提供国内长途和国际长途电话、移动通信等而征收的费用。

16. 通航水道使用费。通航水道使用费是针对利用哈国国内通航水道而征收的费用。

17. 室外（视觉）广告费。室外（视觉）广告费指的是在哈国境内居民点房间外露天部位、普通公路用地固定张贴广告的地方张贴户外（视觉）广告而征收的费用。

第三节　哈国税法的基本概念与基本原则

鉴于税法的专业性和技术性，哈国《税法典》借鉴了当代世界一些国家税收立法的方式，对哈国税法中一些比较重要的概念作了专门界定，并对哈国税法制度和税法执行过程中必须遵守的基本原则也进行了明确规定。

一、税法的基本概念

为了使税法所使用的一些基本的和重要的概念不致发生歧义和混乱，《税法典》第12条以“本法所采用的基本概念”为题，对该法中的一些基本的和重要的概念进行了专门的规定。这些概念包括：信息处理服务、特殊税收政策、有价证券、其他应缴款、欠缴税款、债券、债券贴息、债券溢价、市场汇率、网络应用程序、资助、人道主义援助、赞助、红利、艺术设计服务、骗税企业、自然人私人财产、地下矿藏使用合同、地下矿藏使用者、法人分支机构、实物黄金投资、工程技术服务、伊斯兰证券、合同业务、非合同业务、咨询服务、慈善援助、股份、工人、市场营销服务、销售、使用费、扣缴义务人、税收债务、税收制度、税款、纳税人、纳税人的电子文件、纳税人的数字签名、酬金、金融衍生工具、人、授权法人、国家主管机关、主管机关、奖金、电子申报纳税人、电子发票信息系统、运营商、货物进口、关联方等。例如，特殊税收政策指的是针对特殊纳税人制定的采用简化程序核算和支付特殊税种税款和土地使用费，并且按简化程序提交相关税务报表。再如，其他应缴款指的是除关税外，按照《税法典》规定的数额和办法，以规费形式上缴国库的资金。又如，税收债务指的是欠缴的税款，以及未缴的滞纳金和罚款。它不包括按照哈国上诉相关法律规定的办法，在上诉期间反映在税务审计结果公告上的滞纳金和反映在行政处罚决定中的金额，等等。

除上述概念外，《税法典》还明确规定，对于税法中的其他专门概念和术语，其含义根据《税法典》中的条款所确定的意义来使用。对于税法中所使用的民法或其他法律中的概念，如果《税法典》没有对其做出专门的规定，则依其在民法或其他法律中所规定的含义来使用。

另外，《税法典》还规定，对于纳税义务履行过程中可能出现的模糊性、不确定性和矛盾性，以及逃避纳税义务及规费的问题，哈国政府有权设立咨询委员会，对上述问题提出整改或防范的对策。

二、税法的基本原则

税法原则不仅是一国税收法律制度重要的组成部分，而且也是支配整个税收法律制度的根本准则。《税法典》明确规定，哈国的税收法律以征税原则为根据。为此，《税法典》明确规定了哈国税法的纳税义务性原则、税收确定性原则、税收公平性原则、税收制度统一性原则和税收法律公开性原则等五大原则，并明确规定哈国税收法律不得与这五大原则相矛盾。在2018年《税法典》修改时，又增加了纳税人诚信原则。

1. 纳税义务性原则。对于所有的公民、法人和其他社会组织而言，依法纳税是其对国家的基本义务，这是当代许多国家的一项宪法原则。哈国也不例外。哈国宪法第35条明确规定："依法缴纳规定的税费和其他应支付的款项是每个人的义务和责任"。作为对这一宪法原则的具体化，《税法典》第5条明确规定："纳税人应该履行纳税义务，扣缴义务人应该履行按照哈萨克斯坦共和国税收法律规定的期限进行税款全额核算、扣缴、划拨的义务"。

2. 税收确定性原则。根据《税法典》第6条的规定，在哈国，税款及规费都是确定的。这种确定性是指纳税人的纳税义务以及扣缴义务人的核算、扣缴和划拨义务的发生、履行和终止的依据和程序都是由哈国税收法律规定的。

3. 税收公平性原则。在《税法典》中，税收公平性原则包括了两个方面的内容：一方面，在哈国境内的税收是普遍的和法定的；另一方面，在哈国，禁止提供个别的税收优惠。这样就使得所有纳税人都能够按照税收法律的规定承担公平的纳税义务。

4. 税收制度统一性原则。根据《税法典》的规定，税法对在哈国境内所有的纳税人和扣缴义务人都是统一的，不会因人而异。

5. 税法的公开性原则。根据《税法典》的规定，税法的公开性原则是指在哈国，有关规定纳税问题的规范性文件都必须在正式刊物上公布。

6. 纳税人诚信原则。根据《税法典》的规定，税务机关与纳税人就税法未明确规定的事项出现争议时，应当采取对纳税人有利的原则进行解释；税务机关负责查证和定义税收违法行为；如果出现纳税人由于税务机关单独书面解释错误所造成的税务违法行为时，纳税人应当被免除罚款和缴纳利息，只缴纳应当缴纳但未缴纳的税费。

第四节 哈国税法的渊源与效力

一、税法的渊源

在当代世界各国，法的渊源问题一般指的是法的存在形式与表现形式。

由于它直接影响到法的适用范围与效力，故它是任何法律都首先必须解决的问题。在哈国，宪法第 4 条第 1 款明确规定：“宪法、与宪法相关的法律、其他规范性法令、国际条约和哈国其他义务以及哈国宪法委员会和最高法院的规范决定为哈国的法律。”根据此项规定，哈国税法的渊源一般包括以下几种：

（一）宪法

宪法是一个国家的根本大法，有关国家基本的政治制度、经济制度、社会制度等都应该由宪法来规定。税收作为国家的重要制度，自然应该在宪法中加以规定。哈国宪法也不例外。哈国宪法第 35 条明确规定：“依法缴纳规定的税费和其他应支付的款项是每个人的义务和责任。”同时，宪法又在第 61 条中明确规定议会有权颁布法律，规定有关“征税以及确定规费和其他必须缴纳的款项”的基本原则和规范。这样，通过上述两项规定，宪法就不但为国家征税权和税收制度的来源提供了依据，而且也为纳税人履行纳税义务提供了依据。这就从根本上解决了哈国税法的合法性问题。

（二）法律

由于哈国税法实行法典化，故《税法典》就成为哈国税法最主要的渊源。事实上，《税法典》第 1 条、第 2 条第 1—4 款等，都说明了《税法典》在哈国税法体系中的重要地位。依据《税法典》的规定，除国际条约外，其他税收规范性法律文件中的内容与《税法典》的内容不一致时，必须以《税法典》的内容为准。除《税法典》另有规定的情形外，禁止将《税法典》调整的税款关系列入与税款无关的法律之中。对于《税法典》中未规定的税款和规费，任何人都有权拒绝缴纳。

（三）规范性法令

依据哈国宪法第 4 条的规定，规范性法令是哈国法律体系的重要内容。不过，根据《税法典》第 2 条第 1 款的规定，规范性法令必须依据《税法典》来制定。

（四）国际条约

国际条约是哈国与其他国家或国际组织之间签订的、具有法律效力的文件。在其中，税收条约占比较大。根据《税法典》的规定，当哈国政府批准的国际条约与《税法典》不一致时，根据宪法和《税法典》的规定，以国际条约为准。

（五）共和国的其他义务

共和国的其他义务主要指的是哈国其他的法律或规范性法令中所规定的

有关税收的征收与缴纳的相关内容。

（六）宪法委员会的规范决定

根据哈国宪法的规定，宪法委员会有权决定全民公决是否正确，有权对之前议会通过的法律、哈国准备加入的国际条约进行合宪性审查，有权对法院的请求进行审议。故宪法委员会作出的有关税收方面的规范性决定，就成为哈国税法的重要内容。

（七）最高法院的规范决定

根据哈国宪法第 81 条的规定，哈国最高法院是哈国最高审判机构，按照法律规定对下级法院的活动进行监督，并对司法实践中的问题做出解释。因此，最高法院做出的有关税收案件的相关解释，自然就成为哈国税法的渊源。

除上述 7 种渊源外，哈国税法不承认其他的渊源。

二、税法的效力

税法的效力也可称之为税法的适用范围，指的是税法的强制力所能达到的范围。税法的效力源于税法的渊源，一般包括了主体上的效力、时间上的效力和空间上的效力三种情况。在哈国，《税法典》主要规定了哈国税法主体上的效力和时间上的效力两种情况。

（一）主体上的效力

根据《税法典》第 3 条第 1 款的规定，哈国税法在哈国全境内有效，适用于自然人、法人及其他的分支机构。由此可见，哈国税法在对人的效力上实行的是属地原则。然而，在企业所得税法中，哈国税法又规定，对于哈国的居民法人企业，其在哈国境内和境外的收入，都应当向哈国缴纳企业所得税。这又是典型的属人原则。由此可以看出，哈国税法同时实行属地原则和属人原则。这也符合当代世界大多数国家的共同做法。

（二）时间上的效力

根据《税法典》第 3 条第 2 款的规定，除税收征管、纳税申报、改善纳税人状况方面的变更和补充外，与《税法典》变更和补充相关的立法法案可以在当年 11 月 1 日之前通过，在其通过后的下一年度 1 月 1 日之后开始生效。根据这一规定可知，对于税收征管和纳税申报等税收征管的程序性内容，可以不受上述规定的限制。而对于其他的规定，必须在通过一段时间之后才能生效。因此，这一规定实际上就确立了税法适用过程中的“实体从旧，程序从新”原则。同时，由于明确规定对于改善纳税人状况方面的变更，也可以不受“实体从旧，程序从新”原则的限制。这就在实际上确立了对有利于纳税人的规定实行“从轻原则”，从而最大限度地保护纳税人的利益。

第五节 哈国《税法典》的结构与主要内容

哈国《宪法》第 61 条规定，有关“征税以及确定规费和其他必须缴纳的款项”的基本原则和规范，必须由议会制定法律。另外，根据《税法典》的规定，哈国的税收法律由《税法典》和按照《税法典》的规定制定的规范性法律文件组成。所有其他的税收规范性法律文件都必须按照《税法典》的规定制定和执行，都不得与《税法典》相违背。由此可见，《税法典》就是哈国税收领域的根本法。因此，为了从总体上对哈国税收法律制度有一个概括性的了解，有必要对《税法典》的结构与主要内容加以介绍。

哈国《税法典》由 3 个部分、21 篇、95 章、680 个条文组成，译成中文约 600 多页，100 多万字。

第一部分为“总则”，由 2 篇 6 章 54 个条文组成。其中，第 1 篇为“概述”，包括了“基本规定”、“纳税人和扣缴义务人的权利与义务、税收代理”、“税务机关、海关机构、税务机关与其他国家机关的协同配合”3 章。具体规定了哈国税法的调整范围、效力、税法原则、基本概念以及纳税人、税务机关等的权利与义务。第 2 篇为“纳税义务”。包括“概述”、“履行纳税义务”、“变更履行税收或滞纳金期限终止纳税义务的依据”3 章，对纳税义务的内容、履行、变更等进行了专门的规定。

第二部分为“分则”，由 17 篇 73 章 500 个条文组成。在本部分中，首先，对哈国的税种和规费的种类进行了规定。其次，对税收统计的内容进行了规定，包括税收统计、税务表、税务统计的特点等。最后，也是本法典最主要的内容，是对上述税种和收费项目的纳税（缴费）人、征税（费）对象、计算方法、税率（费率）、核算和缴纳办法等内容的具体规定。其中，第 4 篇至第 7 篇是有关所得税的规定，包括了企业所得税和个人所得税两个税种。第 8 篇是增值税，第 9 篇是消费税，第 10 篇是出口地租税，第 11 篇是对地下资源使用者的征税，包括了酬金、历史性支出补偿、矿产开采税、超额利润税等。第 12 篇是社会税，第 13 篇是运输工具税，第 14 篇是土地税，第 15 篇是财产税，第 16 篇是博彩税，第 17 篇是定额税，第 18 篇是特殊税制，包括了对小企业的特殊税制、农民或农场的特殊税制、农产品、水产养殖生产企业法人及农业消费合作社适用的特殊税制三种。第 19 篇是其他应缴款项的规定。

第三部分为“税收征管”，由 2 篇 16 章 134 个条文组成。其中，第 20 篇是对税收稽查和其他形式的税收征管的规定，包括了纳税人在税务机关的登记、纳税申报表的验收审核、纳税义务和强制养老金等缴纳义务履行情况的统计、补税义务的保证办法、清缴欠税的强制执行措施、对纳税大户的监督、风险管理系统、税务检查、税控收款机的使用规则、帮助纳税人等内容。第 21 篇是对税务检查结果或税务机关公职人员的行为的申诉，包括了税务检查通知书的申诉办法、纳税人申诉审理结果的重审办法、对税收机关及其公职人员的行为上诉程序等。

从上述对《税法典》结构与主要内容的介绍可以看出：第一，该法典体系庞大，内容全面，几乎包括了该国税法的所有内容。因此，《税法典》是一部名副其实的税收法典。第二，该法典结构完整，层次清楚，内容一致，用语准确，表现出了较高的立法技术和立法水平。第三，该法典在内容上一方面能够与国际税制特别是欧盟税制紧密接轨，从而能够充分借鉴国际先进经验与做法，使税制内容更趋科学和合理；另一方面，又能够针对本国经济与社会发展的实际情况，制定出具有本国特色和针对性的税收措施。例如，对于利润巨大的石油产品征收超额利润税和出口地租税，而对于非资源性经济和中小企业实行较低的税收负担。同时，通过简化税收征管程序，降低税收征管成本，以提高税收征管的效率。这样，就使得该法典既具有较好的先进性，又具有较高的实用性和可操作性，在税收征管的实际过程中发挥了非常重要的作用。

第二章 税务机关、纳税人及其权利与义务

第一节 税务机关及其权利与义务

在现代法治国家中，行政合法性是所有行政机关行使行政权力时都必须遵循的基本原则。税务机关作为国家从事税务管理与税款征收的专门机关，也概莫能外。《税法典》为了解决税务机关的合法性问题，在第3章对涉及税收征管的有关国家机构，包括税务机关、海关、地方执行机关的权利与义务等进行了专门的规定。

一、税务机关及其权利与义务

（一）税务机关的种类

根据《税法典》的规定，哈国的税务机关由主管机关和具有哈国政府批准代码的各税务机关组成。其中，主管机关是领导机关，领导税务机关。税务机关包括州、努尔苏丹市和阿拉木图市、区、市和市区授权机构的区域性分支机构以及主管机关的跨区域分支机构。如果建立经济特区，可以在经济特区内建立税务机关。税务机关在组织关系上属于垂直领导，地方税务机关直属上级税务机关管辖，而不隶属于地方行政机构。

（二）税务机关的任务

根据《税法典》的规定，税务机关的主要任务包括以下几个方面：（1）保证税款和规费及时上缴国库；（2）保证全额及时地计算、扣缴和向养老保险基金支付强制性养老保险费（以下简称强制性养老金），计算并向国家社会保障基金缴纳社会保障缴款（以下简称社会保障缴款）；（3）实施哈国税收政策；（4）在自己职权范围内保证哈国的经济安全；（5）保证遵守哈国的税收法律。

（三）税务机关的权利

在哈国，为了保证税务机关能够完成上述任务，《税法典》对税务机关的权利作了明确的规定：(1) 在自己职权范围内拟定和批准由《税法典》规定的法律。(2) 实施税收监管。(3) 实施征税问题的国际合作。(4) 要求纳税人授权检查软件数据。这些软件用于会计和税收的自动化统计，或包含原始统计文件、会计统计登记数据、纳税对象或纳税有关对象信息的自动化信息系统。不包括检查银行及其他经营特殊种类银行业务的机构的软件数据或信息系统。根据哈国法律，他们的银行客户账户信息属于银行机密。(5) 要求纳税人提供以下证明文件：正确计算并按时缴纳（扣缴和支付）税款及规费，全额和及时计算、扣缴和支付强制性养老金，计算和支付社会保障缴款，纳税人制定税务表的书面说明，以及纳税人的财务报表，其中包括：居民纳税人的综合财务报表，含哈国境外其下属机构的财务报表，如果哈国法律规定对这些人员必须进行审查的，需附有审查报告。(6) 按照哈国行政处罚法律规定的程序进行税务审查时，扣押纳税人违反行政处罚法的证明性文件。(7) 依据命令调查征税对象或征税相关对象的财产时，对纳税人的财产（居住房屋除外）进行清查。(8) 从银行和经营特殊种类银行业务的机构获取法律规定提供的资料。(9) 从银行和经营特殊种类银行业务的机构获取《税法典》第581条第12）项规定的人员是否存在银行账户和银行账户号码，这些账户余额和资金流动方面的信息，并遵守哈国法律对包含商业机密、银行机密和其他受法律保护机密信息泄露的要求。(10) 按《税法典》规定的程序间接确定征税对象或征税相关对象。(11) 招聘专业人员进行税务审查。(12) 根据哈国法律向法院提出诉讼，其中包括依据哈国民法第49条第2款第1)、2)项规定的法人清算。(13) 有权按照《税法典》规定的程序，以电子方式实施哈国法律赋予的任务。(14) 具有哈国法律规定的其他权利。

（四）税务机关的义务

在法律规定税务机关权利的同时，法律也对税务机关的义务进行了明确的规定。具体而言，税务机关在税收征管过程中应当履行以下各项义务：(1) 维护纳税人的权利；(2) 维护国家利益；(3) 实现以下的税收监管：纳税人履行纳税义务情况，扣缴义务人按本法规定程序履行计算、扣缴和支付的义务以及监管全额计算和及时支付社会保障缴款，及时计算、扣缴和支付强制性养老金；(4) 对纳税人、征税对象或征税相关对象进行统计，对税款和规费的扣缴、计算和支付进行统计，对强制性养老金的计算、扣缴和支付进行统计，对社会保障缴款计算和支付进行统计；（5）在自己职权范围内，对纳税义务的产生、履行和终止进行说明，并做出解释；（6）向纳税人提供现行税款和规费、哈国税收法律修订方面的信息，说明税务报表的填写程序；（7）向纳税人无偿提供哈国法律规定批准的政府服务标准、税务申请表和用于电子税务报表和税务申请的软件；（8）按命令进行税务审查；（9）在自己职权范围内进行结算和退还多支付的税款、规费和罚金，增值税溢缴税款，按本法定的程序和期限退还罚金；（10）根据《税法典》的规定遵守税收机密；（11）按照法律规定向纳税人送达纳税义务通知书或通知书复印件，送达强制性养老金扣缴和支付义务、社会保障缴款义务通告书；（12）根据纳税人的申请，按照规定程序和期限提供如下种类的证明：无（有）欠税的证明、无（有）拖欠强制性养老金和社会保障缴款的证明、非居民所得哈国源泉收入和扣缴（已缴）税款的证明；（13）按《税法典》规定的程序接收税务报表和税务申报；（14）要求纳税人改正税收违法行为，并在自己的职权范围内监督落实这些要求；（15）自收到纳税人税务申报起的2个工作日内，提供实名账户履行纳税义务方面的对账单，以及强制性养老金和社会保障缴款方面的对账单；（16）在自己的职权范围内，向纳税人提供必要的账户信息，便于其填写税款和规费、上缴国库的滞纳金和罚金付款凭证，同时提供税款和规费、上缴国库滞纳金和罚金、社会保障缴款和强制性养老金的支付办法；（17）税款和规费缴纳文件或复印件的保管期为5年；（18）根据哈国法律，向授权的国家财务监督机构提供进入税务机关信息系统的口令；（19）向电子申报纳税人提供查看自己个人记名账户的口令；（20）根据纳税人的要求对履行纳税义务，以及履行强制性养老金、社会保障缴款义务方面的统计进行核对；根据扣缴义务人的要求对履行税款计算和支付义务方面的统计进行核对，按法律规定程序对个人记名账户进行调整；（21）根据哈国法律关于提供政府服务的标准和办法的规定，提供政府服务；（22）按法律规定的办法和情况在大众媒体上公布纳税人的欠税清单，依据法院生效的判决书认定失效法人和骗税企业的清单；（23）对转为国家所有的财产的登记、保管、评估、长期使用和销售程序进行监督，根据哈国法律对向国家主管机关移交转为国家财产的行为实行监管，以及对在其销售后资金是否全额和及时入库进行监管；（24）对国家主管机关和地方执行机构计算、征收和划拨税款及规费问题实行监管；（25）根据法律规定，采取保证纳税义务履行的方法和采取强制措施追缴纳税人的欠缴税款；（26）按《税法典》规定的程序和期限对纳税人的税务审查结果进行通告，或根据上级税务机关的决议对申诉进行审理，以及审理税务机关主管人员的作为（不作为）；（27）按哈国行政处罚法律规定的程序追究行政责任；（28）在税务审查过程中查明存在蓄意逃避缴纳税款和规费的事实以及具有犯罪特征的蓄意伪造破产的事实时，向相应的执法机关提交侦查资料，以便根据哈国法律通过诉讼决议；（29）履行哈国税收法律规定的其他义务；（30）税务公职人员在下列情况下不得履行公职义务：纳税人是公职人员近亲属（父母、儿女、养父母、收养的兄弟姐妹、同胞兄弟姐妹和非同胞兄弟姐妹、祖父、祖母、孙子）、夫（妻）或亲戚（夫妻双方的兄弟、姐妹、父母和子女），以及其他具有直接或间接财务利害关系的人。

（五）向纳税人提供帮助

为了方便纳税人更好地履行纳税义务，《税法典》规定，税务机关应当通过以下方式向纳税人提供帮助：（1）宣传税收法律。《税法典》规定，税务机关负责哈国税收法律的宣传工作。之所以这样规定，其目的在于提高纳税人对税务问题的认识，及时掌握税收法律及其变更与补充，以使其了解与履行纳税义务有关的问题。为此，税务机关可以通过举行各种会议和研讨会、同纳税人举行会谈、利用媒体、公告板、印刷材料、电话、手机以及视频、音频等信息传播手段，发布和宣传有关的税收法律。（2）提供电子税务报表的免费软件。《税法典》规定，为了方便纳税人向税务机关提交电子版的税务报表，税务机关必须向纳税人提供免费的软件。税务机关应当根据纳税人的申请向其提供该软件，或者将其放置在税务机关的网站上，由纳税人自己安装使用。（3）建立和开发终端网络，使纳税人能够方便地查看其有无欠税、欠缴社会保障费和必要的养老费的证明，以及查看其分户账中就履行纳税义务缴库结算状况的记录。（4）向纳税人提供其履行纳税义务进行结算的方法和信息，其中包括填写支付凭证的方法。（5）建立和开发中心网络，以便确保税务机关能够将履行纳税义务、养老金核算、扣缴义务、社会统筹核算与缴纳义务的通知书及时送达纳税人。同时，该中心网络应该通过专用电话线免费向纳税人提供援助，或者根据纳税人的申请向其免费直接提供援助。（6）保证税务机关网站的正常运行，以使税务机关能够把相关的资料和信息放置到网站上，并为纳税人履行纳税义务等事项通过网站提供帮助。（7）在发展自动柜员机和其他电子设备方面向纳税人提供援助，以方便纳税人查询缴纳税款及其他强制性款项的信息，缴纳税款和其他强制性款项，并获得相应的付款凭证。

二、海关税收征管的权力

根据《税法典》第22条的规定，哈国海关具体负责商品通过海关时的税款征收任务。

三、地方执行机构税收征管的权力

对于地方执行机构，《税法典》规定，镇、村庄（村镇）、山村区（乡村区）的官员（以下简称地方官员）依照哈国政府制定的正规票据，负责征收自然人纳税人缴纳的财产税、运输工具税和土地税。

地方官员在收到税务机关发来的自然人纳税人缴税通知书后，必须在5日内向自然人纳税人转交缴税通知书。纳税人以现金缴纳税款的，地方官员必须为其开具收据，以证明其缴税的事实。对于收到的税款，地方官员必须在两个营业日内，向银行或其他金融机构移交税款入库。如果每日收到的税款不足当月结算指数的1/10，必须每3个营业日移交一次。

地方官员必须正确填写和保存票据，并按照规定向税务机关提交票据使用报表，向银行或其他金融机构提交税款金额的报表。

四、税务机关与国家主管机关和地方执行机构的合作

《税法典》还明确规定了税务机关与国家主管机关和地方执行机构的协同配合。具体内容包括：（1）税务机关与国家授权机构、地方行政机构协同配合，根据哈国法律的规定，采取联合监督措施，保证信息相互交流。（2）国家授权机构和地方执行机构应协助税务机关完成税务监督任务。（3）税务机关和海关机构必须相互配合完成赋予的税收监督任务。（4）税务机关和地方执行机构按《税法典》规定的程序在实施征税上的相互配合。（5）国家主管机关和地方执行机构负责行使征收规费的权力。（6）税务机关有权按《税法典》规定的程序，以电子方式与国家主管机关和地方执行机构相互配合。

另外，《税法典》还对税务机关公职人员执行公务时的物质保障、权利保障和社会保障进行了专门的规定。

第二节　纳税人及其权利与义务

一般而言，纳税人的概念有狭义和广义两种不同的理解。广义上的纳税

人不仅包括了狭义上的纳税人，而且还包括了扣缴义务人、税务代理人及相关的人员。在《税法典》中，除在基本概念部分对纳税人的概念做出明确的界定外，还在第2章对纳税人的权利与义务、扣缴义务人的权利与义务、税务代理人的权利与义务分别进行了专门规定。

一、纳税人及其权利与义务

按照《税法典》第12条第1款第35项的规定，纳税人指的是缴纳税款和规费的人。同时，根据本条第41款的规定，人指的是自然人和法人。其中，自然人指的是哈国公民、外国人和无国籍的人；法人指的是根据哈国法律或外国法律（非居民企业）建立的机构。对于这些公司、机构或其他法人团体，不论其组建的地点在哪里，也不论这些机构是否具备外国法人资格，依据《税法典》都被认定为独立法人实体。这样，在哈国的哈国公民、外国人和无国籍人以及在哈国境内依据哈国法律或外国法律成立的企业、机构和其他组织都被认为是哈国税法中的纳税人。

根据哈国税法的规定，纳税人依法享有以下15项权利：（1）从税务机关获得缴纳税款和规费的信息、哈国税法修订的信息、填报税务报表的办法的说明；（2）根据哈国税法的规定，由自己或通过代理人或在税务咨询专家参与下代表自身利益；（3）按《税法典》规定的条件获得税务检查的结果；（4）从税务机关免费获得按哈国法律程序批准的政府服务标准、税务申报表和用于电子税务报表和税务申报的软件；（5）在税务机关获得其之前提交的税务报表的复印件；（6）根据税务检查结果，向税务机关提交计算和缴纳税款及规费的说明；（7）自税务机关收到纳税申报后的2个工作日内，获取有关履行纳税义务的对账单，计算、扣缴和支付强制性养老金的对账单，计算和支付社会保障缴款的对账单；（8）根据税务申请，按《税法典》规定的程序和期限获得以下证明：无（有）欠税的证明，无（有）拖欠强制性养老金和社会保障缴款的证明，非居民从哈国源泉收入和扣缴（已缴）税款的证明；（9）获得填写付款凭证必需的各项信息，以便履行缴纳税款和规费的义务；（10）根据《税法典》和其他法律规定的程序，对税务审计结果公告或上级税务机关对税务审计结果公告申诉审理的决议，以及对税务机关公职人员的作为（不作为）提出申诉；（11）要求对税收信息保密；（12）根据《税法典》规定无偿获得税务机关提供的政府服务；（13）书面记录税收审计过程中税务机关公职人员发现的问题，并与他们协商反映这些问题的文件；（14）不提供不属于征税对象或征税相关对象的信息和文件，不包括哈国税收法律、哈国转让定价法以及哈国特种消费税应税商品生产和流通国家调节法直接规定需要提交的信息和文件；（15）有权按《税法典》规定的程序以电子方式参与哈国税收法律调节的关系；（16）具有哈国税收法律规定的其他权利。

根据哈国税法的规定，纳税人依法应当履行以下9项义务：（1）根据《税法典》的规定，及时、全面履行纳税义务；（2）执行税务机关公职人员关于对违反哈国税收法律的情况进行整改的要求，在其履行职责时不妨碍其合法行为；（3）依据命令，准许税务机关公职人员对征税对象或征税相关对象的财产进行调查；（4）提供哈国转账定价法律规定的信息和文件；（5）使用税控收款机并遵守法律规定的使用方法；（6）个体经营者、个体公证员、个体法院执行员、律师、常设机构、非居民法人中止经营，通过分立或法人清算进行改组时，向税务机关提交凭证审查申请；（7）按哈国政府规定程序向税务机关提前申报从关税同盟[①]成员国进口的消费税应税商品（轻型汽车除外）；（8）下列情况应当通知税务机关：从关税同盟成员国向哈国境内临时进口商品，随后，这些商品在不改变其性能和特点的情况下从哈国境内输出；从哈国境内向关税同盟成员国临时出口商品，随后，这些商品在不改变其性能和特点的情况下向哈国境内输入；（9）纳税人履行本法律定的其他义务。

二、扣缴义务人及其权利与义务

扣缴义务人指的是依据《税法典》的规定承担源泉扣缴税款的计算、扣缴和缴纳税款义务的个体经营者、个体公证人、个体法院执行员、律师、法人以及非居民法人。按照哈国税法的规定，扣缴义务人除了具有与纳税人相同的权利与义务外，还应当依法履行以下义务：（1）根据《税法典》的规定，正确并及时地核算源泉扣缴的税款；（2）按照法律规定的程序和期限从纳税人处扣缴应纳税款，并上缴国库；（3）统计向纳税人支付的收入，以及扣缴和上缴国库的税款，包括单独统计每个纳税人的款项；（4）根据《税法典》规定的程序，向注册登记地的税务机关提交税务报表；（5）扣缴义务人履行本法律定的其他义务。

---

① 此处所谓的关税同盟是指由俄罗斯、白俄罗斯和哈萨克斯坦三国于2007年10月宣布在欧亚经济共同体框架内成立的关税同盟，2009年11月三国签署了关税同盟海关法。

三、税务代理人及其权利与义务

根据哈国税法的规定，纳税人和扣缴义务人可以通过法定代理人或授权代理人参与税法所规定的税收活动。其中，法定代理人指的是纳税人或扣缴义务人根据哈国法律授权的人员。授权代理人指的是纳税人或扣缴义务人在与税务机关或其他税务活动的参加者进行交往时，授权代表其利益的自然人或法人。其中，自然人（也包括个体经营者）的授权代理人在代理纳税人或扣缴义务人参与税务活动时，必须出具经过公证的授权委托书或根据哈国民事法律规定出具的限制代理范围的授权委托书。法人或法人分支机构的授权代理人在代理纳税人或扣缴义务人参与税务活动时，必须出具纳税人或扣缴义务人的创始文件或根据哈国民事法律规定出具的限制其代理范围的委托书。根据哈国税法的规定，纳税人或扣缴义务人在亲自参与税务活动时，不影响代理人参与税务活动的权利。同样，代理人在代表纳税人、扣缴义务人参与税务活动时，也不影响纳税人或扣缴义务人亲自参与税务活动的权利。哈国税法还明确规定，代理人在以被代理人的名义参与税务活动时的各种作为或不作为，都被视为是被代理人的作为或不作为。另外，税法中还专门规定了依据产品分配合同，按照普通合伙（合作）形式实施矿藏利用业务的地下矿藏使用者，有权通过运营商参与税收活动的权利与义务。

第三节　纳税义务及其履行

一般而言，现代世界各国的税法都是围绕着纳税义务的确定、履行而展开的。纳税人的其他权利与义务，都建立在纳税人履行纳税义务的基础之上。从这种意义上讲，纳税义务就是税法的核心问题。正因如此，许多国家都在税法中对纳税义务进行了专门的规定。《税法典》也不例外。该法典第 2 篇不仅将本篇的标题直接命名为“纳税义务”，而且在本篇对纳税义务的相关问题进行了概括性的规定。

一、纳税义务的构成

根据《税法典》第 26 条的规定，哈国公民的纳税义务是根据哈国税收法律的规定，纳税人必须履行的、向国家缴纳一定税款的责任。这些责任从宏观上来讲，包括了纳税人按要求在税务机关进行税务登记的义务、纳税人确定征税对象或征税相关对象的义务、纳税人核算并缴纳税款和规费的义务、纳税人提前和按时支付税款的义务、纳税人编制税务报表的义务、纳税人按规定期限向税务机关提交税务报表的义务等。由于履行纳税义务是纳税人对国家的一种责任，故纳税人应当按照税务机关的要求及时、全面地履行纳税义务。否则，国家就有权依据相关法律的规定，对纳税人采取强制措施。

在当代世界各国，由于普遍实行税收法定原则，故纳税人是否承担具体的纳税义务，应该取决于纳税人是否满足了税法所规定的课税要件。换言之，只有当纳税人完全满足了税法课税要件所规定的条件时，纳税人才会产生相应的纳税义务，税务机关也才可以向其征税。否则，纳税人如果没有满足税法规定的课税要件，纳税人则不产生相应的纳税义务，税务机关也不得向其征税。由此可见，税法的课税要件是纳税义务成立的重要前提。根据课税要件的基本理论，它一般包含了纳税主体、征税对象、计税依据、税率、纳税期限等要素。在《税法典》中，除在基本概念中对纳税人的概念作了界定外，还在第 4 章中分别对纳税对象、计税依据、税率、纳税期限进行了规定。

（一）纳税对象

纳税对象是指税收征纳关系中双方权利义务所指向的对象。它要解决的是对什么征税的问题。它不仅体现着每一个税种的征税范围，而且还是一个税种区别于其他税种的重要标志，是对各种具体税种进行区别和归类的主要依据。在理论上，由于税收是国家依据政治权力征收的，因此，任何经济或非经济事项都可以成为政府征税的对象。但是，由于现代政府征税已经不满足于单纯地筹集税收收入这一目的，而且还必须要考虑税收的调节职能和经济稳定，因此，在征税对象的选择上，国家就必须既要考虑税收的经济目标，同时还必须要考虑税收的公平、效率以及税收对经济、社会发展的影响。所以，合理选择征税对象，就是设计税收法律制度的关键问题和首要内容。根据当代世界各国的具体实践，出于公平、效率和税收的经济目标和社会政策考虑，在复税制条件下一般都会根据税种的不同而选择不同的纳税对象。是故，哈国税法出于对本国税法制度的考虑，明确规定哈国税法的征收对象是财产和行为。纳税人的纳税义务就是基于其特定的财产和行为而产生的。

（二）计税依据

计税依据，也叫税基，简单来讲，就是据以计算应纳税额的基数。在税法中，计税依据与征税对象之间的联系表现为，在许多情况下，计税依据和征税对象是相同的，如在对商品征税时，计税依据是所得额。计税依据与征税对象之间的区别表现为，在个别情况下，计税依据只是征税对象的一部分，而不是它的全部。如对企业所得征税时，征税对象是全部的所得额，计税依据则是扣除若干项目或收入之后的余额。在对个人所得征税时，计税依据则是全部所得中扣除免征额之后的余额。它一般包括实物量和价值量两大类。其中，实物量指的是作为征税对象的实物形态或数量，如土地的亩数、房屋的间数、车船的数量及吨位数等。价值量一般指的是作为征税对象的货币价值，如商品的销售金额、个人或企业的所得额等。在复税制下，不同税种的计税依据是不同的。如商品流转税的计税依据是商品销售额或增值额，收益税的计税依据是各种所得额，财产税的计税依据是各种财产。另外，在税率不变的情况下，扩大计税依据会增加税额，缩小计税依据会减少税额。因此，任何一个国家在制定税收制度时，都需要恰当地选择计税依据。哈国税法也不例外。《税法典》明确规定，哈国税法的计税依据是实物量和价值量，并依据其确定税款和规费的总额。

（三）税率

税率是应纳税额与征税客体之间的比率。如果说纳税对象和计税依据反映的是纳税人向国家纳税的范围和广度的话，那么，税率反映的就是纳税人向国家纳税的深度。它是纳税人税负轻重的主要衡量标准，对纳税人的社会和经济生活会产生重要的影响。因此，为了使税率能够正确地发挥其应有的作用，就需要在税法制度的制定过程中，合理地选择与确定税率形式和税率水平。从目前世界各国的普遍情况来看，许多国家都是针对不同的税种，分别选择固定税率、比例税率和累进税率为主要税率。如对于货物的流转，一般都实行比例税率；对于实物或财产，一般都实行固定税率；对于个人的所得或收入，一般都实行累进税率。在哈国，国家基于对税收职能与作用的考虑，不但在《税法典》中对税率的概念进行了规定，而且还明确规定哈国税率形式为百分比（即比例税率）和计税依据（即固定税率）两种情况。

（四）纳税期限

纳税期限是由税法规定的，纳税人向国家缴纳税款的时间界限。它是税收强制性、固定性在时间上的体现。任何纳税人都必须如期纳税，否则就是违反税法，会受到法律制裁。规定纳税期限，对于督促纳税人及时履行纳税义务，保证税款按时足额入库，具有重要意义。在税法中，纳税期限是根据纳税人的生产经营规模和各个税种的不同特点而确定的。它包括纳税计算期和税款缴库期。前者一般指的是计算税款的时间，后者一般指的是确定缴纳税款的时间。由于不同税种的征收对象、计税环节各不相同，故其纳税期限也不尽相同。例如，对于流转税而言，它的纳税期限一般为1天、3天、5天、10天、15天或1个月。而对于企业所得税而言，它的纳税期限一般按年计算，分月或分季预缴。月末或季度终了后的若干时间段内申报并预缴税款，年度终了后的若干时间段内汇算清缴。哈国《税法典》第30条明确规定，纳税期限指的是为各种税收和规费的缴纳确定的期限。在纳税期限结束后，确定征税对象、计税依据、计算应缴税款和规费的总额。同时，《税法典》第33条还明确规定，纳税人履行纳税义务的期限始于纳税人实施的实际事件或法律事件之后的次日，终于《税法典》规定的最后一天。如果期限最后一天为非工作日的，期限延长至下一个工作日的结束。

（五）税额计算、缴纳与申报

除上述规定外，有关其他纳税义务的构成要件，在各税种中都有具体的规定。

二、纳税义务履行的一般原则

根据《税法典》的规定，在纳税义务确定之后，纳税人必须自觉依据税收法律规定的程序和期限严格履行纳税义务。对于纳税人必须履行的纳税义务，根据《税法典》第31条第2款的规定，具体包括以下各项：（1）在税务机关办理税务注册登记；（2）向税务机关登记征税对象或征税相关对象；（3）根据征税对象或征税相关对象，依据《税法典》分则规定的计税依据和税率，计算应当缴纳的税款和规费的数额；（4）按规定的程序和期限，编制并向税务机关提交税务报表（不含税务登记表）；（5）根据《税法典》分则的要求，按规定的顺序和期限，缴纳已计算和累计的税款及规费。

根据哈国税法的规定，纳税人可以提前履行纳税义务。

哈国税法规定，纳税人应当缴纳的税款和规费，应该由纳税人自行计算、申报和缴纳；由扣缴义务人进行源泉扣缴的，应该由扣缴义务人计算、扣缴税款。只有对于《税法典》分则中规定的特殊情况，税务机关和国家授权机构才可以承担计算税款金额及规费金额的义务。

除《税法典》、哈国股份公司法、哈国其他法律和地下矿藏使用合同条款规定的以实物或外币缴纳税款外，纳税人在缴纳税款、规费、罚款和罚金时，均使用本国货币。

纳税人以现金支付的方式履行纳税义务的，以纳税人将现金存入银行或执行特种银行业务的机构、国家主管机关、地方执行机关的时间为纳税义务履行完毕的时间。纳税人通过银行转账的方式履行纳税义务的，以纳税人收到银行或经营特种银行业务的机构出具的税款及规费付款委托书的承付单之日，以及纳税人通过柜员机或其他电子设备以转账形式向银行或经营特种银行业务的机构交付指定金额之日，视为是纳税义务履行完毕的时间。税务代理人根据《税法典》的规定缴纳税款、规费、社会保障缴款、强制性养老金时，汇款人在付款凭证中注明纳税人的姓名、父称（如果有）或名称及其识别号。由扣缴义务人履行代扣代缴义务的，自税款扣缴之日起视为履行纳税义务的完成时间。

对于纳税人多缴的税款、规费、滞纳金和罚款，可以根据《税法典》第599条的规定，以抵扣方式履行纳税义务、进行支付以及履行缴纳滞纳金的义务。

三、几种特殊情况下纳税义务的履行

除上述一般性规定外，《税法典》还针对实际履行纳税义务过程中的几种特殊情况，作了一些具体的规定。

（一）财产信托管理的纳税义务

《税法典》第35条规定，根据信托管理合同的约定、或信托管理合同未规定被托管方履行纳税义务、或被托管方在托管期限内属于《税法典》所规定的非营利组织、社会活动机构、独立教育机构、自然人以及适用小企业税制的个体经营者销售财产和转让固定资产时的增值收入、私人公证员、私人法院执行员、律师、农产品和水产养殖企业法人及农村消费合作社适用的特殊税制等情况的，则由托管方或其他信托管理受益人按照法律规定自行履行与财产托管有关的纳税义务和规费的义务。托管方为履行纳税义务，在将财产移交托管时，应当根据《税法典》第58条的规定单独进行纳税统计。上述纳税义务不包括增值税纳税义务。增值税纳税义务应该由被托管方承担。

如果托管合同中约定托管财产的税收核算、缴纳或扣缴税款及规费的义务由被托管方履行，那么该被托管方应按《税法典》第81章规定的程序在税务机关进行登记。同时，如果根据哈国法律要求托管权进行国家登记的，自托管权国家登记之日起，被托管方履行税款和规费的核算、缴纳或扣缴的义务；如果根据哈国法律不要求托管权国家登记的，应该自托管合同签订之日起，被托管方履行税款和规费的核算、缴纳或扣缴的义务。另外，如果《税法典》第58条和第64条未另行规定，被托管方应该制定并提交所有经营活动的税务报表，包括托管方或受益人获益的经营活动。

财产转交自然人托管时，提交纳税申报表的义务应当委托给该自然人，由该自然人履行该申报表制定和提交的纳税义务。

从银行信托业务中获得收入的法人、个体经营者以及财产转交非纳税居民的被托管方托管时的自然人和法人，应当独立履行纳税义务。

从银行信托业务中获得收益的非个体经营的自然人的纳税义务，由作为扣缴义务人的银行履行其扣缴义务。

根据财产托管合同，以及哈国法律规定的其他信托管理的情况，托管方可以不进行个体经营者注册，其纳税义务可以完全委托被托管方履行。

（二）法人清算及法人分支机构、非居民法人常设机构停止经营时的纳税义务

根据《税法典》的规定，对于居民法人，自通过清算决定之日起的3个工作日内，应当将清算决定书面通知其所在地的税务机关。同时，自批准清理资产负债表之日起，在3个工作日内向税务机关同时提交纳税凭证检查申请和税收清算报告。如果清算法人是增值税的纳税人，则应当提交增值税登记证和注销增值税登记的申请。在此期间，清算法人应按税种、规费的种类、强制性养老金和社会保障缴款编制纳税清算报告，并在提交纳税清算报告之日起的10日内缴纳税收清算报告中反映的税款、规费、社会保障缴款，强制性养老金。税务机关应当在收到清算法人申请之后的20个工作日内开始凭证检查。

如果被清算法人存在欠税的，欠缴的税款必须用其自有资金偿还。如果被清算法人的财产不够全额偿还欠税的，剩余部分的欠税则由被清算法人的发起人偿还。如果之后还有剩余，则按法律规定返还给纳税人。

税务机关凭证检查结束后，被清算法人应该在规定的时间内，同时向税务机关提供清理资产负债表和银行或经营特种银行业务的机构关于关闭银行账户的证明。

非居民法人终止其分支机构及其常设机构在哈国境内的经营活动时，按上述规定的方式履行纳税义务。

对于居民法人终止其分支机构经营活动时的纳税义务，《税法典》规定，居民法人决定终止其分支机构的经营活动时，同时向分支机构所在地的税务机关提交终止经营活动的税务申请、居民法人终止分支机构经营活动决定的复印件和分支机构税收清算报告等文件。如果终止经营活动的法人分支机构被认定是独立纳税人时，则应该在规定的期限内，按税费种类、强制性养老金和社会保障缴款种类编制税收清算报告，并在之后的10日内缴纳相应的税费。如果终止经营活动的法人分支机构存在欠税、强制性养老金和社会保障缴款欠款的，由组建该分支机构的法人偿付。全额偿还所欠税款、强制性养老金和社会保障缴款之后，已终止经营活动的分支机构的组建法人向该分支机构所在地税务机关提交银行或经营特种银行业务的机构关于关闭分支机构银行账户的证明。

（三）法人合并、兼并、分立重组时的纳税义务

按照哈国税法的规定，法人企业进行合并、兼并和分立的，自通过合并、兼并、分立重组决定之日起的3个工作日内，将该决定以书面形式通知所在地的税务机关。如果是合并和兼并的，则以合并、兼并方式重组的法人应该自批准交接清单之日起的3个工作日内，同时向其所在地的税务机关提交税收清算报告和交接单。如果合并、兼并方式重组的法人是增值税的纳税人，则应当提交增值税登记证和注销增值税纳税登记的申请，并在3个工作日内按税种、规费种类、强制性养老金和社会保障缴款编制税收清算报告。合并方式重组时，新成立法人的每个组成法人均有提交税收清算报告的义务。兼并重组时，兼并方有提交税收清算报告的义务。

法人分立重组时，自批准划分资产负债表之日起的3个工作日内向所在地的税务机关提交确定的资产负债表。

重组前法人的纳税义务由其继承人履行。根据哈国民法的规定，确定继承人，并确定由继承人参与偿还重组法人的欠税。

法人重组不应作为其继承人更改缴纳税款、规费的纳税义务履行期限的理由。

税务机关在收到法人重组的税务登记证资料之日起的10个工作日之内，如果是合并重组，则应当根据交接清单向新法人所在地的税务机关结转新法人组成中原法人核算账户的余额；如果是兼并重组，应当根据交接清单，向该法人被并入的法人所在地税务机关结转被兼并法人核算账户的余额；如果是分立重组，则应当根据划分资产负债表向新法人所在地的税务机关结转分立新法人的核算账户的余额。

（四）个体经营者终止经营活动时的纳税义务

个体经营者自决定终止经营活动之日起的一个月内，向所在地税务机关同时提交进行凭证检查的税务申请、税收清算报告和定期出版物中刊登的个体经营者终止经营活动的公告。如果是2013年1月1日前颁发的个体经营登记证明，还应提供该登记证明。如果个体经营者是增值税的纳税人，则应当提供增值税登记证和注销增值税纳税登记的申请。同时，个体经营者应该在规定的期限内缴纳税款、规费、强制性养老金和社会保障款。

个体经营者应当编制和提交税收清算报告，并在提交税收清算报告之日起的10日内缴纳相应的款项。税务机关应当在收到个体经营者终止经营活动申请后的20个工作日开始进行凭证检查。

纳税人存在欠税的，应当按照税法规定的先后次序，用其资金偿还欠税。个体经营者支付完欠税、强制性养老金欠款和社会保障款欠款并完成凭证检查后，视为纳税义务履行完毕。履行完纳税义务的日期视为个体经营者从税务机关销户的日期。自完成凭证检查之日起的3个工作日内，个体经营者应向所在地的税务机关提供银行或经营特种银行业务的机构关于关闭银行账户的证明。如果有内务机关注销个体经营者印章的文件，该文件也应该一并提交给税务机关。

（五）个体公证员、个体法院执行员和律师终止经营活动时的纳税义务

个体公证员、个体法院执行员和律师，自决定停止公证、律师业务之日起的一个月内向所在地的税务机关同时提交进行凭证检查的税务申请、税收清算报告、证明在正式出版物上刊登停止相关业务信息的文件。个体公证员、个体法院执行员和律师应该在规定的期限内按税种、规费种类、强制性养老金和社会保障缴款编制和提交税收清算报告，并在自提交税收清算报告之日起的10日内缴纳相应的款项。税务机关在收到申请后的20个工作日内开始进行凭证检查。如果申请人不存在欠税或欠缴相关的款项、或全额偿还全部的款项的，在凭证检查结束后，申请人的纳税义务即被认为已履行完毕。纳税义务履行完毕之日视为申请人在税务机关的注销日期。申请人还需向税务机关提交银行或执行特种银行业务的机构关闭个体公证员、个体法院执行员、律师执行业务活动时的银行账户的证明。如果存在内务机关关于注销个体公证员、个体法院执行员和律师印章的文件，则该文件也应当一并提交。

（六）认定失踪自然人的纳税义务

对失踪自然人的纳税义务，依据法院的判决，自认定失踪时起其纳税义务暂时停止。如果失踪者存在欠税的，由承担其财产托管义务的人员偿还。其财产不足以偿还欠税的，那么其欠税未偿还的部分由税务机关依据法院判决注销。法院改变人员失踪判决时，税务机关之前注销的欠税，按诉讼程序恢复执行。

（七）死亡自然人欠税的偿还

自然人在死亡前或宣布其死亡前形成的欠税，依据法院的判决在继承财产价值范围内或按获得遗产份额的比例由继承人偿还。如果死亡者的财产不足以偿还欠税的，税收机关根据法院的判决，对欠税未偿还的部分进行注销。自然人死亡前有欠税的，如果其继承人是未成年人的，则依据法院的判决，未成年继承人应当免除履行偿还欠税的纳税义务。

四、纳税义务和税款追索的诉讼时效

在哈国税法中，纳税义务和税款追索的诉讼时效主要指以下4种情况的时限：（1）税务机关计算或修订税款、规费的计算期间；（2）纳税人或扣缴义务人提供税务报表，修改、补充并撤销税务报表的期间；（3）纳税人或扣缴义务人要求抵扣或退还税款、规费、罚款的期间；（4）税务机关办理抵扣或退还税款、规费、罚款的期间。根据哈国税法的规定，纳税人在相应的纳税期限结束后，针对上述4种情况，纳税人履行纳税义务和税务机关追索税务债权的诉讼时效为5年。

对于根据地下矿藏使用合同开展经营活动的纳税人，地下矿藏使用合同有效期内以及地下矿藏使用合同有效期结束后的5年内，税务机关有权计算或修订超额利润税、税款和规费以及扣除消除矿床开采影响支出的费用和对年度总收入进行调整方面的企业所得税的计算额。

如果纳税义务和税款追索的诉讼时效期满，纳税人或扣缴义务人按法律规定程序对税务审查或上级税收机关依据书面申诉审查结果做出的决议，以及税务机关公职人员的作为或不作为进行申诉期间，诉讼时效期限延长至按照通知书或申诉审查结果做出的决议被执行之时。

如果税务审查期间按照转移定价发送函询，则修订税款和规费计算额方面的诉讼时效在发送函询且收到相应文件或信息期间暂停。

但无论如何，修订税款和规费计算额方面的总诉讼时效（含暂停期间）不得超过7年。

五、纳税义务履行期限的变更

纳税义务履行期限的变更，指的是依据哈国税法的规定，纳税人申请变更履行纳税（源泉扣缴的进口商品消费税和增值税除外）和缴纳滞纳金的期限。按照哈国税法的规定，纳税人在提出变更时，必须说明延长缴纳税款或滞纳金的期限的理由。同时，变更履行纳税义务的期限不免除纳税人因违法未及时缴纳税款而应当缴纳的罚金。

根据哈国税法的规定，纳税人在办理了银行担保和财产抵押之后，可以向税务机关提出纳税义务履行期限变更的申请，税务机关应当在15日内做出同意或拒绝变更履行期限的决定。

对于上缴国库、国家和地方共享的税款和滞纳金缴纳期限的变更，由主管机关批准；对于全额上缴地方财政的税款和滞纳金的期限变更，由纳税人所在地的税务机关批准。

根据哈国税法的规定，对于一般纳税义务履行期限的变更不得超过12个月；对于税务检查通知书所注明的税款、滞纳金等履行期限的变更不得超过36个月。

纳税人违反履行税款和滞纳金缴纳义务的进程表规定的义务的，则变更税款和滞纳金缴纳期限的决定提前失效。

提供抵押担保的纳税人违反履行纳税义务计划表的，税务机关有权提请追索抵押财产，并按哈国民法的规定，按诉讼以外的强制程序对抵押财产进行销售。提供银行担保的纳税人违反履行纳税义务计划表的，税务机关有权要求银行履行担保义务。

六、纳税义务的终止

根据哈国税法的规定，自然人纳税人死亡或法院宣告其死亡的，纳税义务自死亡之日或宣告死亡之日起终止。个体经营者的纳税义务自停止经营活动之日起终止。法人自清算、合并（对于合并法人）、兼并和分立方式重组后终止。

第二编　哈国税种和规费法律制度

第三章　企业所得税法

企业所得税是国家对企业在一定时期内从事生产经营活动而获得的收益的征税。由于在当代世界各国，社会经济活动的主要过程都是由企业进行的，市场经济活动离不开企业的生产和销售。因此，企业是最重要的市场主体，是社会生产和流通的直接承担者，在社会经济生活中发挥着巨大的作用。在现代市场经济条件下，一方面，政府必须为企业的存在与发展创造良好的社会环境；另一方面，企业也必须为享受政府所提供的公共产品而支付相应的对价。政府对企业生产经营活动的征税，就是政府对企业的正当索取；企业为其市场经济活动的收益纳税，就是企业对政府的一种义务。故企业所得税不仅是绝大多数国家都普遍开征的税种，而且也成为许多国家重要的财政收入来源。哈萨克斯坦也不例外。企业所得税在筹集哈国政府财政资金、促进哈国经济发展过程中起到了非常重要的作用。

第一节　概　　述

哈国的企业所得税法作为哈国税法的重要内容，其发展历程与哈国税法的发展历程一致，大体可分为三个不同的阶段。

从1991年哈国独立到1995年4月，是哈国企业所得税法律制度的初步形成期。这一时期，哈国政府非常重视企业所得税的立法工作。1991年的《哈萨克斯坦共和国税收体系法》中就对企业所得税做出了规定。1992 年哈国除专门制定了《哈萨克斯坦共和国企业、团体和组织税法》、《关于企业、团体和组织税法实施程序》等企业所得税方面的法律外，还制定了《外国投资法》、《哈萨克斯坦自由经济区法》等法律，对企业所得税的有关问题进行了规定。1994 年哈国制定的《哈萨克斯坦投资法》中，对哈国企业法人的所得税问题进行了规定。这一系列规定，表明哈国政府非常重视企业所得税的立法工作。当然，由于哈国这一时期正处于建国之初，企业所得税法立法水平不高、立法技术粗糙、相关法律变化频繁等，导致实施的实际效果不甚理想，从而受到了许多批评与质疑。

1995 年 5 月哈国制定颁布的《关于预算税收和其他规费》，标志着哈国的企业所得税立法进入到了发展期。这一时期企业所得税的一个明显特点是与个人所得税合并为一个税种。由于《关于预算税收和其他规费》是以西方的税收制度为蓝本制定的，因此，为了避免对纳税人的双重征税，哈国税法将企业所得税和个人所得税合并成了一个税种。哈国企业所得税法的第二个特点是简化了企业所得税的税率。在此之前，哈国企业所得税针对不同的所得设置了 7 个不同的税率，即一般企业和外商投资企业的税率为 25%，外商独资企业和外国企业常设代表处的税率为 30%，银行和保险业的税率为 45%，商品交易所、经纪行、中介等商业活动的税率为 55%，农业企业的税率为 10%，资本利得的税率为 25%，股利预提税的税率为 15%，等等。新税法则将税率简并为了 3 个，即一般企业的税率为 30%，外国法人企业、利润和股息的税率为 15%，在特别经济区注册的法人企业的税率为 20%。哈国企业所得税法的第三个特点是给予了外国投资者超国民待遇。为了吸引外国投资，哈国给予了从事经营活动的外国法人以及在哈国境内开办的、有苏联和外国法人或公民参加的合资企业一系列税收特别优惠规定，从而使外国投资者在哈国享受到了超国民待遇。例如，外资股份占 30% 以上的企业可以扣除所有的劳工费用，生产型的外资企业可以享受两年或更长时间的免税等。

2001 年制定的《税法典》，使哈国税收法律制度的发展进入了一个成熟期。《税法典》不但把企业所得税从原先的所得税法体系中分离了出来，并在第四章对纳税人、课税对象、年度总收入、扣除款、应税收入、税率、税收减免以及对商业保险（再保险）机构、非商业组织、社会活动组织等特殊类型的主体或活动的征税，都做了非常详细的规定。同时，《税法典》还专门对投资税款的优惠进行了规定，从而奠定了新世纪企业所得税法律制度的基本体系和内容结构。2003年哈国政府取消了对外国企业的超国民待遇。所有的企业不再区分内资和外资，统一适用相同的税制，按照统一的税率和税前扣除标准计算和缴纳税款，并享受相同的税收优惠措施，这使所有的企业都能够在同一起跑线上公平竞争。

2009年在对《税法典》的重大修改过程中，企业所得税的内容得到了进一步的完善。首先，法律条文数量有了较大幅度的增长。修改之前的《税法典》中，企业所得税部分（包括第五章的条文）的法条数为64条，修改后增加到了72条（包括第五章"经济特区企业征税"的两条在内）。其次，《税法典》第15章对实行源泉扣缴的企业所得税制度进行了专门规定。再次，降低了企业所得税的税率。将之前适用的普通税率由30%降到了20%，从而大大减轻了企业的税收负担。最后，法典第17章专门对包括努尔苏丹新城、国家石化工业技术园、创新技术园、布拉拜、萨雷阿尔卡等10个经济特区的企业征税问题进行了规定。此后，虽然有关企业所得税法的部分条文经过了多次的补充和修改，但都属于微调，对这部分的内容基本没有做大的变化。

从上述对哈国企业所得税发展过程的分析可以看出，哈国的企业所得税法律制度是随着哈国税收法律制度的发展而逐步发展完善起来的。现行的企业所得税法律制度基本能够满足哈国市场经济条件下国家对企业征税的要求。

第二节　纳税人

从理论上讲，凡是企业都可以成为企业所得税的纳税人。但实际上，由于各个国家的国情不同，故在选择企业所得税的纳税人时，也形成了多种不同的情形。例如，有的国家企业所得税的纳税人是法人组织，但也有一些国家企业所得税的纳税人还包括了非法人组织。同时，在经济全球化的背景下，本国企业到外国进行投资和其他经济活动，外国企业对本国进行投资和其他经济活动等，都已变得非常的普遍。在此情况下，企业所得税就面临着税收管辖权的确定问题。而税收管辖权是国家主权在税收领域的具体体现，因此，确立不同的税收管辖权原则，不仅会使国家税收主权的范围有所不同，而且也会使纳税人的范围有所不同。同时，随着国际法上的居民概念被引入税法之后，区分居民纳税人和非居民纳税人，不仅对于确定国家税收管辖权具有重要意义，而且直接决定着纳税人纳税义务的范围和大小。因此，在企业所得税法中，确定纳税人，就是首先需要解决的问题。

哈国《税法典》第 81 条第 1 款规定，企业所得税的纳税人是指哈国的居民法人，以及在哈国境内通过常设机构从事经营活动的非居民法人或收入来源于哈国的非居民法人，但哈国国家机关除外。根据此项规定可知：第一，哈国企业所得税的纳税人是法人企业。这说明，哈国的企业所得税法在本质上是一种法人所得税法或公司所得税法。它只对具有独立法人资格的公司或其他的法人机构征税，而不对非公司制的企业或其他组织征税。第二，纳税人的范围包括了哈国的居民法人和在哈国境内通过常设机构从事经营活动或收入来源于哈国的非居民法人。这表明，哈国在企业所得税的管辖权上，同时实行属人原则和属地原则。其中，前者适用于哈国的居民法人，后者适用于哈国的非居民企业。哈国居民法人在企业所得税法上负有无限纳税义务，必须为其在哈国境内和境外的经营活动或收入向哈国政府缴纳企业所得税。而在哈国的非居民企业则只负有有限的纳税义务，只对其在哈国境内通过常设机构从事的经营活动或通过常设机构获得的收入负有向哈国政府纳税的义务。

为了使企业所得税纳税人的范围更加明确，《税法典》还规定了两种例外的情形：第一，对于适用于小企业特殊税制的法人企业，不征收企业所得税，而是按照小企业税制的特殊规定征税。根据《税法典》第 61 章的规定，适用小企业特殊税制的法人企业实际上指的是适用于简化申报特殊税制的法人企业。这类企业必须满足两个条件，即纳税期内员工极限平均册列人数为 50 人，纳税期内边际收入为 2500 万坚戈。对于符合这一规定的小法人企业，按照 3% 的税率纳税。如果税款金额高于纳税期首日员工平均工资 2 倍以上的，应按照平均册列人数按每名员工税款的 2.5% 下调。第二，对于《税法典》第 59 章规定的博彩税纳税人经营赌场、老虎机室、赌马、投注站等项目的法人组织，以及《税法典》第 60 章规定的定额税的纳税人经营无奖励老虎机、个人游戏电脑、赛道（保龄球）、卡丁车、台球桌（台球）等项目的法人组织，不是企业所得税的纳税人。他们的经营收入，不缴纳企业所得税，而是缴纳相应的博彩税或定额税。

第三节 应税收入

从理论上讲，企业所得税的征税对象指的是企业在一定时期内的所得额。

由于在税率确定的前提下，不同的征税对象会直接决定不同的征税数量，故在当代世界各国，都会在税法中对企业所得税的征税对象作具体明确的规定。

根据哈国税法的规定，哈国企业所得税的征税对象包括了企业的应税收入、源泉扣缴收入和在哈国境内通过常设机构从事经营活动的非居民法人的纯收入三大类。由于应税收入不仅是哈国企业所得税最主要的征税对象，而且内容比较复杂，故我们先讨论应税收入额的确定问题，而把源泉扣缴收入和在哈国境内通过常设机构从事经营活动的非居民法人的纯收入放到后面去讨论。

哈国税法规定，应税收入指的是经过调整的年度总收入与法律规定的扣除款之间的差额。故它可以用下述公式来表示：

应税收入=调整后的年度总收入–法律规定的扣除款

由此可见，要确定企业的应税收入，就必须首先要确定企业调整后的年度总收入，在此基础上再根据法律规定，扣除应当扣除的款项即可。

一、年度总收入的范围

在哈国税法上，居民法人的年度总收入包括了纳税人在纳税期内从哈国境内和境外取得或应当取得的全部收入。在哈国境内通过常设机构从事经营活动的非居民法人的年度总收入包括了该非居民法人通过在哈国的常设机构从事经营活动所取得的境内和境外的全部收入。年度总收入包括了 25 项不同的收入或所得。其中比较重要的有：

1. 销售收入。销售收入是指销售商品、完成工程和提供服务等所取得的收入。但增值税和专项消费税的税额不包括在销售收入之中。另外，为了明确提供服务收入的内容，哈国税法中还专门规定这四种情况属于提供服务的收入：（1）贷款（借款、小额贷款）手续费以及有价证券业务报酬的收入；（2）财产用于金融租赁获得的酬金收入；（3）使用费；（4）财产出租收入。

2. 资产增值收入。在哈国税法中，资产增值收入主要包括 3 类收入：（1）不应折旧的资产销售收入；（2）不应折旧的资产转为注册资本投入；（3）由于兼并、合并、分开或分出等形式的改组而出售不应折旧的资产。其中，不应折旧的资产主要指的是以下 9 类资产：（1）土地；（2）未竣工的建筑工程；（3）未安装的设备；（4）使用期超过一年但未在获利经营活动中使用的资产，或使用期超过一年但按照法律规定不属于固定资产的资产；（5）有价证券；（6）股份；（7）根据 2000 年 1 月 1 日前实行的税法预先被完全扣除其价值的固定资产；（8）根据投资法和2009年1月1日前签订的投资合同，已投入使用并且其价值预先被完全扣除的资产；（9）根据法律规定被列入社会设施的财产。

3. 债务注销收入。债务注销收入包括了以下4种情况下纳税人所取得的收入：（1）债权人注销纳税人所欠债务；（2）纳税人被清算的，资产负债表被批准时债权人未索取的债务；（3）因法律规定的诉讼时效到期而注销的债务；（4）法院判决注销的债务。对于按企业买卖合同转让债务而使债务金额降低的情况，也属于注销债务收入。

4. 呆滞债务收入。呆滞债务收入指的是因购买商品、建造工程、提供服务等而支付给工作人员加计收入所产生的债务，如果该债务在3年期间未被清偿，则被认定为呆滞债务收入。除增值税外，呆滞债务应列入纳税人的年度总收入之中。

5. 储备金降低所获得的收入。纳税人设立的储备金降低所获的收入，（1）预先扣除的储备金在债务人进行索赔时按比例额执行；（2）预先扣除的储备金，在赔偿合同、债务更新和索赔权转让合同的基础上减少债务人的索赔额时，通过签订债权转让合同或在哈国法律的其他规定基础上按比例减少索赔的金额；（3）预先扣除的储备金降低所获收入是在索赔重新归类时按重新归类的索赔额比例执行。

6. 债权转让收入。债权转让收入包括了两方面的收入，一方面是针对购买债权的纳税人而言，由债务人支付的基本债务，包括超过基本债务的部分与购买的债权价值之间的正差；另一方面是针对转让债权的纳税人而言，其转让的债权价值，与债务人依据纳税人的初始文件所支付的债权价值之间的正差。

7. 处置固定资产收入。处置固定资产收入指的是处置固定资产的收入，在扣除了相应的支出后，超出资产明细表账面价值的所得或收入。超出部分应该列入年度总收入，并且该资产的明细表账面价值在纳税期结束后应当为零。

8. 开采自然资源时地质研究和准备工作所用费用以及地下资源利用者其他费用进行调整后所得的收入。这项收入主要指的是在开采自然资源时，对于地质研究和准备工作所支费用和地下资源利用者的其他费用，在扣除了筹备费及其他的扣除项目后的收入额超出纳税期初该组的金额和含纳税期内发生的费用，超出的价值应列入年度总收入，纳税期结束时该金额应当为零。

9. 消除矿床开采影响基金提留金额超出消除矿床开采影响实际费用总额而获得的收入。这项收入主要指的是，根据地下矿藏使用合同而建立的消除矿床开采影响基金，在合同有效期内，地下矿藏使用者利用此基金处置矿床开采影响所支出的实际费用，低于基金的提留，那么此差额应纳入地下矿藏使用合同终止的纳税期内的年度总收入。对于地下矿藏利用者滥用清理基金的资金，应纳入年度总收入的差额，减少合同有效期内对年度总收入进行调整的金额。

10. 预先扣除所得的补偿。预先扣除所得的补偿收入包括：（1）预先扣除并在后续纳税期补偿的呆滞债务的款项；（2）从国家财政资金中获得的款项；（3）由保险机构或损失责任人支付的损失补偿款，处理固定资产的保险理赔款除外；（4）因补偿预先扣除的费用获得的其他补偿金。另外，根据非储蓄保险合同，由保险机构应当返还或已经返还给投保人预先扣除的保险费，应当列入投保人的年度总收入。

11. 无偿获得的财产。无偿获得的财产是指，除《税法典》规定的情形外，纳税人无偿获得的任何财产、劳动和服务的收入，均视为其收入。

12. 社会设施运营收入。社会设施指的是纳税人从事以下四个方面的业务时所使用的、属于纳税人所有的设施：（1）医疗业务；（2）初级教育、基本中等教育、普通中等教育、技术和职业教育、中学后教育、高等教育和大学后教育、继续教育领域的业务；（3）科学、体育运动、文化、保护历史文化遗产服务、档案使用的业务；（4）组织工作人员及其家人、关联方工作人员和其家庭成员度假、住房基金的使用。当纳税人从事上述业务时，应得或已得的收入超出实际费用的部分应列入纳税人的年度总收入。另外，纳税人在负责安排工作人员的公共饮食、儿童学前教育和培训，以及儿童、老人和残疾人的社会保护和社会保障时使用社会设施从事经营活动而得到的收入应纳入年度总收入。

13. 企业作为财产综合体销售的收入（亏损）。企业作为财产综合体销售收入是指根据销售当日会计核算数据，企业（财产综合体）买卖合同的销售价值与已转让资产的账面价值（减去已转让负债的账面价值）之间的正差。销售亏损是指根据销售当日会计核算数据，企业（财产综合体）买卖合同的销售价值与已转让资产的账面价值（减去已转让负债的账面价值）之间的负数。对于销售亏损，可依法结转。

除上述收入外，企业年度总收入还包括：（1）金融衍生工具收益；（2）

保险公司、转保公司在保险合同、转保合同方面设计的保险准备金降低而获得的收入；(3) 协调限制或终止企业经营活动所得的收入；(4) 合资经营收入；(5) 债务人被判决或认定的且未被扣除的罚款、罚金和其他形式的处罚，但从财政基金当中返还的预先不合理扣除的罚款除外；(6) 红利；(7) 存款、债务性有价证券、期票、伊斯兰租赁证书所得的酬金；(8) 汇率正差额超出汇率逆差的金额；(9) 彩金；(10) 在伊斯兰银行中的投资存款收入；(11) 财产信托管理所得的净收入，该收入是托管方按信托管理合同或在信托管理产生的其他情况下受益人得到的（应得到的）；(12) 其他收入。

在明确上述收入的基础上，《税法典》还明确规定了不属于年度总收入的企业所得。具体包括：(1) 红利，如果未另行规定，不含风险性封闭式共同投资基金和风险性股份制投资基金支付的红利；(2) 自然人存款强制性担保机构获得的银行应缴的日费、附加费和紧急状况费；(3) 保险保障基金所得的保险机构应缴费、附加费和紧急状况费总额；(4) 根据抵押担保程序，自然人存款强制性担保的机构和保险保障基金所得的资金总额；(5) 根据退休金保障法的规定所得并存入个人退休金账户的投资收入；(6) 根据社会强制保险法的规定所得定向用于增加国家社会保险基金资产的投资收入；(7) 根据投资基金法，股份投资基金从投资业务所得的投资收入；(8) 根据相关法律的规定，金融公司通过购买股票方式发放贷款合同所得的债务索赔权转让收入；(9) 财产信托管理所得的净收入，是信托机构按信托管理合同或在发生信托管理的其他情况下受益人得到的（应得到）的收入；(10) 棉花收购担保基金会从棉花加工机构所得的每年应缴款项；(11) 谷物收购担保基金会从粮食收购企业所得的每年应缴款项；(12) 棉花或谷物收购担保基金会为满足保证金需求而获得的款额；(13) 伊斯兰银行在管理投资存款过程中获得并存入投资存款账户的收入。这些收入不包括伊斯兰银行的手续费；(14) 根据有价证券市场法规定建立伊斯兰专业金融公司转让债权所获得的收入；(15) 经法院批准的重组计划中包含的重组资产和债务清单中所列的银行债务，债权人注销这些债务所获的收入。本项规定适用于国家管理控股公司按照银行活动法收购其80%以上表决权股份的银行；(16) 哈国政府确定的法人转让债权获得的收入，是向作为国家发展研究所的银行赎回贷款（借款）债权所获得的收入，该银行股票控制额归国家管理控股公司所有；(17) 在哈国参与的政府间协议框架内，依靠资助资金所得（应得）的销售收入。该政府间协议目的是，在哈国内通过常设机构从事经营活动的非居民法人向哈国不富有的居民提供帮助；（18）从获得上级银行可疑和呆滞资产的银行分支机构纳税年度的总收入中，取消法律规定业务所产生的收入。

二、扣除额

一般而言，企业所得税应该是对企业净所得的征税，故只有对与企业生产经营活动直接相关的所有支出扣除后的余额才可以征税。这不仅是现代世界各国企业所得税法的基本原则和共同做法，而且也是实现企业所得税的立法目的和促进社会经济发展的重要措施。是故，哈国《税法典》在确定企业所得税的征税额时，也规定了税前扣除的一般原则和主要的扣除项目。

（一）税前扣除的一般原则和主要内容

如前所述，企业所得税是对企业在生产经营活动直接相关的所有支出扣除后的净利润的征税。但事实上，企业在生产经营过程中所发生的支出不仅种类繁杂而且数量巨大，并且这些支出中并不都直接与企业的生产经营活动有关。因此，当代世界大多数国家在对企业所得税扣除额立法时，本着“单纯为促进业务和提高利润目的”，确定了税前扣除的一般原则。当然，由于各个国家对于这一立法目的理解各有不同，税前扣除的一般原则也就各有特点。在哈国税法中，企业所得税前扣除的原则主要有以下几个：

（1）相关性原则。即纳税人税前扣除的项目必须与纳税人取得的应税收入相关。对此，哈国税法中明确规定“纳税人用于获利性经营活动的费用在确定征税收入时应予以扣除，不包括本法律规定不应扣除的费用”。

（2）确定性原则，即纳税人税前扣除的金额，不仅不应超出规定的标准，而且必须要由相关的文件来证明。

（3）配比性原则。即纳税人税前扣除的金额，应该根据其实际发生的时间在相应的纳税期内申报扣除，而不得提前或滞后申报扣除。

在上述原则的基础上，《税法典》对于以下事项的扣除也做了规定：因自然垄断而带来的损失应当在法律规定的范围内扣除；对同一费用的扣除出现法条竞合时，只能按其中的一条规定确定扣除；法院判决或认定的罚金、滞纳金、违约金应当被扣除；在建设期内建设工程获得的贷款（借款）报酬应列入建设项目价值中；合资经营支出的费用或其部分费用应当扣除；纳税人用于建设、购买固定资产所支出的费用以及其他投资费用应当依法扣除；纳税人使用社会设施时所支出的费用应当扣除；纳税人为了消除已销售的商品、完成的劳动、给予的服务的缺陷而支出的实际费用应列为扣除款；增值税纳税人缴纳的增值税在法律规定的范围内应当扣除，等等。

（二）几种主要的扣除项目

为了进一步规范企业的税前扣除，哈国《税法典》还专门对企业税收扣除中一些常见的和重要的项目进行了规定。

（1）出差补助。根据《税法典》第101条的规定，可以扣除的出差补助范围包括：出差往返实际发生的费用、住宿费用、出差补助费、办理入境签证时支付的费用等四项费用。其中，出差往返实际发生的费用需要提供支付差旅费和预订费的证明单据（包括电子客票）。住宿费用需要提供支付租用费和预订费的证明单据。出差补助费按天计算的，金额由纳税人规定。出差天数根据出差往返日期由路费凭证或其他证明出差日和返回日的单据来确定。

（2）招待费用。招待费用是指为了接待和服务纳税人编制外的人员（包括自然人）而发生的费用。接待活动的内容包括：①建立或保持相互合作；②组织和召开董事会、纳税人其他管理机构的会议，执行机构的会议除外。招待费用包括：①参与招待活动人员的交通费；②招待活动期间人员的餐饮费；③聘请编制外翻译人员的服务费；④进行招待活动租赁或装饰房间的费用。受邀请者的住宿费、签证办理费、组织休闲、娱乐和休养费以及未列入招待活动参与人交通费用的费用，不属于招待费且不应扣除。交通费用不包括招待活动参与人通过铁路、海运和航空出行的交通费用。扣除招待费用必须依据：①纳税人关于进行招待活动的书面命令和书面通知，注明活动目的和责任人；②纳税人批准的招待活动的支出预算；③责任人关于举行的招待活动的报告，注明活动日期和地点、活动结果、参与人成员、活动方案、实际发生的费用；④证明招待费用依据和实施的原始文件和其他文件。招待费用列入扣除的金额，不超过纳税期内雇主向工作人员支付的应纳税工人工资金额的1%。

（3）报酬。报酬是指：①《税法典》第12条确定的报酬；②按照双方签订的贷款（借款）合同所支付的违约金（罚款、滞纳金）；③支付相关双方担保费。

（4）已支付的呆滞债务。如果先前已认定的呆滞债务由纳税人支付给债权人，那么允许扣除已付款项。该扣除在发生支付的纳税期内进行，在先前列入收入的金额范围内。

（5）呆滞债权。呆滞债权是指通过向哈国法人、个体经营者以及在哈国通过常设机构、分公司、代表处从事经营活动的非居民法人销售商品、完成工作、提供服务所产生的3年内未被偿付的债权。销售商品、完成工程、提供服务产生的，且因根据哈国法律认定纳税人（债务人）破产而未被赔偿的追索，也被认定为呆滞债权。纳税人在扣除呆滞债权时必须要有文件证明追索的产生。同时，列入扣除时必须要将追索反映在会计核算中，或将此追索列入上一纳税期会计核算中的支出（冲销）账目。在认定债务人破产时，除依上述规定的文件外，还必须另行提供法院认定债务人破产的判决书复印件。纳税人有权按照债务人被认定破产的纳税期内的汇总结果将呆滞债权列入扣除款。在预先认定的商品销售、完成工程和提供服务收入的金额范围内将不明追索列入扣除款。

（6）准备金。对于依法设立的储备金，银行有权对其支出额进行扣除。确定储备金额时，抵押品和其他担保物的价值减去储备所针对的资产、或有负债的金额。准备金主要针对：①存款，包括其他银行同业往来账户内的余额以及2012年12月31日之后这些存款加计的利息；②向其他银行和客户提供的贷款（不含金融租赁）利息以及2012年12月31日之后这些贷款的利息；③按照结算单据和担保产生的债务人的欠款；④未清偿付款凭单、发行或确认担保的或有负债。

另外，纳税申报期期末确定的动态储备金金额与上一纳税期期末确定的动态储备金金额之间的正差，银行有权进行扣除，其股票控制额归国家管理控股公司所有且是国家发展研究院的银行除外。

保险（再保险）机构有权扣除按保险（再保险）合同设立保险准备金而支出的费用。

小额信贷机构有权扣除设立小额贷款呆滞资产和不良资产备抵金（准备金）支出的费用，向相关方或相关方债务第三方提供的资产除外。

国家管理控股公司，以及主要从事借贷业务或赎回债权业务且100%表决权股票（股份）归国家管理控股公司所有的法人，有权扣除针对下列呆滞资产、不良资产、或有负债设立的储备金所支出的费用总额：①押金，包括其他银行同业往来账户内的余额；②向其他银行和客户提供的贷款（金融租赁除外）；③跟单统计和保单的债务人负债；④未清偿付款凭单、发行或确认担保的或有负债；⑤在按照哈国政府批准的程序设立的储备金范围内扣除设立储备金所支出费用。

（7）矿山复垦治理费和清理基金计提额。地下矿藏使用者有权从年度总收入中扣除计提的清理基金。允许扣除额为地下矿藏使用者在纳税期内对哈国境内的任何银行专门存款账户实际进行的汇款。对于地下矿藏开发清理基金使用不当的，不当使用的资金应列入本纳税期地下矿藏使用者的年度总收入之中。矿山复垦治理费的实际支出在纳税期内进行扣除，不包括专门存款账户中的清理基金出资的支出。纳税人有权从年度总收入中扣除转入哈国境内任何二级银行专门存款账户中的废料堆场清理基金的计提总额。废料堆场清理基金使用和扣除的数额和程序由法律制定。对于废料堆场清理基金使用不当的，不当使用的金额列入本纳税期内纳税人的年度总收入之中。

(8) 研发费用。依据科研工作的技术任务书和这些工作的阶段验收报告，可以对支出的科研费用进行扣除，不包括购买固定资产、安装固定资产和其他资本性投资。

(9) 保险费和缴费。投保人根据保险合同应当支付或已经支付的保险费可进行扣除，不包括依据储蓄保险合同支付的保险费。银行金融业保险机构有权扣除自然人存款担保转账的日历缴款、补充缴款和紧急缴款金额。保险金保险机构、再保险机构有权扣除保险金担保转账的应缴款、紧急缴款和补充缴款金额。棉花加工和收购保险机构有权扣除棉花购买担保转账的年应缴款金额。粮食和谷物收购保险机构有权扣除谷物购买担保转账的年应缴款金额。

(10) 工作人员的应计收入和向自然人支付的其他费用。雇主向工作人员支付的应税收入应该扣除。雇主支付给工作人员的费用包括根据哈国法律对于雇主生产经营有关专业方面提供培训、提高业务技能或进修的费用。纳税人向自然人支付的补偿款、工作调动的费用、野外工作人员的津贴、伙食补贴、住房补贴、法院判决的物质损失补偿金、社会保障的罚款等应当扣除。纳税人按退休金保障合同缴纳的自愿职业退休金在规定范围内应扣除。

(11) 地质勘探、自然资源开采筹备费用及地下矿藏使用者的其他扣除项目。商业发现后开始开采前，地下矿藏使用者进行地质研究、勘探、矿物开采筹备而实际发生的费用（包括评估费、设备安装工程费、一般管理费）、签约酬金和商业发现奖金、固定资产和无形资产购置或建立费、根据《税法典》规定应扣除的其他费用构成单独的折旧资产组，从年度总收入中以计提折旧的形式扣除。

应当通过使用地下矿藏使用者拟定的折旧率计算计提折旧金额，但在纳税期末时不得高于法律规定折旧资产组累积支出总额的25%。

地下矿藏使用者依据开采合同从事经营活动，同样适用该程序。

勘探合同实施后一个纳税期末的折旧资产累计支出在该开采合同框架内应作为折旧计提从年度总收入中扣除。

如果在合同范围内地下资源使用者在商业发现开采开始之后完成地下资源使用活动的，最后一个纳税期期末形成的折旧资产组的资金应当扣除。

对于废弃的油井，那么该油井实际发生的建设费用和废弃费用应当列入该井废除当期纳税期的扣除。这时，商业发现之后开始开采之前发生废井建设和消除费用，不从形成的单独折旧资产组内去除。

上述各项所规定的费用扣除应包括下列经营收入：1）进行地质研究和开采筹备期间所得的收入；2）商业发现后开始开采前，销售所得矿物的收入；3）出售地下矿藏使用者的权利或部分权利所得的收入。

上述规定也适用于纳税人购买地下矿藏使用权产生的无形资产购置费。

（12）商业发现之后开始开采之前地下井浸出法铀矿开采准备工作的费用。地下矿藏使用者在商业发现之后开始开采之前实际发生的地下井浸出法铀矿开采准备工作的费用形成单独的折旧资产组。费用清单由矿藏利用合同规定。计提折旧金额依据法定的公式计算。根据独立开采合同或联合勘探和开采合同，地下资源使用者在商业发现开采开始之后完成地下资源使用活动的，纳税期期末单独折旧资产组的价值应在完成这些活动的纳税期内扣除。

（13）地下矿藏使用者培训哈方人员和地区社会发展的费用。矿藏使用者培训哈方人员和地区社会发展实际发生的费用可以在地下矿藏使用合同规定金额范围内扣除。这些费用包括：1）哈方人员的培训费用。确认用于哈国公民培训、提高技能和进修的费用以及为此目的上缴国家财政的资金。2）地区社会发展费用。确定用于发展和支持地区公用基础设施项目的费用以及为此目的上缴国家财政的资金。

（14）汇兑损失大于汇兑收益的金额。如果汇兑损失大于汇兑收益，超出部分可进行扣除。

（15）税款和规费。在纳税申报期内向国家支付的税款和规费可进行扣除，但下列项目不应扣除：1）确定年度总收入前扣除的税款；2）法人在哈国和其他国家境内缴纳的企业所得税和收入税；3）在实行优惠税率国家缴纳的税款；4）超额利润税。

（16）不应扣除的支出。哈国《税法典》在规定了应当在确定企业所得税应纳税所得额时予以扣除的支出外，为了进一步明确扣除的范围，第 115 条还对不应扣除的项目做了专门的规定。这些不应扣除的项目包括：1）与营利性经营无关的费用；2）骗税企业的纳税人从事骗税犯罪活动所产生的费用；3）依法认定为无效的纳税人自被公布无效之时起的业务费用；4）法院认定有意停止经营的个体经营者完成交易的费用；5）应上缴国家财政的违约金（罚金、滞纳金），按国家采购合同应上缴国家财政的违约金（罚金、滞纳金）除外；6）《税法典》规定可扣除的费用大于按照上述标准计算的最大扣除额之间的差额；7）超出法律规定数额计算（加算）和缴纳的税款和规费；8）购买、生产、建设、安装、装配费用和法律规定的社会设施成本的费用及其运营费用；9）纳税人无偿转让的财产价值。无偿施工、提供服务的价值，按无偿施工、提供服务发生的相关费用确定；10）从事农业原料加工的纳税人，其应扣除的增值税额超过纳税期内加算的增值税额；11）计提准备金；12）企业作为财产综合体按买卖合同转交的库存商品的价值；13）地下矿藏使用者按产品分配合同开展经营活动时缴纳的附加费；14）根据资产增值收益而列入不计提折旧资产原始价值的纳税人费用。另外，购买上级银行呆滞资产和不良资产的银行分支机构获得的并汇入向机构出让呆滞资产和不良资产债权的银行划拨的资金以及与规定经营种类无关的费用，都不得扣除。

三、固定资产的扣除

一般而言，税法所称的固定资产，主要是指企业为生产产品、提供劳务、出租或经营管理而持有的，使用时间超过 12 个月的非货币性资产。包括房屋、建筑物、机器、机械、运输工具以及与生产经营活动有关的设备、器具、工具等。

在哈国税法中，固定资产主要包括以下四种情况：1）纳税人在进行会计核算时要求核算的用于获利性经营的固定资产、不动产投资、无形资产和生物资产；2）承租人依承租合同而产生的或得到的使用期限超过一年的资产；3）依法使用期限超过一年的社会设施性质的资产；4）被托管方按信托管理合同或其他信托资产管理协议取得的，用于营利性经营一年以上的，使用期限超过一年的资产。

固定资产不包括：（1）商业发现后开始开采前地下矿藏使用者投入生产的，根据《税法典》第 111 条纳入征税的固定资产和无形资产；（2）依法要求不计算计提折旧的资产、生物资产、不动产投资；（3）土地；（4）博物馆藏品；（5）建筑古迹和艺术文物；（6）公用设施，公路、人行道、林荫路、小公园；（7）在建的基建项目；（8）列入影片资料库的设施；（9）哈国计量单位的国家标准；(10) 其价值全部扣除的固定资产；(11) 纳税人认同并在资产负债表中登记的使用期限不确定的无形资产；(12) 2009 年 1 月 1 日前依据投资法签订的享有从年度总收入进行额外扣除权力的合同项下，投资项目框架内投产的资产；(13) 2009 年 1 月 1 日前依据投资法签订的免除企业所得税的合同项下，投资项目框架内投产的，部分价值在 2009 年 1 月 1 日前已经扣除的资产；13) 投产后在 3 个纳税期内享受优惠的项目；(14) 使用期超过一年的社会设施性资产；(15)《税法典》第 11 条第 1 款规定的资产。

在《税法典》所规定的资产明细表中，固定资产被分成了四类：第一类为建筑物和构筑物。其中，建筑物与构筑物分别成为一个分组。第二类为机器和设备。第三类为计算机、软件和信息处理设备。第四类为未列入其他组的固定资产，包括油井、天然气井、输送装置、石油和天然气开采设备等。具体见表 3－1：

表 3－1　　固定资产分类表

序号	类别	固定资产名称
1	Ⅰ	建筑物、构筑物，不含石油、天然气井和输送装置
2	Ⅱ	机器和设备，不含石油、天然气开采的机器和设备以及计算机和信息处理设备
3	Ⅲ	计算机、软件和信息处理设备
4	Ⅳ	未列入其他组的固定资产，包括油井、天然气井、输送装置、石油和天然气开采设备

(一) 固定资产的原始价值

纳税人在固定资产投产之前发生的费用应该记入固定资产的原始价值。此费用包括：固定资产购置、生产、建设、安装和装配的费用，以及根据国际财务报表准则和哈国会计核算和财务报表法的规定增加固定资产价值的其他费用，但不包括：(1) 法律规定不应扣除的费用；(2) 在利用固定资产进行经营活动时已扣除的增值税；(3) 依据扣除额的规定进行扣除的费用；(4) 折旧费；(5) 会计核算中产生的费用，以及根据法律规定视为纳税支出的费用。

除上述一般性规定外，哈国税法还对几种特殊情况进行了规定：(1) 通过转换商品物资储备或待售资产增加的固定资产的原始价值，是指该进项发生之日根据国际财务报表准则、会计核算和财务报表法确定的资产账面价值。(2) 无偿获得固定资产时，固定资产的原始价值是指这些资产交接单中注明的账面价值，包括根据国际财务报表准则、会计核算和财务报表法进行初始确认时提高这些资产价值实际支出的费用。（3）获得法定资本时，固定资产的原始价值是指法人创立文件中注明的投资价值，包括根据国际财务报表准则和会计核算和财务报表法进行初始确认时提高这些资产价值实际支出的费用。（4）纳税人通过合并、兼并、分立或分出改组获得固定资产时，固定资产的原始价值是指交接书或资产负债表中注明的资产账面价值。（5）被托管方获得信托管理的固定资产时，这些固定资产的原始价值是指，对于第Ⅰ类固定资产根据资产负债表中的价值减去其剩余价值，对于第Ⅱ、第Ⅲ和第Ⅳ类的固定资产，根据资产负债表中的价值减去移交时根据国际财务报表准则和会计核算和财务报表法确定的账面价值。在其他情况下，是指资产交接书确定的价值。（6）由于终止信托管理义务而从被托管方处获得固定资产时，这些固定资产的原始价值是指根据《税法典》第119条第11款确定的价值。在其他情况下，是指根据资产负债表中的价值减去折旧额的价值。（7）承租人（继承人或法人）按照租让合同获得固定资产时，这些固定资产的原始价值是指《税法典》第119条第12款确定的价值。如果没有这种价值时，则是指按哈国政府规定的程序确定的价值。在租让合同终止的情况下承租人获得固定资产时，这些固定资产的原始价值是指根据《税法典》第119条第13款确定的价值。

（二）允许税前扣除的固定资产

允许税前扣除的固定资产是指在会计统计中不再作为固定资产、不动产投资、无形资产和生物资产的资产，不包括完全折旧、减值、待售的资产。它在税务上被认为是从固定资产中清除的资产。其金额为资产负债表中的价值减去处置时依法确定的账面价值。它的具体规定包括：（1）出售固定资产的价值为资产负债表中的价值减去出售价值，不包括增值税；（2）无偿转让固定资产的价值为资产负债表中的价值减去资产交接书注明的账面价值；（3）固定资产作为法定资本投资的价值为资产负债表中的价值减去根据民法确定的价值；（4）合并、兼并、分立或分开改组结果中处置固定资产的价值为改组后的法人资产负债表中的价值减去交接书或资产分配表规定的转交资产的账面价值；（5）创始人、参与者收回财产时的固定资产的价值为资产负债表的价值减去按创始人、参与者协议确定的价值；（6）固定资产损失、毁损、损坏、丢失时的价值，在固定资产参保的情况下，为资产负债表中的价值减去保险机构根据保险合同向投保人支付保险金的金额；如果第Ⅰ类固定资产未参保的，则其固定资产的价值为资产负债表中的价值减去按规定程序核算的固定资产的残值；（7）承租人向出租人返还租赁物时固定资产的价值为资产负债表中的价值减去取得租赁物的成本和取得租赁物后至返还前所支付的租赁款减去金融租赁利息之间的正差；（8）固定资产移交信托管理时，对于第Ⅰ组的固定资产的价值为资产负债表中的价值减去固定资产的剩余价值；对于第Ⅱ、Ⅲ和Ⅳ组，为减去移交时根据国际财务报表准则和会计核算和财务报表法确定的账面价值；（9）被托管方终止信托管理义务时，对于第Ⅰ组的固定资产，其价值为资产负债表中的价值减去按照《税法典》第117条第3款规定方式计算的固定资产的剩余价值；对于第Ⅱ、Ⅲ和Ⅳ组的固定资产，为资产负债表中的价值减去按《税法典》第117条第8款规定方式计算的各组的资产负债表的数值；其他情况下，减去根据《税法典》第118条确定的移交资产减去折旧额的原始价值；（10）按租让合同向承租人移交固定资产时，对于第Ⅰ组的固定资产，为资产负债表中的价值减去按《税法典》第117条第3款规定方式计算的固定资产的剩余价值；对于第Ⅱ、Ⅲ和Ⅳ组的固定资产，其价值按哈国政府规定程序确定的价值；（11）在租让合同终止的情况下向出租人移交固定资产时，对于第Ⅰ组固定资产，其价值为资产负债表中的价值减去按《税法典》第117条第3款规定程序计算的固定资产剩余价值；对于第Ⅱ、Ⅲ和Ⅳ组的固定资产，其价值按哈国政府规定程序确定的价值；（12）固定资产暂时停止用于获利经营时，对于第Ⅰ组的固定资产，其价值为资产负债表中的价值减去按《税法典》第117条第3款规定方式计算的固定资产的剩余价值。如果资产暂时停止使用的纳税期和资产暂时停止使用后投产的纳税期不相符，减去分组资产负债表的账面价值；对于第Ⅱ、Ⅲ和Ⅳ组的固定资产，不反映处置情况。暂时停止使用会计核算中未作为固定资产、不动产投资、无形资产和生物资产统计的固定资产不属于暂时停止使用固定资产。

（三）计提折旧

由于企业的固定资产在生产过程中会不断地受到磨损，为了维持基本的再生产，就必须进行计提折旧。由于折旧要作为一项费用而计入成本，其数额直接关系到企业的利润额和所得税额，故各国都在税法中对固定资产计提折旧的基础、立法和期限等进行了专门的规定。

哈国税法明确规定，固定资产的价值应通过按法律规定的计提折旧的方法和条件列入扣除。对于各分组的固定资产，其折旧费按照税收会计制度中规定的折旧率计算确定，且不得超过表3-2中规定的最大折旧率。

表 3-2　　固定资产折旧率

序号	类别	固定资产名称	最大折旧率（%）
1	Ⅰ	建筑物、构筑物，不含石油、天然气井和输送装置	10
2	Ⅱ	机器和设备，不含石油、天然气开采的机器和设备，以及计算机和信息处理设备	24
3	Ⅲ	计算机、软件和信息处理设备	40
4	Ⅳ	未列入其他组的固定资产，包括油井、天然气井、输送装置、石油和天然气开采设备	15

对于第Ⅰ组中的建筑物和设施，折旧费按每个项目单独确定。如果纳税人注销或改组，适用小企业特殊税制的法人变更为一般企业所得税的纳税人，以及终止法人（对于农产品生产者、水产品生产者、养殖业生产者）采用特殊税制的情况下，折旧费在经营期间的纳税期进行调整。

纳税人有权认定在哈国首次投产的生产性建构筑物、从投产后的纳税期起投入使用不少于 3 个纳税期的机器设备是固定资产，并且这些固定资产被用于纳税人的获得性经营之中，且与矿藏使用开发没有直接的因果关系，则这些固定资产就可以适用折旧扣除。地下矿藏使用者在哈国境内首次投产的固定资产如果用于 3 年以上的获利经营，则有权在第一个纳税期内按两倍折旧率计算折旧扣除。该固定资产在第一个纳税期单独计算，不列入资产负债表。在以后的纳税期内该固定资产应列入相应类别的资产负债表。

第Ⅰ组固定资产处置后（不包括无偿转让），纳税期期末该资产负债表中的金额认定为该组固定资产处置亏损。资产负债表归零且不应扣除。第Ⅱ、Ⅲ和Ⅳ组固定资产处置后，纳税期期末该资产负债表应当扣除。如果无偿转让各组的固定资产，纳税期期末相应各组的资产负债表归零且不应扣除。

纳税期末资产负债表的账面价值金额小于预算法规定的且在纳税期最后一天有效的月结算指数的 300 倍时，纳税人有权扣除资产明细表的账面价值。

（四）后续支出的扣除

后续支出是指固定资产、不动产投资、无形资产和生物资产在使用、维修、改造、升级、保养和清算时实际发生的支出以及纳税人准备金计提费用，不包括地下资源使用者计提清算基金的费用。后续支出应当在其实际发生的纳税期内扣除，但《税法典》第 122 条第 3 款和第 6 款规定的费用，以及根据《税法典》第 87 条第 4 款增加不应折旧计提资产原始价值的后续支出不应当扣除。对于地下资源使用者在商业发现后开始开采前的支出、在建基建项目、使用期超过一年的社会性设施资产等的后续支出，不能进行扣除。承租人租赁固定资产的后续支出应当扣除。用于改造和升级生产厂房、设施以及设备和机器的后续支出，应由拥有投资税收优惠使用权的纳税人选择按固定资产扣除或按投资税收优惠扣除。对于地下资源使用者所使用的资产，自矿物商业发现后至开采前发生的应列入会计核算中用于增加该资产的账面价值而支出的后续支出金额，在纳税期期末，包括纳税期期末该金额为零的情况下，按照法律规定单独形成折旧，提高资产的累计费用金额。

四、投资税收优惠

投资税收优惠是由纳税人依照法律规定选择适用的，包括扣除优惠对象的价值或后续改造、升级的费用。除法律规定的情形外，哈国法人拥有投资税收优惠的使用权。

投资税收优惠的对象是指在哈国境内首次投产的生产性建筑物和构筑物、从投产后的纳税期起投入使用不少于 3 个纳税期的机器设备。这些建构筑物需要同时满足以下条件：（1）是承租人根据租让合同产生或得到的使用期限超过一年的资产或固定资产；（2）享受投资税收优惠的纳税人在获利经营中使用的资产；（3）这些资产与地下矿藏使用经营活动没有直接的因果关系；（4）不是根据投资法在 2009 年 1 月 1 日前签订的投资合同草案框架内已投入使用的资产。

生产性建构筑物、机器设备的改造、升级的后续支出，应在这些费用发生的纳税期内扣除，但是上述建构筑物、机器和设备需要同时满足如下条件：（1）根据国际财务报表准则和法律的要求在纳税人会计核算中作为固定资产统计；（2）在改造、升级后投产纳税期之后的不少于 3 个纳税期用于获利经营；（3）实施改造、升级期间临时停止使用的资产；（4）与地下矿藏使用经营活动没有直接的因果关系。

后续支出用于固定资产改造、升级，达到如下结果时，可享受优惠：（1）固定资产变更，含更新、建设；（2）固定资产使用期延长到 3 年以上；（3）较之停产改造、升级之前，固定资产的技术性能得到提高的资产。

非居住性建筑物（包括部分建筑）属于投资税收优惠的对象，但下列对象不包括在内：（1）商业建筑；（2）文化娱乐建筑物；（3）宾馆、饭店建筑和其他短期居住建筑、公共餐饮业的建筑；（4）办公楼；（5）车库；（6）停车场。除此之外的设施都属于享受投资税收优惠的生产设施。此外，通过签订建筑承包合同施工、国家验收委员会签署建筑物投入使用证书后，建筑商向业主移交的、在哈国境内首次投产项目；或在其他情况下，国家验收委员会签署建筑物投入使用证书后在哈国境内首次投产的建筑物，都可享受税收优惠。但是，在经济特区进行生产经营的纳税人、从事酒精、酒类和烟草生产经营并缴纳消费税的纳税人、从事农产品和水产养殖生产的企业法人及农业消费合作社适用特殊税制的企业等，无权享受优惠。

投资税收优惠的方式包括以下两种，即项目投产后扣除法和项目投产前扣除法。

采用项目投产后扣除法时，如果投资税收优惠的对象是固定资产、承租人依据租让合同产生的资 产或得到的使用期限超过一年的资产，其原始价值在投产期的前 3 个纳税期内等额进行扣除，或在投产的当期一次性扣除。

采用项目投产前扣除法时，如果投资税收优惠的对象是建设、生产、购买、安装和装配的费用，以及生产用建构筑物、机器设备的后续改造升级费用，在这些费用在实际发生的纳税期间内投入生产前进行扣除。

如果享受优惠的建构筑物、机器设备在投产纳税期后的 3 个纳税期内，违反法律规定，把不该享受投资税收优惠的项目纳入了投资税收优惠的范围、将享受投资税收优惠的纳税人迁移到了经济特区，或改组成为酒精、酒类和烟草生产经营者并缴纳消费税，或改组为适用特殊税制的企业，则投资税收优惠一经使用即告废止，纳税人应从每个纳税期内的投资税收优惠总额中减去扣除额。

在确定投资税收优惠时，优惠对象为生产性建构筑物、机器设备改造、升级后续支出的，应按照每个优惠对象进行统计。统计数额包括了优惠对象、享受优惠的生产性建构筑物、机器和设备在其投产纳税期后的 3 个纳税期内发生的后续改造和升级费用。如果优惠对象是固定资产的，其原始价值包括投产前纳税人支出的费用。这些费用包括购买、生产、建设、安装和装配费用，以及法律要求增加其价值的其他费用。但下述费用不包括在内：（1）根据法律规定不应扣除的费用；（2）根据法律规定扣除的增值税；（3）法院判决且已被扣除的罚金、滞纳金、违约金，依法已被扣除的出差补助支出；（4）折旧费；（5）会计核算中产生的费用，以及根据法律规定视为纳税支出的费用。

对于被取消享受优惠的资产，从其投产起按照法律的规定，视为固定资产，并按规定程序列入相应的资产负债表。

投资税收优惠对象在投产纳税期过后的3个纳税期期满后，依照法律规定视为固定资产，并按规定程序列入相应的资产负债表。

五、金融衍生工具

金融衍生工具是指一种根据事先约定的事项进行支付的双边合约，该合约的价格取决于原生金融工具的价格。这些相关的或原生的金融工具一般指股票、债券、存单、货币等，它以合约为基础。合约双方的权利和义务在合约签订之日起便基本确定，不需要或只需要少量初始净投资。它的交易过程是在现在完成，而交割却要在将来某一时刻才能履行或完成。它所产生的收益来自于标的物价值的变动，即约定价格与实际价格的差额，将随着未来利率、证券价格、商品价格、汇率或相应的指数变动而变动。一旦实际的变动趋势与交易者预测的相一致，即可获得丰厚的收益。因此，对于金融衍生工具的税收问题，许多国家都给予了关注。

在哈国税法中，将金融衍生工具按用途分为用于套期保值的金融衍生工具、用于交付标的资产的金融衍生工具和用于其他目的的金融衍生工具三种，并规定了金融衍生工具收益或亏损的办法或依据。

金融衍生工具的收益是指衍生工具进款超出支出的部分（远期类金融衍生工具除外）。金融衍生工具的进款是指交易期内中间结算时以及履行时或提前终止时的应收款（已收款）。支出是指交易期内中间结算时以及履行时或提前终止时的应付款（已付款）。其收益在履行、提前终止或其他终止金融衍生工具纳税人权利和义务时以及金融衍生工具交易完成时（其债权全部或部分补偿先前金融衍生工具交易的债务）确定。

远期类金融衍生工具的收益，包括互惠信贷收益以及其他金融衍生工具的收益，是指依法确定的进款超出支出的部分。进款是指纳税申报期内该金融衍生工具的应收款（已收款）。支出是指纳税申报期内该金融衍生工具的应付款（已付款）。收益在本款规定的进款超出支出发生的每个纳税期内认定。

套期保值是指为降低由于价格、双重汇率、利率或套期保值对象其他指标的不利波动而可能出现的损失进行的金融衍生工具业务，且按照国际财务报表准则、哈国会计核算和财务报表法律认定纳税人会计核算中的套期保值工具。套期保值的对象是指资产或债务以及与规定资产或债务有关或与预期交易有关的资金流。为了确认套期保值业务，纳税人需要提供结算报表以证明该业务的实施导致（可能导致）套期保值对象交易可能出现的亏损额减少

(未获得利润)。套期保值的对象是具体交易的金融衍生工具时，其收益或亏损要根据规定的标准计算。套期保值的对象不是具体交易的金融衍生工具时，其收益或亏损分别纳入年度总收入或在依法认定该收益或亏损的纳税期内列入扣除额。

对于交付标的资产的金融衍生工具，如果金融衍生工具用于收购或出售标的资产，那么因收购或出售指定标的资产而发生的应付费用（已付费用）和应收款（已收款），不列入金融衍生工具的支出和进款。其收入和支出，按照有关标的资产损益规定的标准确定。

六、应税收入的调整和扣除

调整是指根据法律规定，在预先认定的收入或扣除额的范围内，增加或减少纳税申报期内收入或扣除的金额。根据哈国税法的规定，在以下 5 种情况下，应对收入和扣除进行调整：（1）全部或部分退货；（2）交易条件变更；（3）已销售或购买商品（完成工作、提供服务）的补偿金额变动；（4）价格折扣、销售折扣；（5）根据合同条款，已销售或购买的商品、完成工程、提供服务使用本国货币结算时应付金额的变更。

冲销法人、个体经营者和在哈国通过常设机构从事经营业务的非居民法人的债权时，纳税人有权在下列情况下对债权收入进行调整：（1）纳税人（贷款人）清算时，其清算资产负债表被批准当天未被纳税人（贷款人）领取的债务追索；（2）按生效的法院判决冲销债权。在对债权进行调整时必须同时遵守以下条件：（1）有证明债权产生的原始凭证；（2）调整收入时在会计统计中反映债权，或者在往期会计统计中列入费用（冲销）。在冲销债权的金额和以前认定为该债权的收入范围内调整收入。对于呆滞债权的冲销不得扣除。

按照企业买卖合同移交债权导致债权金额减少时不调整收入。

七、减少应税收入

根据哈国税法的规定，纳税人有权在应税收入中减去以下五类支出：

1. 减除总额不得超过应税收入 3% 的几种情况：（1）经营法律规定的社会设施时，实际支出费用超出应收款（已收款）金额的；（2）赠与非营利组织和社会活动机构的财产的价值；无偿施工、提供服务的价值，按无偿施工、提供服务发生的相关费用确定；其他赠与财产的价值按照该财产交接证书中标明的移交财产的账面价值确定；（3）纳税人依据被赞助人请求提供的赞助和慈善援助。

2. 用于支付残疾人工资和社会工资所得税额的50%所产生的费用以及向残疾人支付的其他费用的2倍。

3. 纳税人与自然人签订至少3年用工合同的情况下，对与纳税人不存在雇佣关系的自然人进行培训的费用。本项规定的培训费包括：实际产生的培训费用；在哈国政府规定的标准范围内实际产生的居住费；付给培训学员的费用，金额由纳税人确定，但不超过规定的标准；往返培训地点实际产生的费用。

4. 向独立教育机构无偿转让财产的价值。

5. 在相应纳税期实际发生的完工费用，被认定为科研费、科技费或实验设计费用的50%的金额，但这必须依据哈国国家主管机构向纳税人发放的文件才能适用。

另外，根据哈国税法的规定，纳税人还有权在应税收入中减去以下类型的收入：

1. 固定资产、不动产投资、生物资产的金融租赁利息。

2. 长期有价证券的利息（应有证券交易所当天对该利息的正式文件记录）。

3. 国债、政府机构债券利息。

4. 销售国债时的增值收益减去销售国债亏损后的余额。

5. 销售政府机构债券时的增值收益减去销售政府机构证券亏损后的余额。

6. 发生紧急情况时获得的人道主义援助的财产。

7. 根据政府决议，国有企业从国家机关或国有企业无偿获得的固定资产。

8. 销售股票、法人或财团股份时的增值收益减去销售股票，法人或财团股份时发生亏损后的余额。这项规定必须同时满足以下条件下使用：（1）纳税人持有该股票或股份3年以上；（2）发行机构法人、销售其股份的法人或销售财团股份的财团成员不是地下矿藏使用者；（3）在出售股份的发行机构法人或法人资产价值中或出售股份的财团成员资产总价值中，在出售当日作为地下矿藏使用者人员的资产不超过50%；（4）拥有地下水自用开采权的地下矿藏使用者不属于本项规定的地下矿藏使用者。

9. 在哈国境内证券交易所公开销售其有价证券获得的增值收益减去亏损金额后的余额。

八、对几种特殊类型纳税人的免税

在哈国税法中，除了规定对上述收入的免税外，还针对几种特殊类型的纳税人，规定了免税的具体内容。

（一）非营利组织的免税

非营利组织一般是指政府部门和以营利为目的的企业之外的一切志愿团体、社会组织或民间协会。它的设立与运营并不是以营利为目的，而是关注或处理一些个人或社会关注的重要事项。它是介于政府与营利性企业之间的“第三部门”（the third sector），与政府部门（第一部门）和企业界的私部门（第二部门），形成三种影响社会的主要力量，对于制约政府权力、促进社会发展都起到了非常重要的作用。因此，为了鼓励非营利组织的发展，许多国家都给予了非营利组织免税。哈国税法也不例外。

按照哈国税法的规定，所谓非营利组织是指根据哈国民事法律规定的形式登记注册的组织，但不包括股份公司、机关和消费合作社（住宅、房屋所有者的合作社除外）。该类组织依据公众利益进行活动并符合以下条件：（1）不以营利为目的；（2）参与者之间不分配所得的净收入或财产。对于符合这些要求的非营利组织，其存款利息、资助金、入会费、会员费、参与共管费、慈善援助、无偿所得财产、提成和无偿捐献等形式获得的收入按照法律规定不得征税。上述免税项目中，参与共管费具体包括了以下几项费用：（1）房屋（住宅）所有者为了弥补公共财产维护和使用费用而缴纳的强制性缴款；（2）经房屋（住宅）所有者同意，房屋（住宅）所有者承担的用于弥补房屋额外支出的款项，这些款项不具强制性，不用于保障房屋的正常使用；（3）房屋（住宅）所有者因延期缴纳强制性缴款而支付的滞纳金。缴纳参与共管费的金额和程序由房屋（住宅）所有者合作社成员大会按照哈国《住房关系法》规定的方式批准。对于不符合或不遵守上述条件要求的非营利组织，其收入都应该按照法律规定的程序征税。

按照哈国税法的规定，非营利组织既有免税收入又有应税收入时，非营利组织应当按照法律规定对这两项收入进行独立核算。对于所取得的应税收入中应予扣除的支出金额，可由纳税人选择按比例扣除或独立扣除。其中，采用比例扣除法时，应该按照法律规定的免税收入占总收入中的比重确定应扣除的费用额。采用独立扣除法时，纳税人对免税收入性支出和应纳税的收入性支出应进行独立核算。

（二）社会活动机构的免税

所谓社会活动机构是指从事法律规定的经营种类，且其年度总收入中无偿获得的财产和存款利息等收入占到了90%以上的组织。根据哈国法律的规定，社会活动机构从事的法律规定的经营种类主要包括：（1）提供医疗服务，但整容、疗养除外；（2）根据教育活动经营权许可证提供小学、中学、普通中学教育、技术和职业教育、大专、高等和大学毕业后教育，以及补充教育、学前教育和培训；（3）科研机构从事的科研经营活动（包括知识产权拥有者进行科学研究、应用和销售活动）、体育活动（不含商业性体育表演）、文化（不含经营）活动、为列入历史文化遗产目录或列入国家历史文化古迹目录的历史文化遗产和文化珍品提供保护服务（不含信息传播和宣传）、为儿童、老年人和残疾人提供社会保护和社会保障的经营活动；（4）图书馆服务。对于符合上述条件，从事上述经营活动的机构的收入，按照法律规定免税。

另外，哈国税法还规定，对于在纳税期内残疾人数不少于工作人员总数的51%的机构，或者在纳税期支付给残疾人的工资不少于工资总额51%的机构，或者在聋哑盲人工作的专门单位中支付给残疾人的工资不少于工资总额35%的机构，都被认为是社会活动机构，其所取得的收入或所得也应当免税。

从消费税应纳税产品生产和销售中取得收入的机构，哈国税法认为不是社会活动机构，故其收入或所得不应享受免税待遇。

（三）独立教育机构的免税

哈国税法中的独立教育机构包括了以下6类不同的机构：

（1）由哈国首任总统倡导组建的、承担为独立教育机构拨款任务的非营利组织，其最高管理机构是最高督学委员会；

（2）同时满足以下条件的非营利教育机构：①由哈国政府建立；②最高督学委员会是其最高管理机构；③从事学前教育和培训、中学、高中、大专教育、高等教育、大学毕业后教育。

（3）同时符合以下条件的法人：①由哈国政府决定成立的股份公司；②公司50%以上的表决股份属于第（2）项规定的人员所有；③根据哈国法律开展卫生领域的经营活动。

（4）同时符合以下条件的机构：①机构50%及以上表决股份（股份）属于第（2）和第（3）项规定的人员，或是仅由第（2）项规定人员建立的非营利组织；②以下几种经营收入占该机构全年总收入90%以上（含无偿取得的财产和存款利息收入）；③提供医疗服务（整容术、疗养院服务除外）；

④课外教育；⑤学前教育和培训；中学教育；高中教育；中学后教育；高等教育；大学毕业后教育；⑥从事科研活动，包括科学技术活动、创新活动、科学研究活动、基础科学研究和应用科学研究等；⑦提供上述活动的咨询服务。

(5) 同时符合以下条件的机构：①机构50%及以上表决股份（股份）属于第（2）和第（3）项规定的人员，或是仅由第（2）项规定人员建立的非营利组织，因从事以下一种或几种科学领域经营活动，该机构纳税申报期内的收入免税：②科学技术活动、创新活动、科学研究活动（包括基础科学研究和应用科学研究）；③有权机构批准列入本项规定的科学领域经营种类的活动。

(6) 如仅由第（2）项规定人员建立的非营利组织仅提供以下劳动和服务：①提供临时使用图书馆藏书（包括电子版书）；②提供临时使用电脑、软件和信息处理设备；③向以上各独立教育机构专门提供的劳动和服务。

根据哈国税法的规定，对于独立教育机构从事上述活动所取得的收入，在计算企业所得税时完全免税。如果这些独立教育机构在纳税期内将所得净收入或财产在参与者之间进行分配，则这些机构不再享受免税待遇。

（四）由哈国国家银行全资设立的、专门从事改善二级银行信贷存量质量的机构的免税

对于全部表决权属于哈国国家银行且专门从事改善二级银行信贷存量质量的机构，其从事以下经营活动所取得的收入免税：(1) 购买二级银行的呆滞和不良资产及其销售；(2) 从二级银行获得法人债权，持有和出售该法人注册资金中的股票或股份；(3) 持有和出售二级银行发行和持有的股份或债券，取得呆滞和不良资产的债权；(4) 从二级银行购买法人债权所得的财产；(5) 资金转换成有价证券。

对于该机构在上述规定之外的经营收入应按法律规定单独核算并缴纳企业所得税。在计算应税收入时，费用扣除可选择按比例或按独立扣除的方法确定。采用比例扣除法时，根据应税经营收入占总收入的比重，确定总费用中应扣除的费用。采用按独立扣除法时，应将免税收入的支出和应税收入的支出独立核算。

九、亏损结转

亏损结转，是指对缴纳企业所得税的纳税人在某一纳税年度发生的经营亏损，准予在其他纳税年度用盈利抵补的一种税收优惠。之所以允许企业进行亏损结转，是因为企业的生产经营是一个延续进行的过程。除非企业破产或被终止，其生产经营就一直会持续下去。在此过程中，企业的生产经营活动并不都是一帆风顺的，可能会发生亏损。而所得税则是按会计年度来核算企业的盈余、分期计税的。因此，如果不允许企业将某一年度的亏损进行结转，不仅不够科学和合理，而且会人为地割裂企业生产经营活动的持续性，极大地损害企业的生产经营活动。有鉴于此，当代世界各国都在企业所得税法中纳入了亏损结转制度，允许企业对某一会计年度的经营亏损进行结转。

在哈国税法中，首先将企业的亏损分成了生产经营中的亏损、销售有价证券的亏损、金融衍生工具的亏损和不应计提折旧的资产销售亏损四种。其中企业生产经营活动中的亏损包括了依照哈国税法规定对企业的年度总收入进行调整后扣除款大于年度总收入的情况和企业（财产综合体）销售的亏损。销售有价证券的亏损包括销售有价证券的价值与购买有价证券价值之间的负差，或债务性有价证券销售价值与含销售时折价或溢价摊销的原始价值之间的负差。金融衍生工具的亏损是指支出超过确定的进款部分。不应计提折旧资产的销售亏损是指这些资产的销售价值与原始价值之间的负差。

针对上述四种不同的亏损，哈国税法中规定了结转的具体内容。

对于企业经营活动的亏损，包括第Ⅰ组固定资产处置的亏损，法律规定可以向后结转至未来10年，允许其利用这些纳税期的应税收入进行抵补。对于不应折旧计提资产的销售亏损，由销售这些不应折旧计提资产时所得的价值增长收益进行抵补。如果这些亏损不能在其发生纳税期内抵补，那么可以结转到未来10年，并由销售这些不应计提折旧资产时所得的价值增长收入进行抵补。

对于销售有价证券产生的亏损，由销售其他有价证券时所得的价值增长收益进行抵补，但不包括销售股票、在股票交易所销售的有价证券、国债、政府机构债券等。如果这些亏损不能在其发生纳税期内抵补，那么可以结转到未来10年，由销售其他有价证券时所得的价值增长收益进行抵补。

对于销售股票、法人或财团股份产生的亏损，法律规定由销售股票、法人或财团股份时所得的价值增长收益进行抵补。但销售这些股票或股份时需同时满足以下几个条件：①纳税人持有该股票或股份要达到3年以上；②发行机构法人或销售其股份的法人，或销售财团股份的财团成员不是地下矿藏使用者；③在发行机构法人或法人资产价值中，或出售股份的财团成员资产总价值中，地下矿藏使用者的资产不超过50%。

对于在证券交易所公开销售的有价证券产生的亏损，由销售有价证券时所得的价值增长收益进行抵补。销售国债产生的亏损由销售国债时所得的价值增长收益进行抵补。销售政府机构债券产生的亏损由销售政府机构债券时所得的价值增长收益进行抵补。如果亏损不能在其发生的纳税期内抵补，那么可以结转到下一个纳税期。专业金融公司从事经营活动时出现的亏损可以在证券交易中结转至专用资产所担保的证券流通期内。金融衍生工具的亏损由相同目的的衍生工具的收益抵补。如果这些亏损不能在其发生纳税期内抵补，那么可以结转到未来10年。以分立或分离形式改组时转交的损失，应在改组后的纳税人中按股份进行分配，并进行结转。

另外，哈国税法中还规定了不能进行结转的情况。农产品生产者、水产品生产者和农村消费合作社的生产者法人，采用特殊税制所得的亏损不能结转。购买上级银行呆滞和不良资产银行分支机构的损失不能结转。在经济特区从事经营活动的机构经营活动方面获得的亏损，不能结转。

第四节　税率、计算与缴纳

一、税率

企业所得税的税率是企业应纳税额与计税依据之间的数量关系或者比率。它是也衡量一个国家企业所得税税负高低的重要指标，是企业所得税法的核心。由于企业所得税属于直接税，其税收负担不可转嫁，故选择什么样的税率形式和税率水平，不仅直接决定着企业的税后利润，而且也直接体现着国家的宏观经济政策，影响国家利用税收手段对经济进行宏观调控的效果。在经济全球化的背景下，企业所得税的税率形式和税率水平还直接影响着企业的跨国投资和运营，并带来国家间税收利益的重新分配和调整。故当代世界的许多国家，基于对企业所得税的性质与功能的考量，在税率形式上，都选择了比例税率这种税率形式。在税率水平上，都选择了比较低的税率。

哈国自独立之后，企业所得税在税率形式一直都采用的是比例税率，但在税率水平上，则经历了一个调整的过程。1994年之前，哈国企业所得税的税率比较复杂，如一般税率为25%，外商独资企业和外国企业的常设代表处的税率为30%，银行和保险业的税率为45%，商品交易所、经纪行、中介和商业活动的税率为55%，从事农业的企业的税率为10%，对股利按15%的税率征收预提税等。这样的税率设计不仅复杂多样，而且也不够公平和合理。因此，在1995年的税法中，对税率的种类进行了简化。将一般税率设定为30%，外国法人组织的税率设定为15%，主要从事农业的法人企业的税率设定为10%，在特别经济区注册的企业的税率设定为20%，对利润和股息的税率设定为15%。2001年的《税法典》在维持一般税率和农业企业税率不变的前提下，规定非居民企业和源泉扣缴企业统一适用15%的税率。2009年在对《税法典》进行修改时，考虑到国际税制改革的大背景和哈国税收制度、社会经济发展水平等因素，故在保持其税率水平大体稳定的前提下，进一步降低了一般税率的水平，将其从30%降低到了20%，从而使得现行的税率结构更加科学和合理。

根据《税法典》的规定，哈国现行所得税的税率具体如下：

基本税率为20%；

从事农产品、水产品、蜂产品加工销售企业销售上述产品的税率为10%；

实行源泉扣缴征税的企业所得税的税率为15%，非居民法人在哈国的收入除外；

与其常设机构无关的非居民法人在哈国收入的税率为20%；

从事风险保险合同保险理赔收入的税率为15%；

风险再保险合同保险理赔收入的税率为5%；

提供国际运输服务收入的税率为5%；

增值收益、红利、利息、特许权使用费所得的税率为15%；

在哈国通过常设机构从事经营活动的非居民法人的净收入的税率为15%。

二、税额计算

哈国《税法典》第139条规定，除了净收入的企业所得税外，企业所得税的应纳税额按照以下公式进行计算：

应纳税额=应纳税所得额×适用税率

采用农产品生产者、水产品生产者和农村消费合作社生产者法人专用税务制度的纳税人，其企业所得税在普通税制计算的基础上，再扣减70%，按其余额纳税。

三、税款缴纳

（一）企业所得税的纳税期限

一般而言，企业的生产经营活动是一个持续进行的过程，具有连续性和不间断性。除非企业破产或出现其他不可抗力的情况，其生产经营活动都会一直进行下去，这就是企业会计制度中的持续经营假设。但是，一方面对企业的生产经营状况不可能等到企业终止经营之时再进行确认与评估，而是需要将企业的生产经营过程平均分成不同的期限，通过对各个期限内生产经营状况的确认与评估，来及时准确地把握企业的生产经营状况，调整企业的生产经营策略，这就是企业会计制度中的会计分期假设。另一方面国家也不可能等到企业终止经营之时再进行征税，而是需要将企业生产经营的过程进行分期，以便对分期内生产经营的所得进行征税，以保证国家税收收入的稳定和及时，这就是税法上的纳税期限的来源。现代世界各国都会在税法中设定每一税种的纳税期限，这不仅有利于国家的税收收入和税务机关的税收征管，而且也有利于督促纳税人依法纳税，从而提高纳税人的税法遵从意识，规范纳税人的税法遵从行为。

与世界上许多国家一样，哈国税法对于企业所得税的征管采取了按年计征、分期预缴、年终汇算、多退少补的方法。其中，对于企业所得税的纳税期限，法律有四种不同的规定。对于持续性经营的企业，其每一个纳税期自每一年的 1 月 1 日起至 12 月 31 日止。如果企业是在年中设立的，则该企业的第一个纳税期是从该机构在司法机关注册登记日（也即该机构的成立日）至当年的 12 月 31 日。如果企业是在某一年中被清算、改组的，则该企业的最后一个纳税期是从当年的 1 月 1 日至该企业的清算、改组结束之日。如果某一个企业是在当年设立的并在当年被清算、改组，则该企业的纳税期为企业自建立之日起至清算、改组结束之前。

（二）企业所得税的纳税地点

哈国税法规定，企业所得税的纳税人按其所在地缴纳企业所得税。在哈国境内通过常设机构从事经营活动的非居民法人按常设机构所在地缴纳企业所得税。

（三）企业所得税的预缴

按照哈国税法的规定，企业所得税实行按月预缴。其中，每个月预缴的税额应按照上个纳税期内缴纳的税额平均分摊到每个月后的数额确定。如果上个纳税期内没有预缴额或没有计算预缴额的，则以本月预估的纳税额进行预缴。企业必须在每月 20 日之前向税务机关提交预缴企业所得税的结算表，并在每月 25 日之前预缴企业所得税。另外，对于以下几类企业，则不需要预缴企业所得税：（1）在上一个纳税期之前的纳税期内年度总收入不超过 32.577 倍月结算指数的纳税人；（2）新创建（产生）的纳税人；（3）在税务机关重新注册登记的非居民法人纳税人，在哈国境内未开设分支机构、代表处，只通过常设机构从事经营活动；（4）非营利组织的纳税人；（5）独立教育机构的纳税人；（6）社会活动机构的纳税人；（7）经济特区企业的纳税人。

（四）企业所得税的汇算清缴

哈国税法规定，企业所得税的纳税人应该在每一纳税年度结束后（即次年）的 3 月 31 日之前，向税务机关报送企业所得税纳税申报表、报税单、披露征税对象和征税相关对象信息的附加资料等。在哈国境内实行源泉扣缴且在哈国境内未通过常设机构从事经营活动的纳税人和使用小企业特殊税制的纳税人除外。

第五节　源泉扣缴

源泉扣缴是指以所得支付者为扣缴义务人，在每次向纳税人支付有关所得款项时，代为扣缴税款的制度。实行源泉扣缴的最大优点在于可以有效保护税源，保证国家的财政收入，防止偷漏税，简化纳税手续。因此，它是当代世界各国普遍采用的一种方法。

根据哈国《税法典》第 15 章的规定，扣缴义务人应该为以下几种支付实行源泉扣缴：（1）哈国居民法人、在哈国通过常设机构从事经营活动的非居民法人，向哈国居民法人、在哈国通过常设机构从事经营活动的非居民法人支付的彩金；（2）非居民法人取得的与常设机构无关的收入；（3）按哈国法律规定成立的居民法人以及共同投资基金向非居民法人分支机构、代表处或常设机构支付的收入；（4）居民法人、通过常设机构从事经营活动的非居民法人，向居民法人、通过常设机构从事经营活动的非居民法人支付的酬金。

为了进一步明确源泉扣缴的范围，《税法典》还专门规定了不应实行源泉扣缴的项目：（1）国债和政府机构债券的利息；（2）向养老公积金基金会、人寿保险机构、合股和股份制形式的投资基金会以及国家社会保险基金会支付的投资收入；(3) 债务性有价证券的报酬；(4) 向从事银行信贷业务的机构支付的贷款（借款）利息；(5) 向信用公司支付的贷款（借款）利息；(6) 向专业金融公司支付的贷款（借款）利息；(7) 向居民银行支付的贷款（借款）和存款利息；(8) 向居民出租人支付的金融租赁利息；(9) 有价证券业务基本利率业务的利息；(10) 向小额信贷机构支付的小额贷款利息；(11) 向有价证券机构支付的债务性有价证券酬金：(12) 向营利组织支付的存款利息：(13) 向独立教育机构支付的存款利息；(14) 向专门从事改善二级银行信贷存量质量的机构支付的贷款（借款）利息；(15) 向购买上级银行呆滞和不良资产的银行分支机构支付的贷款（借款）利息。

扣缴义务人应当根据税法规定，按照15%税率计算实行源泉扣缴的企业所得税的税额。

扣缴义务人应当扣除实行源泉扣缴的企业所得税，不必考虑收入支付的形式和地点。

法人有权决定将已支付（应支付）源泉征税收入的分支机构认定为实行源泉扣缴企业所得税的扣缴义务人。法人做出此决定或者做出撤销此决定的生效时间为次年1月1日起。

扣缴义务人应当在完成付款后的次月25日前向其所在地的税务机关划拨源泉扣缴的企业所得税，并在已付款季度的第二个月15日前向税务机关提交结算报表。

第六节　对经济特区企业的特殊规定

所谓经济特区，就是通过实行特殊的经济管理体制和经济政策，创造良好的投资环境，引进先进科学技术和管理方法，以促进所在国经济技术发展的特殊地区。它是世界自由港区的主要形式之一。它对于引入和利用外资，引进外国先进的科学技术和管理经验，提升本国产品的质量和产品竞争力，扩大对外出口，增加外汇收入等都会起到非常大的促进作用。故近年来，哈国在对外开放、促进本国经济发展的过程中，先后设立了13个经济特区。这13个经济特区分别是努尔苏丹新城经济特区、国家石化工业技术园经济特区、阿克套海港经济特区、奥恩图斯季克经济特区、巴甫洛达尔经济特区、“金色草原”经济特区、塔拉兹化学园经济特区、霍尔果斯—东大门经济特区、“霍尔果斯”国际边境合作中心经济特区、布拉拜经济特区、创新技术园区、阿斯塔纳科技城经济特区、Qyzyljar 经济特区。为了促进这些经济特区和创新技术园区的发展，哈国政府除给予了多面的政策支持外，还在《税法典》第 5 篇专门规定了对经济特区企业的征税。

根据《税法典》的规定，对于在以上 13 个经济特区内从事经营活动的法人机构，只要其满足了以下条件，就可以享受到相应的税收优惠政策：（1）如果经济特区内没有税务机关时，法人作为纳税人按其所在地在该机关登记；如果没有设立税务机关时，法人所在地为经济特区；（2）根据哈国经济特区法，法人是经济特区的参与者；（3）法人在经济特区之外未设立分支机构。另外，“创新技术园”经济特区的法人，销售自产的与经济特区建立目的相关类型的商品、工程、服务的应得（所得）收入占年总收入的 70% 以上；其他经济特区的法人，销售自产的与经济特区建立目的相关类型的商品、工程、服务的应得（所得）收入占年总收入的 90% 以上。

对于创新科技园经济特区，符合下列条件的企业法人，也可以享受相应的税收优惠政策：（1）作为纳税人在所在地登记的法人；（2）根据哈国经济特区法，作为“创新技术园”经济特区参与者的法人；（3）法人未设立分支机构；（4）销售自产的与创新科技园区经济特殊的设立目的相关的商品、施工、服务所得（应得）的收入占年总收入的 70% 以上，这些商品、施工、服务的清单由哈萨克斯坦共和国政府确定。

《税法典》还规定，以下各类企业，不能享受经济特区的税收优惠政策：（1）地下矿藏使用者；（2）生产消费税应纳税商品的企业；（3）采用特殊税制的企业；（4）享受投资税收优惠制的企业；（5）从事博彩业的企业。

对于上述符合各个经济特区建设宗旨的法人企业，《税法典》规定：对于在各个经济特区按法律规定生产经营的产品，在确定其征税对象和计算相应的税额时，土地税的相关税率系数为零；在根据土地临时有偿使用（租赁）合同规定使用的土地的土地税时，相关税率为零，但从取得临时有偿使用（租赁）土地之日起不超过 10 年；在计算财产税时，征税对象的年平均价值的税率为零；在计算企业所得税时，依法计算的企业所得税总额减少 100%。

另外，对于创新技术园经济特区内的企业法人，除享受上述优惠政策外，法律还规定，企业在计算应缴纳的社会税税额时，根据雇主支出计算的社会税和根据《强制社会保险法》计算的上述工作人员的社会扣款额之间的差值，在同时满足以下条件的情况下缩减100%：（1）最大使用优惠期。自法人在经济特区企业统一登记簿中登记的社会税纳税期起5年；（2）企业所得税纳税期内，上述工作人员的工资支出不少于年总收入的50%；（3）哈国居民工作人员的工资支出为企业所得税纳税期内上述工作人员工资支出的90%。

第四章　个人所得税法

1799 年，英国首相彼得宣布对英国本土的公民征收个人所得税。这标志着个人所得税正式登上了历史的舞台。200 多年来，个人所得税在实现国家的宏观经济管理政策、调节国民收入分配、促进社会公平等方面产生了越来越重要的作用。因此，它被称为“经济内在调节器”和“社会减压阀”，受到了越来越多国家的重视，从而逐步发展成了一个世界性税种。据统计，目前世界上开征个人所得税的国家已达到了 140 多个。在许多发达国家，个人所得税已经成为一个主体税种，在国家税收收入中的比重高达 40% 左右。即使在许多发展中国家中，个人所得税在国家税收收入中的比重也达到了 10% 以上。职是之故，许多国家通过制定税法典或专门的个人所得税法，对个人所得税的所涉及的法律问题进行了规定。哈国在学习借鉴其他国家税收立法经验的基础上，也在《税法典》中对个人所得税的相关法律问题进行了专门的规定。

第一节　概述

如同哈国其他税种法一样，个人所得税法在哈国不长的历史中，也经历了一个发展变化的过程。

如前所述，哈国在独立之前是苏联的加盟共和国。因此，尽管哈国在独立之初就立即制定颁布了《哈萨克斯坦税务体系法》，对哈国税法的主要内容进行了规定。但由于哈国在独立之时受苏联时期高度计划经济体制的影响，税收在国家财政收入中的比重不高。再加上当时哈国的主体税种是流转税，个人所得税对税收收入的贡献很小，个人所得税的受重视程度自然也就不高。故虽然在该法中把个人所得税作为 43 种税费之一做了规定，但在具体内容上，却比较粗糙简单。另外，由于哈国独立之初正处于社会转型期，社会关系复杂多变，再加上个人所得税征管体制不够科学，征管水平较低，从而导致个人所得税偷逃漏税现象非常普遍。

1995 年，哈国对原先的税法进行了重大修改。在根据 ITIC 专家提供的“白皮书”制定的《关于预算税收和其他规费》中，个人所得税的一个最大的变化就是将原先的企业所得税和个人所得税合并成为一个税种，即法人和自然人所得税，并在该法中对自然人所得的征税对象、税率等进行了规定。虽然将这两个税种合并具有一定的合理性，但这两个税种毕竟在性质、功能和税制构成要素上存在很大的差别，这样的合并在现实中并未取得良好的效果。

2001 年 6 月哈国政府根据国内宏观经济形势的发展和税收法律制度发展的实际需要，制定并颁布了《税法典》，取代了《关于预算税收和其他规费》。在此过程中，一个重要的变化就是将之前的法人和自然人所得税分拆成了企业所得税和个人所得税两个税种，并在第 6 章用 25 个条文专门对个人所得税的具体内容进行了明确规定。根据规定，哈国的个人所得税税制模式为综合税制，税率则为累进税率。对低于 15 倍年度计算指数的收入按 5% 的税率征税，对于 15—40 倍年度计算指数的收入按 10% 的税率征税，对于 40—600 倍年度计算指数的收入按 20% 的税率征税，对于超出 600 倍年度计算指数的收入按照 30% 的税率征税。另外，对于银行存款利息、彩票中奖的奖金等按 15% 的税率征税，对于律师和公证人员的收入按 10% 的税率征税等。

2009 年《税法典》修改时，个人所得税的最大变化是把之前的累进税率变成了单一比例税率。根据规定，哈国对哈国居民的境内外红利所得按 5% 的税率征税，对于其他的个人所得统一按照 10% 的税率征税。这一改变不仅受到了本国居民的较高评价，而且也受到了国际社会的一致好评。究其原因，一方面，单一税作为一种理论观点，虽然是 1985 年才在西方提出的，但从西方国家的实践来看，它却收到了非常好的税收、经济和社会效果。实行单一税率有助于提高国家的税收收入，促进国家的经济发展和社会进步，并且它被认为是代表着未来个人所得税改革发展的新方向和新趋势。另一方面，实行单一税率不仅能够大幅度提高免税额，大大减轻中低收入者的税收负担，而且能够避免税收对高收入纳税人的负面影响，从而防止纳税人偷逃税行为的发生，有助于提高纳税人的税法遵从意识。因此，哈国对个人所得税实行单一比例税率，不仅表明这一改革符合当代世界各国税制改革的主要方向，而且也确实对促进哈国的经济发展，增加国家的税收收入等都发挥了非常重要的作用。据统计，个人所得税占到了哈国税收收入的10%左右，成为哈国财政收入的重要来源。

第二节 纳税人与征税对象

一、纳税人

一般而言，个人所得税是对个人（或家庭）在一定时期内获得的收入的征税，因此，个人所得税的纳税人就是指这些获得收入的自然人。在各国税法中，对于个人所得税纳税人范围的界定不仅直接决定着国家税收管辖权行使的范围，而且也直接决定着纳税人纳税义务的范围。因此，个人所得税纳税人范围的界定问题就成为各国个人所得税法最重要的问题。

对于个人所得税的纳税人，目前绝大多数国家的做法是把纳税人分为居民纳税人和非居民纳税人两类。之所以如此划分，是因为这两类纳税人所承担的纳税义务有所不同。居民纳税人一般是要为其来源于居住国境内和境外所有的所得向居住国承担纳税义务，这在税法上被称为“无限纳税义务”。而非居民纳税人一般只需要为其来源于非居住国的所得向该国承担相应的纳税义务，这在税法上被称为“有限纳税义务”。之所以有作为样的区分，是因为在当代经济全球化的背景下，随着跨国经济与社会交往活动的日益增多，当事人的收入或所得与国家之间的联系日渐淡漠。换言之，在很多情况下，当事人的许多收入或所得并不是来自于其国籍所在的国家。这样，原先以当事人的国籍作为税收管辖权的做法已经不足以解决这些跨国当事人的税收问题。为此，在现代税法上，通过把当事人的收入或所得与其永久居住地或习惯居住地相联系，并以此来确定其纳税义务的范围和大小，就可以比较合理解决这一问题。故将纳税人分为居民纳税人与非居民纳税人，并让其承担不同的纳税义务，就成为当代世界各国的通行做法。鉴于哈国《税法典》是在西方税收专家的指导下制定的，它的许多内容借鉴了当代西方国家税收立法的先进经验和共同做法。因此，在哈国《税法典》中，也将个人所得税的纳税人分为居民纳税人和非居民纳税人，并在第188条国际税收的基本原则中明确规定，哈国居民依法承担哈国境内和境外取得收入的所得税，非哈国居民承担哈国境内取得收入的所得税，从而在税法确立了居民纳税人承担无限纳税义务、非居民纳税人承担有限纳税义务的原则。

另外，为了进一步明确个人所得税的纳税人，《税法典》还规定，经营赌场、老虎机室、赌马、投注站等取得收入缴纳博彩税的纳税人，以及经营无奖励老虎机、个人游戏电脑、赛道（保龄球）、卡丁车、台球桌（台球）等取得收入缴纳定额税的纳税人等，不是个人所得税的纳税人。此外，适用农业或农场经济特殊税制的个体经营者，也不是个人所得税的纳税人。

二、征税对象

按照哈国税法的规定，个人所得税的征税对象是自然人所取得的收入。鉴于哈国个人所得税实行的是综合税制，故为了进一步明确个人所得税的征税对象，哈国税法对个人所得税中不视为自然人的收入和免税收入进行了明确的规定。

（一）不视为自然人的收入

所谓不视为自然人的收入，在国际税法中，也被称为“所得不予计列的项目（或收入）”。它一般指的是因为特定的目的而从政府部门或其他部门所取得的收入。它不是由营利性活动带来的，也不能视为是从经济活动中取得的收益。按照个人所得税的内在逻辑，国家不应该对这些收入征税。故许多国家在计算个人所得税的应纳税所得时，对于这些收入都不将其列入其中。哈国税法也是如此。根据《税法典》第155条第3款的规定，不视为自然人收入的项目具体包括以下各项：

1. 在法律规定的范围内，由财政资金出资支付的专用社会救济金、资助金和补偿金。

2. 根据法律，自然人因生命和健康遭受损失而获得的补偿金。

3. 给予工作人员与公务外出相关的补偿费，数额为扣除结算日当日预算法规定的月统计指标的0.35倍。

4. 公务出差补助，其中包括工作人员进行培训、提高职业技能或进修。

5. 公务出差补偿费，其中包括依靠哈国国家财政资金（预算支出）出资的国家机构为工作人员根据哈国法律接受培训、提高职业技能或进修支付的补偿费。该项补偿费应当按照哈国法律规定的金额和方法发放。

6. 因工作调动或与雇主共同迁移到其他工作地点时，期限不超过30日的路费、运送财产、房屋租赁支出的补偿费。

7. 从事非营利性经营业务的雇主从经营活动中获取的、不分配给雇员自然人的费用。

8. 从事野外地质勘探、地形（大地）测量和勘测作业的工作人员的野外津贴。

9. 在实施轮班施工的项目期间，雇主为保障轮班工作人员生命活力的费用、租赁住所的费用、伙食费。

10. 工作人员在居住地点和工作地点之间往返通行的相关费用。

11. 发放工作服、工作鞋、个人防护用具和急救用具、肥皂、消毒剂、牛奶，或按法律规定标准发放营养食品的费用。

12. 根据强制保险合同，工作人员在从事业务活动发生意外时，按照合同获得的保险费。

13. 根据法院判决支付的物质损失补偿金。

14. 有文件证明之前已被征收个人所得税的红利、酬金和彩金款项。

15. 交给人寿保险机构的养老公积金存款人的养老金，以及按哈国法律规定的方法交给保险机构的退休养老金合同赎金。

16. 由于不及时扣款或划拨应缴养老金及社会扣款而加算的罚金。

17. 获得人道主义援助的财产价值。

18、销售所有权登记达到或超过一年的机械运输工具和挂车时的增值额。

19. 销售所有权登记达到或超过一年的住宅、别墅、车库、私人附属财产设施时的增值额。

20. 销售在哈国境内用于个人建设住宅、别墅、车库、进行私人副业的土地或土地份额时的增值额。销售人拥有该土地或土地份额的所有权必须要达到一年或一年以上。

21. 根据法律规定，国家需要赎买的财产增值。

22. 补偿非个体经营者的出租人（自然人）维护和修理出租财产的费用，或承租人维护和修理向自然人租赁的财产的费用（该费用未按照租赁合同算入支付账单中）。

23. 在进行自由交易时，自由交易的价格高于市场基本价格时所获得的金额。

24. 以推销为目的，无偿转交（包括赠与）给自然人的商品价值，该商品的价值不超过转交日当月统计指标的5倍金额。

25. 根据《税法典》第102条产生的人员接待和服务招待费。

（二）免税收入

免税收入是纳税人应税收入的重要组成部分，只是国家为了实现某些经济和社会目标，在特定时期或对特定项目取得的经济利益给予的税收优惠照顾。因此，它属于税收优惠的范围。一旦国家实现了特定的经济或社会目标，就有可能恢复对这些收入的征税。

按照《税法典》的规定，个人所得税的免税收入主要包括以下各项：

1. 儿童和被赡养人获得的抚养费和赡养费。

2. 自然人从各类银行业务机构获得的存款利息。

3. 债务证券的利息。

4. 国家发行有价证券、代办债券的利息。

5. 销售国家发行有价证券时的增值收益。

6. 销售代办证券时的增值收益。

7. 从证券交易所获得的有价证券交易的红利和酬金。

8. 共同投资基金管理公司赎买共同投资基金股份的收入。

9. 持股或入股超过 3 年的股票的红利，但该分红法人是地下矿藏使用者的情况除外。

10. 现役军人服兵役的收入，专门国家机构工作人员的收入，执法机关工作人员（海关工作人员除外）履行职责的收入。

11. 被取消其原有的军事称号、特种称号、等级军衔和穿戴制服权利的人员通过在其他部队和军事组织、执法机关（不包括海关）中履行职责而获得的各种费用。

12. 在预算法规定的博彩金加算日获得的最低工资标准 50% 以内的博彩金。

13. 由财政资金或资助金出资完成的社会工作和职业培训的费用。

14. 由资助金出资的费用（不包括劳动工资）。

15. 根据政府间的协定，由资助哈国低收入公民的资助金出资的费用。

16. 根据哈国社会保障法，向因生态灾难受害的公民或核试验受害的公民支付的费用。

17. 根据预算法的规定，以下人员在相应财政年度之初最低工资标准 55 倍以内的年收入：卫国战争参与者及同等的人员；在卫国战争时期被授予苏维埃社会主义共和国联盟勋章和奖章的人员；自 1941 年 6 月 22 日至 1945 年 5 月 9 日期间工作（任职）不少于 6 个月的人员；Ⅰ级、Ⅱ级以及Ⅲ级残疾人；残疾儿童；残疾儿童的父亲或母亲在该残疾人员年满 18 岁之前领取的收入；因自幼被认定为残疾人的父亲或母亲中的一位一生可领取的收入。

18. 销售持有超过 3 年的股份、法人或财团股份时的增值收益，但该股份的发行法人或销售其参股的法人或销售其在该财团的股份的财团股东是地下矿藏使用者的情况除外。

19. 在证券交易所以官方牌价通过开放交易销售的有价证券的增值收益。

20. 由财政资金出资一次性支付的费用（工资除外）。

21. 根据预算法的规定，在财政年度 1 月 1 日的 8 倍最低工资标准范围内的生育医疗服务费（整容除外）、丧葬医疗服务费等年度内的各种费用。

22. 非哈国公民的外交或外事人员的正式收入。

23. 哈国驻外人员在国外的正式收入。

24. 哈国公民和哈国外交代表机构及其工作人员的正式外汇收入。

25. 由国家养老金支付中心支付的退休费。

26. 按照法律规定的数额，由财政资金出资的住房建设投资奖金（国家奖金）。

27. 为工作人员提供培训或进修时雇主支付的费用：公务出差时雇主支付的费用；工作人员出差时的实际住宿费；工作人员培训、进修往返的实际路费；法律规定的雇主向在哈国境内培训、进修的员工支付的不超过规定额度的资金。

28. 支付给签订 3 年以上用工合同的、与纳税人不存在雇佣关系的自然人的培训费用。

29. 国家社会保险基金的社会费。

30. 按照法律规定的金额，颁发给教育机构学员的奖学金。

31. 按照法律规定的方式和金额，教育机构颁发给学员的哈国总统专项奖学金和哈国总统奖学金。

32. 由哈国政府设立，并由教育机构按照法律规定的方式和金额颁发给学员的国家命名的奖学金。

33. 与教育机构相关的支出款项，以及按照哈国法律规定的方式和金额颁发的“博拉沙克”竞赛优胜者的国际奖学金。

34. 自然人从其他自然人处以赠予或继承形式获得的财产价值，但个体经营者从事经营所得的财产，以及由养老公积金基金支付的并且按照法律规定程序继承的养老金除外。

35. 慈善援助和赞助所得的财产价值。

36. 未满 16 岁儿童少年参加少年营的费用。

37. 对除养老保险合同之外的保险种类进行支付的保险金。

38. 雇主按保险合同为其工作人员缴纳的保险金。

39. 投保人死亡时根据保险合同支付的保险金。

40. 法律规定缴纳养老公积金者缴纳的自愿职业养老金。

41. 托管方按托管合同获得的净收入，或是其他托管情况下受益人从作为被托管方的居民自然人处所得的净收入。

42. 按银行和客户之间合同规定的无息期内向支付卡持有者提供银行借款时，节省利息所获得的物质利益。

43. 使用支付卡进行非现金支付时，由发卡行出资并打入支付卡持有者账户的金额。

44. 从非居民法人处所得的红利，该红利从利润在哈国缴纳的个人所得税部分中分配。

45. 在伊斯兰银行投资存款的收入。

46. 对于在哈国独立教育机构工作的外国居民，以支付（补偿金）住宿费、医疗保险、从境外住处到达境内工作地点时按照往返机票的价格所获得的实际物质利益。

47. 和哈国独立教育机构有劳动关系的自然人在培训、进修时，该独立教育机构产生的费用，包括：自然人培训或进修实际产生的费用；受训学员实际产生的住宿费；培训或进修时实际发生的交通费用；独立培训机构向自然人支付的款项费用（金额应在法律规定的范围内）。

（三）个人所得税的免征额

免征额是指税法规定在课税对象中免予征税的数额。它作为一种税收优惠措施，其目的在于给予纳税人一定程度的税收宽免，以保证纳税人的基本生存与发展的需要不因征税而受到影响。鉴于此，世界许多国家在个人所得税法中，都明确规定，在计算纳税人的应纳税额时，首先必须要从全部的征税对象中减除税法规定的免征额，然后对于超出免征额的部分，再按照规定的税率计算应纳税额。因此，在有免征额规定的税法中，对于免征额部分不征税，而只对超过免征额的部分征税。

根据《税法典》第 157 条的规定，哈国自然人全年总收入中的免征额为相应财务年度 1 月 1 日根据预算法规定的最低有效工资金额的 12 倍。换言之，即对于个人所得税的纳税人而言，其年度收入未超过最低工资标准 12 倍的部分不予征税，而只对于超过最低工资标准 12 倍的部分征税。

第三节　税率与税款征收

一、税率

根据《税法典》第158条的规定，除对哈国境外来源所得的股息红利收入按5%的税率征税外，纳税人的其余收入都按10%的税率征税。

二、源泉扣缴

根据当代世界各国的普遍观点，纳税是公民对于国家的基本义务。因此，凡公民满足了税法规定的纳税要件，就必须按照法律规定，主动履行纳税义务，向税务机关申报和缴纳税款。从这种意义上来讲，由纳税人自行向税务机关申报纳税就应该是现代各国税收征管的主要方式。但是在现实中，由于个人所得税的征税对象繁多复杂，如果要求纳税人对所有的收入都实行自我申报纳税，不但会大大增加纳税人的纳税成本，降低申报纳税的准确性，而且会大大增加税务机关的征管成本。因此，当代世界许多国家在个人所得税的征收管理上，采取了申报纳税和源泉扣缴相结合的税收征管模式，除对一些特定的收入项目实行自我申报，即由取得收入的纳税人自行向税务机关申报和缴纳税款外，其他凡是由机构支付给纳税人的收入，法律规定由支付机构作为扣缴义务人，在向纳税人支付款项时按照法律规定计算和扣缴相应的税款并上缴税务机关。这就是源泉扣缴。实行源泉扣缴，不仅可以大大降低纳税人的纳税成本，而且也大大降低了税务机关的征管成本，提高了税务机关的征管效率。因此，申报纳税和源泉扣缴相结合的模式已成为当代世界各国普遍采用的税收征管模式。哈国也是如此。根据《税法典》的规定，哈国的个人所得税也实行自我申报与源泉扣缴相结合的模式。

根据哈国税法的规定，源泉扣缴收入应该包括以下6类的收入。

（一）工作人员的收入

工作人员的收入是指雇主在支付给其工作人员收入时，根据税法规定应该代扣代缴个人所得税的收入。根据哈国税法的规定，这些收入包括了工作人员因与雇主具有劳动关系而从雇主处获得的现金收入、实物收入和物质获利收入。其中，实物收入包括：（1）商品、有价证券、股份和工作人员因与雇主有劳动关系，应从雇主处获得的其他财产的价值。(2) 雇主因和工作人员有劳动关系，为工作人员进行工程施工、提供服务等支付的价值。工程施工、提供服务的价值数额应为雇主因进行该施工、提供该服务产生的支出额，同时考虑增值税和消费税的相应金额。(3) 无偿从雇主处获得的财产的价值。工作人员为雇主无偿进行的工程施工、提供服务的而获得的财产，其价值额为雇主因进行该施工、提供该服务产生的支出额。(4) 雇主向工作人员或第三方支付的商品、第三方为工作人员进行的施工、提供的服务的费用。物质获利收入包括：(1) 工作人员销售商品、工程、服务的价值与购买价格或这些商品、施工、服务成本之间的负差。(2) 按雇主决定抵扣工作人员对其的债务或债券金额。(3) 雇主按保险合同支付给工作人员的保险费支出。(4) 雇主补偿工作人员与雇主业务无关的支出。

在确定工作人员的收入时，税法规定下列收入不是工作人员的应税收入：(1) 从养老金公积金中发放的养老金。(2) 红利、酬金、奖金收入。(3) 养老保险合同收入。(4)《税法典》第 177 条规定的未进行源泉扣缴的收入。(5) 购买工作人员私人财产的费用。

另外，在确定工作人员的应税收入时，无论支付周期长短，在一年内每个月都可以进行以下项目的税收扣除：(1) 扣除核算当月根据国家预算法规定的最低工资额。在扣除养老金后，如果扣除额超出法律规定的调整额度，则超出部分可结转到下个月，以便于减少工作人员的应税收入。(2) 养老金法律规定的应缴养老金金额。(3) 为自己缴纳的自愿养老金金额，但需提供自愿养老金合同和缴纳养老金的证明。(4) 自然人按养老保险合同为自己缴纳的保险费金额，但需提供保险合同和缴纳保险费证明。(5) 根据住房公积金法，哈国居民自然人偿还住房公积金贷款，该贷款用于居民在哈国境内改善居住条件，但需提供贷款合同和利息偿还证明文件。(6) 医疗服务费用（不包括整容服务），但需满足以下条件：第一，在一年内税前扣除额不超过 1 月 1 日预算法规定的最低工资额的 8 倍。第二，需提供获得医疗服务且为其实际支付费用的证明文件。如果在纳税期内雇主变更的，新雇主不统计前雇主工作期内产生的超出金额。如果自然人在一个月内工作时间少于 16 日，那么在确定其收入时不进行税前扣除。

（二）自然人从扣缴义务人处获得的收入

自然人从扣缴义务人处获得的源泉扣缴应税收入是指扣除免税收入后，自然人从扣缴义务人处获得的应税收入。它包括：(1) 自然人根据法律与扣缴义务人签订民事法律合同，按照该合同获得的收入；（2）付给自然人的费用，这其中又包括：扣缴义务人将第三方为自然人提供的商品、工程、服务的价值支付给自然人或第三方；用于偿清债务或无偿进行工程施工、提供服务；债务豁免；减少对债务人要求的金额，因交易条件改变抵扣的违约金除外；支付有价证券赎回业务的酬金。

对于自然人从扣缴义务人处获得的下列收入，不应纳入本项目的应税收入之中：（1）未进行源泉扣缴的收入；（2）自然人用于购买其私人财产的费用；（3）自然人作为工作人员从雇主处获得的收入；（4）从养老公积金中取得的养老金费用；（5）红利、酬金、奖金收入；（6）奖学金、累积保险合同收入等。

（三）从养老公积金中发放的养老金

源泉扣缴的养老金收入是指扣除免税收入和减去法律规定的税前扣除金额的应纳税养老金收入。它具体包括：（1）根据法律依靠强制性养老金或自愿养老金形成的纳税人养老储蓄，或根据养老保障合同条款依靠自愿养老存款的自愿养老金，在计算源泉扣缴的养老金收入时，应扣除最低工资等额的税款（最低工资按照计算收入当日预算法规定的最低工资计算）。（2）根据法律，达到退休年龄、迁居或已迁居到哈国境外的固定居住地点的哈国居民自然人的收入。在计算应纳税的养老金收入时，应扣除最低工资 12 倍的税款（最低工资按照计算收入当日预算法规定的最低工资计算）。（3）根据法律，没有达到退休年龄、迁居或已迁居到哈国境外的固定居住地点的哈国居民自然人的收入。（4）按照法律规定的程序继承养老金的自然人的收入。

（四）分红、奖金、彩金

源泉扣缴的分红、奖金、中彩收入是指依法扣除免税收入后，扣缴义务人支付的应纳税的分红、奖金、中彩收入。托管方根据托管合同，或在其他托管情况下受益人从作为受托方的法人处获得的净收入属于本部分的红利。

（五）奖学金

源泉扣缴奖学金收入是指依法扣除免税收入后，应纳税的奖学金收入。它指的是扣缴义务人按规定向教育机构的学员、文化活动者、科学活动者、媒体工作人员和其他自然人支付的金额。对于自然人作为工作人员从雇主处获得的收入、从养老公积金中取得的养老金费用、红利、酬金、奖金收入、奖学金、累积保险合同收入等，不应该作为应纳税奖学金收入。

（六）养老保险合同收入

源泉扣缴的养老保险合同收入是指依法扣除免税收入后，按法律规定应当纳税的养老保险合同收入。它包括：（1）保险机构的保险费；（2）提前终止该合同时支付的赎金金额；（3）保险机构超额支付的保险赔偿金。

对于上述各项应税收入，扣缴义务人应在资金支付日之前扣缴个人所得税，并应在收入支付次月的25日前划拨代扣代缴的个人所得税。扣缴义务人还应在决算季度之后的第二个月的15日之前向税务机关提交个人所得税的申报表。

三、自我申报

自我申报，也被称之为非源泉扣缴。根据哈国税法的规定，哈国个人所得税的纳税人必须为以下四种类型的收入进行自我申报。

（一）财产收益

纳税人应当纳税的财产收益包括以下各项收入：

1. 自然人以及适用小企业特殊税制的个体经营者销售位于哈国境内以下财产时产生的增值收益。具体包括以下各项：（1）所有权登记不满一年的住宅、别墅、车库、私人附属财产设施。（2）超过所有权登记范围的土地或土地份额。该土地或土地份额的指定用途为个人建造住宅、别墅、进行私人副业时所需的建筑、车库。（3）超过购买和转让的法律文件规定的日期一年以上的土地或土地份额。该土地或土地份额的指定用途为个人住宅、建筑、别墅建筑、进行私人副业、园艺、建车库，其上建有上述的工程项目。（4）其他用途的土地或土地份额。（5）投资黄金。（6）其他项目的不动产。（7）所有权登记不足一年的机械车辆。（8）有价证券、股份以及金融衍生工具（通过购买或销售基础资产完成操作的金融衍生工具除外）。如果法律没有另行规定，销售上述各项财产增值带来的收入是财产销售价格和其购买价格之间的正差。销售通过集资建房购买的不动产时，其增值带来的收入是财产销售价格（价值）与集资建房合同价格之间的正差。如果该财产此前是无偿获得的，则其增值带来的收入是财产销售价格（价值）和此前列入收入项中的无偿获得的财产价值之间的正差。销售自建的个人住宅以及通过继承、慈善援助获得的财产时，增值带来的收入是财产销售价格（价值）和所售财产所有权当天市场价值之间的正差。

2. 自然人以及适用小企业特殊税制的个体经营者转让以下位于哈国境内的财产时产生的增值收入。它具体包括以下各项：（1）所有权登记不足一年的住宅、别墅、车库、私人附属财产设施。（2）所有权登记一年以上的土地或土地份额，该土地或土地份额的指定用途为个人建设住宅、别墅、进行私人副业的建筑、车库。（3）超过购买和转让的法律文件规定的日期一年以上的土地或土地份额。该土地或土地份额的指定用途为个人住宅、建筑、别墅建筑、进行私人副业、园艺、建车库，其上建有上述的工程项目。（4）其他规定用途的土地或土地份额。（5）投资黄金。（6）其他的不动产。（7）应进行国家登记的、所有权登记不足一年的机械车辆。（8）有价证券、股份以及金融衍生工具（通过购买或销售基础资产完成操作的金融衍生工具除外）。如果法律没有另外的规定，纳税人销售上述财产时，其增值带来的收入是根据法人基础文件中规定的出资额计算的财产价值和其购买价值之间的正差。转让无偿获得的财产的收入，其增值带来的收入是根据法人基础文件中规定的出资额计算的财产价格（价值）和此前列入收入项中的无偿获得的财产价值之间的正差。转让自建的个人住宅以及通过继承、慈善援助获得的财产时，增值带来的收入是根据法人基础文件中规定的出资额计算的财产价格（价值）和售出财产所有权出现当天市场价值之间的正差。

3. 非个体经营者的自然人向非扣缴义务人出租财产所获得的收入。

4. 适用小企业特殊税制的个体经营者销售其他资产的增值收入。根据哈国税法的规定，此处所讲的其他资产是指不属于存货和销售的下列资产：（1）固定资产（前述的住宅、别墅、车库、私人附属财产设施除外）；（2）在建工程设施；（3）未安装的设备；（4）无形资产；（5）生物资产；（6）按照投资法和投资合同投入运行的资产。如果法律没有另行规定，这些资产的原始价值是用于购买、生产、建筑、安装、设置、改造和升级的费用金额，其增值额为销售价格（价值）和原始价值之间的正差。如果这些资产为无偿获得的资产，其原始价值是指以无偿获得的形式列为征税对象的价值。如果这些资产是以继承、慈善援助形式获得的，其原始价值是指拥有该资产所有权当日该资产的市场价值。另外，对于下述的情况，其原始价值为零：（1）原始资产市场价值未知的；（2）市场价值的确定期限不符合法律规定的；（3）用于购买、生产、建筑、安装、设置、改造和升级的支出的原始证明文件缺失的；（4）符合上述规定的固定资产。

（二）个体经营者的收益

（三）私人公证员、私人法院执行员和律师的收入

私人公证员、私人法院执行员和律师的收入是指通过执行相关活动、公证和律师业务，包括为提供法律援助付费、完成公证获得的所有类型的收入，以及获得的和辩护人以及代表机构相关的开支补偿款。这些人员的收入以月为计算单位，每月应纳税额应在次月5日前总计缴纳。

（四）其他收入

根据《税法典》第184条的规定，纳税人应纳税的其他收入包括：（1）从哈国境外获得的收入。（2）哈国公民根据合同从派驻在哈国的外交人员、外国代办处、外国领事机构等处获得的收入。（3）根据劳动合同获得的家庭用工收入。（4）根据集资建房合同转让住宅获得的收入。（5）哈国公民根据与国际机构、哈国国家机构、非政府机构、基金会和其他国家签订的合同所获得的收入。（6）根据仲裁法从非扣缴义务人处获得的仲裁收入。

根据哈国税法的规定，除私人公证员、私人法院执行员、律师和其他收入的人员外，其他非源泉扣缴收入的人员都应该根据法律规定自行计算应纳税额。个体经营者、私人公证员、私人法院执行员、律师、获得财产收益的自然人、获得其他收入（包括哈国境外的收入）的自然人、在哈国境外的外国银行账户中存有资金的自然人、哈国国会议员、法院审判员以及根据哈国选举法、刑事执行法和反腐败法有提交申报表义务的自然人，都应当向税务机关提交有关应税收入和财产（包括在哈境外）的申报表。除法律规定的情况外，上述人员应当在次年3月31日前向税务机关提交个人所得税申报表，并在提交申报表后的10日内向税务机关缴纳相应的税款。

第五章　增值税法

增值税是以商品（含应税劳务）在流转过程中产生的增值额作为计税依据而征收的一种税。它采用税款抵扣原则，具有公平合理、计税依据广泛、便于管理的特点，在理论上比较容易为人们所接受，在实践上也能够消除重复征税等问题。因此，它被认为是最富有成果的税种，不仅得到了世界上绝大多数学者的认同，而且自20世纪70年代以来，也受到了世界大多数国家和地区的广泛欢迎。据统计，目前世界上已经有超过140个国家和地区开征了增值税。特别是在欧洲，经过欧共体（即欧盟的前身）财政和金融委员会的努力，使得开征增值税成为加入欧盟的基本条件之一，从而使所有欧共体成员国都开始征收增值税。经济合作与发展组织（OECD）（以下简称经合组织）成员国除美国外，其他国家也都开征了增值税。虽然每个国家间的增值税都存在一定的差异，但与所得税相比，各国增值税在内容上却具有更多的共同性。特别是在欧洲国家，由于欧盟一直致力于成员国增值税法律制度的标准化，故它所做出的一系列指令，使欧盟各国的增值税法律制度不仅实现了基本统一，而且变得更加科学和完善，从而成为其他国家或地区增值税改革的蓝本。哈国的增值税法律制度就是在充分借鉴和吸收欧洲国家增值税法成功经验的基础上，通过多次修订发展而来的。

第一节　概述

如前所述，哈国独立初期的税收法律制度是通过对独立前所适用的苏联税收法律制度的改造而来的。由于苏联实行的是计划经济体制，国家财政收入主要依赖于国营企业的利润上缴。税收不仅对经济的调节作用不大，而且对国家财政收入的贡献也十分有限。因此，虽然他们也建立了自己的税收制度，但他们税收制度的主体是周转税。由于周转税是对商品流转额的征税。

只要企业将商品销售给其他的供销组织，即由供销组织扣缴周转税。从这种意义上来，周转税实际上还是企业上缴利润的一种形式。

哈国独立之初，为了满足经济转轨的需要，哈国政府在对苏联税收制度进行改造时，以增值税代替了周转税。从而在哈国开始征收增值税。尽管如此，但由于两个方面的原因，它的增值税法律制度是不规范和不科学的。一方面，哈国当时正处于政治体制和经济体制的转轨过程当中，真正的市场经济体制还没有形成，故不可能建立起与市场经济相适应的、比较完善的增值税法律制度。另一方面，虽然哈国已经成为一个完全独立的国家，并且已经用增值税代替了周转税，但哈国在增值税法律制度的设计上不可能不考虑与苏联其他加盟共和国以及俄罗斯之间的特殊关系。这表现在增值税法律制度的设计上，就对来自于独联体国家的商品与来自其他国家的商品采取了两种不同的征税标准。例如，它在对独联体内部的商品贸易征税时采取了“产地课税原则”，从就使其他与哈国进行贸易的国家受到了不公平的待遇。同时，它在税率设定上，采用了独联体内部统一适用的税率，从而使国家主权受到一定程度的限制。因此，这一时期哈国的增值税法律制度，就存在着非常明显的缺陷，从而也就没有能够发挥其应有的作用。

在1995年颁布实施的《关于预算税收和其他规费》中，哈国政府对增值税法律制度作了较大的改造。例如，将增值税的征税对象扩大到了服务领域，这就使增值税的征收范围更加全面和完整。再如，按照外国专家的建议，对增值税的免税对象、程序等都采取了标准化的处理办法，从而使其更加科学和规范。这是一方面。但另一方面，由于哈国毕竟还不可能完全摆脱苏联和俄罗斯的影响，国家的市场经济体制也还没有完全形成，故其增值税法律制度也不可能达到更高的水平。例如，它对来自于独联体国家的进口商品和其他来自于非独联体国家的进口商品仍然采取不同的规定，对于前者统一按照20%的税率征税，而对于后者，则按照法律的规定征税。这对其他国家而言显然是不公平不合理的。又如，仍然对来自于独联体国家的商品按照产地课税原则征税。再如，在税款结算上，允许企业以哈国货币或外币来计算和缴纳增值税，外币兑换牌价由哈国国家银行确定。哈国国家银行根据每日海关报关中间牌价公布对外国货币的兑换率。这样的规定，不仅会导致税收征管和税款计算的复杂化，而且由于哈国当时的通货膨胀率较高，故对于哈国国内的纳税人和其他来自于通货膨胀率较高的国家的纳税人而言是不公平的。

1997年哈国政府放弃了对来自于独联体国家的商品按照产地课税的原则，

转而按照国际惯例实施由货物消费地征税的原则，并对来自于俄罗斯的、在进口时按10%的税率征收增值税的食品再征增值税等。这样，就在很大程度上消除了对独联体之外国家的税收歧视，从而使其增值税法律制度趋向于公平。

2001年哈国在颁布的《税法典》中，对增值税的规定更加科学和完善。该法第五章共用了50个条文对增值税的定义、征税对象、纳税人、税率、税款计算与缴纳、增值税征收管理、发票、增值税与财政的关系等内容都做出了较为明确的规定。根据法律规定，在哈国境内开展经济活动的且收入达到规定标准的居民和企业，都应当注册成为增值税的纳税人；在哈国境内进行商品和服务销售，以及进行商品进口，都应当适用统一的标准税率，并将增值税的标准税率降低到了16%；对出口商品按照零税率征税；对出售土地、金融服务、保险服务、医疗服务等免征增值税，等等。通过这一系列规定，从而使哈国的增值税法律制度与现代增值税法律制度之间的差距变得

近年来，随着哈国国内宏观经济形势和税收法律制度的发展，哈国政府对增值税法律制度进行了相应的调整和完善。目前哈国增值税的标准税率已经下调到了12%。

第二节　纳税人

根据世界各国增值税法的普遍规定，增值税的纳税人一般是指销售商品、提供劳务的企业主以及从事商品进口的人员或组织。除一些特殊规定外，任何企业或个人只要具有销售商品、提供劳务的行为或从事商品进口的行为，都应该成为增值税的纳税人，承担增值税的纳税义务。哈国税法对纳税人的规定与其他国家的规定基本一致。《税法典》第228条明确规定，增值税的纳税人包括了两类，一类是在哈国境内进行增值税注册登记的人，另一类是按照海关法律规定进口货物到哈国境内的人。

一般而言，现代世界各国在进行税收征管时，对作为纳税人的企业法人都要进行税务注册登记，以便税务机关对其纳税活动进行监督。哈国税法也是如此。《税法典》明确规定，哈国的主管机关通过建立国家纳税人数据库的方式对纳税人进行登记。其中，增值税纳税人就是纳税人登记清单中的一项内容。在该法中，将增值税纳税人分成了强制注册登记和自愿注册登记两类，

并规定了各自的范围和程序。根据法律规定，凡是在哈国境内进行了增值税注册登记的人，就是哈国增值税的纳税人。它具体包括了以下四类对象：(1) 个体经营者；(2) 居民法人，但国家机构除外；(3) 通过分支机构、办事处在哈国境内从事经营活动的非居民法人；(4) 信托管理人。从这一规定可以看出，除国家机构外，只要在哈国境内从事商品经营或提供劳务的人员，都应该成为增值税的纳税人。而之所以把国家机构排除在外，是因为国家机构作为公共管理机构，它们虽然会从事一些提供商品或劳务的活动，也会有收到捐款或其他收入的行为，但所有这些活动或行为在本质上不是营利性的，因此，它们不应该成为增值税的纳税人。当然，如果这些国家机构并不是以公共机构的身份从事提供商品或劳务的行为，或它们是以公司等的名义存在的，则另当别论。

在经济全球化的背景下，对于跨国贸易或服务活动，如何确定它们的纳税义务，这是一个必须考虑的问题。在理论上，对于跨国贸易或提供服务，既可以选择在其来源地进行征税，也可以选择在其消费地进行征税。但实际上，如果选择在来源地进行征税，则一方面不太符合世贸组织的相关规定，另一方面也会使出口商品或劳务面临着国际竞争力下降的威胁。而选择在消费地进行征税，则不仅会消除来源地征税存在的两大问题，而且也不会扭曲商品在何处生产的决策，故“几乎所有的国家均一致使用目的地原则”，由消费地国家选择对进口商品征收增值税。哈国税法也和其他国家的税法一样，在《税法典》中明确规定，把货物进口到哈国境内的人为增值税的纳税人。

第三节　应纳税营业额

由于增值税是对商品和劳务的征税，因此，如果不考虑增值税的一些免税项目，那么增值税的征税对象将近似地等于提供商品与劳务的营业额。故在哈国税法中，将增值税的征税对象称为增值税的应纳税营业额，并根据纳税人的不同将其分为在国内进行商品销售与劳务提供的应纳税营业额和通过海关进口商品的应纳税进口额两大类。

一、商品和劳务应纳税营业额的范围

哈国税法规定，增值税纳税人发生的营业额即为增值税应纳税营业额。

它包括了在哈国境内销售商品、工程施工和提供服务的营业额，向非增值税纳税人和未通过分支机构或办事处从事经营的非居民采购工程或服务的营业额，以及已进行了抵扣的库存商品（包括固定资产、无形资产、生物资产、投资性不动产等）在注销纳税人增值税纳税资格时的营业额等。另外，为了进一步明确增值税营业额的范围，哈国税法规定，在外国登记为常驻机构的居民法人的分支机构的销售商品、工程、服务的营业额，其销售地点不被哈国认可的，不视为哈国增值税纳税法人的销售额。

（一）商品、工程、服务的销售额

根据哈国税法的规定，增值税法中的商品销售指的是商品所有权的转移。因此，在商品销售范围的认定上，它除了包括一般的销售商品和出口商品两种情况外，下列5种情况也被视为商品销售：（1）企业作为财产综合体出售；（2）货物转运，包括商品、工程、服务的交换；（3）无偿赠送商品；（4）用人单位向工作人员支付的商品形式的工资；（5）抵押人无力偿还债务时移交的抵押财产（商品）。故由此所确定的金额即为商品的销售额。此外，商品销售额还包括了分期付款条件下发货的金额、财产用于金融租赁的金额、根据代理合同发货的金额、出口后又重新进口的商品的金额。

工程、服务销售额是指完成工程或提供服务的营业额，包括无偿施工和提供服务以及其他以营利为目的的全部经营额。它具体包括：（1）财产租赁费；（2）知识产权费；（3）用工单位以工程施工、提供服务代替工作人员的工资；（4）转让商品、工程、服务销售的追索权的收入，预付款和罚金除外；（5）申报限制或终止企业经营活动的收入；（6）提供贷款（借款、小额贷款）的收入。

为了进一步明确商品、工程和服务的范围，哈国税法在对其进行了正向列举之后，还通过反向列举，对不属于商品、工程和服务的范围进行了明确的规定。这些项目具体包括：（1）作为注册资本投入的财产；（2）返还作为注册资本投入的财产；（3）广告商品，其价值不超过预算法规定的相应财政年月度结算指数的5倍；（4）为了厂家产品的生产、加工、装配（安装、调试）、维修最终成品和建筑项目的需要而进行的原材料的运输；（5）包装物的返还运输。返还的包装物是指其价值不包括在商品销售价值内且应该按照该商品销售合同规定的时间和条件返还给销售方的包装物，但是期限不得超过6个月。如果包装物未按照规定期限返还，包装物的价值应当计入销售额；（6）退货，但之前通过海关出口后再通过海关进口的商品除外；（7）根据关税同盟的海关法或哈国海关法，在海关办理“临时运送出国货物”海关手续，运出哈国用于参加展会、其他文化活动、体育活动的货物，按照合同规定的期限和条件返回哈国境内的；(8) 地下资源使用者将新形成的或获得的财产转为哈国所有，该财产可供地下资源使用者开展采矿业务时使用，并且根据所签署的地下资源使用合同条款应当转为哈国所有；(9) 发行人发行有价证券；(10) 重组法人将固定资产、无形资产以及其他财产转让给继承人的；(11) 依据租赁合同将租赁对象转交给出租人，以及之后将租赁对象转交给承租人的；(12) 自然人出售个人财产的销售额，但是该财产必须与该自然人的经营活动无关；(13) 由信托管理机构按照财产信托管理合同，或由在其他情况下的信托管理受益人将财产转交给信托管理人的；(14) 信托管理证明文件失效时，信托管理人返还的财产；(15) 由信托管理人按照财产信托管理合同，将从信托管理中获得的净收入转交给信托管理机构，或转交给其他信托管理机构情况下的受益人的；(16) 根据银行账户合同或银行储蓄合同进行结算或支付给客户的报酬金额。

(二) 几种特殊情况下的营业额

为了进一步明确增值税应纳税营业额的范围，哈国税法还对几种特殊情况下营业额的确认作了专门规定。

(1) 根据委托合同进行销售或采购时的营业额。对于这种情况，哈国税法明确规定，以委托人名义和由委托人出资进行的商品销售、工程施工或提供服务，以及商品、工程和服务的采购，均不属于代理人的销售营业额或采购营业额。但以下两种情况例外：第一，代理销售既不是哈国增值税纳税人且又没有通过分支机构和代表处从事经营活动的非居民委托人的商品。这种情况下商品发运属于代理人的销售额；第二，根据法律规定，地下资源使用者根据产品分配合同以普通公司进行的商品、工程、服务的销售，以及商品、工程、服务的采购。

(2) 根据代理合同进行销售的营业额。哈国税法规定，对于代理人按照代理合同进行的商品、工程、服务的销售，不属于代理销售人的营业额。但代理销售非哈国增值税纳税人且未通过分支机构和代表处从事经营活动的非居民委托人商品的情况除外。这种情况下商品销售属于代理人的销售额。

(3) 根据信托管理合同进行销售或采购的营业额。哈国税法规定，对于由信托管理人根据信托管理合同或者信托管理的证明文件所进行的商品销售、工程施工、提供服务的营业额，以及采购商品、工程、服务的营业额，均属于以信托管理进行销售或采购的营业额。

（4）根据合营合同进行销售或采购的营业额。哈国税法规定，代理人以合营合同当事人的名义或根据其委托进行商品销售、工程施工或提供服务时，在销售方或购买方开具的发票指定行中应注明合营参加者的银行信息，并应在发票中反映出总营业额，以及属于每个参加者的营业额和增值税应纳税额。无论是商品、工程和服务的采购者，还是订立合营合同的每一个参与者，都应收到发票的原件。根据法律规定，地下资源使用者根据产品分配合同以普通公司进行的商品、工程、服务的销售，以及商品、工程、服务的采购，不属于本项规定的范围。

（三）商品、工程和服务的营业地点

为了确定增值税纳税人的纳税地点，哈国税法对纳税人从事增值税应税业务时的经营地点，根据不同的情况作了不同的规定。

（1）商品的销售地点。哈国税法规定，对于一般的商品销售行为，其销售地为将商品交给购买方的地点。如果商品由销售方、收货人或者第三方进行转运或转寄的，则商品的销售地点可以是运输的起点。

（2）工程、服务的销售地点。哈国税法规定，如果销售的工程、服务是与不动产直接相关的，则其销售地点是不动产的所在地。如果该不动产是由国家进行登记的，则登记地为销售地。如果该财产没有进行国家登记，则该工程或服务的实际所在地为销售地。此处所谓的不动产是指建筑物、设施、多年生植物以及与土地稳定相关的其他财产，即移动时必然会对其功能造成不对称损伤的物体。此外，不动产还包括管道、输电线、空间物体、作为财产综合体的企业。如果这些工程、服务与动产有关时，则该工程、服务的销售地点是实际进行这些工程、服务的安装、装配、维修和技术保养的地点。如果服务的对象属于文化、娱乐、科学、艺术、教育、体育活动，则该服务的销售地点是实际进行服务的地点。其中，娱乐服务是指在娱乐场所（赌场、夜总会、咖啡厅、饭店、网吧、台球馆、保龄球馆、电影院、其他建筑物、房屋、设施等）提供的服务。

对于下列工程、服务采购方的企业经营活动或其他活动的进行地点，哈国税法规定，如果没有法律的特别规定，则是指在哈国境内。但这些采购方必须在哈国境内的司法机构完成国家注册登记或者作为个体经营者在税务机关已进行注册登记。如果工程、服务的采购方是哈国非居民，购买方是在哈国司法机构进行了国家登记注册的采购方分支机构或者代表处，则销售地点视为在哈国境内。适用这项规定的工程、服务主要包括：知识产权项目使用权转让；咨询服务、审计服务、工程服务、设计服务、营销服务、法律服务、会计服务、律师业务、广告服务，信息提供或加工服务（大众传媒产品推广除外）以及允许访问网络资源上的大量信息；提供人员服务；将动产交付租赁（交通工具除外）；采购商品、工程、服务的代理服务，以及以合同的主要参与者名义聘用人员完成本项规定的服务；通信服务；申报限制或者终止以营利为目的的企业经营活动；广播和电视服务；组织旅游；提供租赁或使用货车和货物集装箱的服务。

对于其他商品、工程、服务的销售，如果商品、工程、服务的销售带有辅助性质，则主要商品、工程、服务的销售地点视为辅助销售的地点。

如果在商品、工程、服务合同中涉及多个工程施工或者提供服务的地点时，则第一个提到的地点为工程施工或者提供服务的地点。

（四）销售额的发生日期

对于销售商品的确认日期，哈国税法规定，如果没有特别规定，则按照合同规定将商品转交给采购者、采购者指定的送货人员或者购买方委托人的日期为销售日期。完成工程、提供服务之日为工程、服务的销售日期，但必须依据完成工程、提供服务的证书，或者根据哈国法律或合同规定的文件来确定。如果完成工程、提供服务的日期不止一个，则最早的日期被认定为完成工程、提供服务的日期。

对于出口到关税同盟成员国的商品，销售日期为按照关税同盟海关法或哈国海关法确定的实际将货物运出口岸的日期。对于出口到其他国家的商品，则将把整套货物报关单向海关进行申报的日期认定为完成销售的日期。对于出口后再进口的商品，如果是不需要向海关进行申报的，则以货物实际通过关税同盟边境的日期为完成销售的日期；对于需要进行申报的商品，则以带有海关标记的整套货物报关单的登记日期为完成销售的日期。

当抵押人转让用于抵押标的物（货物）时，抵押人的销售日期是指由抵押人将抵押标的物的所有权交给抵押财产回收过程中的拍卖中标者的日期。如果拍卖宣布无效，则是指由抵押人将抵押标的物的所有权交给质权人的转移日期。

由出租人将承租人应获得作为固定资产、投资不动产、生物资产的财产转为金融租赁时，销售日期是指由金融租赁合同规定的、出租人收到定期租赁款的到期日。如果按金融租赁合同规定，出租人收到租赁款的到期日在财产转给承租人之前，财产转为金融租赁的日期即为完成营业额的日期。如果承租人提前偿还金融租赁合同规定的租赁款，则最终结算的日期按照该金融租赁合同在销售额完成的最后日期计算。

出租人按租赁物返还合同，将承租人应获得的作为固定资产、投资不动产、生物资产的财产进行转交时，将财产转为金融租赁的日期视为营业额的发生日期。

向非哈国增值税纳税人且未通过分支机构或代表处从事经营活动的非居民处采购工程、服务时，营业额的发生日期是指完成工程、提供服务证书或其他依法律或合同规定的方式提供的证明中确定的工程施工、提供服务的日期为完成销售的日期。

二、应纳税营业额的确定

对于增值税的应纳税营业额，如果《税法典》和转移定价法中没有做出特别规定，则应依照交易价格和税率（不含增值税），根据已经销售的货物价值计算确定。

无偿转送货物和库存商品的应纳税营业额根据销售日的价格水平确定，但是不能低于其在资产负债表中的账面价值，且采购时的增值税已抵扣。

无偿工程施工、提供服务的应纳税营业额根据在这些工程、服务中耗费的商品、工程和服务的价值（采购时已包含增值税）确定。

应征收增值税且已经销售的货物、工程、服务的追索权转让时，根据纳税人出具的文件，除了预付款和罚金以外，应纳税营业额为转让的追索权价值和在追索权转让当日债务人应支付的索赔金额之间的正差。

对于申报限制或终止企业经营活动的，应纳税营业额为企业经营活动限制或者终止合同的补偿金。

对于提供贷款（借款、小额贷款）的，应纳税营业额为合同酬金。

抵押人转让抵押财产（商品）时，应纳税营业额根据转让的抵押财产（商品）的价值确定，但是不得低于该抵押财产（商品）所得的借入资金金额，其中不含增值税。

以分期付款方式销售货物的，应纳税营业额应参照合同条款规定的所有应付款，按照法律的规定确定。

提供与第三方支付预付款相关的服务的，应纳税营业额应该包括代理费。

除为利用原油加工成汽油、柴油的商品的消费税外，其他商品、工程和服务的营业额中还应该包括消费税应纳税商品的纳税金额。

购买商品时，所开具的发票上依哈国税法规定的增值税不应抵扣，应纳税营业额为销售价格与商品资产负债表中的账面价值之间的正差。

销售（不含增值税）土地的所有权、使用权以及支配权的，其应纳税销售额是销售这些土地时获得的增值收益。

承租人将应获得作为固定资产、投资不动产、生物资产的财产转为金融租赁的（依照租赁物返还合同转交的情况除外），应纳税营业额应该按照《税法典》第237条第6款的规定确定，其中不含金融租赁手续费和增值税。

依据货运代理合同提供服务的，发货人的应纳税营业额根据货运代理合同中的报酬金额确定。

企业作为财产综合体进行整体出售的，应纳税营业额应当根据企业出售时按照以下方法确定的移交财产的账面价值进行确定，增值税之前已抵扣：（1）增加依据企业买卖合同进行销售价值与移交资产账面价值之间的正差值，减少在销售当日会计核算数据统计的债务转让账面价值；（2）减少依据企业买卖合同进行销售价值与移交资产账面价值之间的负差值，减少在销售当日会计核算数据统计的债务转让账面价值。

代理人以委托人名义、由委托人出资销售商品、完成工程、提供服务的，代理人的应纳税营业额根据委托合同中的酬金金额确定。

代理人按照委托合同销售商品、完成工程、提供服务的，代理人的应纳税营业额根据代理费确定。

销售期刊或者其他大众传媒产品，包括在普通远程网络资源上上传的信息，应纳税营业额应当根据纳税申报期内销售的印刷期刊和其他大众传媒产品对应的价值进行计算。

对于不符合《税法典》第78条关于从事租赁规定的要求，将财产转为金融租赁时的免征额，应该按照法律规定的营业额发生之日进行征收。

通过海关出口后再进口的货物，其应纳税营业额应该根据该商品出口时增值税报关单中反映的价格确定。

三、应纳税营业额的调整

一般而言，企业或个人在增值税应纳税期内销售的商品、工程、服务，会因为市场变化或其他原因而导致价格发生变化，因此就需要采取相应的方式对应纳税营业额进行调整。哈国税法规定，对于以下几种情况而导致的营业变化，在确定增值税的应纳税营业额时，应当进行调整：（1）售出商品被全部或者部分退货（不包括通过海关出口后再进口的商品）；（2）交易条件发生改变；（3）已销售的商品、工程和服务的价格和补偿金发生改变；（4）价格折扣，销售折扣；（5）已销售的商品、工程和服务的价值在用哈国法定货币坚戈付款时出现价格差；（6）返还价值已包含在销售商品营业额中的包装材料。

在进行应纳税营业额的调整时，必须要依据相应的文件进行，并且补充发票上应当包含应纳税营业额和增值税的税额。同时，在减少应纳税营业额时，减少的应纳税营业额不得超过之前的应纳税营业额。

对应纳税营业额的调整，必须要在法律规定的期限内，按照有效税率进行。

另外，哈国税法规定，如果已销售商品、工程和服务的部分或者全部应收账款成为呆滞债权时，在满足法律规定的条件时，增值税纳税人有权减少应纳税营业额：（1）自纳税期开始后3年内，已经开始计征产生呆滞债权的增值税；（2）在纳税期内，司法机关做出将破产的债务人从国家企业登记表中删除的决定。

非哈国增值税纳税人以及未通过在哈国的分支机构或办事处从事经营活动的非居民法人，提供销售地点在哈国境内的工程、服务的，应该缴纳增值税。向上述人员采购工程、服务的应纳税营业额应该为含税价值，但不包括增值税。依照法律规定应该缴纳的增值税金额，应在不迟于该纳税期结束后第二个月的25日前缴纳。但是，对于依据法律规定属于免征增值税的工程和服务、由独立教育机构提供的工程和服务等的项目，不适用本项的规定。另外，根据海关法确定的进口商品的价值中包含了工程、服务的价值且已按照海关法的规定缴纳了进口商品增值税的，不得依海关法的规定进行返还。

四、适用零税率的应纳税营业额

零税率是增值税制度中一个非常独特的规定。由于增值税的应纳税额等于应纳税营业额与税率的乘积再减去进项税额，即：

应纳税额 = 应纳税营业额 × 税率 − 进项税额

故对于适用零税率的应纳税营业额而言，其应纳税额即为：

应纳税额 = − 进项税额

这表明，对于适用零税率的商品、工程和服务，纳税人不但不需要纳税，而且还需要把在购入商品、工程或服务时已支付的进项税额退回。这样，纳税人所销售的商品、工程或服务就不用负担任何增值税，从而对避免对出口商品的重复征税、鼓励出口、提高增值税的累进性等，都具有重要的意义。但是，与免税不同，适用零税率的交易商品、工程和服务仍然属于应缴纳增值税的范围，故对于适用零税率的应纳税营业额，纳税人还必须履行应该履行的义务，进行增值税的登记、申报、计算税率等。

在《税法典》中，对于适用零税率的应纳税营业额，主要适用于以下四个方面：

（一）对商品出口的征税

商品出口是指依据关税同盟海关法或哈国海关法，从关税同盟海关范围内输出商品的行为。对于适用零税率的出口商品，需要提供以下文件进行确认：（1）商品出口合同；（2）带有海关允许货物出口放行标记的货物报关单复印件，报关单上应带有关税同盟关境检查站的海关标记；（3）对于利用长距离输送管道或者输电线通过海关出口的商品，或采取定期或临时海关报关方式通过海关出口的商品，应提供由海关进行报关操作并带有海关标记的整套货物报关单复印件；（4）随货文件复印件。对于利用长距离输送管道或者输电线通过海关出口的商品，可用商品交接证明替代随货文件复印件；（5）知识产权项目出口的，需要国家知识产权主管机关对知识产权项目的权利和价值进行确认。

对于在关税同盟境外加工之后再出口到关税同盟境外的货物，或者再加工的产品继续出口时，需要根据下列文件进行出口确认：（1）货物报关单复印件，根据该报关单可以将货物境外加工更改为海关出口；（2）货物境外加工办理海关手续所用的货物报关单复印件；（3）由海关办理和认证的加工商品出口到外国境内的货物报关单复印件；（4）货物报关单复印件，根据该报关单可以将货物在外国境内的加工程序更改为将货物出口到外国境内的出口程序。

（二）对国际运输的征税

哈国税法规定，对从事国际运输业务的营业收入实行零税率。这里所规定的国际运输业务是指以下三类国际运输业务：（1）承运商品，其中包括从哈国境内出口和进口到哈国境内的邮件；（2）通过哈国中转的货物；（3）国际旅客和行李的承运。

根据哈国税法，将乘客运送出境时，乘客运输起点是国际旅客运输的起点；由多个运输机构承担出口货物在哈国境内的运输的，负责将货物运输到哈国边境的承运单位的运输起点为货物运输起点；将乘客运送到哈国境内或由几个从事国际运输的运输机构将进口货物进行运输时，将乘客、货物运送到哈国境内的运输机构所进行的运输可认定为国际运输。

在进行国际货物运输时，国际统一运输文件包括：采用国际汽车运输时的货物转运单；采用国际和国家间铁路运输时的统一样式的货运单；采用国际空运时的货运单；采用海运时的提货单或者海运单；采用管道系统输送时是指海关出口和放行时的货物报关单复印件或货运单，以及销售方向购买方或者为后续运输的其他方提供的完工证明、货物交接证明；发票。

在运送乘客和行李时，国际统一运输文件包括：采用汽车进行定期运输的，是指在哈国境内销售的车票和长途汽车站或汽车站根据路线编制的乘客客票结算清单；采用汽车进行非定期运输时，指的是乘客清单；采用铁路运输时，包括了在哈国内的乘车证、运输单据和邮寄单据的销售清单，在哈国销售的国际行程乘客客票结算单，铁路行政部门之间的乘客运输相互结算的结算单，办理车票和客票手续的报表；采用航空运输时，包括了总申报表、旅客名册、货物舱单、装载单（中心装货图表）、装载汇总明细表（乘车证和行李单）。

（三）对外国航班在哈国机场加油时征收机场燃油销售税

哈国税法规定，对于进行国际飞行和国际空运的外国航空公司的飞机在机场加油的，对于机场销售的燃油营业额，按照零税率征税。这里所谓的外国航空公司是指外国的航空公司，包括关税同盟成员国的航空公司；国际飞行是指飞机跨越外国国境线的空中飞行；国际空运是指无论直航运输还是转机运输，始发地和终点站都是在两个及两个以上的国家，或始发地和终点站在一个国家，但需要在其他国家经停的。

哈国税法规定，对于上述销售营业额按照零税率征税，但需要提供以下的证明文件：（1）对于定期航班，应具有与外国航空公司签订的、包括燃油销售在内的空港合同；对于不定期航班，应具有航空公司的申请书或与外国航空公司签订的空港合同。其中，申请书中应该注明航空公司名称、该公司进行注册登记的国家名称、飞机航班的预计降落时间。由于不可抗力情况导致外国航班迫降的，可以不填写申请书。（2）外国飞机加油的支出凭单或者申请表。支出凭单或者申请表中应注明下列信息：航空公司的名称；燃油的加注量；飞机加油的日期；飞机机长或外国航空公司代表和机场进行加油的相应部门工作人员的签字。(3) 能证实该飞机加注油料的其他文件复印件。按照关税同盟海关法或哈国海关法的规定，不要求进行海关申报和海关检查的航班不在此列。(4) 外国航空公司采购机场销售的燃油的付款凭证。(5) 民航主管机关的责任人对应返还增值税金额的真实性进行专项检查，并依据与民航主管机关达成的协议撰写总结，对外国航空公司实际完成的航行情况以及销售的燃油料数量予以证实。

另外需要说明的是，本项法律规定适用零税率的油料，也包括了润滑油在内。

(四) 对在经济特区内销售商品的征税

近年来，为了促进国内经济发展，哈国政府在国内相继设立了13多个经济特区，并给予了这些经济特区一系列的税收优惠政策。对符合经济特区创立宗旨并在经济特区销售的商品按照零税率征收增值税，就是其中的一项优惠政策。根据该项政策，对于在经济特区内销售由哈国政府确定的清单上的商品，应该按照零税率征收增值税。这些商品是指办理自由关税区海关手续和进行海关检查的商品。为此，应该提供的证明文件包括：(1) 与在经济特区内进行经营的公司签订的销售合同。(2) 货物报关单复印件，运输文件、商业文件或其他文件复印件，并附上货物清单。清单上须带有按照自由关税区海关程序对货物进行放行的海关标记。(3) 随货的文件复印件。(4) 收货的证明文件复印件。

对于在经济特区实际消费的进口商品，应经济特区税务机关的要求，经济特区管理机构应该出具进口商品使用证明作为税务机关的确认依据。在获得经济特区税务机关确认后，将增值税的超出部分返还给在经济特区内销售商品的销售方。

另外，对于依据设计预算文件建造的基础设施、医院、门诊、学校、幼儿园、博物馆、剧院、高等和中等教育机构、图书馆、少年宫、体育中心、行政和居住综合体项目的施工和投产过程中消费的商品，在努尔苏丹新城经济特区进行销售时，依据哈国政府确定的商品清单，按照零税率征收增值税。其中，“在施工和投产过程中消费的商品”是指在这些项目施工过程中直接消费的商品（电能、汽油、柴油和水不在此列），且这些商品办理了自由关税区海关程序并通过了海关检查。为此，应该提供以下证明文件：(1) 与在努尔苏丹新城经济特区内进行项目施工的单位签订的销售合同；(2) 货物报关单复印件，运输货运的文件或其他文件复印件，并附上货物清单。清单上须带有按照自由关税区海关程序对货物进行放行的海标记；（3）随货文件的复印件；（4）收货证明文件的复印件。

对于在这些项目施工过程中实际消费的进口商品部分，在获得努尔苏丹新城经济特区税务机关确认后，应将增值税的超出部分返还给在经济特区内销售商品的销售方。应努尔苏丹新城经济特区税务机关的要求，由首都当地执行机构出具的进口商品使用证明将作为确认的依据。

（五）对高纯金的征税

哈国税法规定，开采和生产黄金的纳税人利用自产原料生产的、用于填补金本位资产的高纯金出售给哈国中央银行时，对于销售所得的营业额应按照零税率征收增值税。为此，应该提供的证明文件包括：（1）纳税人和哈国中央银行签订的高纯金买卖通用合同；（2）销售给哈国中央银行的高纯金价值证明文件的复印件；（3）哈国中央银行收到高纯金证明文件的复印件，文件上应注明高纯金的买卖数量。

（六）对一些特殊情况的征税

根据地下资源使用合同从事经营活动的哈国境内的纳税人，依据合同可免于缴纳进口商品增值税的，应该对其自产商品销售产生的营业额按照零税率征收增值税。如果地下资源使用合同中规定了可免增值税的进口商品清单，则此清单中规定的商品销售额均按照零税率征收增值税。此处的“自产商品”是指增值税纳税人自己生产的产品，该产品具有对外经营商品目录代码，代码的第一至第四位字符是生产过程中采用的、成为所生产产品组成部分的材料和原料等级区分代码，这些材料和原料应符合关税同盟海关法或哈国海关法规定的标准。适用零税率的纳税人清单由哈国政府予以批准。为此，需要提供的证明文件包括：（1）销售合同，合同中应注明提供的商品用于履行地下资源使用合同大纲内的工作；（2）证实纳税人发货的随货文件复印件；（3）纳税人收货的证明文件复印件。

按照地下资源使用合同开展经营的地下资源使用者，将开采和销售的不稳定冷凝物从哈国境内销售到其他关税同盟成员国境内时，销售额按照零税率征收增值税。这些增值税纳税人清单由哈国政府予以批准。需要提供规定的不稳定冷凝物的销售证明文件包括：（1）从哈国境内运至其他关税同盟成员国境内的不稳定冷凝物销售合同；（2）通过管道系统销售不稳定冷凝物时，从产品数量统计仪器上获取的数据记录文件；（3）通过管道系统将不稳定冷凝物从哈国境内运至其他关税同盟成员国境内的不稳定冷凝物的交接证明。

对于按照天然气政府间合作协议框架，将产品来料加工原料从哈国境内运出、在其他关税同盟成员国境内进行加工的纳税人，在其他关税同盟成员国境内将上述来料加工原料进行深加工的产品进行销售时，销售额按照零税率征收增值税。适用增值税零税率的纳税人清单由哈国政府予以批准。为此，需要提供的证明文件包括：（1）来料加工原料的加工合同；（2）进行深加工产品销售的合同；（3）能够证实对来料加工原料进行深加工的证明文件；（4）证实将来料加工原料从哈国境内运至其他关税同盟成员国境内的随货文件的复印件，通过输送管道进行来料加工原料运输时，不需要提供随货文件，但应该提供该来料加工原料交接证明；（5）证实将在关税同盟成员国境内采用来料加工原料进行深加工的产品发货给关税同盟成员国的购买方的证明文件；（6）通过销售加工产品所获得的外汇进入纳税人在哈国境内二级银行的银行账户的证明文件；（7）由国家主管机关做出的、在关税同盟成员国境内进行商品加工的结论。

五、应纳税进口额

按照《税法典》第246条的规定，应纳税进口商品是指，在运入关税同盟范围内时，应该按照关税同盟海关法或哈国海关法规定进行报关的商品。哈国税法规定免征增值税的商品不在此列。与此相应的，应纳税进口额是指，依据关税同盟海关法或哈国海关法确定的进口商品的海关报价，以及商品进口到哈国时向国家财政缴纳的关税和税金，但进口商品的增值税不在此列。

第四节　免税

增值税免税是指对企业从事某些特定的生产经营活动所获得的收入或报酬，以及某些进口行为不征收增值税。它与增值税零税率的不同在于，对于适用零税率的产品而言，销售者不仅不用缴纳该商品在本销售环节上增值部分的税款，而且还需要把销售者在购进该商品时缴纳的、该商品在之前增值部分的税款退还给销售者，从而使得该产品不承担任何的增值税。而免税则只是对销售者销售该商品时增值部分不征收增值税，但对于销售者在购进该商品时已缴纳的增值税不予抵扣，从而使得该商品只承担某些环节上的增值税。从世界范围来看，增值税的免税一般分两种形式：一种是对某些特定的商品或劳务的免税。另一种是对特定行业、企业或机构的经营活动的免税。根据增值税的原理，增值税的征税范围越广，其对经济的扭曲作用就越小。换而言之，增值税的征税范围越广，其中性就越强。故为了减少增值对经济的扭曲作用，就应该尽量缩小增值税的免税范围。正因如此，世界各国在各自的增值税法中，对增值税免税范围的设定都非常狭窄。哈国也是如此。《税法典》除了在第232条对增值税的免税营业额作了原则性的规定外，还专门在第33章用9个条文，对增值税的免税范围进行了具体规定。

一、对在哈国境内销售商品、工程和劳务时营业额的免税

《税法典》规定，在哈国境内销售下列商品、工程、服务时，对其营业额免征增值税：(1) 国家发行的邮票；(2) 防伪标识（根据《税法典》第549条的规定用于对消费税应纳税商品进行标示的核算检验标记）；(3) 由国家主管机关执行的、需要征收国家规费的服务；(4) 按照法律规定赎买国家所需的财产；(5) 依据法律规定无偿交给国家机构或者国家企业的固定资产、投资不动产、无形资产和生物资产；(6) 殡仪馆、墓地和火葬场等提供的殡仪服务；(7) 彩票，但彩票销售本身不在此列；(8) 核算参与者之间的信息和技术共享服务，包括核算参与者利用银行卡和电汇进行操作的信息收集、加工和分送； (9) 通过海关运输到关税同盟关境内的商品加工或维修服务；(10) 与国际运输和关税同盟内的国际运输相关的工程、服务，即装货、卸货、货物倒装（液体倒装）、经过关税同盟关境时车皮换装转向架或者轮对、从哈国境内出口和进口到哈国境内的货物（包括邮件）以及过境货物的收发等方面的工程、服务；车皮（集装箱）运营商服务；技术维护和领航服务，空港活动；对国际航班的维护服务；(11) 住房基金的管理、金额和使用方面的服务；(12) 本国纸币和硬币；(13) 除残疾人社会团体进行商业中介活动过程中的商品、工程、服务销售额和消费税应纳税商品的销售额外，如果社会团体和组织中残疾人数量不少于工作人员总数的51%，或者残疾人的薪酬不低于工资总额的51%（在听力、语言、视力有残疾的残疾人任职的专业机构中，不得低于35%），则该社会团体或组织的商品、工程和服务的营业额；(14) 对于保修期内的商品进行免费维修或技术维护的服务和工作，包括商品零配件的价值；(15) 利用自产原料生产的精炼黄金、铂金；(16) 博彩税和定额税的纳税人提供的相应种类的经营服务；(17) 提供公证、律师业务的服务；(18) 由国家控股公司持有全部表决权的法人在收费、紧急和返款情况下

进行的现金借款操作。这些法人清单应该由哈国政府批准；(19) 属于海关免税品的商品；(20) 依据与哈国签订的、为哈国的低收入公民提供帮助的协议，非居民提供的捐助资金；(21) 有色金属和黑色金属的废料和废屑。

二、对与土地和住宅相关的营业额的免税

哈国税法规定，除下述三种情况外，对住宅或部分住宅进行销售或租赁（包括转租）的，免征增值税。这些除外的项目包括：(1) 由国家通用经济活动类型分类表（以下简称分类表）确认的、居住用住宅（住宅的一部分）进行销售和租赁；(2) 提供分类表规定的居住服务；(3) 不属于非居住房屋的住宅部分销售或者租赁。

转让土地所有权、使用权、支配权或土地租赁权（包括转租权）的，免征增值税。但下列营业额不能免缴增值税：(1) 转让汽车停车场或者存放场地的土地的费用；(2) 转让土地、作为宾馆占用的住宅（住宅的一部分）、不属于住宅的楼房（楼房的一部分）的所有权、使用权、支配权和租赁权（包括分租权）的费用。

三、对金融业务增值税的免税

根据《税法典》的规定，对于下列的金融业务免征增值税。

1. 银行和其他金融组织依据许可证进行的下列银行业务和其他业务，以及无许可证的其他法人在哈国法律规定的权限范围内展开的业务：(1) 吸收存款，开设和管理自然人的银行账户；(2) 吸收存款，开设和管理法人的银行账户；(3) 开设和管理银行与金融机构的同业往来账户；(4) 为自然人和法人开设和管理金属买卖账户，账户中可以体现该客户拥有的高纯度贵金属和利用贵金属制成的货币的实际数量；汇兑业务；银行借贷业务；出纳业务；(5) 组织进行外币换汇业务；代收付款凭证（支票除外）；开具信用证和信用证确认，以及完成信用证的相关义务；(6) 由银行出具的、以现金形式履行的银行保函；(7) 银行出具的、以现金形式履行的银行担保和支付其他第三方债务；(8) 银行进行的托收信贷业务和服务业务。

2. 伊斯兰银行依据许可证进行的下列业务：(1) 吸收自然人和法人的无息活期存款，开设和管理自然人和法人的银行账户；(2) 吸收自然人和法人的投资性存款；银行借贷业务：伊斯兰银行在定期、还款和免手续费的情况下以现金形式提供的贷款。

3. 有价证券业务。此时的销售额为有价证券销售时的价值增加额。

4. 从事有价证券的专业服务。依据哈国法律的规定，提供有价证券市场的专业服务，以及无须许可证可提供的其他服务。

5. 金融衍生工具业务。

6. 保险和再保险业务，以及保险经纪人（保险代理人）依据保险和再保险合同提供的保险和再保险服务。

7. 银行间业务清算服务。

8. 银行卡业务、电子货币业务、支票业务、汇票业务、存款单业务。

9. 退休金资产和国家社会保险基金资产的投资管理业务。

10. 住房抵押借款债务的追索权管理服务。

11. 养老保险缴费存储的服务，养老金资产投资收益支配和登记服务。

12. 销售股份。销售额为股份销售时的价值增加额。

13. 提供小额贷款业务。

14. 抵押银行通过动产质押提供短期借款。

15. 信用合作社为参股者进行的下列服务：（1）汇款业务、委托付款和汇款；（2）贷款业务，在有手续费、定期和还款情况下提供现金形式的贷款；（3）现金出纳业务；（4）为信用合作社的参股人开设和管理银行账户；（5）为信用合作社的参股者出具保函、担保和支付规定以现金方式履行的其他债务。

16. 通过哈国中央银行或二级银行的出纳业务和贵重物品保存中心开设的贵金属账户，出售投资类黄金。

17. 转让债务追索权。

18. 伊斯兰银行转让财产所得到的收入。该收入是伊斯兰银行按照哈国银行法的规定，作为提供商业贷款的贸易中介时应该获取的收入。这些收入是指销售给购买方商品的加价金额，该金额由伊斯兰银行商业贷款合同予以规定。伊斯兰银行向第三方销售商品且买方拒绝履行商业贷款合同时，不适用本款规定。

四、对财产租赁收入的免税

对于符合《税法典》第 78 条有关金融租赁规定的财产，在承租方将获取的财产作为固定资产、不动产投资和生物资产时，对于出租方收取的租赁费，免征增值税。

五、对非商业机构提供服务收入的免税

对于非商业组织为儿童、老人、退役军人和老职工、残疾人提供的保护和社会保障服务的收入，以及宗教协会按照哈国法律规定举行宗教仪式和礼俗服务的收入，免征增值税。

六、对文化、科学和教育服务和工程收入的免税

对于与文化、科学和教育有关的经营收入，哈国税法规定免征增值税。这些项目具体包括：(1) 按照国家计划举行的大型社会文化活动和大型文化表演活动；(2) 文化组织开展的活动（企业经营活动除外），包括剧院、音乐厅、博物馆、图书馆、文化专业团体；(3) 学前教育和培训；小学教育、初中教育、普通中学教育和培训；技术教育和职业教育；中学教育、高等教育和大学后职业教育，以及依据许可证进行的工程、服务；(4) 依据国家订购合同进行的科研工作；(5) 教育机构提供的图书馆馆藏服务，包括电子书籍；(6) 除信息传播和宣传外，根据哈国法律规定，对列入历史文化遗产目录或者国家历史文化古迹目录的历史文化遗产和文物的保存和服务。

七、对医疗和兽医商品和服务收入的免税

对于依据许可证进行的与医疗和兽医服务相关的商品、工程、服务的销售营业额，在下列情况下可以免征增值税：(1) 销售药品以及药物生产原料和配剂；(2) 销售医疗（兽医）制品，包括修复整形产品、聋哑人和盲人专用设备和医疗（兽医）设备；药品（包括原料药）、医疗（兽医）制品（包括修复整形产品）和医疗（兽医）制品的生产原料和配剂。

八、对进口商品增值税的免税

根据哈国政府的规定，对于下列商品在进口时免征增值税：

1. 本国货币和外国货币的纸币和硬币（具有历史文化价值的纸币和硬币除外），有价证券。

2. 依据关税同盟海关法或哈国海关法有关进口免税商品的规定，由自然人进口的商品。

3. 按照哈国政府规定的程序进口的人道主义援助商品，消费税应纳税商品除外

4. 通过政府和国际组织采购的用于慈善目的的商品和技术，消费税应纳税商品除外。

5. 外国外交机构及外国代表机构，外国驻哈国的领事机构官方使用的进口商品，以及这些代表机构的外交人员和行政技术人员个人（及其随行家属）、外交官员、领事馆工作人员（及其随行家属）使用的进口商品。

6. 根据关税同盟海关法或哈国海关法的规定，应该进行海关申报的免税商品。

7. 根据国家航空主管机关出具的航空项目和航空活动所需设备的进口证明，飞机、航空活动参与者进口的地面航空基础设施和设备。

8. 药品（包括原料药）；医疗（兽医）制品，包括修复整形产品、聋哑人和盲人专用设备和医疗（兽医）设备；药品（包括原料药）、医疗（兽医）制品（包括修复整形产品）和医疗（兽医）制品的生产原料和配剂。

9. 邮票（收藏品不在此列）。

10. 哈国国家银行及其各个机构发行纸币的生产原料。

11. 其他国家和国际组织提供的捐赠商品。

12. 同时满足下列条件的投资类黄金，哈国国家银行进口的黄金不在此列：（1）在增值税纳税期内销售的黄金产品总重量不超过32盎司；（2）增值税纳税期内销售的黄金产品总价值不得超过按照下列公式计算的金额总和：金额总和 = 销售的黄金产品重量 × 销售当日伦敦贵金属市场的黄金收盘价（牌价）× 销售当日的外汇市场汇率。本项中的黄金是指哈国中央银行发售的金条、金片、金币。

第五节 抵扣

增值税抵扣制度是指增值税纳税人可将其在外购商品或有偿接受劳务过程中（不包括雇佣的人工）所缴纳的增值税在应纳增值税税额中扣除的制度。通过这种抵扣机制，可以减少企业在生产经营过程中的重复征税现象。因此，它是增值税法律制度的重要内容。

一、抵扣的一般规定

《税法典》规定，增值税纳税人在计算应纳税额时，如果其销售的商品、工程和接受的服务属于应纳税的范围，则其有权将购买商品（包括固定资产、无形资产和生物资产、不动产投资）、工程、服务时已缴纳的增值税额进行抵扣。

1. 在开具发票当日，作为增值税纳税人的销售方应该开具应纳税营业额发票或者法律规定的其他证明。

2. 如果商品不是从关税同盟成员国进口的，根据关税同盟海关法或哈国海关法规定进行清关，增值税上缴财政且不应返还。

3. 如果商品是从关税同盟成员国进口的，纳税人应该履行提供间接税税务报表的纳税义务。增值税上缴财政且不予返还。

4. 根据《税法典》第241条的规定，非哈国增值税的纳税人、未通过分支机构或办事处从事经营活动的非居民提供工程、服务的，应该履行缴纳增值税的义务。

5. 法律规定的增值税纳税人在进行增值税登记注册时，有权在增值税登记之日对剩余货物（包括固定资产、无形资产和生物资产、不动产投资）的增值税进行抵扣。

二、可以进行抵扣的增值税金额

对于可以抵扣的增值税进项税额，哈国税法规定，其具体数额依据下列各种不同的情况确定。

1. 销售发票上注明的增值税税额。

2. 出租人对交付的租赁财产开具的发票按照金融租赁合同（返还租赁合同除外）纳税，但不得超过营业当日依法确定的出租方应纳税的税额。

3. 出租人对返还的租赁财产，根据发票上显示的应付金额计算的税额。

4. 销售期刊和其他大众传媒产品时，依据发票上注明的在纳税期内获取的价值，包括在互联网上发布产品获得的价值计算的税额。

5. 根据关税同盟海关法或哈国海关法确定的货物报关单上注明的增值税税额，按照规定程序上缴哈国财政，且不予返还。

6. 在支付凭证上，或者由税务机关出具的、确认已依法缴纳了增值税的文件上注明的税额。

7. 在注明承运纳税人识别号的铁路运输或者空运客票上，单独成行注明的纳税额。

8. 具有承运人出具的空运证明文件或者登机牌，并同时具有电子客票款支付证明文件的，在注明承运纳税人识别号和增值税登记注册证明号的空运电子客票上单独一行注明的纳税额。

9. 通过银行进行结算的公共服务销售方的文件上注明的纳税额。

10. 法律规定的增值税纳税人在增值税注册登记当日编制的库存商品盘存单中注明的纳税额，但需要对该盘存单进行证实。

11. 按照哈国法律规定的格式、由国家物资储备主管机关出具的国家物资储备商品放行文件中标注的纳税额。在这些文件中，对于免税商品，相关文件中应注明“不含增值税”；对于其他商品，应该在该商品购入国家物资储备时注明增值税金额。如果发放的商品价值中包括了按照有效税率计算的增值税金额，则税额可以按照含税价格来确定。

12. 在进口商品间接税纳税申报表中注明的增值税税额。它应该与商品进口和间接税缴纳申报书中的进口商品的增值税金额相同。申报书应当带有规定的税务机关标记，且应该按照规定程序将税款缴入哈国财政。

三、抵扣的程序

按照哈国税法的规定，增值税抵扣应该在收到商品、工程、服务的纳税期内按规定的程序进行。对于法律规定的其他应纳增值税的抵扣，应该在履行增值税纳税义务的纳税期内进行抵扣。

对于购买的免税商品和应纳增值税的商品、工程、服务，销售方开具发票上的增值税金额应该在进行应纳税营业额的税务期内进行抵扣，税率为该商品、工程、服务获取当日的税率。

销售未完工项目的，如果该项目按照法律规定之前是作为免缴增值税的项目进行销售，应在该未完工项目销售所在的税务期内，按照在该项目施工过程中使用的商品、工程、服务获取当日的税率对商品、工程、服务的增值税进行抵扣。

对于不属于非居住房的住宅部分进行销售或租赁的，在销售或租赁的纳税期内，由国家验收委员会将该住宅验收投产之后，进行住宅建造的增值税纳税人有权按照规定的方式，对该商品、工程、服务建造过程中缴纳的增值税进行抵扣。

对于销售电、水、天然气、通信服务、公共服务、铁路运输服务、运输营业服务、车皮（集装箱）运营商服务、提供贷款（借款、小额贷款）服务，以及缴纳增值税的银行业务，如果开具发票的时间在销售额发生日之后，应该在开具发票之日所在的税务期内对增值税进行抵扣。

对于租赁财产的出租方开具的补充发票，承租人必须在出租人销售额发生日的纳税期内对增值税进行抵扣。

增值税纳税人同时存在应纳税营业额和免税营业额（包括免征增值税）的，应该按照比例法或单独计算法对增值税进行抵扣。

四、不应进行抵扣的项目

哈国税法规定，对于以下的经营收入，不得进行增值税的抵扣：

1. 免征增值税的商品、工程、服务。对于购买免税商品、工程、服务中包含应该抵扣的商品、工程和服务的项目时，纳税人应按照法律规定采用比例法对增值税进行抵扣。

2. 购买作为固定资产的轻型汽车。

3. 未按照规定要求开具商品、工程、服务的发票。

4. 发票上注明的商品、工程、服务的增值税金额，超过财政法和开具发票当月结算指数 1000 倍。

5. 对于免费获得的商品、工程和服务，获取者不得将提供方应缴纳的增值税进行抵扣。

6. 法院判决书确认的纳税人是虚假公司时进行的交易，或法院认定已完成的交易是由非故意进行经营活动的私人经营主体完成的，则增值税不应抵扣。

五、可抵扣增值税金额的调整

哈国税法规定，在下列情况下，已经抵扣的增值税应该撤销抵扣：

1. 对于包含非纳税营业额的商品、工程、服务，纳税人应该根据规定采用比例法对增值税进行抵扣时，但属于免税营业额的商品、工程、服务除外。

2. 商品损坏、灭失的，但由于紧急情况造成的状况不在此列。其中，“商品损坏”是指商品的所有或者某些质量变坏，造成该商品无法用于应纳税营业额。“商品灭失”是指造成商品丢失或者毁损的事件。在法律规定的自然损耗范围内的损失不认定为商品灭失。

3. 自然垄断造成的损耗超标。

4. 转让作为注册资本投入的财产。

5. 按照《税法典》第 239 条的规定应该调整应纳税营业额的项目。

上述对可进行抵扣的增值税金额实施调整时，应在规定的纳税期内进行。

对于商品和物资储备，增值税的调整额应按照调整当日的增值税税率与该物资储备的资产明细表账面价值的乘积来确定。

对于固定资产、无形资产、生物资产、不动产投资、未完工项目等，按照资产明细表账面价值的比例与收购资产当日的税率计算出的增值税额确定。对于上述前 4 种情况下的独立资产，已经被抵扣的增值税金额应该按照规定进行调整。

如果采购商品、工程、服务时的价格不包括增值税，或者不按照同样的税率缴纳增值税，应该根据创建（建造）独立资产过程中使用的商品、工程、服务采购当日的增值税税率和调整日的独立资产账面价值来确定应抵扣的增值税金额。在其他情况下，应该根据创建（建造）独立资产过程中使用的商品、工程、服务采购当日的增值税税率计算增值税总金额，并对已抵扣的增值税税金进行调整。在商品、工程、服务销售方开具的补充发票注明的增值税金额范围内，对已抵扣的增值税税金进行调整。

对《税法典》规定的不包括在销售额中的收入，不得进行增值税抵扣调整，但财产投入作为注册资本和退货的情况除外。

如果采购商品、工程、服务的全部或者部分债务依据法律规定被认定为是呆账，则这些商品、工程、服务之前被抵扣的、与呆账金额相等的增值税金额，应该自债务产生之日起 3 年内撤销抵扣。如果在撤销增值税抵扣后，增值税纳税人付清了商品、工程、服务的款项，则这些商品、工程、服务的增值税应该在欠款结清所在的税务期内恢复抵扣。

债务注销时，应该在债务注销的纳税期内，将这些商品、工程、服务之前被抵扣的增值税撤销抵扣。

如果认定增值税纳税人已破产，应该在司法机关做出将破产的纳税人商业识别码从国家登记中注销的决议所在的税务期内，对已进行抵扣的增值税撤销抵扣。

销售商品、工程、服务时，如果需要进行调整，则应当根据商品、工程、服务销售方开具的发票上注明的增值税税率进行调整。

六、销售增值税免税商品时的增值税抵扣

哈国税法规定，对于免征增值税的商品、工程、服务，销售方应该缴纳的增值税和进口商品的增值税，不应进行抵扣。对于购买同时缴纳增值税和

免缴增值税的商品，增值税纳税人应该按照比例法或者单独计算法对增值税进行抵扣。一旦纳税人选定了增值税抵扣的计算方法，在一年内不得改变。

对于进行项目建造且根据《税法典》的规定销售或租赁住宅时免缴增值税的纳税人，对于在抵扣应纳税营业额时使用的商品、工程和服务的增值税以及根据法律规定免于缴纳增值税，必须采用单独计算法对增值税进行抵扣。

除《税法典》第249条第1款规定的免征增值税营业额外，下列情况下，增值税纳税人有权采取比例法对应纳税营业额和免税营业额进行抵扣：(1) 增值税纳税人具有应纳税营业额；(2) 增值税纳税人具有《税法典》第249条第1款规定的免税营业额；(3) 增值税纳税人具有其他免税营业额。

如果法律未做其他规定，在纳税期内同时采用了比例法和单独计算法对增值税进行抵扣的纳税人，在确定营业总额中的应纳税营业额的占比时，无须考虑采用单独计算法进行抵扣的营业额。

在采用比例法对同时属于应纳税营业额和免税营业额的商品、工程、服务进行抵扣时，在确定应纳税营业额在营业总额中的占比时，应考虑应纳税营业额和免税营业额的总金额。

在采用比例法时，应根据营业总额中应纳税营业额的占比确定可抵扣的增值税金额。

七、单独计算法的特别规定

采用单独计算法确定可抵扣的增值税时，纳税人应当根据分别属于应纳税营业额和免税营业额的商品、工程、服务的费用和增值税金额进行单独计算。

对于采用比例法进行抵扣的银行、其他金融机构和小型信贷机构，在计算收取和销售抵押财产（商品）相关的营业额的增值税金额时，有权选用单独计算法。

对于表决权全部属于哈国国家银行、专门设置用于提高二级银行信贷总量质量的组织，采用比例法进行抵扣时，在计算获取、持有或销售下列对象的相关营业额的增值税金额时，有权采用单独计算法：(1) 依据从银行获取的呆账和坏账的索赔权，将从银行获取的抵押财产（商品）进行出售；(2) 依据银行对呆账和坏账的索赔权，将银行通过追缴抵押财产、所有权归入银行名下以及表决权全部属于哈国国家银行、专门设置用于提高二级银行信贷总量质量的组织获取的财产（商品）进行出售。

从银行总行获取了呆账资产和坏账资产的银行分支机构，在计算获取、持有或销售下列对象的相关营业额的增值税金额时，有权采用单独计算法：(1) 依据从银行总行获取的呆账资产和坏账资产的索赔权，将从银行总行获取的抵押财产（商品）进行出售；(2) 依据获取的对呆账资产和坏账资产的索赔权，将总行通过追缴抵押财产获取的财产、所有权归入总行名下的财产和银行分支机构从总行获取的财产（商品）进行出售。

将财产交付金融租赁时，采用比例法进行抵扣的出租人有权采用单独计算法计算金融租赁财产相关营业额的增值税金额。

与获取应交付金融租赁财产相关的出租方费用，可视为应纳税营业额费用。

采用比例法进行抵扣的伊斯兰银行，按照银行法的规定作为提供商业贷款的贸易中介、在交易活动资金供应范围内进行财产买卖行为时，有权采用单独计算法对与其相关营业额的增值税金额进行计算。

确定同时属于应纳税营业额和免税营业额的商品、工程、服务的增值税的抵扣金额时，采用了单独计算法进行抵扣的增值税纳税人有权利用应纳税营业额在总营业额中的比重。

第六节 增值税发票

发票，是指在购销商品、提供或者接受服务以及从事其他经营活动时，开具、收取的收付款凭证。增值税发票作为一种特殊的发票，它除了是一种商事凭证之外，还是一种记录销货方纳税义务和购货方进项税额的合法证明和完税凭证。它是增值税制度的基本内容和增值税征收管理的基础性工作。增值税纳税人在从事缴纳增值税商品、工程、服务时必须依法开具和取得相应的增值税发票。因此，它又是一种强制性文件。在《税法典》中，为了强化增值税发票的使用和管理，专门对增值税发票进行了规定。

一、增值税发票的种类

在哈国税法中，增值税发票有纸质和电子两种版本。

1. 纸质发票。增值税纸质发票是一种使用历史最长的增值税发票。虽然哈国税法明确规定，纸质发票的格式，可以由纳税人根据法律规定自主确定，但一般而言，纸质发票应该包含以下内容：(1) 用阿拉伯数字标注的发票号；(2) 发票开具日期；(3) 商品、工程、服务的销售方及购买方的名称和地址；(4) 商品、工程、服务的销售方和购买方的识别码；(5) 销售方（即增值税纳税人）的增值税国家登记注册证明序列号和编号；(6) 销售商品、工程、服务的名称；(7) 应纳税营业额；(8) 增值税税率；(9) 增值税税额；(10) 含增值税税额的商品、工程、服务的金额。

2. 电子发票。哈国税法规定，电子发票在接收、制作、转交和保存时，应借助于电子发票信息系统完成。其中，对于发票格式、发票开具、发送、接收、登记、制作、转交、收取、确认、修改、保存等的程序，由哈国政府规定。中央财政机关应该负责电子发票及接收、登记、制作、转交和保存，并确保电子发票上的信息的真实性。除法律规定的情况外，中央财政机关不得将发票上的信息泄露给第三方。

二、增值税发票开具的内容要求

增值税发票是进行增值税抵扣的重要文件，故纳税人在开具增值税发票时，应该严格依照法律的规定和增值税发票的格式要求，准确填写相关的内容。

1. 如果销售者不是《税法典》中规定的增值税纳税人，其在开具发票、可以进行抵扣的增值税发票或其他文件时，应注明“不含增值税”。

2. 对于免缴增值税的免税营业额，应带有“不含增值税”标记。

3. 如果提供商品、工程和服务的销售方或者购买方是个人经营者，应注明姓名、父称（如有）或在增值税注册登记证明上标注的纳税人名称；如果提供商品、工程和服务的销售方或者购买方是法人，应注明法人国家注册（再注册）证明上标注的名称。在标注组织机构类型的部分可以按惯例采用简写，其中包括公务短语简写。

4. 如果有多项商品、工程、服务时，在发票上应该对每项商品、工程、服务的名称单独注明应纳税营业额。如果发票后附有包含所销售商品、工程、服务的名称、应纳税营业额、增值税税率、增值税税额、含增值税税额的商品、工程、服务的金额等数据的文件时，可以在发票上只注明交易总金额。在这种情况下，发票上应注明文件编号、日期和名称。

5. 如果商品、工程、服务的销售方或者购买方是法人，发票上应注明法人的银行信息。如果商品、工程、服务的销售方或者购买方是法人的组织机构，该组织机构是以法人名义从事商品、工程、服务的销售或购买的，法律允许在发票上注明组织机构的银行信息，同时发票上还应该注明增值税纳税人法人的增值税注册登记证明序列号和编号。

6. 销售消费税应纳税商品时，在发票上应额外注明消费税金额。

7. 销售符合委托合同条款的商品、工程、服务时，开具发票时应注明销售方的身份：销售方是委托人时，由委托人开具发票给受托人。销售方是受托人时，由受托人开具发票给商品、工程、服务的购买方。受托人应参照下列规定开具发票：（1）由增值税纳税人，即委托人开具给受托人的发票。这种情况下，发票上的应纳税（免税）营业额包含在受托人开具给购买方的发票应纳税（免税）营业额中。（2）由不属于增值税纳税人的委托人开具的商品、工程、服务的价值证明文件。该文件中体现的商品、工程、服务的价值包含在受托人开具给购买方的发票免税营业额中。（3）在委托人开具给受托人的发票中，应按照销售额给受托人的商品、工程、服务的价值注明应纳税营业额。（4）在受托人开具给委托人的发票中，应按照受托人的委托费用金额注明应纳税营业额。

8. 不符合《税法典》中关于金融租赁规定的要求时，出租方应开具发票或者补充发票，并注明“不符合《税法典》第78条规定”。

9. 出租人对交付的租赁财产开具发票时，应该按金融租赁合同支付的租金总金额确定应纳税营业额，不计金融租赁的酬金金额和增值税。

三、增值税发票开具的时间要求

哈国税法中对增值税发票的开具时间也有明确的规定。开具电子发票时，在电子发票信息系统对发票进行登记的日期被视为开具日期。

1. 如果法律未作其他规定，增值税发票的开具不得早于营业额发生之日，也不得晚于营业额发生日后的5个工作日。开具电子发票时，不得晚于营业额发生日之后的7个工作日。

2. 对于销售电、水、天然气、通信服务、公共服务、铁路运输服务、运输营业服务、车皮（集装箱）运营商服务、提供贷款（借款、小额贷款）服务，以及缴纳增值税的银行业务的，在次月20日之前根据该月的销售总额开具发票。

3. 驻哈国的外国外交人员及其家属依据一年以上长期合同销售商品、工程、服务时，在次月20日之前根据该月的销售总额开具发票。

4. 将财产交付金融租赁时，对于附加的报酬金额，在季度结束后次月20日之前根据该月的销售总额开具发票。

5. 通过海关出口商品时，开具发票的时间不得晚于销售额发生之日。

6. 销售期刊和其他大众传媒产品时（包括在网络资源上发布的信息），应该在销售额发生日后5日内开具发票。

7. 发票上的商品、工程、服务价格和增值税金额应采用哈国本国货币注明。进行外贸操作时，以及在哈国法律条文规定的情况下，可以在发票上额外注明商品、工程、服务和增值税的外币金额。

8. 发票一式两份，其中一份交给商品、工程、服务的购买方留存。

9. 不遵守金融租赁规定要求的，出租方必须自违反规定之日起5个工作日内开具发票：（1）根据将财产交付金融租赁的情况，开具补充发票，发票上应包括免税营业额负值和应纳税营业额正值（不包括金融租赁的手续费金额），并注明增值税金额；（2）将财产交付金融租赁时，对于加算的金融租赁手续费，应开具补充发票，发票上应包括免税营业额负值和应纳税营业额正值，并注明增值税金额。

四、增值税发票的确认

对于法人，应该采用带有公司名称、注明组织法律形式的印章，以及领导人和总会计师的签字进行确认。

对于个体经营者，应该采用带有个体经营者姓、名、父称（如有）或名称的印章，以及个体经营者的签字进行确认。

可采用纳税人全权代表签字的方式对发票进行确认。这种情况下，应保证商品、工程、服务的购买方能够直接看到命令的复印件。商品、工程、服务的购买方有权要求商品、工程、服务的销售方提供证实由其全权代表确认的、被授权签署发票的全权代表任命命令的复印件，销售方必须在商品、工程、服务的购买方提出要求当日满足该要求。

作为商品、工程、服务销售方的法人组织机构，依据纳税人的决议有权对开具的发票进行盖章确认，加盖的是该法人组织机构的印章，含有法人名称和法人组织的法律形式信息。

对于矿藏利用经济活动，普通公司（财团）股东全权代表开具的发票由全权代表盖章确认，该印章上包括法人名称和法人组织的法律形式信息，发票上还应带有该全权代表的总会计师和领导人的签字。

按照哈国会计结算和财务报表法以及结算制度的要求，如果领导人或者个体经营者亲自进行会计核算，则无须总会计师签字，但需要注明“未规定”。但电子发票不适用本项规定。

五、发票的重开和补开

如果必须要对之前已经开出的发票进行修改或补充时，销售方可将之前开具的发票作废，重新开具满足下列规定的正确发票：

1. 按照规定填写发票上所要求的事项，并注明之前开具发票的号码和开具日期。

2. 在发票上注明之前已开具发票的修正日期。

3. 具有下列证明之一，证实商品、工程、服务的购买方已收到修正后的发票：（1）商品、工程、服务购买方的签字盖章；（2）商品、工程、服务的销售方以挂号信形式将该发票寄送给购买方，并具有收件回执。

对于下列情况，商品、工程、服务的销售方应按照规定的程序开具补充发票：（1）根据规定对应纳税营业额进行修正；（2）销售方在销售额发生日之前开具并按照当日税率计算增值税金额，但发票开具当日的增值税税率不同于销售日的税率。

补充发票上应注明：（1）阿拉伯数字顺序号和开具日期；（2）应在补充发票上标出原始发票上的阿拉伯数字顺序号和开具日期；（3）商品、工程、服务的销售方和购买方的名称、地址和标识码；（4）增值税税率；（5）不计增值税的应纳税营业额的调整额；（6）增值税调整后的金额。

补充发票由商品、工程、服务的销售方开具，纸质版的补充发票由上述商品、工程、服务的购买方进行确认。

六、不需要开具增值税发票的事项

哈国税法规定，在下列情况下不要求开具发票：

1. 利用作为会计结算依据的原始结算文件、通过银行对提供的公共服务和通信服务进行核算。

2. 办理旅客客运车票。

3. 为旅客办理空运电子客票。

4. 销售商品、工程、服务时如果进行现金结算，为购买方提供收款机收款凭据。

5. 无偿将商品赠送给自然人，但该自然人不能是个体经营者、地方公证员、私人法院执行员、律师。

6. 提供免征增值税的金融业务。

对于上述不需要开具增值税发票的事项，如果作为业务接受方的纳税人要求开具发票的，应该按照法律规定开具发票。

第七节　税率、税额计算与征收管理

一、税率

增值税的税率是反映增值税的应纳税营业额与增值税额之间的比例关系。它反映的是增值税税额占应纳税营业额的比重。目前开征增值税的国家，对于增值税的税率规定各不相同。有的国家实行单一税率，有些国家实行多档税率。有些国家的税率水平较高，有些国家的税率水平则相对较低。一般来讲，不同税率水平的选择，主要取决于国家财政收入的需要。鉴于哈国所得税是主体税种，增值税对于哈国财政收入的贡献低于所得税，故哈国政府在增值税税率水平的确定上，以12%作为标准税率，从而使其税率在世界范围内处于相对较低的水平。在税率结构上，除对一般的商品、工程、服务的营业额按12%的税率计算应纳税额外，对于法律规定的一些特殊项目，则适用零税率进行计算。此外，自然人通过关税同盟关境进口到哈国境内供私人使用的商品，则按照关税同盟海关法或哈国海关法的规定，按照统一税率征收关税、税费、增值税，或者征收综合关税。

二、纳税期和应纳税额的计算

哈国税法规定，增值税的纳税期以季度计算，每一个季度为一个纳税期。

增值税应纳税额的计算方法是，先依据法定税率与纳税期内应纳税营业额的乘积确定增值税的销项税额，然后再减去根据法律规定的抵扣额。可用公式表示为：

应纳税额 = 应纳税营业额法 × 定税率 − 抵扣额

如果依据该公式计算所得的结果是正值，则表示纳税人应该按照这一数额向国家缴纳税金。如果是负数，则表示在该纳税期内依法应该抵扣的抵扣额未能够被完全抵扣，仍有剩余。

另外，对于从事农业原料加工的法人组织，《税法典》对其作了特殊规定。其中，“从事农业原料加工的法人”是指同时符合下列条件的法人：（1）除公共餐饮的经营收益外，该法人的年收入总额中90%以上是来自于下列的经营业务：肉和肉制品的生产加工；水果蔬菜加工和储存；动植物油和油脂生产；牛奶、奶酪的生产加工；制作磨粉碾米制品；生产动物成品饲料；制作面包；生产儿童食品和营养品；生产淀粉糖浆制品等。（2）不适用专项税收制度，但小规模经营主体的特殊税收制度除外。（3）从事的经营活动不属于生产、加工和销售应征收消费税的产品。“年收入总和”是指不包括《税法典》第99条规定的项目的收入。对于符合上述规定的企业法人，其实际缴纳的增值税税金应该减少70%。它们的纳税期按照企业所得税的纳税期确定，即以一年为一个纳税期，综合计算该纳税期内纳税人的经营收入额与纳税额。同时，这项规定不适用《税法典》中规定的，适用农产品、水产品生产商法人和农业消费合作社税收制度的增值税纳税人。另外，对于在一个纳税期内未达到上述规定的纳税人，不再适用本项规定，而应按一般的程序计算增值税，并按规定的日期提交相应纳税期内所得税补充税务报表，对该纳税期内的增值税进行计算。

三、纳税申报与缴纳

1. 纳税申报。按照哈国税法的规定，增值税纳税人必须在纳税期后第二个月15日之向前所在地税务机关提交增值税纳税申报表，进行纳税申报。未进行增值税注册登记的人员不进行纳税申报。对于地下资源使用者作为普通公司（企业集团）按照产品分配合同进行经营的，由运营商提交按照产品分配合同汇总所有参股者经营情况的增值税纳税申报表和作为申报附件的发票登记表。

纳税人在提交纳税申报表时，在纳税期内采购和销售的商品、工程、服务的发票汇总表应作为纳税申报表的附件，与纳税申报表一并提交。汇总表中应该包括纸质发票和电子发票。如果增值税纳税人在纳税申报期内只开具了电子发票，则不需要向税务机关提交发票汇总表；在纳税期内只收到电子发票的，也不需要向税务机关提交发票汇总表。在提交电子发票时，其表格数量不受限制。

对于被税务机关从增值税纳税人注册登记中除名的纳税人，必须在被除名的申报期后第二个月15日之前向所在地税务机关提交最终增值税纳税申报表。

2. 税款缴纳。哈国税法规定，增值税纳税人必须在纳税申报期后第二个月的25日前向所在地财政机关缴纳应纳税款。进口商品增值税应该在哈国海关法规定的缴纳海关费用之日缴纳。

3. 地下资源使用者作为普通公司（企业集团）按照产品分配合同进行经营活动时的特别规定。哈国税法规定，对于地下资源使用者作为普通公司（企业集团）按照产品分配合同进行的经营活动，其纳税申报和税款缴纳应该由具有增值税纳税义务的每个股东自己进行。如果产品分配合同中对经营者进行了授权，可由经营者按照产品分配合同的授权，汇总完成纳税申报和税款缴纳。其中，每个股东在提交纳税申报表时，都应该遵守法律规定，提交开具商品、工程、服务的销售（采购）发票；提交增值税纳税申报和作为纳税申报附件的发票登记表；每个股东分户账中记载的和已缴纳的增值税金额。对于多缴纳的增值税税款，应该返还给提交纳税申报表的股东。如果是根据合同授权经营者进行纳税申报的，经营者应按照规定的程序开具商品、工程、服务的销售（采购）发票，并注明操作人的银行信息；汇总提交增值税纳税申报和作为纳税申报附件的发票登记表；在分账户中记载应该缴纳和已缴纳的增值税税款。对于多缴的税款，应该返还给经营者。

四、多缴增值税的返还

一般而言，除不准抵扣的情况外，纳税人在纳税申报期内的进项税额大于销项税额时，即表明纳税人当期缴税的税款超过了应当缴纳的税款。从理论上讲，对于纳税人多缴的税款应该退还给纳税人。对此，哈国税法中将其称为“增值税的超出部分”，规定应当按照法律程序返还。此外，对于经销商利用资助资金缴纳的增值税，驻哈国的外国外交机构及其工作人员在哈国境内所采购的商品、工程、服务支付的增值税等，哈国税法规定也应该退还。此外，对于适用零税率的应纳税营业额，如果同时满足下列条件，增值税的超出部分可进行返还：（1）增值税纳税人长期销售零税率的商品、工程、服务；（2）在纳税申报期内销售的零税率营业额，和申报表中注明增值税超出部分返还要求的销售营业额，不低于普通销售应纳税营业额的70%。

（一）增值税超出部分的返还

对于增值税的超出部分，《税法典》规定，应该依据纳税人在提交的增值税纳税申报表中提出的要求进行返还。对于纳税人在申报表中未提出返还要求的，超出部分将计入增值税预存款项目账户，或者进行返还。对于计入预存款项目账户的税金，纳税人在5年期限内有权要求返还。税务机关应该自申报表提交之日起的180日内，经过专项检查后，对确认超出的部分进行返还。此时，作为返还依据的文件包括：（1）税务检查证明；（2）依据纳税人要求返还增值税超出部分而进行的税务专项检查的证明；（3）存在应按照零税率征税的营业额时，按零税率征税的营业额证明文件。

对于零税率营业额占销售额70%以上的增值税纳税人，自提交注明返还要求的增值税纳税申报表之日起60个工作日内，应该向其返还增值税的超出部分。

对于适用于小规模经营者、农民或者农场主、农业产品、水产养殖和农村消费合作社法人组织等特殊税收制度的纳税人，不能返还多缴税款。另外，对于从事农业原料加工的法人多缴的税款也不能返还。

对于应该返还的增值税超出部分，应该按照《税法典》第603条规定的程序返还给纳税人。对于不应该由财政返还的增值税超出部分，应该计入增值税预付款项账户。进口时应该缴纳的增值税和《税法典》第241条规定的向非哈国增值税纳税人和非居法人民购买工程、服务的增值税账户中的金额不予抵扣。

对于纳税人在纳税申报表中注明返还要求的增值税超出部分，如果已经由财政返还，但是在税务凭证审查过程中未被批准，纳税人应该依据税务审查结果通知上缴财政。对于按照规定加算的滞纳金已经汇给了纳税人，在进行税务检查时如果该滞纳金未被批准，则应该依据税务检查结果通知将已经划拨给纳税人的增值税超出部分的滞纳金上缴财政。

另外，《税法典》还规定，对于不经过预先税务检查即返还增值税的，适用简易程序。其中，适用简易程序的纳税人的范围为：（1）纳税大户须接受不少于连续12个月的监督，且没有未履行的税务义务。（2）法律规定的独立教育机构不存在未履行的税务义务。（3）财政监控结果显示，未发现该单位增值税财务报表中的数据与其直接销售方和购买方增值税税务报表数据之间存在差异，且不存在未履行的税务义务。对于上述第（1）和（2）项纳税人，在法律规定的纳税申报日结束后的15个工作日内返还增值税的超出部分。对于上述第（3）项纳税人，在法律规定的纳税申报日结束后的45个工作日内返还增值税的超出部分。对于未能在法律规定的期限内提交增值税纳税申报的，应该在提交增值税纳税申报表之日起45个工作日内，向第（3）项规定的纳税人返还增值税的超出部分。

（二）利用捐赠物资采购的商品、工程、服务所缴纳的增值税的返还

哈国税法规定，利用捐赠物资采购商品、工程、服务时，其缴纳的增值税应该返还给受赠人或受赠人指定的执行人。此时，需要满足的条件是：（1）用于采购商品、工程、服务的捐助物资由国家、政府或国际组织提供的；（2）采购的商品、工程、服务专用于销售，从而实现捐赠；（3）销售商品、工程施工和提供服务应该符合与受赠人或者受赠人任命的执行人签订的捐赠合同。税务机关自增值税纳税人提交纳税申报表之日起的30个工作日内返还税款。纳税人应向所在地税务机关提交下列文件：（1）哈国与外国、外国政府或者哈国政府批准清单中的国际组织之间签订的捐赠合同复印件；（2）受赠人或者执行人与商品、工程、服务销售方之间签订的合同复印件；（3）任命执行人处理返还增值税的税务申请时，任命证明文件复印件；（4）证实商品、工程、服务发货和接收的文件；（5）销售方（增值税纳税人）开具的发票，并单行列出增值税金额；（6）提货单、货运提单；（7）受赠人或者执行人收取获赠物资的证明文件；（8）受赠人或者执行人按照规定程序办理的工程和服务完成及接收证明书；（9）已收取的商品、工程、服务的付款证明，包括增值税的缴纳证明。

（三）向驻哈国的外国外交机构及其工作人员返还增值税

根据《税法典》的规定，对于驻哈国的外国外交机构、外国代表机构、外国领事机构（以下统称代表机构）以及这些代表机构的人员及其随行家属（以下统称人员）在哈国采购商品、工程和服务时开具的发票和实际付款证明文件上的含税金额等于或者超过当月结算指数8倍的，根据国际合同（哈国作为合同当事方）或者互惠原则证明文件的有关规定，应该将其缴纳的增值税返还给该代表机构。对于外国代表机构购买的水、电、煤气和其他市政服务的相关付款不包括在内。

基于互惠原则，对于某些代表机构可以规定增值税的返还金额和条件限制。这些代表机构的清单，由哈国外交部批准。

代表机构应该每月编制纳税申报期内采购的商品、工程、服务的纸质版统计表或汇总登记表。统计表上须有代表机构的领导或者其他的授权责任人盖章签字证实。代表机构应在纳税申报期结束后的一个月内，将统计表或汇总登记表、附带支付增值税证明文件的复印件提交至哈国外交部。对于代表机构人员购买商品、工程、服务的，还须额外提供哈国外交部颁发的委派证明。代表机构的人员在哈国境内驻期结束的，不在此列。哈国外交部应该向代表机构所在地的税务机关提交统计表或汇总登记表、附带支付增值税的证明文件的复印件。税务机关对统计表或汇总登记表进行检查之后，向外交部发送应该返还或拒绝返还增值税的通知。应该返还的，税务机关应该在接到上述文件后的30个工作日内，向代表机构返还增值税。拒绝返还的，税务机关应该告知存在哪些违规情况和缺少哪些证明文件。如果在代表机构提交的文件中发现违规情况，包括未单独成行注明增值税金额，则税务机关应该对商品、工程、服务的销售方进行反查。如果在规定的返还期内发现的违规行为未消除，则只在未发现违规情况或者已消除违规情况部分的金额范围内返还增值税。对于在反查过程中消除的违规行为，则应该根据提交的补充统计表或汇总登记表、附带的证明文件的复印件返还增值税。对于在纳税申报期中未提出返还的增值税金额，代表机构应该根据提交的统计表或汇总登记表、附带的支付增值税的证明文件的复印件提出返还要求。这些文件应该用哈萨克语或俄语来表达。如果某些文件是用外文编制而成，应提交哈萨克语或俄语译本，并带有代表机构印章予以证实。税务机关应该将税款返还到代表机构或法人在哈国银行开设的账户中。

第六章 消费税法

消费税，顾名思义，是对消费品或消费行为的征税，属于商品税的范畴。但它与一般商品税的不同之处在于，开征消费税除了出于增加财政收入的目的外，它还具有体现国家经济政策、引导社会消费、调节收入分配等功能。因此，在消费税的制度设计上：第一，它的征税对象并不涉及全部的消费品或消费行为，而只是涉及少数特定的消费品或消费行为。实际上，从当代世界各国消费税的制度设计来看，大多数国家消费税的征税对象都非常狭窄，通常只涉及烟、酒等10多类传统的消费领域，即使征税对象最广的国家，其征税对象也只有30多个。第二，消费税的税率差异较大。世界各国通常都会针对不同的征税对象采取不同的税率形式和税率结构。第三，消费税的征收和管理比较简单。一般来说，消费税的征税环节具有单一性，通常会在生产制造环节征税。计税方法也比较灵活多样，便于核算和计征。正是因为消费税具有这样的特点，因此受到了世界各国的普遍欢迎。它不仅是最古老的税种之一，而且也是开征最广泛的税种之一。世界绝大多数国家或地区都开征了消费税。虽然20世纪以来随着所得税在税种体系中的地位逐步提升，消费税的收入呈现出了逐步下降的趋势，但它仍然是最受欢迎的税种。特别是在发展中国家，消费税在整个税收收入中占有相当的比重。

在哈国，消费税从一开始就是一个独立税种。在1991年12月哈国独立后制定的税法中，消费税就作为16个在全国统一开征的税种之一，与增值税一起取代了苏联时期的周转税。1995年税制改革过程中，消费税作为改革的重点之一，除了对其征税对象进行优化外，还对独联体内的贸易实行与增值税一样的“起点征税原则”，并在适用过程中，不仅对出口到独联体国家的货物免税，而且对来自独联体国家的进口货物也免税。同时，对从独联体之外国家进口的酒精饮料和烟草制品适用的税率要比本国产品的税率普遍高出很多。由于这一规定不够公平合理，因而产生了许多问题。2001年出台的《税法典》第10章对消费税法律制度作比较大的修改。根据现行规定，消费税的征税对象包括消费商品和消费类的经营活动。前者包括各类酒精、酒产品、烟草制品、鲟鱼和鲑鱼鱼子酱、金银首饰制品、汽油、柴油、小汽车、原油、火器和毒气枪等 10 类商品，后者包括了赌博、组织和发行彩票两类。另外，还对消费税的计税依据、税收缴纳、进口商品的征税等都作了明确规定。这使得消费税法律制度更加规范和完整。尽管如此，但该法最大的不足是没有对消费税税率作出明确而具体的规定，而是授权哈国政府根据征税对象的不同制定相应的比例税率或定额税率。由此导致税率变化频繁，缺乏稳定性，因而也受到了国内外的广泛批评。2009 年实施的新《税法典》对消费税的征税对象进行了简化。不仅把对赌博、组织和发行彩票两项应税行为从征税对象中移出，而且对鲟鱼和鲑鱼鱼子酱、金银首饰制品、火器和毒气枪等商品也不再征收消费税。另外，新《税法典》规定，消费税的税率统一采用定额税率，并在实施法律中对不同阶段的消费税税率进行了规定。

第一节　纳税人、征税对象和税率

一、纳税人

消费税的纳税人是指依据法律规定从事消费税应税商品生产、销售和进口，并依法向国家缴纳消费税的组织和人员。根据《税法典》第 278 条的规定，它包括法人和自然人，也包括了非居民法人及其分支机构。具体包括：

1. 在哈国境内生产消费税应税商品的法人和自然人。

2. 进口消费税应税商品到哈国境内的法人和自然人。

3. 在哈国境内从事汽油（不含航空汽油）、柴油批发和零售的法人和自然人。

4. 在哈国境内销售罚没的消费税应纳商品、无主的消费税应税商品，或者根据继承法应当归为国有的以及无偿捐献给国家的消费税应税商品的法人和自然人。这些商品主要指的是汽油、柴油、轿车、原油和凝析油等商品。但依据授权实施罚没的国家机关，继承无主财产的国家机关，或接受无偿捐献给国家的应税商品的国家机关不是消费税的纳税人。

5. 在哈国境内从事消费税应税商品拍卖的法人和自然人，如果这些商品之前在哈国境内未依据法律规定缴纳消费税。

6. 在哈国境内从事作为消费税应税商品的乘用车辆的组装配套的法人和自然人。

二、征税对象

消费税的征税对象为《税法典》中列举的应征消费税的消费品。由于哈国的消费税属于有限型的消费税，征税对象比较狭窄。故《税法典》对消费税的征税对象采取了列举方法，以税目的形式规定了对以下商品的征税。

1. 所有类型的酒精。酒精又名乙醇。包括了未变性的酒精、变性燃料酒精、酒精饮料、用于生产酒类的未变性酒精等。

2. 酒类产品。包括干邑、白兰地、葡萄酒、酿酒原料、啤酒等。

3. 烟草制品。包括香烟、烟卷、小雪茄、雪茄、旱烟、吸用烟丝烟草、鼻烟、水烟和其他用于零售包装进行终端消费的烟草等。

4. 汽油、柴油。

5. 乘用车。包括10座以上且发动机排量3000立方厘米以上的机动车（不含面包车、大客车和无轨电车）、发动机排量3000立方厘米以上的乘用轿车等。

6. 原油、凝析油。

7. 依照哈国法律作为药物注册的含酒精的医用产品。

三、税率

鉴于哈国消费税的征税对象供求关系基本平衡，价格差异不大，且计量单位比较规范，故在税率类型的选择上，选择了单一的定额税率对所有的应纳消费税的商品进行征税。在税率档次上，出于消费税征税目的的考虑，根据不同的征税对象设定了不同的税率。其中，对于除汽油、柴油外的其他应税商品的税率规定见表6－1。

表6－1　消费税的征税对象与税率

序号	关税同盟对外经济活动商品目录代码	应纳税商品的种类	税率
1	2207	乙醇体积占80%以上的未变性乙醇（用于生产酒类产品、医疗药品，公立医疗机构按定额出售的未变性乙醇除外）、酒精和其他任何浓度变性酒精（国内市场上购买的变性燃料（不是无色的、有色的）酒精（乙醇）除外）	600坚戈/升

续表

序号	关税同盟对外经济活动商品目录代码	应纳税商品的种类	税率
2	2207	变性燃料酒精（乙醇）（不是无色的、有色的，国内市场使用）	1.0 坚戈/升
3	2208	未变性乙醇、酒精酊剂及其他乙醇体积占80%以下的酒精饮料（用于生产酒类产品、医疗药品，公立医疗机构按定额出售的未变性乙醇除外）	100%乙醇 750 坚戈/升
4	2207	用于生产酒类产品出售的未变性乙醇，乙醇体积百分比80%及以上	60 坚戈/升
5	2208	用于生产酒类产品出售的未变性乙醇民、酒精酊剂其他乙醇体积百分比80%以下的饮料	100%乙醇 75 坚戈/升
5－1	3003、3004	依照哈萨克斯坦共和国法律作为药物注册的含酒精的医用产品	100%乙醇 500 坚戈/升
6	2208	酒类产品（干邑、白兰地、葡萄酒、酿酒原料和啤酒除外）	100%乙醇 500 坚戈/升
7	2208	干邑、白兰地（国产白兰地酒精生产的干邑、白兰地除外）	100%乙醇 325 坚戈/升
8	2208	国产白兰地酒精生产的干邑、白兰地	100%乙醇 170 坚戈/升
9	2204、2205、2206 00	葡萄酒	35 坚戈/升
10	2204、2205、2206 00	酿酒原料（用于生产酒精和酒类产品出售或使用的原料除外）	170 坚戈/升
11	2204、2205、2206 00	用于生产酒精和酒类产品出售或使用的酿酒原料	0 坚戈/升
12	2203 00	啤酒	26 坚戈/升
13	2202 90 100 1	酒精体积比不大于0.5%的啤酒	0 坚戈/升
14	2402	过滤嘴香烟	1960 坚戈/1000 只
15	2402	无滤嘴香烟、烟卷	1200 坚戈/1000 只
16	2402	小雪茄dℓ	2400 坚戈/1000 只

续表

序号	关税同盟对外经济活动商品目录代码	应纳税商品的种类	税率
17	2402	雪茄	190 坚戈/只
18	2403	旱烟、吸用烟丝烟草、咀嚼烟叶、吮吸烟叶、鼻烟、水烟和其他零售包装用于终端消费的烟草，含有尼古丁的药物产品除外	2450 坚戈/公斤
19	2709 00	原油、凝析油	0 坚戈/吨
20	8702	10 座及以上、发动机排量 3000 立方厘米以上的机动车，不含面包车，大客车的无轨电车	100 坚戈/立方厘米
	8703	发动机排量 3000 立方厘米以上的乘用轿车（不含带手动控制或手动手配器的残疾人专用车辆）	
	8704	底盘上搭载刚性隔离的货箱和驾驶室的小轿车，发动机排量超过 3000 立方厘米（除手动控制车辆或控制车辆残疾人专用的装有手动控制器的车辆）	

另外，对于汽油（不含航空汽油）、柴油的税率规定见表 6－2。

表 6－2　　汽油、柴油的消费税的税率　　单位：吨

序号		税率（坚戈/吨）	
		汽油（不含航空汽油）（欧亚经济共同体对外经济活动商品分类目录代码 2710 11410 0－2710 11590 0）	柴油（欧亚经济共同体对外经济活动商品分类目录代码 2710 19 3100－2710 19 490 0 0
1	生产商批发销售自产汽油（不含航空汽油）和柴油	4500	540
2	自然人和法人批发销售汽油（不含航空汽油）和柴油	0	0
3	生产商零售汽油（不含航空汽油）和柴油，用于自己生产需要	5000	600
4	法人和自然人零售汽油（不含航空汽油）和柴油，用于自己生产需要	500	60
5	进口	4500	540

由于汽油（不含航空汽油）和柴油在征收消费税时，其计量单位是吨，故如果零售汽油（不含航空汽油）时的计量单位是升，则应按照以下公式将升换算成吨：

$$M=\frac{V\times0.370}{1000}$$

在该公式中：

M——已售汽油（不含航空汽油）量，以吨计；

V——已售汽油（不含航空汽油）量，以升计；

0.370——各种汽油（不含航空汽油）的密度指数（千克/升）。

如果零售柴油时计量单位是升，那么按照以下公式将升换算成吨：

$$M=\frac{V\times0.769}{1000}$$

在该公式中：

M——已售柴油量，以吨计；

V——已售柴油量，以升计；

0.769——柴油的密度指数（千克/升）。

第二节 应纳税额的计算

一、应税行为的确定

消费税应税行为的确定是正确计算消费税应纳税额的前提。根据《税法典》的规定，消费税应税行为应该包括以下五类：

1. 生产、提取或分装消费税应税商品。根据《税法典》的规定，消费税纳税人对消费税应税商品进行下列生产、提取或分装业务的，应该依法缴纳消费税：（1）销售消费税应税商品；（2）委托加工消费税应税商品；（3）转让来料（含应税材料）加工的消费税应税商品；（3）缴纳注册资金；（4）使用消费税应税商品进行实物支付（不含以实物形式转移消费税应税商品缴纳矿产资源开采税、出口地租税）；（5）生产商向其分支机构发运消费税应税商品；（6）生产商将自己生产或提取的，或分装的消费税应税商品用于自己使用或用于自己生产消费税应税商品；（7）生产商从生产许可证中指定的地址移动消费税应税商品。

2. 批发销售汽油（不含航空汽油）和柴油。根据《税法典》的规定，所谓的批发销售汽油（不含航空汽油）和柴油，是指如果买卖（易货）合同销售方是汽油（不含航空汽油）和柴油生产商、或按照特许业务纳税人对某些经营项目进行注册登记并为再销售而购买或进口汽油（不含航空汽油）和柴油的纳税人时，购买方按照此买卖（易货）合同接收规定的消费税应税商品并随后对其进行销售，那么这种情况下的汽油（不含航空汽油）和柴油销售属于批发。此外，批发销售还包括：（1）分支机构发运汽油（不含航空汽油）和柴油用于销售；（2）生产商移交来料加工原料和材料生产的石油产品、汽油（不含航空汽油）和柴油。

3. 零售销售汽油（不含航空汽油）和柴油。根据《税法典》的规定，所谓的零售销售汽油（不含航空汽油）和柴油，是指汽油（不含航空汽油）和柴油生产商，或按照特许业务纳税人对某些经营项目进行注册登记并为再销售而购买或进口汽油（不含航空汽油）和柴油的纳税人时，在以下三种情况下，汽油（不含航空汽油）和柴油的销售属于零售：（1）生产商向他人销售，以及移交来料加工原料和材料制成的石油产品、汽油（不含航空汽油）和柴油，用于其生产需要；（2）向自然人销售汽油（不含航空汽油）和柴油；（3）将用于生产的或用于再销售的汽油（不含航空汽油）和柴油用于自己的生产需要。

4. 销售破产、罚没或无主的消费税应税商品的，或者销售根据继承法的规定应当归为国有的以及无偿捐献给国家的消费税应税商品的。

5. 消费税应税商品的损坏、损毁。根据哈国税法的规定，在哈国境内生产及从关税同盟成员国境内进口到哈国境内的消费税应税商品损坏和损毁的，应当全额支付消费税。这一规定也适用于再销售所购买汽油（不含航空汽油）、柴油的损坏、损毁。其中，消费税应税商品的损坏是指商品整个或个别质量（性质）的恶化，包括在商品生产的各个工艺阶段；损毁是指引起商品毁灭或灭失的事件，包括在商品生产的各个工艺阶段。另外，纳税人在哈国法律规定的自然耗损标准范围内，以及在生产商标准技术文件规定的标准范围内的损耗不算商品灭失。

6. 进口消费税应税商品。需要特别注意的是，如果消费税标签、统计控制标签被损坏或损毁的，则被视为销售消费税应税商品，消费税按照申请品种的金额支付。其中，按照法律规定标记酒类产品的统计控制标签，其损坏或灭失（被偷）的消费税根据标记上注明的体积（容器容积）所适用的规定税率进行计算。但由于紧急情况造成消费税标签、统计控制标签损坏和损毁的，不支付消费税，税务机关应当依据销毁注销报告接收损坏的消费税标签、统计控制标签。

另外，为了体现消费税的政策目的，哈国税法规定对下列行为或商品免征消费税：（1）符合法律规定要求的出口消费税应税商品；（2）在国家酒精和酒类产品生产和流通监督主管机关配额范围内，依据相关业务类别生产许可证生产的、用于生产药品和医疗用品的酒精，或在国家酒精和酒类产品生产和流通监督主管机关配额范围内，依法宣布自行经营的国家卫生保健机构生产的酒精；（3）依照法律规定应该统计核查标志的酒精类产品（酿酒原料和喝酒除外）和应该标记税票的烟草制品等消费税应税商品，如果以前已缴纳消费税，应采用统计控制标签或新版消费税标签重新标识；（4）依照哈国法律作为药物注册的含酒精的医用产品（不含芳香酊剂）。

二、计税依据的确定与调整

根据《税法典》的规定，消费税的计税依据为以实物量表示的消费税应税产品生产和销售的数量。

鉴于酒精和酿酒原料适用的税率各不相同，故哈国税法规定，在确定各种酒精和酿酒原料的不同税率时，计税依据按照相同税率业务单独确定。如果酒类产品生产商按照低于消费计税依据所适用的税率购买的乙醇和酿酒原料，未用于酒精或酒类产品的生产时，应按照向非酒类产品生产商销售各种酒精和酿酒原料规定的消费计税依据所适用的税率，由酒精和酿酒原料收货人重新计算税额并支付消费税。这一规定也适用于生产医疗药品和提供医疗服务的酒精滥用情况。此类酒精的消费税纳税人是医疗药品的生产商和免税获得酒精的公立医疗机构。

对于消费税的计税依据调整，哈国税法规定，应在返还消费税应税商品的纳税期内进行。调整时应该依据冲红发票（其中应调整的消费税金额单列一行），以及证明消费税应税商品返还根据的双边协定书，和其他证明本合同（协议）规定返还情况发生的文件进行。如果生产商按生产许可证中指定的地址移动消费税应税商品，由此产生的消费税之前已经缴纳，那么对于烟草制品的消费税计税依据，由消费税应税商品生产商调整为商品出口销售的数量。在此种情况下，进行这样调整的计税依据可以是负值。从关税同盟成员国进口消费税应税商品时，计税依据的大小按照《税法典》规定的进口商品增值税税额调整办法进行调整。

三、应税商品交易日期的确定

确定消费税应税商品的交易日期是确定消费税缴纳日期的前提。根据《税法典》的规定，除法律另有规定外，在所有情况下，消费税应税商品的发货人向收货人发运（移交）消费税应税商品的日期即为法定的交易日期。

对于以下特殊情况，《税法典》明确规定：

1. 生产商通过自己的分支机构网络销售自产的消费税应税商品，向分支机构发运商品的日期即是交易日期。

2. 移交来料加工的消费税应税商品时，向承包人（加工人）移交应税商品的日期是交易日期。

3. 采用来料加工原料制造消费税应税商品时，向订货人或订货人指定人员移交制成消费税应税商品的日期是交易日期。

来料加工原料是从哈国境内出口到关税同盟成员国境内，以及从关税同盟成员国境内进口到哈国境内的消费税应税商品，其加工期限按照来料加工合同（协议）确定，且自开始统计或发运来料加工原料之日起不能超过两年。如果超过来料加工的规定期限，本合同（协议）规定的预计产品加工量应征收消费税，税率按照法律规定计算。

哈国纳税人进口或出口来料加工的原料，承担出口或进口加工品的义务，并应按哈国政府批准的形式和期限履行义务。

4. 将消费税应税商品用于自己使用和自己生产消费税应税商品的，移交应税商品用于此用途的日期是交易日期。

5. 生产商按照生产地址移动消费税应税商品的，按照许可证中指定生产地址移动消费税应税商品的日期作为交易日期。

6. 消费税应税产品、消费税标签、统计控制标签损坏，交易日期为编写已损坏消费税应税产品（消费税标签、统计控制标签）注销报告的日期，或决定继续用于生产的日期。

如果消费税应税产品、消费税标签、统计控制标签损毁，则应税产品、消费税标签、统计控制标签损毁的日期是交易日期。

7. 如果从关税同盟其他成员国境内向哈国境内进口消费税应税产品，纳税人将进口商品入账的日期是交易日期。

四、应纳税额的计算

《税法典》规定，消费税的应纳税额等于规定税率乘以计税依据。可用公式表示为：

消费税应纳税额 = 征税对象 × 税率

五、抵扣

哈国税法规定，对于纳税人为了生产其他消费税应税商品的主要原料而使用的应税商品，其在哈国境内缴纳的消费税金额，有权根据法律规定，从应纳税额中抵扣。抵扣额为根据纳税期内实际用于生产消费税应税商品的应纳税原料数量计算的消费税金额。

1. 向哈国境内进口消费税应税商品时，在哈国境内缴纳的消费税可以抵扣。根据《税法典》的规定，在此情况下，纳税人必须提供以下文件：(1) 消费税应税原料的买卖合同；(2) 付款凭证或海关申报时证明缴纳消费税的其他文件；(3) 从非关税同盟成员国境内向哈国境内进口消费税应税原料时，进口消费税应税原料的货物报关单，或者从关税同盟成员国境内向哈国境内进口时，商品进口和缴纳间接税的申报书；(4) 配料单（生产酒类产品时）；(5) 消费税应税原料用于生产的注销报告。

2. 为购买消费税应税商品原料缴纳的消费税可以抵扣。根据《税法典》的规定，在此情况下，纳税人必须提供以下文件：(1) 消费税应税原料的买卖合同；(2) 付款凭证或现金收据，附有证明消费税应税原料付款的税控收款机小票；(3) 消费税应税原料交付的货运单；(4) 消费税金额单列一行的发票；(5) 配料单（生产酒类产品时）；(6) 消费税应税原料用于生产的注销报告。

3. 为自己生产的消费税应税原料缴纳的消费税可以抵扣。根据《税法典》的规定，在此情况下，纳税人必须提供以下文件：(1) 付款凭证或证明缴纳消费税的其他文件；(2) 配料单（生产酒类产品时）；(3) 消费税应税原料用于生产的注销报告。

4. 移交来料加工消费税应税原料制成的消费税应税商品时缴纳的消费税可以抵扣。根据《税法典》的规定，在此情况下，纳税人必须提供以下文件：(1) 来料加工应税原料所有者与加工者之间的来料加工合同；(2) 付款凭证或证明来料加工应税原料所有者缴纳消费税的其他文件；(3) 来料加工应税原料发货单或交接单。但各种酒精、原油和凝析油的消费税金额不得抵扣。

另外，《税法典》还规定，如果在哈国境内购买或进口消费税应税原料时，消费税应税商品生产商缴纳的消费税金额超过由此原料制成应税商品计算得出的消费税金额，那么超出部分的金额不应抵扣。

六、对于出口应纳消费税商品免税的确认

哈国税法规定，对于出口消费税应税商品免税时，纳税人自交易完成之日起的60个工作日内必须向当地税务机关提供以下文件：（1）消费税应税商品的出口合同（协议）。（2）加盖应税商品出口报关放行章的货物报关单或海关验证的复印件。使用干线管道出口或不完全的定期申报手续，出口证明可以采用加盖受理海关申报的海关公章的货物报关单。（3）加盖关税同盟边境口岸海关放行章的随货文件复印件。使用干线管道或出口商品时，提交货物交接记录代替随货文件复印件。（4）付款凭证和银行对账单，证明纳税人根据哈国法律在哈国境内开立的银行账户实际收到消费税应税商品的销售收入。

《税法典》规定，对于向与哈国签订国际条约的独联体其他国家（不含关税同盟成员国）出口消费税应税商品的，免于征收出口消费税。

向关税同盟成员国出口消费税应税商品免税时，纳税人在向当地税务机关提交消费税申报表的同时还应当提交确认商品出口的文件。在这种情况下，纳税人有权自交易日起的180日内向税务机关提交规定的文件，其中不含消费税申报表。

如果纳税人无法根据上述规定证明消费税应纳税商品用于出口，则应当按照在哈国境内销售消费税应税商品规定的程序缴纳消费税。

如果确认消费税应税商品用于出口的期限（上述180日）到期之后，按照在国内销售消费税应税商品的消费税金额应依规定进行抵扣或返还。在这种情况下，由于未确认向关税同盟成员国境内出口消费税应税商品而累计缴纳的罚款金额不应返还。

七、对于进口应纳消费税商品的免税

对于自然人按照关税同盟海关法或哈国海关法规定的标准进口的应税商品，不征收消费税。

进口的下列应税商品免缴消费税：（1）从事国际运输的车辆，在途中和

经停地点运行所需的应税商品；（2）通过关税同盟关境前已损坏，不适合作为产品和材料使用的应税商品；（3）用于外国外交代表处和类似的外交代表处正式使用，以及这些代表处的外交人员和行政技术人员，包括与其共同生活的家庭成员个人使用而进口的应纳税商品；（4）通过关税同盟关境，按照关税同盟海关法或哈国海关法规定的海关手续（内部消费放行海关手续除外），免税的应税商品；（5）依照哈国法律注册的含酒精的医用产品（不含芳香酊剂）。

第三节 税款征收与管理

一、纳税期限与缴纳时间

根据《税法典》的规定，消费税的纳税期限为一个月。除法律另有规定外，应税商品的消费税应不迟于纳税申报期结束后的次月 20 日前缴纳入库。

由来料加工原料和材料制成的应税商品，其消费税在产品移交订货人或订货人指定人员的当天缴纳。

移交在哈国境内开采的原油、凝析油时，消费税在其移交当天缴纳。

酒类产品（酿酒原料和啤酒除外），其消费税在取得统计控制标签前缴纳。

按照哈国政府规定的方式，税务机关应在商品进口和缴纳间接税申报书中做出标注的方式，确认从关税同盟成员国境内进口应税商品的增值税已缴纳的事实，或有理由拒绝证明。

从非关税同盟成员国境内进口的应税商品，其消费税按照海关事务主管机关规定的程序，在关税同盟海关法或哈国海关法确定的海关费缴纳日期内缴纳。

从关税同盟成员国进口的应税商品，其消费税不迟于统计进口应税商品的次月 20 日之前缴纳。有标记的应税商品，其消费税在取得统计控制标签前缴纳。

如果按照哈国法律要求进口到哈国境内的应税商品未缴纳消费税，在使用这些应税商品用于提供免税或其他缴税方式的情况下，这些应税商品应按照法律规定的方式和税率缴纳消费税。

二、缴纳地点

根据《税法典》的规定，除法律另有规定外，消费税的征税对象所在地为缴纳消费税的地点。

从事汽油（不含航空汽油）和柴油批发、零售的消费税纳税人，课税有关对象所在地为缴纳消费税的地点。

从关税同盟成员国境内进口应税商品的，消费税纳税人所在地（居住地）为缴纳消费税的地点。

三、纳税人代分支机构、与课税相关对象缴纳消费税的规定

哈国税法规定，各分支机构，以及与课税相关对象在纳税期内经营的消费税应税业务，其消费税单独列账（该账目在本章下文中称为“消费税账目”）。纳税人确定代替分支机构，以及与课税相关对象缴纳消费税的，必须在法律规定的期限内，向分支机构和课税相关对象所在地的税务机关提供消费税账目。如果消费税纳税人具有多个与课税相关的对象，在同一税务机关注册的，纳税人必须为所有对象提供一份消费税账目。

代替分支机构和课税相关对象缴纳消费税，包括日常付款，由消费税自然人纳税人直接从自己的银行账户缴纳，或者委托给分支机构缴纳。

个体经营者按照课税相关对象所在地，提交应代替课税相关对象缴纳的消费税账目。

四、纳税申报表

除法律另有规定外，每个纳税期结束后，纳税人必须在不迟于纳税申报期次月 15 日之前，向所在地的税务机关提交消费税纳税申报表。纳税人还必须与纳税申报表一起提交消费税账目。

从关税同盟成员国境内向哈国境内进口消费税应税商品的纳税人，应在不迟于统计进口应税商品的次月 20 日之前，按照《税法典》规定的方式，向所在地（居住地）税务机关提供进口商品间接税申报表和规定的文件。在这种情况下，如果发生《税法典》第 276 - 20 条第 6 款规定的情况，进口商品间接税申报表和商品进口和缴纳间接税申请书被视为没有提交给税务机关。

第七章 地下资源使用税法

根据《哈萨克斯坦》一书，哈国境内地下资源十分丰富，现已探明的矿产资源就有90多种。其中，油气储量占全球总储量的2.7%，位列全球第九位；煤炭资源的储量为1767亿吨，占全球总储量的4%，位列全球第八位；黄金储量为1900吨，是世界第八大黄金产区；铀储量超过150万吨，占全球的25%；铬储量4亿吨，占全球储量的33%，位列全球第二位；钨储量达200亿吨，占全球总储量的50%以上。其他的有色金属和黑色金属如铅、锌、锰、铜、铁、镍等的储量在世界上也都占有非常重要的地位。由于地下资源十分丰富，故对地下资源的开采、利用就成为该国国家财政收入的重要来源。例如，仅石油天然气工业的产值就占到本国工业产值的三分之一，上缴利税占国家税收的30%，创汇占国家外汇收入的40%。因此，哈国十分注重对地下资源开发利用的法律保障和征税。1995年6月哈国颁布了《石油法》，规定了石油资源开采利用的法律规范。1996年1月又颁布了《矿藏与矿产利用法》（2004年经过修订后重新颁布实施）。另外，在对矿产和矿产资源利用的征税方面，1995年颁布实施的《关于预算税收和其他规费》中，明确规定了对地下资源利用者征收社会税。1999年在税法修改过程中，将对地下资源利用者的社会税改成了对地下资源利用者的专项支付，并设立了单独的社会税。2001年制定的《税法典》中，保留了上述的税种。2008年在对《税法典》进行修改时，对该税种进行了进一步的完善。

第一节 概述

一、对地下资源使用者征税的种类和范围

根据《税法典》的规定，在哈国，地下矿藏使用者凡是按照哈国法律规

定签订矿藏利用合同、开展矿藏利用业务的，都应该支付法律规定的所有税款和专项费用。其中，专项费用包括签约酬金、商业发现红利和历史性支出补偿费用等三项。在《税法典》中，签约酬金、商业发现红利又被统称为酬金，是地下矿藏使用者的固定费用。税收包括矿产开采税和超额利润税两种。

地下矿藏使用者在各个矿藏利用合同框架内开展活动，以及在低盈利矿区、稠油矿区、含水沉积矿区、边际油田及采空矿区（在同一个合同框架内开展活动的所在油田群、煤产地）进行开采时，如果该矿区的税款与其他应缴款项的计算费率与《税法典》规定不同，地下矿藏使用者有义务根据《税法典》的规定进行独立税务登记。对于常见矿产、地下水、医疗用泥开采合同，以及地下勘探或开采设施的建造及运行，不适用于上述规定。

对非居民地下矿藏使用者，应当根据《税法典》的规定进行补充征税。

根据《税法典》的规定，如果根据单个矿藏利用合同的规定，矿藏利用权利属于普通公司（财团）的几个自然人或法人成员时，则普通公司（财团）的每个合伙人都是哈国税法规定的税款和规费的纳税人。在此条件下，普通公司（财团）合伙人有义务确定其授权代表负责完成综合税务登记。授权代表有义务根据《税法典》的规定对根据矿藏利用合同开展的业务完成综合税务登记。如果经营者是根据产品分配协议（合同）开展矿藏利用经营的，经营者即为授权代表。在此条件下，普通公司（财团）合伙人授权代表的权利，包括经营者的权利，应当根据《税法典》第 17 条或第 17－1 条的要求进行确定。

普通公司（财团）合伙人或其授权代表履行矿藏利用合同纳税义务时，由普通公司（财团）的合伙人独立提交纳税申报。

对于在 2009 年 1 月 1 日前哈国政府或主管机关与地下矿藏使用者签订并通过强制税务审核的产品分配协议（合同），以及由哈国总统批准的地下矿藏利用合同中确定的税款和规费的税制应当保留。该税制根据该协议（合同）的条款规定执行。该协议（合同）仅对协议双方或经营者具有约束力，对非该协议（合同）的缔约方或非经营者不具有约束力。如果该矿藏利用合同中有预扣税款课税程序的规定，地下矿藏使用者作为扣缴义务人应当根据哈国税法的规定履行预扣税款扣缴税款的义务。如果上述协议（合同）中所规定的特殊规定被取消，地下矿藏使用者可继续按照产品分配协议（合同）或矿藏利用合同中规定的金额缴纳规费，直至合同到期或根据哈国法律规定的程序对合同进行了相应的修改及补充。

普通公司（财团）的合伙人可以自己或委托经营者以该合伙人的名义履行纳税义务。在此情况下，应在纳税申报表纳税人一栏填写普通公司（财团）合伙人的信息，在授权代表一栏填写经营者信息。

根据产品分配协议（合同）的规定，普通公司（财团）经营者综合履行其合伙人的纳税义务。在这种情况下，由经营者根据《税法典》规定的程序编制并提交（撤回）纳税申报，并在纳税人一栏填写经营者信息。如果在矿藏使用经营过程中，根据税法的规定，经营者作为纳税人（扣缴义务人）产生了纳税义务，则应由经营者独立履行纳税义务。

根据哈国税法的规定，地下矿藏使用者除了履行矿藏利用合同框架内的经营活动的纳税义务外，还应当履行矿藏利用合同框架外经营活动的纳税义务。

二、对矿藏利用合同进行独立税务登记的基本原则

根据《税法典》的规定，凡在各矿藏利用合同框架内开展合同业务，以及在低盈利矿区、稠油矿区、含水沉积矿区、边际油田及采空矿区（在同一个合同框架内的多个矿区开展经营的油田群）进行开采时，地下矿藏使用者有义务对征税项目或与征税相关的项目进行独立税务登记，以便完成纳税义务的计算。为此，地下矿藏使用者应当根据税务登记政策与法律的规定，在统计资料基础上完成对征税项目和征税相关项目的独立税务登记。

地下矿藏使用者应当自主完成独立税务登记的程序及根据税务登记政策完成审批，并在规定的期限内将首次批准的税务登记政策提交当地税务机关，申报企业所得税。如果需要对税务登记政策进行变更和补充的，地下矿藏使用者应当在批准后的10个工作日内将税务登记政策的变更和补充或新版税务登记政策提交给当地税务机关。该项规定同样适用于负责完成综合税务登记的普通公司（财团）合伙人的授权代表。

在进行独立税务登记时，根据合同规定的业务范围，涉及的税款和规费包括企业所得税、签约酬金、商业发现红利、矿产开采税和超额利润税5种。另外，对于在2009年1月1日前哈国政府或主管机关与地下矿藏使用者签订并通过强制税务审核的产品分配协议（合同），以及由哈国总统批准的地下矿藏利用合同中确定的税款和规费也应该进行税务登记。

在进行独立税务登记、履行纳税义务时，地下矿藏使用者必须履行如下义务：（1）在税务登记中体现出与征税相关的征税项目或征税相关项目，计

算税款和规费，每个矿藏利用合同与合同外经营分别计算；（2）计算上述未规定的税款和规费，以及地下矿藏使用者所有经营活动的企业所得税；（3）提交税款和规费的纳税申报，各矿藏使用合同的企业所得税纳税申报除外；（4）提交地下矿藏使用者所有经营活动的企业所得税统一报税单，及与各矿藏利用合同相关的附件；（5）提交上述未规定的地下矿藏使用者所有经营的税款和规费的申报。

在计算地下矿藏使用者所有经营活动的企业所得税时，不考虑具体矿藏利用合同中的亏损。地下矿藏使用者有权根据法律规定，在下一个纳税期利用该矿藏利用合同中的经营收入补偿该亏损。

在进行独立税务登记时，地下矿藏使用者根据业务特征自行将所有的收入和支出都分为直接收入或支出、间接收入或支出和共同收入或支出三类。

直接收入或支出应当全部列入具有直接因果关系的合同业务或合同外业务。

总收入和支出应当在合同业务及合同外业务之间进行分配，相应的份额取决于与之有因果关系的合同业务及合同外业务的收入和支出。各项合同业务的总收入或总支出及间接收入或间接支出的分配由地下矿藏使用者根据业务特点独立进行，或根据其在税务登记政策框架内采取的、在独立税务登记方法基础上开展的矿藏利用经营活动来进行。其中包括：（1）根据各个具体的矿藏利用合同中直接收入及合同外业务的直接收入的比重，全额分配地下矿藏使用者在纳税期内获得的直接收入；（2）根据各个具体矿藏利用合同矿产开采量的比重，全额分配纳税人所有矿产利用合同的矿产开采量；（3）根据各个具体的矿藏利用合同直接支出及合同外业务的直接收入比重，全额分配地下矿藏使用者在纳税期内产生的直接支出；（4）根据下列各种支出其中之一的比重全额分配地下矿藏使用者在纳税期内产生的支出：各个具体矿藏利用合同及合同外业务产生的直接生产支出、工资或固定资产价值；（5）根据从事合同业务的员工昼夜平均人次占地下矿藏使用者员工总昼夜平均人次的比重进行分配；（6）其他方法。针对不同种类的总收入或总支出和间接收入或间接支出可以选用上述规定的不同分配方法。

在总固定资产和间接固定资产方面，地下矿藏使用者固定资产中已发生的费用，包括折旧费及后续成本，在矿藏利用合同与合同外业务之间进行分配。

酬金总支出和间接支出方面，根据规定应扣除《税法典》第 103 条规定的、在计算企业所得税时应该扣除的报酬总额之后，再进行分配。

为完成独立税务登记，地下矿藏使用者在计算各独立矿藏利用合同业务的企业所得税时，采油销售或矿物原料销售收入，包括初加工（选矿处理）的矿产销售收入，根据其销售价格以及哈国运输定价法进行确定，但不得低于根据国际财务报表标准及哈国会计核算及财务报表法要求确定的所采石油、矿物原料或商品的成本。如果将所采石油或矿物原料，包括经过初加工（选矿）的矿产转交其他法人或分支机构或同一法人所属的其他生产部门进行进一步加工或根据自身生产需求进行使用时，地下矿藏使用者应当按照国际财务报表标准及哈国会计核算及财务报表法的要求，将确定开采和初加工（选矿）的实际生产成本提高200%来计算该款经营的收入。同时，地下矿藏使用者合同外业务的全年总收入金额等于上述进一步加工产品的销售实际收入与地下矿藏使用者合同业务全年总收入中根据上述计算的收入总和之间的正差值。

《税法典》中关于进行独立税务登记以计算应缴税款（矿产开采税应缴税款除外）的规定，不适用于下列类型的矿藏利用合同产生的应缴税款：（1）勘探或开采常见矿产合同；（2）勘探或开采地下水合同；（3）勘探或开采医疗用泥合同；（4）与勘探或开采无关的地下设施建筑或运行合同。这四类矿藏利用合同业务经营或成果是石油经营及采矿经营合同活动的一部分，地下矿藏使用者应当按照独立税务登记的特点，根据相应的石油或开采矿藏利用合同对其进行税务登记。

第二节 签约酬金

签约酬金是地下矿藏使用者在合同规定的区域获得矿藏使用权时，或根据哈国法律规定的程序扩展合同区域时，一次性支付的固定费用。签约酬金的付款人是根据哈国矿产及矿藏利用法竞得矿藏使用权或通过矿藏利用权授权直接谈判获得矿藏利用权，并按照哈国法律签订以下矿藏利用合同的自然人或法人：（1）勘探合同；（2）矿产开采合同；（3）联合勘探与开采合同。对于利用特权获取开采权而签订合同的地下矿藏使用者，不适用签约酬金的规定。

一、不同矿藏利用合同单独确定签约酬金最低金额的办法

（一）矿产储量未确定区域的地质勘探合同

对于矿产储量未确定区域的地质勘探合同，签约酬金的最低金额依据不同的合同而有所不同。具体可分为以下三类：（1）石油合同的签约酬金是公布招标条件或根据矿藏利用权授权直接谈判协议签署日期前的月度计算指数的2800倍；（2）矿物原料勘探合同（人造矿物加工合同除外）的签约酬金是公布招标条件或根据矿藏利用权授权直接谈判协议签署日期前的月度计算指数的280倍；（3）常见矿产、地下水及医疗用泥合同的签约酬金是公布招标条件或根据矿藏利用权授权直接谈判协议签署日期前的月度计算指数的40倍。

（二）开采合同及联合勘探开采合同

对于开采合同及联合勘探合同，签约酬金的最低金额分别规定如下：

（1）对于石油合同而言：1）如果其储量未确定，其签约酬金是公布招标条件或根据矿藏利用权授权直接谈判协议签署日期前的月度计算指数的3000倍；2）如果其储量是确定的，其签约酬金按照公式（$C \times 0.04\%$）+（$C_n \times 0.01\%$）进行计算，但不得低于公布招标条件或根据矿藏利用权授权直接谈判协议签署日期前的月度计算指数的3000倍，其中：

C——经哈国矿产储量国家委员会确定的，工业等级为A、B、C_1级的原油、凝析油及天然气的价格；

C_n——经哈国矿产储量国家委员会确定的C_2级的预估储量的总价格或参考其他指标确定的C_2预估储量的总价格。

（2）对于矿物原料开采及联合勘探与开采合同（人造矿物开采合同除外）而言：1）如果其储量未确定，其签约酬金是公布招标条件或根据矿藏利用权授权直接谈判协议签署日期前的月度计算指数的500倍；2）如果其储量是确定的，则其签约酬金则是按照公式（$C \times 0.01\%$）+（$C_n \times 0.05\%$）进行计算，但不得低于公布招标条件或根据矿藏利用权授权直接谈判协议签署日期前的月度计算指数的500倍。其中：

C——经哈国矿产储量国家委员会确定的，工业等级为A、B、C_1级的所有储量的矿物原料价格；

C_n——经哈国矿产储量国家委员会确定的C_2级矿物原料预估储量的总价格或参考其他指标确定的C_2级矿物原料预估储量的总价格。

（3）对于常见矿产、地下水及医疗用泥合同，根据公式 $C\times0.01\%$ 进行计算，但不低于公布招标条件或根据矿藏利用权授权直接谈判协议签署日期前的月度计算指数的 120 倍。在这种情况下，开采合同的签约酬金不得低于根据《税法典》第 319 条和 320 条计算的商业发现红利的总额，但天然气开采合同除外。

（三）人造矿物加工合同

对于人造矿物加工合同，其签约酬金按照公式 $C_1\times0.01\%$ 进行计算，但不得低于公布招标条件或根据矿藏利用权授权直接谈判协议签署日期前的月度计算指数的 300 倍。

（四）污水排放探矿客户，以及与勘探或开采无关的地下设施建筑或运行合同

污水排放探矿客户，以及与勘探或开采无关的地下设施建筑或运行合同，其签约酬金是公布招标条件或根据矿藏利用权授权直接谈判协议签署日期前的月度计算指数的 400 倍。

二、矿产储量价值的确定

（一）原油、凝析油及天然气的储量价值

原油、凝析油及天然气的价值，根据在竞标条件公布日或根据矿藏利用权授权直接谈判协议签订日前一天，《税法典》第 334 条规定的原油、凝析油及天然气的外汇牌价为基础，使用约定酬金支付日确定的相应外汇市场兑换汇价。同时，为了确定经哈国主管机关确认储量的原油及凝析油的价值，采用第 334 条第 3 款中规定的标准品种原油在规定日期的最大报价算术平均值来计算。

（二）矿藏利用合同内天然气的储量价值

对于依据矿藏利用合同内天然气的储量价值，合同中规定了矿区开发单位按照哈国政府定价向哈国市场提供开采量中的最低限度天然气的义务。其计算公式如下：

$$C = V_1 \times Ц_1 + V_2 \times Ц_2$$

其中：

V_1是哈国矿产储量国家委员会确定的工业等级为 A、B、C_1且应销往哈国内市场的天然气储量；

V_2是哈国矿产储量国家委员会确定的工业等级为 A、B、C_1的天然气储量

（V_1等级的天然气除外）；

$Ц_1$是哈国政府确定的价格；

$Ц_2$是根据上述规定确定的天然气报价算术平均值。

$$C_n = V_1 \times Ц_1 + V_2 \times Ц_2$$

其中：

V_1是经哈国矿产储量国家委员会确认的C_2级天然气储量，以及委员会依据其他方法确定的C_2级天然气的储量；

V_2是经哈国矿产储量国家委员会确认的C_2级天然气储量，以及委员会依据其他方法确定的C_2级天然气储量（V_1等级的天然气除外）；

$Ц_1$是哈萨克斯坦共和国政府确定的价格；

$Ц_2$是根据上述规定确定的天然气报价算术平均值。

（三）在伦敦金属交易所或伦敦贵金属交易所记录有官方报价的矿产，以及对其提炼、利用（销售）做出规定的其他种类矿产的储量价值

对于在伦敦金属交易所或伦敦贵金属交易所记录有官方报价的矿产，以及对其提炼、利用（销售）做出规定的其他种类矿产，其价值依据竞标条件公布日期或根据矿藏利用权授权直接谈判协议签订日期前一天的原油、凝析油及天然气的外汇报价算术平均值进行确定，并采用支付签约奖金当日的坚戈对相应外币的市场汇率。如果在竞标条件公布日期或直接谈判协议签订之日前一日内未公布相应类型矿产的官方报价，则采用距离应公布该报价最近日期内公布的官方报价。

三、主管机关及其招标委员会的权利

哈国《税法典》规定，在矿藏利用权竞标开始前，主管机关招标委员会有权决定提高签约酬金。

另外，《税法典》还规定，签约酬金的最终款额不低于启动时的金额，由招标委员会根据矿藏利用权竞标结果进行确定，或由主管机关根据与地下矿藏使用者进行的直接谈判结果进行确定，并写入矿藏利用合同。

四、扩展合同区域时签约酬金金额的确定

如果需要扩展合同区域时，其签约酬金依据以下方法确定：

1. 如果确定了扩展合同区域内的矿产储量，则应按照各种矿产的储量进行确定。

2. 如果扩展合同区域内的矿产储量未确定，则应由主管机关或相应的地下矿藏使用权授权地方执行机关确定合同区域扩展系数。此系数以该合同区域扩大的面积尺寸与合同区域初始面积尺寸之比来确定。合同区域扩展系数每超过0.1，则签约酬金金额应采用系数3。

五、签约酬金的支付与申报

纳税人应在下列期限内向所在地地方财政缴纳签约酬金：

1. 从公布纳税人竞标成功之日起或根据开展矿藏利用权授权直接谈判签订协议之日起的30日内支付确定金额的50%。

2. 在矿藏利用合同生效之日起的30日内支付确定金额的50%。

如果合同区域扩大，纳税人应根据法律规定的程序，在将相关的扩张变更写入合同之日起30日内，向其所在地地方财政支付签约酬金。

纳税人在支付月的次月15日之前向所在地税务机关提交签约酬金纳税申报。

第三节 商业探测酬金

地下矿藏使用者应该根据合同，为每次在合同区域内进行的矿产开采或矿产商业联合勘探及开采支付商业探测酬金，其中包括在矿区补充勘探过程中的发现。如果矿区勘探合同未对矿产进一步开采做出规定，则无须支付商业探测酬金。

一、纳税人

商业探测酬金的纳税人是根据矿藏利用合同开展地下矿藏利用业务过程中，宣布合同区域内矿产商业发现的人。

二、征税对象

商业探测酬金的征税对象是该合同区域内经国家主管机关确定的矿产的实际储量。

1. 每次有商业发现时，应根据2009年1月1日签订的矿产开采合同，在与以勘探合同为基础的商业发现相关的矿藏开采权获取特权框架内，确定征税对象：（1）该地下矿藏使用者在勘探合同框架内早前公布的相应合同区域内的商业发现；（2）在对矿区进行补充勘探过程中确定的矿产实际储量与之前确定的作为支付商业发现红利参考的矿产实际储量之间的正差值。

2. 每次有商业发现时，应该根据2009年1月1日签订的矿产开采合同确定征税对象：（1）在对矿区进行补充勘探过程中确定的矿产实际储量与本合同签订时计入国家资产负债表并由国家授权鉴定机构给出结论进行确认的矿产实际储量之间的正差值；（2）在对矿区进行补充勘探过程中确定的矿产实际储量与之前根据《税法典》确定的作为支付商业探测酬金参考的矿产实际储量之间的正差值。

3. 每次有商业发现时，应当根据2009年1月1日前签订的矿产开采合同确定征税对象：（1）在对矿区进行补充勘探过程中确定的矿产实际储量与以2009年1月1日为准计入国家资产负债表并由国家授权鉴定机构给出结论进行确认的矿产实际储量之间的正差值；（2）在对矿区进行补充勘探过程中确定的矿产实际储量与之前根据《税法典》确定的作为支付商业探测酬金参考的矿产实际储量之间的正差值。

4. 地下矿藏使用者每次宣布在合同区域内有商业发现时，包括在对矿区进行补充勘探过程中的发现，应根据联合勘探及开采合同确定征税对象，即现确定的矿产储量与之前确定的作为支付商业发现红利参考的矿产实际储量的正差值。

三、计税依据

国家主管机关确定的矿产储量价值是计算商业探测酬金的计税依据。

为计算商业探测酬金，应根据以下程序在支付商业探测酬金的前一天确定矿产储量的价值。

1. 原油、凝析油及天然气。原油、凝析油及天然气的储量价值根据在支付商业探测酬金前一天依哈国税法规定确定的原油、凝析油及天然气的价值的外汇报价算数平均值确定，并采用在商业探测酬金支付当天坚戈对相应外币的市场汇率。同时，为了确定原油及凝析油的价格，根据《税法典》第334条第3款中规定的标准品类原油的标价算数平均值确定，该值在规定日期为最大值。

2. 在伦敦金属交易所或伦敦贵金属交易所记录有官方报价的矿产，以及对其提炼、利用（销售）做出规定的其他种类矿产的储量价值，应该根据税法规定确定的价值在支付商业发现红利前一天的矿产外汇报价算数平均值确定，并采用在商业发现红利支付当天坚戈对相应外币的市场汇率。如果在商业发现红利支付前一天未公布相应类型矿产的官方标价，则采用最近一天公布的该矿产的官方标价。

除原油、凝析油、天然气、在伦敦金属交易所及伦敦贵金属交易所流通的矿产之外的矿产，其储量价值将根据哈国国家主管机关批准的合同中规定的开采计划费用提高20%来确定。

四、税率、税额计算、缴纳与申报

商业探测酬金的税率为0.1%。

商业探测酬金的税额根据征税对象、计税依据及税率确定。

纳税人应在下列期限内向所在地地方财政缴纳商业探测酬金：（1）在签订矿产开采合同之日起的90日内；（2）如果在对矿区进行补充勘探时又发现矿产资源的，在哈国主管机关确定矿区矿产补充储量之日后的90日内；（3）在哈国主管机关根据联合勘探与开采合同确定矿区矿产储量之日起的90日内。

纳税人在支付月次月15日之前向其所在地税务机关提交商业探测酬金的纳税申报。

第四节　历史性支出补偿

历史性支出补偿是指地下矿藏使用者用于补偿在矿藏合同签订前向国家支付的合同区域内地质研究及矿区勘探总费用的固定支出。

一、历史性支出补偿费用的纳税人

历史性支出补偿费用的纳税人是按照哈国法律规定程序签订矿藏利用合同的地下矿藏使用者。

二、历史性支出补偿费用的确定程序

国家征收的历史性支出补偿总额由国家主管机关根据哈国法律规定的程序进行计算并上缴财政，其中部分费用应作为国有地质信息购置费上缴，剩余的费用应作为历史支出补偿费上缴。历史性支出补偿费用自地下矿藏使用

者与国家主管机关签订矿藏考察和利用保密协议、矿藏利用合同保密协议（包括2009年1月1日之前签订的产品分配协议）之日起上缴财政。

1. 如果国家收取的历史性支出补偿费用总额等于或小于预算法规定的、在签订保密协议之日的月度计算指标的10000倍，则应在地下矿藏使用者开始矿产开采年的次年4月10日之前支付历史性支出补偿费。

2. 如果国家收取的历史支出补偿费用总额大于根据预算法规定的、在签订保密协议之日的月度计算指标的10000倍，地下矿藏使用者应在每个决算季度结束后的25日之内完成等额分期支付，每期等价金额不低于根据预算法在相应财政年度签订保密协议之日规定的月度计算指标的2500倍，支付期不超过10年。

3. 如果矿区勘探合同未对矿产进一步开采做出规定，则无须支付历史性支出补偿费用。

三、纳税申报

如果国家收取用于合同区域内地质研究及矿区勘探的历史性支出补偿费用总额等于或小于预算法规定的，签订保密协议之日的月度计算指标的10000倍，地下矿藏使用者应在开始进行矿产开采的第二年3月31日之前向所在地的税务机关提交纳税申报。

如果国家收取用于合同区域地质研究及矿区勘探的历史性支出补偿费用总额大于预算法规定的，签订保密协议之日的月度计算指标的10000倍，地下矿藏使用者应在每个决算季度结束后的15日之内向其所在地的税务机关提交纳税申报。

第五节 矿产开采税法

矿产开采税是对地下矿藏使用者在哈国境内开采的各类矿物原料、石油、地下水及医疗用泥等单独征收的一个税种。矿产开采税根据具体内容的不同，在《税法典》中被分成了石油矿产开采税、常见矿产除外的矿物原料开采税、常见矿产和地下水及医疗用泥的矿产开采税三种。

一、一般规定

当地下矿藏使用者在哈国境内开采各类矿物原料、石油、地下水及医疗用泥时，无论采取何种类型，都应当根据法律规定缴纳矿产开采税。

矿产开采税一般用现金缴纳，但也可以按照国家主管机关与地下矿藏使用者签订的补充协议规定的程序改为以实物缴纳。

在计算矿产开采税时，应扣除从已注销储量中回收的矿产（损耗回收），以及用于工艺试验及研究的石油、矿物原料、地下水及医疗用泥量。用于工艺试验及研究的石油、矿物原料、地下水及医疗用泥量仅限于满足国家标准规定的工艺试样的最小量，或矿藏利用合同工作中规定的用量。

矿产开采税的纳税人是执行石油、矿物原料、地下水及医疗用泥开采，包括按照单独签订的矿藏利用合同从人造矿物中提取有用矿物的地下矿藏使用者。

二、石油矿产开采税

石油矿产开采税是对地下矿藏使用者在纳税期内开采原油、凝析油及天然气的征税。

（一）征税对象

石油矿产开采税的征税对象是地下矿藏使用者开采的原油、凝析油及天然气的实际开采量。

为了便于计算，哈国税法将地下矿藏使用者开采的原油、凝析油及天然气分为了7种不同的类型：

（1）销售给哈国境内炼油厂进行精炼的原油及凝析油。它包括了地下矿藏使用者开采的原油和凝析油，以及销售给哈国境内炼油厂、销售给第三方以在哈国境内炼油厂进行进一步精炼的原油和凝析油。地下矿藏使用者必须提供能够证明实际产量的文件，炼油厂购买原油和凝析油的实际价格的文件，验收的商业文件及随货文件的原件及复印件公证件。

（2）作为自备料送至哈国境内炼油厂进行进一步精炼的原油和凝析油。它包括地下矿藏使用者开采的原油和凝析油，以及输送到哈国境内炼油厂作为自备料进行精炼或销售给第三方以作为自备料在哈国境内炼油厂进行进一步精炼的原油和凝析油。地下矿藏使用者必须提供能够证明实际产量的文件，炼油厂验收的商业文件，以及随货文件的原件及复印件公证件。

（3）按照关境外加工海关手续框架转运加工的原油。它包括地下矿藏使用者开采的原油，根据关税同盟海关法或哈国海关法转运至关税同盟境内炼油厂进行精炼或销售给第三方以便根据关税同盟海关法或哈国海关法在关税同盟境内的炼油厂内进行进一步精炼的原油。对于适用本项规定的地下矿藏使用者清单，以及原油精炼的条件，都由哈国国家油气主管机关确定。如果办理完原油关境外加工海关手续后，实际上未按照规定将其加工的产品进口至哈国（哈国政府明确的集中产品除外），所有在关境外按照加工海关手续框架运送加工的原油都应按照商品原油来计算矿产开采税。地下矿藏使用者必须提供以下的文件原件及其公证复印件：商品报关单；商品关境外加工条件文件；国家油气主管机关对进一步加工的原油量做出的结论；关境外加工海关手续办理报告；商品及加工产品的商业文件与随货文件，或验收证书；国家油气主管机关做出的确认具体开采的原油量，以及加工所得的实际量的结论。

(4) 地下矿藏使用者自用的原油及凝析油。它是指地下矿藏使用者开采供自用的原油及凝析油量。

(5) 地下矿藏使用者输送用于以实物形式支付矿产开采税、出口地租税，以及向国家接收代表人征收的产品分配使用费的原油及凝析油。

(6) 在哈国国内市场销售或自用的天然气。其中，自用天然气包括地下矿藏使用者在开展矿藏利用业务时用作原油预处理燃料的天然气、用于锅炉生产及公共服务用途的天然气、用于井口石油预热及运输预热的天然气、用来发电的天然气、根据批准的设计文件规定量回注到地下的天然气。

(7) 商品原油、凝析油及天然气。它指的是地下矿藏使用者开采的，除上述6类之外的所有原油、凝析油及天然气。

(二) 计税依据

石油矿产开采税的计税依据是在纳税期内开采的原油、凝析油及天然气的总价值。

(三) 原油、凝析油及天然气的价格确定

(1) 对于地下矿藏使用者向哈国境内炼油厂销售或向第三方销售的原油和凝析油，并在哈国境内炼油厂内进行加工的，其价值为地下矿藏使用者销售的原油、凝析油的实际量，与哈国境内炼油厂实际购买单价的乘积。

(2) 对于地下矿藏使用者将原油及凝析油作为自备料传输至哈国境内炼油厂进行加工，或销售给第三方以便在哈国境内炼油厂进行加工，或地下矿藏使用者自己使用这些原油和凝析油的，其价值为上述原油和凝析油的实际量，与根据国际财务报表标准以及哈国会计核算及财务报表法确定的单位产品开采成本增加20%之后的乘积。

（3）对于按照关境外加工海关手续框架转运加工的原油，其价值为地下矿藏使用者进行加工的原油实际量，与根据国际财务报表标准以及哈国会计核算及财务报表法律的要求确定的单位产品开采成本增加20%之后的乘积。

（4）对于地下矿藏使用者输送原油及凝析油用于以实物形式支付矿产开采税、出口地租税，以及向国家接收代表人征收的产品分配使用费的，其价值为地下矿藏使用者输送的原油和凝析油的实际量，与根据哈国政府规定的程序确定的输送价格的乘积。

（5）商品原油、凝析油及天然气价值是商品原油、凝析油及天然气的开采量，与按照规定的程序计算的产品国际单价的乘积。

根据《税法典》的规定，原油及凝析油的国际价格是纳税期内每日报价的算数平均值，与同期坚戈对相应外币的算术平均市场汇率按照下列公式计算的结果。

此处的原油及凝析油的报价是指各标准品类原油的单独外汇报价，如在纳税期，根据美国麦格劳—希尔公司（The McGowan - Hill Companies inc）普氏原油市场报告（Platts Crude Oil Marketwire）公布的“乌拉尔地中海”（Urals Med）或“即期布伦特”（Brent Dtd）原油报价信息。如果该报告中未给出制定标准品类原油的价格信息，则根据阿格斯媒体公司（Argus Media Ltd）的阿格斯原油指数（Argus Crude）选用指定标准品类原油的价格。如果上述资料中均未给出指定标准品类原油的价格信息，则根据其他哈国调拨定价法规定的资料信息来进行确定。

确定原油及凝析油的国际价格时，根据国家标准，应将度量单位从桶换算为公吨。

原油及凝析油的国际价格根据下列公式确定：

$$S=\frac{P_1+P_2+\cdots+P_n}{n}\times E$$

其中：

S 是原油及凝析油的国际价格；

P_1，P_2，…，P_n 是在本纳税期公布报价的几天时间内的每日报价算术平均值；

E 是纳税期内坚戈对相应外币的算术平均市场汇率；

n 是纳税期内公布报价的天数。

每日算术平均报价根据如下公式计算：

$$P_n = \frac{C_{n_1} + C_{n_2}}{2}$$

其中：

P_n 是每日算术平均报价；

C_{n_1}是标准品类原油“乌拉尔地中海”（Urals Med）或即期布伦特（Brent Dtd）的每日报价最低值（min）；

C_{n_2}是标准品类原油“乌拉尔地中海”（Urals Med）或即期布伦特（Bren tDtd）的每日报价最高值（max）。

地下矿藏使用者应该在原油交货合同中确定原油及凝析油适用于“乌拉尔地中海”（Urals Med）标准或即期布伦特（Brent Dtd）标准。如果交货合同中未给出原油的标准或规定的原油标准不属于上述标准，地下矿藏使用者应将交货的原油归入纳税期内国家平均价格最高的原油品类。

天然气的国际价格是纳税期内每日报价的算术平均值（根据规定系数将国际度量单位转换为立方米），与同期坚戈对相应外币的算术平均汇率按照下列公式计算的结果。

此处天然气的报价是指天然气“Zeebrugge Day - Ahead”在纳税期内，根据美国麦格劳—希尔公司（The McGowan - Hill Companiesinc）普氏原油市场报告（Platts Crude Oil Marketwire）公布的信息确定的外汇报价。

如果该资料中未给出天然气“Zeebrugge Day - Ahead”的价格信息，则：(1) 根据阿格斯媒体公司（Argus Media Ltd）的阿格斯欧洲天然气市场报告（Argus European Natural Gas）数据确定天然气“Zeebrugge Day - Ahead”的价格；(2) 如果上述资料中均未给出天然气“Zeebrugge Day - Ahead”的价格信息，则应根据哈国调拨定价法确定的其他信息进行确定。

天然气国际价格根据如下公式进行确定：

$$S = \frac{P_1 + P_2 + \cdots + P_n}{n} \times E$$

其中：

S 是纳税期内天然气的国际价格；

P_1，P_2，…，P_n 是本纳税期内公布报价的几天时间内的每日报价算术平均值；

E 是相应纳税期内坚戈对相应外币的算术平均市场汇率；

n 是纳税期内公布报价的天数。

每日算术平均报价根据如下公式计算：

$$P_n = \frac{C_{n_1} + C_{n_2}}{2}$$

其中：

P_n 是每日算术平均报价；

C_{n_1}是天然气“Zeebrugge Day – Ahead” 每日报价的最低值（min）；

C_{n_2}是天然气“Zeebrugge Day – Ahead” 每日报价的最高值（max）。

对于地下矿藏使用者将开采的天然气销往哈国国内市场的价值，应根据纳税期内哈国《税法典》第 341 条第 2 款规定的程序确定的加权平均销售价格进行确定。

对于地下矿藏使用者将开采的天然气自用的，其价值则为自用天然气的实际量，与根据国际财务报表标准及哈国会计核算与财务报表确定的产品开采单位成本增加 20% 后的乘积。

如果天然气是在开采原油时一同开采得到的，天然气的开采成本应在原油开采成本基础上，根据如下比率进行确定：

1000 立方米天然气对应 0. 857 吨原油。

标准品类原油、凝析油及天然气的国际价格由主管机关按照各个纳税期确定，并应在纳税申报期结束后的 10 日之前在大众传媒上予以公布。

（四）税率

根据法律规定，对于原油、凝析油的矿产开采税，按照表 7 – 1 规定的税率生税。

表 7 – 1　　原油、凝析油的矿产开采税税率　　单位：吨

序号	年开采量	税率
1	小于等于 250000 吨	5
2	小于等于 500000 吨	7
3	小于等于 1000000 吨	8
4	小于等于 2000000 吨	9
5	小于等于 3000000 吨	10
6	小于等于 4000000 吨	11
7	小于等于 5000000 吨	12
8	小于等于 7000000 吨	13
9	小于等于 10000000 吨	15
10	超过 10000000 吨	18

对在哈国国内市场上销售或输送的原油及凝析油，包括将其用作以实物形式支付矿产开采税、出口地租税，以及对国家代表接收人征收的产品分配使用费，或者对作为征税对象的上述第（1）、（2）、（3）、（4）项规定的原油及凝析油，其适用的税率应为规定的税率乘以0.5，以降低其实际税率。

对征税对象第（3）项按规定的程序销售或输送的原油，其适用的税率为规定的税率乘以0.5，以降低其实际税率。

天然气的矿产开采税税率为10%。

在国内市场上销售天然气时，根据年开采量，按照表7-2规定的税率征收矿产开采税。

表7-2　天然气的矿产开采税税率　单位：吨

序号	年开采量	税率
1	小于等于100亿立方米	0.5
2	小于等于200亿立方米	1.0
3	大于200亿立方米	1.5

为保证矿产开采税计算的正确性以及将税款全额上缴财政，地下矿藏使用者必须在每年1月20日之前向所在地税务机关提交各独立矿藏利用合同当年原油、凝析油及天然气的计划开采量证明文件。对于原油、凝析油及天然气的实际开采量不符合计划开采量的，或修改了矿产开采税的税率的，地下矿藏使用者必须修正计算的矿产开采税总额。修改方法是根据1—3季度内的矿产开采税计算的计税依据，与矿产开采税的税率，来修正当年最后一个纳税期的矿产开采税总额。

三、常见矿产除外的矿物原料开采税

常见矿产除外的矿物原料开采税的征税对象是矿物原料所含矿产的实际储量。

税法规定的应征的采空区储量指的是矿藏利用合同规定了其提炼、利用（销售）的矿物原料中含有的矿产采空区的储量扣除纳税期内的定额损耗量后的数量。定额损耗量根据哈国国家主管机关批准的矿区开采技术设计书确定。

（一）计税依据

常见矿产除外的矿物原料开采税的计税依据是在纳税期内矿物原料内所含矿产的应征税采空区储量的价格。

为计算常见矿产除外的矿物原料开采税，税法中将矿物原料分为：(1) 只含有在伦敦金属交易所或伦敦贵金属交易所纪录有官方报价的矿产的矿物原料；(2) 同时含有在伦敦金属交易所或伦敦贵金属交易所纪录有官方报价的矿物原料，及矿藏利用合同条款对其提炼、利用（销售）做出规定的其他种类矿产的矿物原料；(3) 不在伦敦金属交易所或伦敦贵金属交易所有官方报价的矿产的矿物原料；(4) 从矿区注销贮备中开采回收（损耗回收）的矿物原料；(5) 从矿区明细表外储量中采得的矿物原料。

为计算矿产开采税，应该根据如下方式确定纳税期内矿物原料中所含矿产应征税的采空区储量价格：

(1) 对只含有在伦敦金属交易所或伦敦贵金属交易所纪录有官方报价的应征税矿物原料采空区储量中所含的矿产，根据该矿产在纳税期内的平均交易价格来确定。平均交易价格是纳税期内每日平均报价的算数平均值，与同期坚戈对相应外币的市场汇率按照如下公式计算的结果。

在本条中，报价指的是在伦敦金属交易所或伦敦贵金属交易所记录的，并在英国金属导报出版社（Metal Bulletin Journals Limited）出版的《英国金属导报》（*Metal Bulletin*）杂志以及英国金属网出版社（Metal - pages Limited）出版的《英国金属网》（*Metal - pages*）杂志上公布的矿产外汇报价。

如果未作其他规定，平均交易价格根据如下公式进行确定：

$$S = \frac{P_1 + P_2 + \cdots + P_n}{n} \times E$$

其中：

S 是纳税期内矿产的平均交易所价格；

P_1，P_2，…，P_n 是纳税期内伦敦金属交易所公布报价的几天内的日均报价；

E 是同期坚戈对相应外币的算术平均市场汇率；

n 是纳税期内公布报价的天数。

矿产日均报价根据如下公式计算：

$$P_n = \frac{C_{n_1} + C_{n_2}}{2}$$

其中：

P_n 是日均报价；

C_{n_1}是矿产日均现金报价；

C_{n_2}是矿产日均现金结算报价。

黄金、铂金、钯金的平均交易所价格即纳税期内日均报价的算术平均值，与同期坚戈对相应外币的算术平均市场汇率按照如下公式的计算结果：

$$S = \frac{P_1 + P_2 + \cdots + P_n}{n} \times E$$

其中：

S是黄金、铂金、钯金在纳税期内的平均交易所价格；

P_1，P_2，…，P_n是黄金、铂金、钯金在纳税期内伦敦贵金属交易所公布报价的几天内的日均报价；

E是同期坚戈对相应外币的算术平均市场汇率；

n是税期内公布报价的天数。

黄金，铂金，钯金的日均报价根据如下公式计算：

$$P_n = \frac{C_{n_1} + C_{n_2}}{2}$$

其中：

P_n是日均报价；

C_{n_1}是黄金、铂金、钯金每日上午报价（上午成交价）；

C_{n_2}是黄金、铂金、钯金每日下午报价（下午成交价）；

白银的平均交易所价格即纳税期内白银每日报价的算术平均值，与同期坚戈对相应外币的算术平均市场汇率按照如下公式的计算结果：

$$S = \frac{P_1 + P_2 + \cdots + P_n}{n} \times E$$

其中：

S是白银在纳税期限内的平均交易所价格；

P_1，P_2，…，P_n是纳税期内伦敦贵金属交易所公布报价的几日内的白银的日均报价；

E是同期坚戈对相应外币的算术平均市场汇率；

n是纳税期内公布报价的天数。

在纳税年度内，地下矿藏使用者应根据矿区开采技术设计中的开采日程进度表为基础编制的局部设计中规定的应征税矿物原料采空区储备中的矿产含量，来确定各种矿产的实际量，以完成矿产开采税的缴纳。在这种情况下，地下矿藏使用者必须根据矿产储量年度决算表中的数据对应征税的矿产采空区实际储量进行确认，从而对矿产的实际量进行修正，并在下一年 3 月 31 日之前向所在地税务机关提交矿产开采税补充纳税申请表。修正后的矿产开采税总额即当年纳税期内该税种的应缴税款。纳税人应在下一年 4 月 15 日之前完成矿产开采税的最终结算。

（2）对于同时含有在伦敦金属交易所或伦敦贵金属交易所纪录有官方报价的矿产，及矿藏利用合同条款对其提炼、利用（销售）做出规定的其他种类矿产的矿物原料采空区储备中所含的矿产，应按照上述第（1）项中规定的程序进行确定。

对于应征税矿物原料采空区储备中含有的其他种类矿产，应根据这些矿产的加权平均售价进行确定，如果转交其他法人或同一法人的分支结构进行加工或自用，则应将该类矿产的开采及初加工（选矿）实际成本提高 20%。

（3）对于不在伦敦金属交易所或伦敦贵金属交易所有官方报价的矿产的矿物原料，应根据经过初加工（选矿）的矿物原料加权平均售价进行确定。

如果经过初加工（选矿）的矿物原料未被销售（除含有在伦敦金属交易所或伦敦贵金属交易所纪录有官方报价的矿产，及矿藏利用合同条款对其提炼、利用或销售做出规定的其他种类矿产的矿物原料外），其价格应该根据最近一个有售出情况的纳税期内的加权平均售价进行确定。

（二）税率

对于经过初加工（选矿）的矿物原料和煤，其矿产开采税的税率按照表 7－3 的规定执行。

表 7－3　经过初加工（选矿）的矿物原料与煤的矿产开采税税率　单位：吨

序号	矿产名称		税率（%）
1	钢铁、有色金属及放射性金属矿	铬矿（精矿）	16.2
		锰矿、铁锰矿（精矿）	2.5
		铁矿（精矿、球团矿）	2.8
		铀（贵液、矿山法）	18.5
2	金属	铜	5.7
		锌	7.0
		铅	8.0
		金、银、铂、钯	5.0
		铝	0.25
		锡、镍	6.0

续表

序号	矿产名称		税率（%）
3	含金属的矿物原料	钒	4.0
		铬、钛、镁、钴、钨、铋、锑、汞、砷等	6.0
4	含稀有金属的矿物原料	铌、镧、铈、锆	7.7
		镓	1.0
5	含稀散金属的矿物原料	硒、碲、钼	7.0
		钪、锗、铷、铯、镉、铟、铊、铪、铼、锇	6.0
6	含放射性金属的矿物原料	镭、钍	5.0
7	含非金属的矿物原料	煤、褐煤、油页岩	0
		磷灰岩	4.0
		硼酸酐	3.5
		氧化钡	4.5
		滑石	2.0
		萤石	3.0
		钙硅石	3.5
		半石墨	2.0
		石墨等	3.5
	宝石矿物		
8	含宝石的矿物原料	砖石、红宝石、蓝宝石、祖母绿、石榴石、金绿宝石、红（贵）尖晶石、蓝柱石、黄玉、蓝晶等	12.0
9	含亚宝石的矿物原料	翡翠、青玉石、蔷薇辉石、查拉石、孔雀石、砂金石、玛瑙、碧玉、粉晶、透辉石、玉髓等	3.5
10	含工业石材的矿物原料	金刚石、刚玉、玛瑙、碧玉、蛇纹石、锆石、石棉、云母等	2.0

所有种类的矿产及矿区明细表外储量中采得的矿物原料的矿产开采税税率为零。

稀有金属及稀土金属的矿产开采税税率（锂、铍、钽、钇、锶、镨、钕、钷、钐、铕、钆、铽、镝、钬、铒、铥、镱、镥）由哈国政府确定。

四、常见矿产、地下水及医疗用泥的矿产开采税

（一）征税对象

常见矿产、地下水及医疗用泥的矿产开采税的征税对象是地下矿藏使用

者在纳税期内开采的常见矿产、地下水及医疗用泥的实际量。

哈国税法规定，以下3种情况无须缴纳矿产开采税：（1）将地下水回注地下以保持底层压力，以及抽取废水的情况；（2）法人在其拥有所有权、使用权及其他土地权利的地段上开采地下水，且未将所采地下水用于企业经营活动的情况；（3）国家机关为了自己的经济需求开采地下水。

（二）计税依据

地下矿藏使用者在纳税期内开采的常见矿产、地下水及医疗用泥的矿产开采税的计税依据是开采量的价值。

为了计算矿产开采税，地下矿藏使用者在纳税期内开采的常见矿产、地下水及医疗用泥的价格根据其在纳税期内确定的加权平均售价来确定。

加权平均售价根据如下公式进行确定：

$Ц_{平均}=(V1_{P.}n. \times Ц1_{P.}+V2_{P.}n. \times Ц2_{P.}+\cdots+Vn_{P.}n. \times Цn_{P.})\div V$

其中：

$V1_{P.}n.$，$V2_{P.}n.$，…，$Vn_{P.}n.$ 是各批在纳税期内销售的常见矿产、下水及医疗用泥的量；

$Ц1_{P.}$，$Ц2_{P.}$，…，$Цn_{P.}$ 是各批常见矿产，地下水及医疗用泥在纳税期限内的实际销售价格；

n 是在纳税期限内销售的常见矿产、地下水及医疗用泥的批数；

V 是销售总量，即在纳税期内常见矿产、地下水及医疗用泥的销售总量。

地下矿藏使用者对在纳税期内开采所得的所有常见矿产、地下水及医疗用泥都采用加权平均售价，其中包括以开采成本价转交给同一法人的分支机构进行加工或地下矿藏使用者自己用作商品生产原料的常见矿产、地下水及医疗用泥。

对于在纳税申报期内未售出的常见矿产、地下水及医疗用泥，其价格根据最近一个有售出情况的纳税期内的加权平均售价进行确定。

如果从矿藏利用合同生效开始完全未售出任何常见矿产、地下水及医疗用泥，则将按照国际财务报表标准及哈国会计核算及财务报表法律要求确定的该类矿产的开采及初加工（选矿）实际成本提高20%来确定其价格。

如果常见矿产、地下水及医疗用泥后续有售出，地下矿藏使用者必须考虑发生首次售出的纳税期内的实际加权平均售价，来对矿产开采税计算总额进行修正。

地下矿藏使用者应在纳税期前发生首次销售的12个月内完成矿产开采税

计算总额的修正。在这种情况下，修正后的总额即当前纳税期应缴纳的税款。

（三）税率

对于常见矿产、地下水及医疗用泥，其矿产开采税的税率按照表7-4的规定执行。

表7-4　常见矿产、地下水及医疗用泥等矿产开采税税率　单位：吨

序号	矿产名称	税率（%）
1	冶用非矿原料、型砂、含铝岩（长石、伟晶石）、石灰石、白云石、钙质白云岩、食品工业用石灰石	2.5
2	其他非矿材料、耐火黏土、高岭土、蛭石、食盐	4.7
3	当地建筑材料、多孔火山岩（凝灰岩、火山渣、泡沫岩）、火山沉积玻璃及玻璃岩（珍珠岩、黑曜岩）、卵石及砾石、沙砾混合物、石膏、石膏岩、硬石膏、灰泥、黏土及黏土岩（难溶黏土及易溶黏土、砂质黏土、泥板岩、粉砂岩、黏土岩）、白垩、泥灰岩、泥灰质白垩岩、硅质岩（硅藻岩、泥灰土、硅藻土）、长石石英岩、毛石、沉积岩、火成岩和变质岩（花岗岩、玄武岩、绿辉岩、大理石）、砂（建筑砂、石英砂、长石石英砂）、型砂除外、砂岩、矿物燃料、贝壳灰岩	5.6
4	地下水、医疗用泥	10.6

五、纳税期、纳税申报和缴纳期限

矿产开采税的纳税期限为一个季度。

纳税人必须在每个纳税期结束后的25日之前向所在地财政上缴税款。

地下矿藏使用者应在纳税期结束后的15日之前向其所在地税务机关提交矿产开采税的纳税申报。

六、以实物形式缴纳矿产开采税、出口租赁税以及哈国收取的产品分配使用费等的特别规定

根据法律规定，纳税人可以按照法律规定的条件，以实物形式缴纳矿产开采税、出口租赁税以及哈国征收的产品分配使用费，也可以临时决定用现金缴纳全部或部分税款。

如果是通过签订补充协议来确定纳税人以实物形式支付矿产开采税、出口租赁税以及哈国政府对产品分配征收的使用费及抽成的，则在补充协议中

必须注明以国家名义接收相应矿产的接收人、交货点及交货条件。交货期限应当符合矿藏利用合同规定的税款现金支付期限，国家代表接收人延长输送期限的情况除外。

国家代表接收人独立检验纳税人向其提交的相应量矿产的及时性及充分性。

纳税人与国家代表接收人按照规定的格式和日期，将以实物形式支付（传输）的数额和期限报告提交给所在地税务机关。

第五节 超额利润税法

超额利润税一般是指对纳税人取得的、超过规定标准利润水平以上的所得征收的一种税。在《税法典》中，超额利润税主要是针对地下矿藏使用者根据矿藏利用合同进行的矿藏开发取得的、超过一定利润标准水平的利润的征税。

一、纳税人

超额利润税的纳税人是根据各独立矿藏利用合同开展活动的地下矿藏使用者。但在下列矿藏利用合同基础上开展活动的地下矿藏使用者不是超额利润税的纳税人：(1) 2009 年 1 月 1 日之前与哈国政府或主管机关签订并通过强制审核的矿藏利用合同，或哈国总统批准的矿藏利用合同；(2) 常见矿产、地下水及医疗用泥勘探合同、勘探和开采合同、开采合同，且该合同未对其他种类矿产的开采做出规定；(3) 与勘探和开采无关的地下设施建筑和运营合同。

二、征税对象

超额利润税的征税对象是地下矿藏使用者在纳税期内根据各个单独的合同所产生的超过扣款总额 25% 以上部分净利润的所得。

三、计税依据

超额利润税的计税净利润是根据《税法典》第 348 - 2 条确定的超额利润税应纳税所得与根据《税法典》第 348 - 5 条确定的矿藏利用合同企业所得税

之差。即：

计税净利润 = 应税所得 - 企业所得税

在该公式中，应税所得是根据独立的矿产利用合同计算的年度总收入，与根据《税法典》第 348 - 4 条规定的计税扣款的差额。即：

应税所得 = 年度总收入 - 计税扣款

在该公式中，年收入总额是根据《税法典》第 99 条规定的企业年度总收入调整后的总额。计税扣款主要包括以下三类：（1）在计算地下资源使用者的企业所得税应税收入时，《税法典》第 100—114 条规定的扣除额和第 116—122 条规定的固定资产扣除额，但下列第（2）项中规定的折旧计提不得在此处扣除。（2）特定费用：包括在纳税期内用于获取或创建固定资产的实际费用；自 2009 年 1 月 1 日投入运营的固定资产中，未在上一个纳税期超额利润税扣除的剩余价值金额范围内的费用；列入会计核算用于提高固定资产明细价值的后续费用；根据《税法典》第 111 和 112 条，扣除的折旧计提费用。（3）在上一个纳税期内根据《税法典》第 136 条确定的亏损和根据 167 条确定的费用。地下矿藏使用者自行决定在当前纳税期或未来的任意纳税期内，将第（2）项中规定的费用，纳入超额利润税的计税扣款。

对于在哈国设立常设机构开展产矿藏利用活动的非居民，超额利润税计税净收入应减去该矿藏利用合同相关的常设机构的净收入的税款估计额。其中的税款估计额是根据《税法典》第 147 条第 5 款规定的非居民常设机构净收入的税率，与按照第 199 条规定的非居民常设机构净收入的乘积。

四、税率、最大可分配超额利润税的水平和利率

地下矿藏使用者按照表 7 - 5 确定的浮动税率缴纳超额利润税：

表 7 - 5　　矿藏使用者超额利润税的税率

等级编号	超额利润税的计税净利润占扣款总额的百分比	税率（%）
1	小于或等于 25%	不做规定
2	大于 25% 小于或等于 30%	10
3	大于 30% 小于或等于 40%	20
4	大于 40% 小于或等于 50%	30
5	大于 50% 小于或等于 60%	40
6	大于 60% 小于或等于 70%	50
7	大于 70%	60

五、计算、缴纳与申报

纳税人应该根据上表规定的各等级，计算该等级的超额利润税的税额。其计算公式对属于该等级的超额利润税征税对象的各个部分采用相对应的税率，然后将所有等级的超额利润税总额相加，来计算纳税期内的超额利润税。

超额利润税的纳税期为每年1月1日至12月31日。

纳税人应在纳税期次年4月15日之前向所在地财政上缴超额利润税。

地下矿藏使用者应在纳税期次年的4月10日之前向所在地税务机关提交超额利润税纳税申报。

第八章　土地税法和财产税法

在哈国税制体系中，土地税和财产税虽然不是主体税种，但这两个税种除了具有筹集财政收入的功能之外，还具有调节收入分配、实现社会分配公平的功能，因此，它们是除上述各主体税种之外比较重要的税种。虽然在《税法典》中将对土地和财产的征税分成了两个不同的税种，但从一般意义上来讲，土地是最重要的财产，故这两个税种在内容上具有一定的共性和内在联系。有鉴于此，本书将这两个税种放在同章中加以论述。

第一节　土地税法

根据经济学家威廉·配第的著名观点："土地是财富之母，劳动是财富之父。"在土地、资本、劳动力和科学技术四大生产要素中，土地无疑是最重要的生产要素，也是其他生产要素存在的前提和基础。没有土地，其他的生产要素将失去立足之地，创造财富也就无从谈起。正因如此，对土地征税就一直是各个国家非常重视的事情，土地税也就成为历史最久远且征收最普遍的一个税种。

1991年哈国独立之初，土地税作为哈国政府立法确定的43个税种之一被写入了《哈萨克斯坦共和国税务体系法》之中，在全国范围内普遍开征。此后，无论是在1995年制定的《关于预算税收和其他规费》中，还是在2001年制定的《税法典》中，都保留了这一税种。2009年在对《税法典》的修改过程中，土地税法律制度得到了进一步修改和完善。

一、基本原则

哈国税法规定，为了完成对土地的征税，首先需要按照使用目的和特点将全国所有的土地分为7类，即：（1）农业用地；（2）居民点用地；（3）工业、交通、通讯、国防及其他非农业用地（以下简称工业用地）；（4）自然保护区用地，医疗保健、休闲及历史文化用地（以下简称自然保护区用地）；（5）林地；（6）水资源用地；（7）储备土地。其中，后四类土地属于不征税的土地。但如果把自然保护区用地、林地和水资源用地等转做永久使用，或初次无偿临时使用，则应按照规定的程序对其征税。另外，在对居民点用地进行征税时，需要把它先分为以下两类，然后再分别征税：（1）住房设施，包括该建构筑物占地除外的居民点用地；（2）住房设施，包括该建构筑物所占土地。

在对土地进行征税时，土地税的税额与土地所有人及土地使用者的经营活动成果无关。

在计算土地税的税额时，必须依据能够证明土地所有权、土地永久使用权和土地临时无偿使用权的文件以及国家土地资源管理机关提供的国有土地数量和质量的普查数据来进行。

二、纳税人

《税法典》第373条规定，土地税的纳税人是拥有作为征税对象的土地的所有权、永久使用权或初次临时使用权的自然人和法人。

根据哈国税法的规定，土地税的法人纳税人有权决定其分支机构是否作为该分支机构所在地的土地税纳税人。如果法律未另作规定，法人的这一决定从下一年1月1日起开始生效。如果法人决定新设立的分支机构为独立的土地税纳税人，那么该决定将从该分支结构设立之日起，或该分支机构设立的下一年1月1日起生效。

下列对象不是土地税的纳税人：

1. 适用农民或农场主特殊税制的纳税人；

2. 国家机关；

3. 执行刑事处分的国家劳教机构所属的国有企业；

4. 卫国战争的参与者以及享受同等待遇的人员、在卫国战争期间荣获苏联授予的勋章和奖章的人员、在1941年6月22日到1945年5月9日期间工作（服役）不少于6个月的人员、残疾人以及自幼残疾者的父母之一、未满18周岁无父母抚养的孤儿等，无须为下列土地缴纳土地税：（1）住房设施，包括该建构筑物所占地段；（2）宅旁地段；（3）提供用于开展私人经济（副业）、园艺、修建乡村别墅的地段，包括建筑物占地；（4）车库占地。

5. 被授予“英雄母亲”称号以及“金色吊坠（Altyn alka）”的多子女母亲无须为下列土地支付土地税：（1）住房设施，包括该建构筑物所占地段；（2）宅旁地段。

6. 独自生活的退休人员无须为下列土地支付土地税：（1）住房设施，包括该房屋和附属建筑所占地段；（2）宅旁地段。

7. 宗教协会。

如果土地所有权或土地使用权证明文件或双方协议中未作规定的，对于多人共有或共同使用的土地，这些土地共有（共用）人中的每个人都是土地税的纳税人。

对于属于共同投资基金的土地，其土地税的纳税人是该共同投资基金公司的管理者。

对于没有土地使用者身份识别文件的土地，根据国家机关出具的土地授予证书或哈国规定的民事协议或依据等的文件，该土地的土地税纳税人为其实际占有和使用者。

对于根据融资租赁合同与不动产一同转让（获取）用于融资租赁的土地，土地税纳税人为承租人。

三、征税对象

根据哈国税法的规定，土地税的征税对象为土地（土地普通股所有权为土地股权）。但以下的土地不是土地税的征税对象：

1. 居民点公共用地。居民点公共用地包括广场、街道、通道、道路、堤岸、公园、街心小花园、林荫道、水池、浴场、公墓等项目的占地，以及其他用以满足居民需求的项目（自来水管、暖气管、输电线路、保洁设施、灰渣管道、热力管道和其他公共工程管网系统）占地。

2. 公用国道路网占地。公用国道路网占地包括：地基、立交桥、高架桥、桥隧建筑物、路旁备用地和其他道路服务设施、公路部门办公及生活住房、挡雪植物及观赏植物等的占地。

3. 根据哈国政府决议暂时停办项目所占的土地。

4. 为维护出租房屋而购置的土地。

另外，《税法典》还规定，下列四类用地属于特殊情况下土地税的征税对象：

1. 根据哈国法律规定划拨给铁路运输单位项目的用地，包括铁路线、征用地段、铁路车站、客运火车站占地。

2. 根据哈国法律规定提供给输电线路和电气化单位使用的土地，包括输电线路电杆和变电站占用的土地。

3. 根据哈国法律规定提供给有输油管道和输气管道的石油和天然气开采及运输单位使用的土地，包括输油管道和输气管道占用的土地。

4. 根据哈国法律规定提供给有无线电中继通信线路、架空通信线路和通信电缆的通信单位使用的土地，包括通信线路电杆占用的土地。

四、计税依据

按照哈国税法的规定，土地税的计税依据是土地的面积。从这种意义上来讲，哈国的土地税属于一种土地保有税。

五、税率

哈国税法规定，不同用途或性质的土地适用不同的基准税率。

（一）农业用地的基准税率

对于农业用地，其计税依据以公顷计算，税率按土质不同而有所区别。

1. 草原和干草原地区土地税的基准税率（见表 8－1）。

表 8－1　草原和干草原地区土地税的基准税率　单位：公顷

序号	地位级	基准税率（坚戈）	序号	地位级	基准税率（坚戈）
1	1	0.48	14	14	3.47
2	2	0.67	15	15	3.67
3	3	0.87	16	16	3.86
4	4	1.06	17	17	4.09
5	5	1.25	18	18	4.34
6	6	1.45	19	19	4.57
7	7	1.68	20	20	4.82
8	8	1.93	21	21	5.31
9	9	2.16	22	22	5.79
10	10	2.41	23	23	6.27
11	11	2.89	24	24	6.75
12	12	3.09	25	25	7.24
13	13	3.28	26	26	7.72

续表

序号	地位级	基准税率（坚戈）	序号	地位级	基准税率（坚戈）
27	27	8.20	58	58	50.95
28	28	8.68	59	59	52.01
29	29	9.17	60	60	53.07
30	30	9.65	61	61	57.90
31	31	14.47	62	62	60.63
32	32	15.54	63	63	63.26
33	33	16.59	64	64	65.95
34	34	18.08	65	65	68.61
35	35	18.76	66	66	71.31
36	36	19.82	67	67	73.96
37	37	20.88	68	68	76.66
38	38	22.00	69	69	79.32
39	39	23.06	70	70	82.02
40	40	24.12	71	71	86.85
41	41	28.95	72	72	89.55
42	42	30.01	73	73	92.19
43	43	31.07	74	74	94.89
44	44	32.17	75	75	97.56
45	45	33.23	76	76	100.26
46	46	34.29	77	77	102.91
47	47	35.36	78	78	105.61
48	48	36.48	79	79	108.72
49	49	37.54	80	80	110.97
50	50	38.60	81	81	115.80
51	51	43.42	82	82	119.02
52	52	44.49	83	83	122.21
53	53	45.55	84	84	125.45
54	54	46.65	85	85	128.67
55	55	47.71	86	86	131.86
56	56	48.77	87	87	135.10
57	57	49.83	88	88	138.32

续表

序号	地位级	基准税率（坚戈）	序号	地位级	基准税率（坚戈）
89	89	141.51	96	96	173.70
90	90	144.75	97	97	178.52
91	91	149.57	98	98	183.35
92	92	154.40	99	99	188.17
93	93	159.22	100	100	193.00
94	94	164.05	101	高于 100	202.65
95	95	168.87			

2. 半沙漠、沙漠、山地沙漠区土地税的基准税率（见表 8 –2）。

表 8 –2　　半沙漠、沙漠、山地沙漠区土地税的基准税率　　单位：公顷

序号	地位级	基准税率（坚戈）	序号	地位级	基准税率（坚戈）
1	1	0.48	21	21	5.31
2	2	0.54	22	22	5.79
3	3	0.58	23	23	6.27
4	4	0.62	24	24	6.75
5	5	0.67	25	25	7.24
6	6	0.73	26	26	7.72
7	7	0.77	27	27	8.20
8	8	0.81	28	28	8.68
9	9	0.87	29	29	9.17
10	10	0.96	30	30	9.65
11	11	1.45	31	31	10.13
12	12	1.83	32	32	10.61
13	13	2.22	33	33	11.09
14	14	2.55	34	34	11.58
15	15	2.93	35	35	12.06
16	16	3.32	36	36	12.54
17	17	3.71	37	37	13.03
18	18	4.05	38	38	13.51
19	19	4.44	39	39	13.99
20	20	4.82	40	40	14.47

续表

序号	地位级	基准税率（坚戈）	序号	地位级	基准税率（坚戈）
41	41	14.96	72	72	31.27
42	42	15.44	73	73	31.88
43	43	15.92	74	74	32.46
44	44	16.40	75	75	33.09
45	45	16.89	76	76	33.68
46	46	17.37	77	77	34.31
47	47	17.85	78	78	34.93
48	48	18.33	79	79	35.51
49	49	18.82	80	80	36.15
50	50	19.30	81	81	36.71
51	51	19.78	82	82	37.34
52	52	20.26	83	83	37.92
53	53	20.75	84	84	38.65
54	54	21.23	85	85	39.18
55	55	21.77	86	86	39.76
56	56	22.19	87	87	40.38
57	57	22.68	88	88	40.95
58	58	23.16	89	89	41.59
59	59	23.64	90	90	42.17
60	60	24.12	91	91	42.18
61	61	24.61	92	92	43.39
62	62	25.28	93	93	44.00
63	63	25.82	94	94	44.62
64	64	26.44	95	95	45.20
65	65	27.02	96	96	45.84
66	66	27.64	97	97	46.38
67	67	28.22	98	98	47.03
68	68	28.85	99	99	47.61
69	69	29.49	100	100	48.25
70	70	30.07	101	高于100	50.18
71	71	30.69			

另外，对于属于居民点、工业、自然保护区、林地和水资源的用地，地方代表机构应该根据土质的不同，在不高于或低于基准税率50%的范围内征税。

（二）授予法人的农业用地的基准税率

《税法典》规定，对于授予法人开展私人经营、园艺、修建乡村别墅的农业用地，包括以下规模的建筑物占地的基准税率为：面积小于或等于0.05公顷的，每0.01公顷的税率为20坚戈；面积超过0.05公顷的，每0.01公顷的税率为100坚戈。

（三）居民点用地基准税率（宅旁土地除外）

对于居民点用地，《税法典》规定其基准税率（宅旁土地除外）按每平方米的面积计算，税率如下（见表8－3）。

表8－3　居民点用地基准税率（宅旁土地除外）　单位：平方米

序号	居民点分类（城市）	居民点占地的基准税率，房屋设施（包括房屋和附属建筑）所占地段除外（坚戈）	房屋设施（包括房屋和附属建筑）占地的基准税率（坚戈）
1	阿拉木图	28.95	0.96
2	努尔苏丹	19.30	0.96
3	阿克套	9.65	0.58
4	阿克托别	6.75	0.58
5	阿特劳	8.20	0.58
6	卡拉干达	9.65	0.58
7	克孜勒奥尔达	8.68	0.58
8	柯克舍套	5.79	0.58
9	科斯塔奈	6.27	0.58
10	巴甫洛达尔	9.65	0.58
11	彼得罗巴甫洛夫斯克	5.79	0.58
12	塔尔迪库尔干	9.17	0.58
13	塔拉兹	9.17	0.58
14	乌拉尔斯克	5.79	0.58
15	乌斯季卡缅诺戈尔斯克	9.65	0.58
16	奇姆肯特	9.17	0.58
17	阿拉木图州		

续表

序号	居民点分类（城市）	居民点占地的基准税率，房屋设施（包括房屋和附属建筑）所占地段除外（坚戈）	房屋设施（包括房屋和附属建筑）占地的基准税率（坚戈）
18	州辖市	6.75	0.39
19	区级市	5.79	0.39
20	阿克莫林斯克州		
21	州辖市	5.79	0.39
22	区级市	5.02	0.39
23	其他州辖市	州行政中心规定税率的85%	0.39
24	其他区级市	州行政中心规定税率的75%	0.19
25	村镇	0.96	0.13
26	村庄（屯）	0.48	0.09

（四）宅旁土地的基准税率

在哈国税法中，所谓的宅旁土地是指属于居民点用地、用于住房（住宅楼）维护且未被住房（住宅楼）及其建筑物所占用的土地。它的基准税率根据不同的地区而有所不同。其中，对于努尔苏丹、阿拉木图及其他州辖市，面积小于或等于1000平方米的，每平方米税率为0.02坚戈；面积大于1000平方米的，每平方米的税率为6.00坚戈。根据当地代表机构的决议，对于面积超过1000平方米的，税率可以从每平方米6.00坚戈降到0.20坚戈。对于其他居民点，面积小于或等于5000平方米的，每平方米的税率为0.20坚戈；面积大于5000平方米的，每平方米的税率为1.00坚戈。根据当地代表机构的决议，将超过5000平方米的，税率可以从每平方米1.00坚戈降到0.20坚戈。

（五）居民点之外工业用地的基准税率

居民点之外工业用地的基准税率（见表8－4）。

表8－4　居民点之外工业用地的基准税率　单位：公顷

序号	地位级	基准税率（坚戈）	序号	地位级	基准税率（坚戈）
1	0	48.25	5	4	221.95
2	1	91.67	6	5	265.37
3	2	135.10	7	6	308.80
4	3	178.52	8	7	352.22

续表

序号	地位级	基准税率（坚戈）	序号	地位级	基准税率（坚戈）
9	8	395.65	40	39	2027.02
10	9	439.07	41	40	2074.75
11	10	482.50	42	41	2126.86
12	11	530.75	43	42	2187.19
13	12	592.41	44	43	2228.61
14	13	654.08	45	44	2278.96
15	14	715.68	46	45	2329.41
16	15	777.35	47	46	2379.79
17	16	839.01	48	47	2340.22
18	17	900.67	49	48	2480.57
19	18	962.29	50	49	2531.00
20	19	1023.96	51	50	2582.34
21	20	1084.66	52	51	2634.45
22	21	1138.70	53	52	2690.23
23	22	1189.07	54	53	2745.95
24	23	1239.35	55	54	2801.72
25	24	1287.73	56	55	2857.46
26	25	1340.29	57	56	2913.24
27	26	1390.66	58	57	2968.96
28	27	1441.07	59	58	3024.73
29	28	1491.45	60	59	3080.47
30	29	1541.88	61	60	3136.25
31	30	1592.25	62	61	3188.36
32	31	1646.29	63	62	3247.75
33	32	1693.03	64	63	3325.49
34	33	1740.76	65	64	3364.61
35	34	1788.47	66	65	3423.05
36	35	1836.20	67	66	3489.25
37	36	1883.87	68	67	3539.95
38	37	1931.58	69	68	3598.39
39	38	1979.31	70	69	3656.81

续表

序号	地位级	基准税率（坚戈）	序号	地位级	基准税率（坚戈）
71	70	3715.25	87	86	4677.01
72	71	3769.29	88	87	4738.15
73	72	3829.64	89	88	4799.27
74	73	3890.53	90	89	4860.36
75	74	3951.67	91	90	4921.05
76	75	4012.79	92	91	4975.54
77	76	4073.88	93	92	5054.48
78	77	4135.02	94	93	5134.32
79	78	4196.15	95	94	5214.22
80	79	4257.23	96	95	5294.09
81	80	4319.34	97	96	5373.99
82	81	4371.45	98	97	5453.83
83	82	4432.57	99	98	5533.73
84	83	4493.66	100	99	5613.59
85	84	4554.80	101	100	5693.50
86	85	4615.92	102	高于100	5790.00

对于划拨用于国防需求的土地，应当按照上述规定的税率征税，但按照哈国土地法的规定由其他土地使用人临时使用的土地除外。

对于划拨用于国防需求，但因暂时未被利用而被用作农业用途的土地，应当按照不高于或低于农业用地基准税率50%的标准征税。

对于铁路运输企业铁路沿线保护林带占用的土地，也应当按照不高于或低于农业用地基准税率50%的标准征税。

（六）居民点内工业用地的税率

对于居民点内的工业用地（含矿井、露天矿场），应当按照居民点用地基准税率征税，但居民点内的工业用地和机场占地、停车场（泊车场）、汽车加油站及赌场用地除外。当地代表机构可以通过决议降低这些工业用地（包括矿井，露天矿场）的基准税率。但总体的降低程度不得超过基准税率的30%。

对于居民点内的工业用地及机场占地，应该在居民点外工业用地基准税率50%的范围内征税。此处所谓的机场用地，是指为保障起飞、降落、滑行、停泊和为飞机维护而事先专门准备并装备的地段。

对于居民点内的工业用地及航埠占地（机场占地除外），应在居民点用地（宅旁土地除外）用地基准税率50%的范围内征税。

（七）自然保护区用地、林地及水资源用地的税率

对于用作农业用途的自然保护区用地、林地及水资源用地，应按照农业用地的基准税率征税。

对于划拨给自然人和法人用于农业以外用途的自然保护区用地、林地和水资源用地应当按照居民点外工业用地的基准税率征税。

（八）停车场（泊车场）、汽车加油站及赌场用地的税率

对于划拨用于汽车加油站的居民点土地，应按照居民点土地基准税率的10倍进行征税。

划拨用于汽车加油站的其他类别的土地，应按照附近居民点基准税率的10倍进行征税。

对于赌场占用的居民点土地，应按照居民点用地基准税率（宅旁土地除外）的10倍进行征税。赌场占用的其他类别土地，应按照居民点用地（宅旁土地除外）规定的基准税率（房屋设施及其建构筑物占地除外）的10倍进行征税。

划拨用于停车场（泊车场）的居民点土地，应按照居民点用地的基准税率进行征税。

划拨用于停车场（泊车场）的其他类别的土地，应按照附近居民点用地的基准税率进行征税。在这种情况下，由地方代表机构确定在计税时选用哪个居民点土地的基准税率。

对于上述各项用地，当地代表机构有权决定或降低其适用的税率。在这种情况下，禁止单独提高个别纳税人的土地税税率。

（九）基准税率的调整

对于土地税的基准税率，哈国法律规定，地方代表机构有权依照哈国土地法制订的土地分区规划（方案）降低或者提高土地税的税率。但对于农业用地、授予法人的农业用地、居民点用地（宅旁土地除外）、居民点之外的工业用地等土地的税率调整，不得超过其基准税率的50%。另外，《税法典》明确规定，在调整税率时，禁止单独降低或提高个别纳税人的土地税税率。

为了体现量能负担原则，哈国税法中规定，在确定下列土地税的税额时，其税率系数应该为0.1：（1）儿童保健机构；（2）根据《税法典》第134条确定的非营利组织的法人（宗教协会除外）；（3）根据《税法典》第135条第2款确定从事医疗服务（整体、疗养除外）、学历教育和培训、科技活动、图书馆服务等社会活动机构的法人；（4）主要经营类型为森林消防装置施工、灭火、消灭森林虫害、自然生物资源再生产及提高森林生态潜力的国有企业；（5）国有渔业再生产企业；（6）从事科学人才国家考核评级工作的国有企业；（7）精神病、结核病医疗机构的附属医疗生产企业。如果这些纳税人将土地或部分土地（连同土地上的房屋、建筑物、构筑物一同，或仅土地）出租或用作商业目的时，则不得适用本税率系数。

对于残疾人数不少于工作人员总数的51%或纳税期内残疾人工资支出不少于工资总支出的51%的，以及《税法典》中规定的独立教育机构，在计算其土地税的税额时，其税率系数为0。

根据哈国投资法签订的合同、实施哈国政府批准的投资战略方案的法人，在计算用于实施投资战略方案的土地的土地税时，税率系数为0。这一规定不适用于在其他依据基础上租用土地或部分土地的情况（与土地上的房屋、建筑物、构筑物一同出租或单独出租土地）。且本规定于合同签订当月1日生效，有效期不超过7年。

对于依据工业创新经营国家支持法律成立的，并且固定资本或股份（股份）的50%及以上属于国家工艺发展研究院的工业园，在开展工业创新经营国家支持法律规定的基本经营类型时，相应土地税的税率系数为0.1。

六、税额的计算、缴纳与申报

（一）一般规定

根据哈国税法的规定，土地税的纳税期限为每年1月1日至12月31日。对于国家授予土地所有权、土地永久使用权或初次无偿临时使用权的，纳税人应从授予上述土地权利的下一个月开始计算土地税。如果土地所有权或使用权被终止的，则应按照实际使用期来计算土地税。对于居民点类型发生转变的，则应该从下一年开始按照新的居民点类别规定的税率征税。如果居民点撤销，其土地并入被撤销居民点所在地区的另一个居民点，则撤销后的下一年开始采用新税率。

在计算和缴纳土地税时，各个地块应该单独计税，按照相应的税率来计算应缴纳额。如果无法确定纳税人所占用土地的地位级，则应该根据相邻土地的地位级来计算土地税税额。

对于采用特殊税制生产农产品和水产品（养鱼业）的法人和农业消费合

作社的纳税人，其土地税的税额在按照普通税额计算的基础上减少70%。

对属于普通股所有权的征税对象，根据其在该地块内的股份比例计税。对属于共管对象部分的地块，应按照各房屋（建筑物）所有者在共管对象公共财产中所占的股份比例来征收土地税。其中，对于住宅所有者在公共财产中所占股份，应根据《税法典》第381条表4中规定的居民点土地基准税率征收土地税。对于非居住用房（建筑物的非居住部分）所有者在公共财产中的所占股份，应按照《税法典》第381条表3中规定的居民点基准税率征收土地税。

土地税的纳税人应该向土地所在地的财政机关缴纳土地税。

（二）法人计税程序与缴税期限

对于法人应该缴纳的土地税，哈国税法规定，必须自主计算税额，并在2月25日、5月25日、8月25日、11月25日之前等额分期缴纳当期应付税款。

法人在计算土地税的税额时，以纳税期限初期（即2月25日）的计税依据为准。

对于免于缴纳土地税的国家劳教机构所属的国有企业、宗教协会等将土地转交他人使用、委托管理或出租时，当期税款的第一个缴税期为将征税对象转交他人使用、委托管理或出租之日后的下一个缴税期。这些法人将建构筑物的部分转交他人使用、委托管理或出租，则应根据转交他人使用、委托管理或出租的建构筑物部分的面积在该地块上所有建构筑物总面积中所占比重来计算土地税。

如果在一个税款缴纳期后产生应缴税款，应在之后10天的期限内完成税款总额的最终核算和缴纳。

如果土地税纳税义务在纳税期内发生变更，应在土地税当前缴纳期限内以等额股份修正应缴税款的变更总额。

如果在纳税期内征税对象发生转移，则应缴纳在土地实际占有期内的税款。完成权利转让的人，应在这些权利进行国家登记之时或之前，将土地实际占有期内应缴纳的税款总额上缴财政。在这种情况下，由初始纳税人完成当年1月1日起至其转让土地月份月初这段时间的税款的计算。由下一纳税人负责缴纳从其获得土地权利当月月初开始的这段时间内的税款。

纳税人应在纳税申报提交期限到期后的10日内完成土地税的最终核算和缴纳。

对于多个纳税人共同使用的房屋、建筑物和构筑物所占土地，根据每个纳税人单独使用的房屋和建筑物的面积按比例单独核算每个纳税人的土地税。

对于法人购置房屋等不动产的，应当按照居民点土地基准税率计算土地税。

（三）自然人计税程序与缴税期限

对于应当由自然人缴纳的土地税，税务机关应当根据税率和计税依据在当年8月1日前进行计算。这一规定不适用于个体企业主和住宅所有权为自然人（其中包括个体公证员、个体法院执行员、律师）的纳税人。

如果在纳税期内征税对象的权利发生了转移，则应缴纳在土地实际占有期内的税款。完成权利转让的人，应在这些权利进行国家登记之时或之前，将土地实际占有期内应缴纳的税款总额上缴财政。在这种情况下，由初始纳税人完成当年1月1日起至其转让土地月份月初这段时间的税款总额的计算。

自然人应在当年10月1日之前将税务机关计算的土地税上缴财政。如果在当年10月1日之后产生应缴税款，则应在征税对象所有权进行国家登记之后的30个工作日内完成税款缴纳。

个体企业主应按照对法人规定的程序，完成其经营用地的土地税计算和缴纳。

根据执照采用特殊税制的个体企业主，应根据对法人规定的程序，完成其经营用地的土地税计算。在这种情况下，应在纳税申报表提交日期到期后10日内缴纳土地税。

对房屋（房屋组成部分）占用的土地拥有所有权的自然人（其中包括个体公证员、个体法院执行员、律师）采用对特殊税制的个体企业主规定的程序完成土地税的计算和缴纳。

（四）纳税申报

个体企业主和法人应在纳税申报期下一年的3月31日之前向征税对象所在地的税务机关提交纳税申报，并在规定的期限内提交当期税款的核算账目。

根据执照采用特殊税制的个体企业主，应当在纳税申报期下一年的3月31日之前向征税对象所在地的税务机关提交纳税申报。

如果法律未作特别的规定，则自然人无须向税务机关提交土地税的纳税申报。

对房屋（房屋组成部分）占用的土地拥有所有权的自然人（其中包括个体公证员、个体法院执行员、律师）应在纳税申报期下一年的3月31日之前向征税对象所在地税务机关提交纳税申报。

新成立的个体企业主（根据执照采用特殊税制的个体企业主除外）和法人，应在完成登记的次月15日之前提交当期税款核算账目。

如果土地税应纳税款发生变化，应根据征税对象截止至2月1日、5月1日、8月1日、11月1日的情况分别在2月15日、5月15日、8月15日和11月15日之前提交当前纳税期的税款核算账目。

第二节　法人和个体企业主财产税法

一般而言，财产税是以纳税人所有或其可支配的财产为课税对象的一类税收。它以财产的数量或价值为课税对象，向财产的所有者征收。它属于对社会财富的存量课税。由于财产种类与形式的多样性和广泛性，征收财产税不仅有利于筹集政府财政资金，而且能够调节经济、促进社会发展和财富公平分配，故财产税一直是世界各国都普遍开征的税种。虽然在当代世界各国，流转税和所得税发展迅速，使得财产税在各个国家税收体系中的地位大大下降，不再是主体税种，但它仍然是一个不可忽视的税种。当然，由于各个国家财产税的内容各有不同，因此，各个国家的财产税的名称也有所差别。例如，美国称之为财产税，英国称之为不动产税，德国称之为不动产取得税，意大利称之为不动产增值税，荷兰称之为不动产转移税，墨西哥称之为房地产税，等等。

1991年，在哈国独立之初，哈国政府就通过制定法律开征了针对自然人的财产税，对自然人的房屋等征税。1995年出台的《关于预算税收和其他规费》中，规定开征法人和自然人财产税。在2001年制定的《税法典》中，第15编专门用两章17个条文，分别规定了法人和个体企业主的财产税和个人财产税，分别对法人和自然人的财产征税。2009年在《税法典》修改时，缩小了对个人财产税的征收范围，提高了对贵重物品征税的税率。近年来，有关财产税的法律规定得到了进一步的发展。本节首先介绍法人和个体企业主财产税，下节专门介绍个人财产税。

一、纳税人

顾名思义，法人和个体企业主财产税的纳税人就是拥有征税对象的法人和个体企业主。根据哈国《税法典》的规定，该税种的纳税人具体包括以下几种：(1) 在哈国境内拥有征税对象所有权、经济管辖权或经营管理权的法人；(2) 在哈国境内拥有征税对象所有权的个体企业主；(3) 根据租让合同拥有租让征税对象所有权及使用权的承租人。

对于法人纳税人而言，其有权决定分支机构是否为该分支机构所在地的独立财产税的纳税人。如果法律未做特别的规定，则法人的这一决定从下年1月1日起开始生效。如果法人决定新设立的分支机构为独立的财产税纳税人，那么该决定将从该分支结构设立之日起，或该分支机构设立的下年1月1日起生效。

如果法律未另作规定，以下对象不属于财产税的纳税人：

1. 对征税对象拥有所有权，在农产品生产、储存和加工过程中直接使用征税对象的单一土地税的纳税人。自有农产品生产、储存和加工过程中未直接使用征税对象的单一土地税纳税人，应缴纳财产税。

2. 国家机关。

3. 执行刑事处分的国家劳教机构所属的国有企业。

4. 宗教协会。

上述第3项和第4项规定的法人为征税对象转让使用、委托管理或租赁时的纳税人。

如果征税对象的所有者将征税对象委托他人管理，则根据《税法典》第35条和36条有关财产转交信托管理和托管时纳税义务的确认原则来确认纳税人。在这种情况下，委托管理人缴纳税款的行为就是征税对象所有者履行纳税义务的行为。

如果征税对象属于多人共有的普通股所有权（属于共有投资基金股份的征税对象除外），享有该所有权的每个人都是纳税人。

属于普通共有财产的征税对象的纳税人，根据共有者之间的协商，可以是这些征税对象所有者的其中一人。

融资租赁对象的纳税人是承租人。

属于共同投资基金股份的征税对象的纳税人是共同投资基金管理公司。

二、征税对象

个体企业主（不根据哈国会计核算及财务报表法执行会计核算，编制财务报表的个体企业主除外）、法人的征税对象是哈国境内的下列对象：

1. 属于国家技术调控主管机关规定类别的、符合财务报表国际标准及哈国会计核算及财务报表法的要求，算作主要不动产或者不动产投资的建构筑物。

2. 根据国家技术调控主管机关规定的分类属于此类别，且自然人根据财务报表国际标准及哈国会计核算及财务报表法律要求，通过长期租赁合同将其组成部分的赎买权作为长期债权进行转让的建构筑物。

3. 根据租让合同转交了所有权和使用权的租让建构筑物。

以下 4 类对象不是征税对象：

1. 作为土地税征税对象的地块。

2. 根据哈国政府决议查封的建构筑物。

3. 公用国道及其道路设施，包括道路用地、道路构件、道路辅助设备和安装设备、桥梁、跨线桥、高架桥、交通立交桥、隧道、防护廊、提高道路通行安全的设施和设备、排水沟和涵洞、沿路防护林、道路运营部门的沿线住房和综合工程，等等。

4. 未完工项目。

三、计税依据

对于个体企业主和法人，其征税对象属于国家技术调控主管机关规定类别的、符合财务报表国际标准及哈国会计核算及财务报表法律要求、算作主要不动产或者不动产投资的建构筑物，以及根据租让合同转交了所有权和使用权的租让建构筑物，其计税依据是根据会计核算数据确定的征税对象的年均资产负债表的价值。如果租让对象没有年均资产负债表的价值，那么根据哈国政府规定程序确定的该对象的价值即为计税依据。

对于个体企业主和法人，其征税对象是根据国家技术调控主管机关规定的分类属于此类别，且自然人根据财务报表国际标准及哈国会计核算及财务报表法律要求、通过长期租赁合同将其组成部分的赎买权作为长期债权进行转让的建构筑物的，计税依据的数额为根据财务报表国际标准和哈国会计核算与财务报表法律的要求，在纳税申报期 1 月 1 日确定的长期应收款。

征税对象的年均资产负债表价值是当前纳税期每个月 1 日的征税对象资产负债表价值与决算期下一期每个月 1 日的征税对象资产负债表价值之和的 1/13。

如果矿藏利用合同条款要求履行拆除和撤销征税对象的义务，且哈国环境法典规定采取与垃圾场拆除成本相关的措施，那么根据财务报表国际标准及哈国会计核算与财务报表法律要求对这些义务进行评估的价值不计入征税对象的资产负债表价值。

对于国家机关和执行刑事处分的国家劳教机构所属的国家企业的法人的征税对象，其计税依据根据转让他人使用、委托管理或租赁的征税对象的份额进行确定。

未根据哈国会计核算与财务报表法律完成会计核算、编制财务报表的个体企业主征税对象的计税依据是其购置、生产、建筑、安装、调试费用以及改建和现代化改装费用的总和。如果缺少原始单据，对于价格未知或无偿交易的征税对象（包括赠予、继承、捐献、慈善及赞助等），其计税依据是该资产产生所有权之日，鉴定人鉴定报告中确定的征税对象的市场价值。

四、税率

1. 法人财产税的税率为 1.5%。

2. 个体企业主、在简化纳税申报基础上适用特殊税制的法人，财产税的税率为 0.5%。

3. 下列法人的财产税的税率为 0.1%：（1）《税法典》第 134 条确定的非营利组织的法人（宗教协会除外）；（2）《税法典》第 135 条确定的社会活动机构法人；（3）主要从事图书馆服务工作（提供服务）的单位；（4）从事国家科学人才考核评级的国有企业；（5）国家所有，依靠财政拨款的自然保护水库、水利枢纽或其他水利设施项目的法人；（6）用于农产品生产的法人及农民或农场主法人土地灌溉的水利设施项目的法人；（7）饮用水项目的法人。

4. 独立教育机构的法人，财产税的税率为 0%。

5. 实施哈国政府战略投资项目清单上的战略投资项目的法人，依照合同初次投运的征税对象的财产税税率为 0%。这一规定不适用于将征税对象转交他人使用、委托管理或租赁的情况。本规定于征税对象投运当月 1 日起生效，但不得早于合同签订日期，且有效期不得超过 7 年。

6. 根据工业创新经营国家支持法成立的，且固定资本或股份（股份）的 50% 及以上属于国家工艺发展研究院的工业园，对规定的基本经营类型的对象，其财产税的税率为 0.1%。

五、税款计算、缴纳与申报

财产税的税额计算方式为税率乘以计税依据，即：

财产税的应纳税额=计税依据 × 税率

纳税人应该按照上述公式独立完成应纳税额的计算。

采用特殊税制生产农产品和水产品（养鱼业）的法人和农业消费合作社纳税人，其应纳税额应在正常税额基础上减少70%。

对于属于普通股所有权的征税对象，各个纳税人的财产税根据其份额在该资产价值中的比例进行计算。

除采用特殊税制的个体企业主外，其他纳税人必须在纳税期内缴纳当期财产税税款。

财产税的纳税期为每年1月1日至12月31日。

财产税的纳税人（适用特殊税制的个体企业主除外）应该在每一纳税期内的2月25日、5月25日、8月25日和11月25日之前，等额分期缴纳税款。

对于新成立的国家劳教机构所属国有企业和宗教协会的纳税人和法人，其缴纳当期税款的首个缴税期即纳税人成立日期（将征税对象转交他人使用、委托管理或出租日期）之后的下一个纳税期。

在当期税款纳税期之后成立的纳税人，在当期税款最后一个缴纳期之后将征税对象转交他人使用、委托管理或租赁的，则应在申报提交期限到期之后10日内缴纳当前纳税期内的所有税款。

如果在纳税期内有新的征税对象出现，财产税的当期税额增加，增加额为税率乘以新征税对象初始价值的1/13。新征税对象的初始价值根据征税对象出现之日会计账目数据乘以该纳税期内自该征税对象出现当月到纳税期结束这段时间的月份数计算得出。当前税款需要增加的数额等额分配到各个缴税期。这时，缴纳当期税款的第一个缴税期是征税对象出现之日后的下一个纳税期。

如果在纳税期内征税对象报废，则当期税款应相应减少，减少的数额为税率乘以报废征税对象价值的1/13，再乘以征税对象报废当月到纳税期结束这段时间当前纳税期的月份数。在这种情况下报废征税对象的价值为：（1）对于当前纳税期内出现的征税对象，即为其出现之日根据会计核算数据确定的初始价值；（2）对于其他征税对象，是根据纳税期开始时的会计核算数据确定的资产负债表价值。

纳税人应在纳税申报提交期限之后10日内，向征税对象所在地财政上缴税款。

纳税人必须向征税对象所在地的税务机关提交当期税款核算账目和纳税申报。适用特殊税制的个体企业主必须向征税对象所在地税务机关提交纳税申请表。

财产税纳税人应在纳税申报期2月15日之前提交财产税当期税款的核算账目。刚成立的纳税人应在税务机关登记的次月15日之前提交当期税款的核算账目。

劳教机构所属国有企业和宗教团体的法人，应针对转交他人使用、委托管理或租赁的征税对象，在将其转交他人使用、委托管理或租赁的次月15日之前提交当期税款的核算账目。

如果土地税应纳税款在纳税期内发生变化，应根据征税对象截至2月1日、5月1日、8月1日、11月1日的情况分别在2月15日、5月15日、8月15日和11月15日之前提交当前纳税期的当期税款核算账目。

纳税人在下一年3月31日之前提交纳税决算申报。

第三节　个人财产税法

个人财产税是针对自然人所拥有的财产的征税。哈国《税法典》第58章专门针对个人财产税法律制度进行了较为详尽的规定。

一、纳税人

根据哈国税法的规定，个人财产税的纳税人是指拥有法律规定作为征税对象的财产的自然人。如果纳税人将征税对象委托他人管理的，则应根据《税法典》第35条和36条的规定，根据托管的具体情况，确定财产税的纳税人。如果征税对象为多人所有的，则每个所有者都是纳税人。另外，属于普通共有财产的征税对象的纳税人，根据共有者之间的协商，可以是该征税对象所有者的其中一人。

为了进一步明确个人财产税纳税人的范围，《税法典》明确规定，下列人员不是个人财产税的纳税人，对其所拥有的财产不承担纳税的义务：（1）现役军人；（2）苏联英雄、社会主义劳动英雄、“哈萨克勇士”、三级荣誉勋章或“奥丹”勋章获得者、获得“英雄母亲”称号的多子女的母亲、“廉洁”锦旗获得者、独居退休人员等，对于其在应纳税财政年度1月1日时所拥有的月度核算指标1000倍以内的财产免税；（3）参加过卫国战争的人员和享受同等待遇的人员、Ⅰ级和Ⅱ级残疾人，对于其在应纳税财政年度1月1日时所拥有的月度核算指标1500倍以内的财产免税；（4）在卫国战争期间荣获苏联授予的勋章和奖章的人员以及虽未获得上述荣誉，但在1941年6月22日到1945年5月9日期间工作（服役）不少于6个月的人员，对于其在应纳税的财政年度1月1日时所拥有的月度核算指标1000倍以内的财产免税。但是，如果这些人员将其所拥有的财产转交他人使用、委托管理或租赁时，则必须依照法律的规定履行纳税的义务。另外，法律还规定，18周岁以下的孤儿及无父母抚养的儿童、对于在企业经营中所使用的征税对象的个体企业主等，也不是自然人财产税的纳税人。

二、征税对象

个人财产税的征税对象是自其开始居住和使用之日（以下简称投用之日）起便拥有所有权的，位于哈国境内的住宅、建筑物、乡村别墅建筑、车库及其他建构筑物、房间以及未完工的建筑。

三、计税依据

根据《税法典》，个人财产税的计税依据因征税对象的不同而有不同的规定。

1. 自然人的住宅、乡村别墅建筑。根据《税法典》的规定，自然人的住宅、乡村别墅建筑计税依据是由国家不动产授权登记机关根据如下方式确定的征税项目的价值：

征税资产价值＝基础价格×有效面积×有形损耗系数
×功能折旧系数×区划系数×月度核算指标系数

对于新建造的住宅、乡村别墅建筑，在纳税期1月1日之后进行国家登记的，其计税依据是不动产权国家授权登记机关按照下列方法确定的价值：

征税资产价值＝基础价格×3×功能折旧系数×区划系数

在上述公式中，基础价格是根据不同居民点的分类按照下表确定的（见表8－5）。

表 8-5 自然人的住宅、乡村别墅的基价 单位：平方米

序号	居民点分类（城市）	基价（坚戈）
1	阿拉木图	30000
2	努尔苏丹	30000
3	阿克套	18000
4	阿克托别	18000
5	阿特劳	18000
6	卡拉干达	18000
7	克孜勒奥尔达	18000
8	柯克舍套	18000
9	科斯塔奈	18000
10	巴甫洛达尔	18000
11	彼得罗巴甫洛夫斯克	18000
12	塔尔迪库尔干	18000
13	塔拉兹	18000
14	乌拉尔斯克	18000
15	乌斯季卡缅诺戈尔斯克	18000
16	奇姆肯特	18000
17	州辖市	12000
18	区级市	9000
19	村镇	4200
20	村庄（屯）	2700

2. 无供暖的附属房屋、杂物房（外屋）、半地下室、住宅地下室、车库的计税依据是由国家不动产权授权登记机关根据下列公式进行计算：

征税资产价值 = 基础价格 × 有效面积 × 有形损耗系数 × 区划系数 × 月度核算指标系数

3. 确定住宅、乡村别墅建筑的有形损耗系数时应根据如下公式考虑折旧率和有效寿命：

有形损耗系数 = 1 - 有形损耗

根据如下公式确定有形损耗：

其公式为：有形损耗 = （计税年度 - 征税对象投运年度） × 折旧率 ÷ 100

在确定有形损耗时根据建筑物的特性采取下列折旧率（见表 8-6）：

表8－6　　住宅、乡村别墅的折旧率

序号	坚固性分类	建筑物特性	折旧率（%）	使用寿命
1	1	石头房屋、特别坚固的房屋、5/2砖以上厚的砖墙或钢筋混凝土骨架砖墙、混凝土和钢筋混凝土楼板；框架板装配建筑物、钢筋混凝土楼板	0.7	143
2	2	墙厚为3/2—5/2砖的砖墙建筑物、钢筋混凝土、混凝土或者木楼板；框架墙板装配建筑物，钢筋混凝土	0.8	125
3	3	轻质砖砌体，整体矿渣混凝土，轻质矿渣砌块，贝壳石灰岩砌体墙壁建筑物，钢筋混凝土或混凝土楼板；大型砌块或轻质砖砌体，整体矿渣混凝土，细矿渣砌块墙壁建筑物	1.0	100
4	4	混合材料，原木或方木墙壁建筑物	2.0	50
5	5	半成品建筑物，皮装板房，夹板建筑物，土房，土坯房	3.3	30
6	6	芦苇板骨架建筑物及其他轻质建筑物	6.6	15

如果采用石料或承压板建造的住宅、乡村别墅类建筑的有形损耗超过70%，使用其他材料建造的住宅、乡村别墅类建筑的有形损耗超过65%，那么有形损耗系数为0.2。

4. 考虑对住宅、乡村别墅建筑质量要求的变化，根据下列公式计算有形折旧系数：

有形折旧系数＝住宅所处楼层基价变化系数×住宅在建筑物拐角位置的系数×墙壁材料系数×住宅、乡村别墅的设备完善度及其工程技术设施保障性系数×采暖类型系数

根据楼层数采取以下楼层修正系数（见表8－7）：

表8－7　　不同楼层的折旧修正系数

序号	楼层	系数
1	一层	0.95
2	中间层或独立住房	1.00
3	顶层	0.9

对于三层以内的公寓住宅楼，各层的楼层系数取1。

根据住宅在建筑物拐角处的位置采取下列修正系数（见表8－8）：

表 8-8　　建筑物拐角处位置的折旧修正系数

序号	住宅在建筑物拐角处的位置	系数
1	拐角住宅	0.95
2	非拐角住宅或独立住房	1.00

根据墙体材料采取以下修正系数（见表 8-9）：

表 8-9　　建筑物墙体材料的折旧修正系数

序号	墙体材料	系数
1	砖墙	1.1
2	陶粒混凝土砌块装配墙	1.0
3	陶粒混凝土砌块及饰面砖装配墙	1.05
4	钢筋混凝土板墙	1.0
5	钢筋混凝土板墙，带饰面砖	1.05
6	土坯黏土墙	0.5
7	土坯墙，外部 1/2 砖做饰面	0.6
8	整体矿渣混凝土墙	0.7
9	钢筋混凝土砌块墙	1.0
10	装配板墙	0.6
11	装配板墙，做 1/2 砖饰面	0.75
12	原木墙	0.85
13	枕木墙	0.75
14	枕木、饰面砖墙	0.95
15	芦苇板骨架墙	0.6
16	其他	1.0

为住宅、乡村别墅提供所有相应工程管网及技术设备保障时，设备完善系数为 1。

如果缺少能够创造标准或舒适居住（生活）条件（给水管、下水道、其他类型公共设施）的工程管网及技术设备，设备完善系数为 0.8。

根据采暖类型采取以下采暖修正系数（见表 8-10）：

表 8-10　　建筑物采暖类型的折旧修正系数

序号	采暖类型	系数
1	集中供暖	1.0
2	分散燃气供暖或燃油供暖	0.98
3	固体燃料分散供暖	0.95
4	火炉供暖	0.9

5. 考虑征税对象在居民点内位置的区划系数，由国家不动产权授权登记机关与当地执行机关就区划系数计算方法协商一致后进行确定。由国家不动产权授权登记机关对区划系数计算方法进行批准。

6. 月度核算指标根据如下公式进行确定：

月度核算指标=财政年度1月1日前的月度核算指标÷上一个财政年度1月1日前的月度核算

7. 如果无暖气设备的辅助建筑、杂物房（外屋）、半地下室、住宅地下室、车库是住宅的一部分，那么计税依据是国家不动产权授权登记机关计算的这些征税对象的价值总和。

8. 如果多个征税对象的纳税人为同一自然人，则应根据各个对象单独计算计税依据。

9. 在当前纳税期内投用的未完工建筑对象的计税依据，是税务机关根据如下公式计算的截止计划投用年度下一年1月1日前该征税对象的价值：

征税资产价值=每平方米基价×未完工建筑项目的总面积×2。

四、税率

个人财产税的税率按照表8-11确定：

表 8-11　　个人财产税的税率　　单位：坚戈

序号	个人财产额	应缴税额
1	小于等于1000000坚戈	征税对象值的0.05%
2	超过1000000坚戈 小于等于2000000坚戈	500坚戈+超过1000000坚戈部分金额的0.08%
3	超过2000000坚戈 小于等于3000000坚戈	1300坚戈+超过2000000坚戈部分金额的0.1%
4	超过3000000坚戈 小于等于4000000坚戈	2300坚戈+超过3000000坚戈部分金额的0.15%

续表

序号	个人财产额	应缴税额
5	超过 4000000 坚戈 小于等于 5000000 坚戈	3800 坚戈 + 超过 4000000 坚戈部分金额的 0.2%
6	超过 5000000 坚戈 小于等于 6000000 坚戈	5800 坚戈 + 超过 5000000 坚戈部分金额的 0.25%
7	超过 6000000 坚戈 小于等于 7000000 坚戈	8300 坚戈 + 超过 6000000 坚戈部分金额的 0.3%
8	超过 7000000 坚戈 小于等于 8000000 坚戈	11300 坚戈 + 超过 7000000 坚戈部分金额的 0.35%
9	超过 8000000 坚戈 小于等于 9000000 坚戈	14800 坚戈 + 超过 8000000 坚戈部分金额的 0.4%
10	超过 9000000 坚戈 小于等于 10000000 坚戈	18800 坚戈 + 超过 9000000 坚戈部分金额的 0.45%
11	超过 10000000 坚戈 小于等于 50000000 坚戈	23300 坚戈 + 超过 10000000 坚戈部分金额的 0.5%
12	超过 50000000 坚戈 小于等于 120000000 坚戈	223300 坚戈 + 超过 50000000 坚戈部分金额的 0.75%
13	超过 120000000 坚戈	748300 坚戈 + 超过 120000000 坚戈部分金额的 1%

五、个人财产税的计算与缴税

（一）个人财产税的计算

个人财产税的纳税期限为每年 1 月 1 日至 12 月 31 日。

个人财产税的计算公式为：

应纳税额 = 计税依据 × 税率

征税对象所在地税务机关应该在纳税期 8 月 1 日之前完成个人财产税应纳税额的计算。

如果在纳税期内征税对象的所有权期限不足 12 个月，未完工建筑对象的运营期少于 12 个月，该对象应缴纳的财产税即根据上述公式确定的税款总额除以 12，再乘以征税对象的实际所有权期限或未完工建筑对象实际运营期限的月数。在这种情况下，未完工建筑对象的实际所有权期限或运营期限从纳税期开始日期（如果所有权在该日生效或在该日投用），或从征税对象所有权产生或未完工建筑对象投用当月的1日算起，到这些对象的所有权转移当月1日或纳税期结束之日为止（如果对象在该日仍在所有权范围内或仍在运营）。

对于多个自然人共同所有的征税对象，根据各所有人所持份额的比例进行计税。

如果多个征税对象的纳税人为同一自然人，则应根据各个征税对象单独计税。

如果有国家主管机关颁发的能够证明征税对象作废、遭到破坏及拆除的文件，则应重新核算其税金。

如果纳税人在纳税期内获得了免税权，则应从获得免税权当月1日起对税款金额进行重新核算。

（二）个人财产税的缴纳

纳税人应该在每年10月1日之前向征税对象所在地财政上缴税款。这一规定也适用于在当前纳税期1月1日之前完成权利登记的对象，以及在前一个纳税期内投用的未完工建筑对象。

完成所有权转让的人，应在国家所有权注册之时或之前，将征税对象实际占有期内应缴纳的税款上缴财政。

在对征税对象的所有权进行国家登记时，可由其中一方将年度税款上缴财政。

在进行不动产权国家登记之时（初次登记除外），如果国家授权机关未确定征税对象的价值，则根据上个纳税期计算的税款金额缴税。

如果自然人的征税对象作废、遭到破坏及拆除的，征税对象被作废、破坏及拆除的月份应计入纳税期。

第九章　其他税种法

在哈国税法中，为弥补上述税种的不足，增加国家的财政收入，实现国家对特定的经济领域、经济活动进行个别调节等目的，《税法典》中还专门设置了社会税、运输工具税、出口地租税、博彩税、定额税等5个辅助税种。由于这些辅助税种税制相对简单，课征范围比较狭窄，税负一般不能转嫁，故它们具有其他税种无法替代的功能和作用。

第一节　社会税法

社会税是西方国家普遍开征的一个税种。例如，法国为了缓解社会保障制度的压力，于1945年就开征社会税。俄罗斯为了维护雇员的社会福利而在2000年到2008年间把原有的三种国家预算外基金（退休基金、社会保险基金、医疗保险基金）合为一体，开征规范名称为"统一社会税"的社会税，它也被称为"社会保障税"，由雇主负责对职工取得的工资收入纳税。格鲁吉亚等国也开征了类似的社会税。

1991年独立之时，哈国继承了苏联的社会保障制度。鉴于这一保障制度不能适应哈国社会政治经济发展的要求，因此出现了许多重大问题。一方面，哈国在独立之后，开始实行市场经济体制，这就使得大量不能适应新型劳动关系的工人选择提前退休。同时，另有相当一部分的劳动力转向了非国有部门或失业，这就造成国家需要救助的人员数量大大增加。相应，社会保障支出的数额也就出现了大幅度的增长。另一方面，哈国独立之后经济一直处于下滑衰退的状态。根据哈国国家统计局资料显示，从1991年到1995年的5年间，哈国的国家生产能力下降约40%，民众收入水平下降约30%。急剧恶化的经济形势致使国家的财政负担十分沉重，社会保障制度执行困难，大部分的社会保障措施形同虚设，难以实施。例如，1996年仅政府退休公务员被拖欠的养老金就占到了当年 GDP 的 25%。为了解决社会保障的资金问题，哈国政府在 1995 年制定的《关于预算税收和其他规费》中明确规定，开征地下资源使用者的社会税。1999 年 1 月 1 日起，又把早先执行的预算外收费项目与对地下资源使用者的社会税合并为新的社会税，作为中央税在全国范围内实施。鉴于社会税在筹集社会保障收入方面发挥了非常重要的作用，故在 2001 年制定《税法典》时，社会税经过修改完善后被保留了下来。

一、纳税人

根据《税法典》的规定，社会税的纳税人主要包括三大类，即居民法人、个体企业主及个体公证员、个体法院执行员、律师等。其中，居民法人又分为哈国的居民法人、通过常设机构在哈国开展业务的居民法人和通过分支机构或代办处（根据避免双重征税国际协定无须成立常设机构）开展业务的居民法人三类。

居民法人有权决定是否将其下属机构作为社会税的纳税人来看待。如果居民法人决定其下属机构为社会税的纳税人，则此决定从做出决定的下一个季度开始生效。如果居民法人决定取消其下属机构社会税纳税人的资格，则此决定也从做出决定的下一个季度开始生效。如果居民法人把重新设立的下属单位看作是社会税的纳税人，那么该决定将从该下属单位设立之日或者该下属单位设立的下一个季度开始时生效。一旦法人机构的下属单位被当作独立的社会税纳税人，则其必须履行代扣代缴个人所得税的义务。

国家机关有权决定其下属单位或地区机关是否被看作是社会税的纳税人。根据地方执行机构的决定，其下属单位或地区（下级）机构可以看作是社会税的纳税人。在此情况下，被看作是社会税纳税人的国家机关必须履行代扣代缴个人所得税的义务。

此外，采用特殊税制纳税人的社会税计算、缴纳及纳税申报则依据各自的特殊规定执行。其中，生产农产品和水产品（养鱼业）的法人和农业消费合作社的社会税税额需按照普通税额的 30% 计算。对于简化申报的小企业，其社会税在扣除国家社会保障基金基础上减半缴纳。如果国家社会保障基金扣除数额超过社会税的金额，则社会税的金额为零。对于适用摊贩牌照税制的小企业，其社会税在扣除国家社会保障基金基础上减半缴纳。如果国家社会保障基金扣除数额超过社会税的金额，则社会税的金额为零。对于适用农民或农场主特殊税制的纳税人，其社会税按照当年 1 月 1 日的月度指标 20%

的税率为每位员工按月缴纳税款。在计算社会税的金额时，应该减去社会保障基金。如果国家社会保障基金扣除数额超过社会税的金额，则社会税的金额为零。

二、征税对象

根据《税法典》的规定，对于个体企业主、个体公证员、个体法院执行员、律师，其社会税的征税对象是包括纳税人自身在内的全体员工。

对于哈国的居民法人、通过常设机构在哈国开展业务的居民法人，其社会税的征税对象是《税法典》第163条第2款规定的以工作人员收入的形式支付给居民员工的雇主开支、《税法典》第192条第1款第18）、19）、20）和21）项规定的支付给非居民员工的雇主开支以及《税法典》第191条第7款规定的外国人的收入。

《税法典》第156条第1款第8）、10）、12）、17）、18）、24）、26）、27）、29）、32）、34）和41）项和第200-1条第1款第13）项规定的收入不属于社会税的征税对象。此外，下列各项收入也不属于社会税的征税对象：

1. 依靠资助资金支付的费用。
2. 哈国总统、哈国政府设立的国家奖学金、助学金。
3. 体育比赛、观摩赛、竞赛的优胜奖金。
4. 当自然人雇主终止业务或者法人雇主解散、员工人数缩减或者编制缩减而终止劳动合同时，按哈国法定金额支付的补偿费。
5. 雇主支付员工的未休年假补偿费。
6. 按照哈国法律规定必须缴入养老储蓄基金的员工养老存款。

如果哈国的居民法人、通过常设机构在哈国开展业务的居民法人，在一个月的征税对象低于预算法规定的最低工资额时，社会税的征税对象按照该最低工资额确定。

三、税率

按照《税法典》的规定，自2018年1月1日起社会税的基本税率是9.5%。自2025年1月1日起社会税的基本税率是11%。

个体企业主以及个体公证员、个体法院执行员、律师为自己计算的社会税是月度核算指标的两倍，为每一名员工缴纳的数额为月度核算指标的一倍。适用特殊税制的个体企业主纳税人除外。

对于残疾人数不少于工作人员总数51%的单位或残疾人工资支出不少于工资总支出的51%（对于聋哑、盲人工作的专门单位不少于35%的）的单位，其社会税的税率是4.5%。

对于适用农民或农场主特殊税制的纳税人，其社会税按照财政年度1月1日生效的月度指标的20%的税率为每位员工按月缴纳税款。在计算社会税的金额时，应该减去社会保障基金。如果国家社会保障基金扣除数额超过社会税的金额，则社会税的税额为零。

四、社会税的计算、缴纳与申报

社会税的纳税期为一个月。在每一个纳税期内，纳税人应缴纳社会税的额度为税法规定的税率与征税对象之间的乘积。对于应上缴国家预算的社会税总额，即为根据《强制社会保险法》计算的社会税与社会统筹金额之差。如果缴入国家社会保险基金中的社会统筹计算金额超过了计算出的应上缴国家预算的社会税总额，则应上缴的社会税金额为零。

对于“创新工业园”经济特区内从事活动的单位，其社会税的税额和根据《强制社会保险法》计算的上述人员的社会扣款之间的差额，在满足以下条件时可缩减100%：（1）自法人根据哈国经济特区法在经济特区企业登记的社会税纳税期起5年；（2）企业所得税纳税期内，工作人员的工资支出不少于年度总收入的50%；（3）哈国居民工作人员的工资支出为企业所得税纳税期内工作人员工资支出的90%。

国家机关计算出的一个纳税期社会税金额需减掉按照哈国法律规定支付的临时丧失劳动能力社会补贴的金额。如果在一个纳税期内，社会补贴支付金额超过了核算出的社会税金额，那么超出部分转入下一个纳税期。

有构成部门的纳税人应当支付的构成部门社会税总额根据按该构成部门员工收入核算的社会税计算，并在该构成部门所在地缴入相应的预算。

社会税在一个纳税期后的25日内在纳税人所在地缴纳。

社会税的申报表与个人所得税申报表由纳税人在核算季次月15日之前按季度提供给所在地的税务机关。社会税的申报表附件根据年度汇总编制，与会计年度第四季度申报表一同提交。有构成部门的纳税人向构成部门所在地税务机关提交构成部门个人所得税和社会税申报表、构成部门个人所得税和社会税总额计算附件。

第二节 运输工具税法

运输工具税是哈国《税法典》第13篇专门规定的一个税种。根据《税法典》的规定，运输工具税的构成要件主要包括以下内容。

一、纳税人

根据哈国税法的规定，运输工具税的纳税人包括以下两类对象：（1）拥有征税对象所有权的自然人；（2）既拥有征税对象所有权，又有经济管辖权和经营管理权的法人。

根据哈国交通法的规定，法人有权根据登记在其构成部门名下的运输工具的具体情况做出决定，将其构成部门看作是独立的运输工具税的纳税人。法人的这一决定（包括法人承认自己为纳税人或终止承认自己为纳税人）自做出决定的下一年1月1日起生效。如果把重新设立的下属单位看作是独立的交通工具税的纳税人，那么该决定将从该下属单位设立之日或者该下属单位设立次年1月1日起生效。

根据融资租赁合同转移的征税对象的交通工具税纳税人是出租人。

为了进一步明确运输工具税的纳税人，哈国税法除上述规定外，还专门对不属于交通工具税的纳税人做出了明确的规定。具体包括：

1. 统一土地税的纳税人在自有农产品生产、贮存及加工过程中拥有公共所有权、直接使用权、间接使用权，且属于统一土地税纳税农户或农场主或其成员的下列运输工具免税：（1）一台发动机排量小于2500立方厘米的小汽车；（2）发动机最高总功率在每1000公顷耕地（草场、牧场）1000千瓦之内的载货卡车。如果计算结果表明载货卡车的数量高于一辆，则发动机功率最低的一辆载货卡车应当免税。

2. 农业产品生产者，以及统一土地税纳税农户或农场主及其成员，在自有农产品加工过程中使用的专业化农用机械免税：（1）运送牛奶或农业用水的罐式汽车；（2）兽医服务队的汽车；（3）动物和生物汽车流动实验室；（4）饲料汽车；（5）自动装卸机；（6）自动播种机加料车；（7）施肥车；（8）给飞机装卸矿物肥料和化学毒剂的自动装卸车；（9）草捆堆码运输车；（10）诱饵撒布车；（11）茎叶收割机；（12）AH－2型农用飞机；（13）自行式收割机；(14) 谷物联合收割机；(15) 轮式拖拉机、自行式车架和移动式动力设备；(16) 饲料联合收割机；(17) 农用机械维修和技术服务维修车；(18) 自行式割草机；(19) 自动砌垛机；(20) 联合收割机（采收块根植物、土豆、西红柿、青豌豆、棉花和其他农产品）。

3. 国家机关免税。

4. 对参加卫国战争的人及享受同等待遇的人、在卫国战争期间荣获苏联授予的勋章和奖章的人、在1941年6月22日到1945年5月9日期间工作（服役）不少于6个月的人，各自所有的一辆汽车免税。

5. 对残疾人的四轮摩托车和一辆汽车免税。

6. 苏联英雄和社会主义劳动英雄，获得“民族英雄”称号和“哈萨克斯坦劳动英雄”称号的人员，被授予三级勋章和“祖国”勋章，被誉为“英雄母亲”称号且被授予金质奖章的拥有多名子女的母亲，每人可有一辆交通工具免税。

7. 对自然人使用7年以上、作为股份获得并退出农用序列的卡车免税。

二、征税对象

哈国税法规定，运输工具税的征税对象是交通工具，但应当进行国家登记或列在哈国目录中的拖车除外。另外，载重量在40吨以上的矿场自卸汽车和医疗专用运输工具不属于运输工具税的征税对象。

三、税率

根据哈国税法的规定，对于运输工具，根据不同的征税对象，分别适用不同的税率。具体体现为表9－1所示。

表9－1　运输工具税的税率　单位：月度核算指标

序号	征税对象	税率（月度核算指标）
1	发动机排量（立方厘米）如下的小汽车：	
	小于1100（含）	1
	1100—1500（含）	2
	1500—2000（含）	3
	2000—2500（含）	6
	2500—3000（含）	9
	3000—4000（含）	15
	4000以上	117

续表

序号	征税对象	税率（月度核算指标）
2	载重量（不算拖车）如下的卡车和专用车： 小于1吨（含） 1—1.5吨（含） 1.5—5吨（含） 5吨以上	 3 5 7 9
3	拖拉机、自行式农用机械、土壤改造机械、筑路机械通过性较高的特种车辆以及其他并非在通用公路上行驶的交通工具	3
4	大客车： 12座以下（含） 12—25座（含） 25座以上	 9 14 20
5	发动机功率如下的摩托车、小摩托车、摩托雪橇、摩托艇： 小于55千瓦（含） 55千瓦以上	 1 10
6	小艇、船、驳船、快艇（发动机功率单位：马力） 小于160（含） 160—500（含） 500—1000（含） 1000以上	 6 18 32 55
7	飞行器	每千瓦功率为月度核算指标的4%
8	用于下列情况的铁路牵引机车：牵引任何类别的火车在干线铁路上行驶；在干线窄轨或宽轨站线和入场铁路上进行转弯；在工业铁路专用线上牵引且不进入干线铁路的站线。 用于在窄轨和宽轨干线和站线上组织旅客运输的内燃机车	每千瓦运输工具总功率为月度核算指标的1% 每千瓦运输工具总功率为月度核算指标的1%

在表9-1中，税法所规定的税率，为采用国家预算法规定的、相应财政年度1月1日的月度核算指标。

根据哈国税法的规定，汽车可以分为以下4类：

第一类为轻型汽车，具体包括：（1）B类汽车；（2）使用轿车底盘、配有载货平板、使用硬质固定隔板与货仓分隔开来的驾驶室的配有发动机的交通工具（轻型卡车）；（3）容量较大、通过能力较强、最大容许重量或乘客座位数超过 B 类要求的汽车（非筑路车，其中包括跨界车和高级轿车）。

第二类为 C 类汽车，它属于载货卡车，法律另有规定的除外。

第三类为配有专用设备、用来完成特定工艺流程或者操作的汽车，它属于专用汽车。法律另有规定的除外。

第四类为 D 类汽车，它属于大客车，法律另有规定的除外。

根据哈国税法的规定，发动机排量在 1500—2000 立方厘米的轿车按月度核算指标的 3 倍征税，排量在 2000—2500 立方厘米的轿车按月度核算指标的 6 倍征税，排量在 2500—3000 立方厘米的轿车按月度核算指标的 9 倍征税，排量在 3000—4000 立方厘米的轿车按月度核算指标的 15 倍征税，排量超过 4000 立方厘米的轿车按月度核算指标的 17 倍征税，每超过相应发动机排量下限一个单位税额增加 7 个坚戈。

根据使用期限的不同，飞行器税率需采用下列修正系数：（1）1999 年 1 月 1 日以后从哈国境外购入的飞行器，使用时间超过 5 年低于 15 年的，税率修正系数为 2.0；使用时间超过 15 年的，税率修正系数为 3.0；（2）1999 年 1 月 1 日以前购买的，或者在 1999 年 1 月 1 日以后购买但在 1999 年 1 月 1 日前在哈国使用的飞行器，使用时间超过 5 年低于 15 年的，税率修正系数为 0.5；使用时间超过 15 年的，税率修正系数为 0.3。

交通工具的使用时间按照交通工具说明书（飞机夏季使用说明书）上注明的出厂年份计算。

计算载货卡车和特种汽车的税款时需要使用运输工具使用说明书或指南中注明的运输工具载重量参数。如果运输工具使用说明书或指南中没有注明载重量参数，则以运输工具的最大容许重量与运输工具无载荷时的重量之差计算。

四、税款的计算、缴纳与申报

运输工具税的纳税期限为每年 1 月 1 日至 12 月 31 日。

（一）税款计算

纳税人根据征税对象和每台交通工具的税率自行计算每个纳税期的税款总额。如果自然人未在规定的期限内纳税或纳税不足，则由税务机关根据负责运输工具统计和登记的主管机关提交的资料完成税费计算。

对于采用特殊税制生产农产品和水产品（养鱼业）的法人和农业消费合作社的纳税人而言，其运输工具税的税额应在按照普通税制计算运输工具税税额的基础上减少70%。

对于拥有交通工具所有权、经济管辖权和经营管理权的时间不足一年的，应当将全年税款总额除以12，再乘以实际拥有该交通工具的月数得出实际拥有该交通工具期间的税款总额。

如果在纳税期内征税对象的所有权、经济管辖权和经营管理权发生转移，则税款金额分别计算。其中，对于转出方，其税款为从纳税期开始时拥有的交通工具所有权、经济管辖权和经营管理权或在纳税期内购买的交通工具的月份到该交通工具所有权、经济管辖权和经营管理权转移完毕的当月的1日这段时间的税款；对于购买方，其税款为从取得该交通工具所有权、经济管辖权和经营管理权的当月1日到纳税期结束或者上述交通工具所有权、经济管辖权和经营管理权转移给买方的当月1日这段时间的税款。

征税对象在不是个体经营者、个体公证员、个体法院执行员或律师的自然人之间转移时，如果在当前纳税期内出让方已经缴纳了年度税款，则根据双方交易合同的约定，其缴纳税款的行为可以认为是购买方已经履行了所转让的征税对象在该纳税期的缴税义务。

如果自然人在购买交通工具时没有在哈国进行登记，则需要计算从交通工具所有权产生当月1日到纳税期结束或者所有权终止的当月1日这段时间的税款金额。

在国家授权交通工具登记机关注销被盗或被抢交通工具时，车主免于缴纳交通工具查找期间的税费，其依据是证实交通工具注销的文件。

（二）税款缴纳

法人应在7月5日之前在征税对象登记地缴纳本期应付税款。

如果是在7月1日之后取得所有权、经济管辖权或经营管理权，法人应在该纳税期纳税申请表提交期限到期后10日内缴纳该运输工具对应的税款。

自然人纳税的期限不应晚于纳税期12月31日，其缴纳地点为征税对象的登记地。

（三）税务申报

法人纳税人应在每个纳税期7月5日之前，向征税对象登记地税务机关提供运输工具税应付税款的计算额，并应在次年的3月31日之前提交纳税申报。

第三节　出口地租税法

出口地租税是依据哈国税法的规定专门针对石油、煤炭等出口而开征的一个独立税种。根据哈国《税法典》第41章的规定，出口地租税的构成要素如下：

一、纳税人

根据《税法典》的规定，出口地租税的纳税人是从事下列两类商品出口的自然人和法人。(1) 从事原油、天然气凝析油出口的自然人和法人。但根据哈国政府或主管机关在2009年1月1日之前签订并通过强制税务审核的产品分配协议的规定，在对合同框架内开采的原油、天然气凝析油进行出口的地下资源开发者不是出口地租税的纳税人。同时，在油气行业主管机关注册、按照油气主管机关批准的数量出口原油，或在海关关境外监管加工原油用于出口的法人不是出口地租税的纳税人。如果法人在办理原油保税加工的海关手续后，没有将货物保税加工文件中规定的产品实际输入到哈国境内，则该法人是出口地租税的纳税人，为全部保税加工的原油缴纳出口地租税。(2) 从事煤炭出口的自然人和法人。

二、征税对象、计税依据和税率

出口地租税的征税对象是出口的原油、天然气凝析油和煤炭。

原油、天然气凝析油出口地租税的计税依据是出口原油、天然气凝析油的价值，该价值是根据原油、天然气凝析油的实际出口数量和国际价格的乘积计算的结果。哈国税法规定，原油、天然气凝析油出口地租税的税率如表9－2所示。

表9－2　出口地租税的税率　　单位：美元

序号	国际价格	税率（%）
1	每桶20美元	0
2	每桶30美元	0
3	每桶40美元	0

续表

序号	国际价格	税率（%）
4	每桶 50 美元	7
5	每桶 60 美元	11
6	每桶 70 美元	14
7	每桶 80 美元	16
8	每桶 90 美元	17
9	每桶 100 美元	19
10	每桶 110 美元	21
11	每桶 120 美元	22
12	每桶 130 美元	23
13	每桶 140 美元	25
14	每桶 150 美元	26
15	每桶 160 美元	27
16	每桶 170 美元	29
17	每桶 180 美元	30
18	每桶 190 美元	32
19	每桶 200 美元	32

煤炭出口地租税的计税依据是煤炭实际出口的数量与价格的乘积，税率是 2.1%。

三、税额计算与缴纳

出口地租税的应纳税额等于计税依据与税率的乘积。故有公式：

应纳税额 = 计税依据 × 税率

出口地租税的纳税期为季度。纳税人应该在纳税期后第二个月的 25 日前向财政缴纳税款。

根据哈国政府决议，按照国家主管机关和纳税人之间签订的补充协议的规定，纳税人可以将用货币形式缴纳的出口地租税改为用实物缴纳。缴纳的具体方法按《税法典》第 346 条的规定进行。

纳税人应当在纳税期后第二个月 15 日前向所在地税务机关提交出口地租税的申报表。

第四节 博彩税法

博彩税是《税法典》第59章规定的一个税种，它是针对经营赌场、老虎机等的个体企业主与法人征收的一个税种。

一、纳税人

《税法典》规定，博彩税的纳税人是开展如下经营服务的个体企业主与法人：(1) 赌场；(2) 老虎机室；(3) 赌马；(4) 投注站。

二、征税对象

博彩税征税对象为：(1) 赌桌；(2) 老虎机；(3) 赌马室；(4) 电子赌马室；(5) 投注站；(6) 电子投注站。

三、税率

博彩税的税率根据预算法规定的纳税期月度核算指标进行确定。具体为：

1. 赌桌，为月度核算指标的830倍。
2. 老虎机，为月度核算指标的30倍。
3. 赌马室，为月度核算指标的125倍。
4. 电子赌马室，为月度核算指标的125倍。
5. 投注站，为月度核算指标的75倍。

四、应纳税额的计算、缴纳与申报

博彩税的纳税期以季度为单位计算。

博彩税的纳税人应该根据法律规定的税率，计算各个征税对象的应纳税额。如果征税对象是在每月15日之前投入运营的，则按照规定税率计算博彩税；如果是15日之后投入运营的，则按照规定税率的1/2计算博彩税。如果征税对象是在每月15日之前撤销的，按照规定税率的1/2计算博彩税，如果是在每月15日之后撤销的，则按照规定税率计算博彩税。

纳税人应在纳税申报期次月25日之前向征税对象登记地的财政缴纳博彩税。

哈国税法规定，博彩税的纳税人在纳税期内的营业总收入超过法律规定的数额的，须计算追加付款。其中，赌场经营收入的数额为月度核算指标的135000倍；老虎机室经营收入的数额为月度核算指标的25000倍；赌马经营收入的数额为月度核算指标的2500倍；投注经营收入的数额为月度核算指标金额的2000倍。

在计算博彩经营收入追加付费时，取纳税期内该种经营的收入总和与博彩者支付款总额之间的正差。

对于超出法律规定数额的收入，按照《税法典》第147条第1款规定的20%税率计算追加付费，并应在纳税申报期后次月25日之前缴纳追加付费。

对于博彩税纳税人开展多项博彩经营的，应根据各项博彩经营的收入单独计算追加费用。

对于博彩税纳税人进行的其他企业经营活动，纳税人必须为上述经营编制独立的收支账目，并按照标准程序进行结算。

博彩税纳税人在纳税期后次月15日之前，向其登记地税务机关提交博彩税的纳税申报。

第五节　定额税法

根据哈国《税法典》第60章的规定，定额税是针对经营台球桌、卡丁车、个人游戏电脑等活动的个体企业主和法人的征税。

一、纳税人

定额税的纳税人是经营下列项目的个体企业主与法人：（1）无奖励老虎机；（2）个人游戏电脑；（3）赛道（保龄球）；（4）卡丁车；（5）台球桌（台球）。

二、征税对象

定额税的征税对象共有以下6类：

1. 无奖励单人老虎机。
2. 无奖励多人老虎机。
3. 个人游戏电脑。
4. 游戏赛道，指保龄球专用道。
5. 卡丁车，是指竞赛用的微马力汽车。该车无车厢、差速器及弹性车轮悬架，装备了二冲程发动机，排量小于250立方厘米，且最高时速为150公里。

6. 台球桌，指台球专用的带口袋（侧边孔）和无口袋桌。

三、税率

单位征税对象月度定额税的最低和最高基准税率金额见表9-3所示。

表9-3　定额税的税率　单位：月度核算指标

序号	征税对象名称	定额计税依据准税率最低金额（月度核算指标）	定额计税依据准税率最高金额（月度核算指标）
1	无奖励单人老虎机	1	12
2	无奖励多人老虎机	1	18
3	个人游戏电脑	1	4
4	游戏道	5	83
5	卡丁车	2	12
6	台球桌	3	25

各地代表机关在上述基准税率的范围内，具体确定本行政区划范围内统一适用的定额税税率。

四、应纳税额的计算、缴纳与申报

定额税的纳税期为季度。

哈国税法规定，定额税的纳税人应该按照各个征税对象相应的税率来计算定额税的应纳税额。如果征税对象是在每月15日之前投入运营的，则按照规定的税率计算定额税，如果征税对象是在每月15日之后投入运营的，则按照规定税率的1/2计算定额税。如果征税对象是在每月15日之前被撤销的，按照规定税率的1/2计算定额税；如果征税对象是在每月15日之后被撤销的，则按照规定税率计算定额税。

定额税的纳税人应在纳税申报期后次月25日之前向征税对象登记地的财政缴纳定额税。

对于定额税的纳税人进行的其他企业经营活动，纳税人必须为此类经营编制独立的收支账目，并按照标准程序进行结算。

定额税纳税人在纳税期后次月15日之前，向其登记地税务机关提交定额税的纳税申报。

第十章　特殊税制

第一节　一般规定

哈国《税法典》在对现行各税种制度做出具体规定的基础上，为了使这些税种制度在适用过程中能够体现税法的公平原则，实现政府的特殊目的，还专设第 18 篇“特殊税制”，分别规定小企业、农民或农场、从事农产品和水产养殖品生产的企业法人及农村消费合作社等三类纳税人，在适用前述各税种时的一些特殊规则。

根据《税法典》的规定，哈国税法中的特殊税制包括以下三类，即：

1. 小企业的特殊税制。该税制在具体内容上又包括了摊贩牌照特殊税制和简化申报的特殊税制两种。

2. 农民或农场的特殊税制。

3. 从事农业生产和水产养殖品生产的企业法人及农业消费合作社的特殊税制。

鉴于哈国税法中规定了适用上述特殊税制的具体条件和程序，故满足上述条件的纳税人可以在特殊税制和适用普通税制之间自由地选择适用。另外，自然人在进行个体经营者登记时也可以在这两种税制之间进行选择（本章称为新登记的个体经营者）。纳税人在提交给主管机关的适用税制通知书（本章称适用税制通知书）中可以进行税制调整。新建（产生）的法人，也可以进行适用税制的选择。纳税人可以采用纸质或电子版的适用税制通知书，包括通过政府门户网站等向所在地税务机关提交。

自然人在进行个体经营登记时未申请适用特殊税制，或在法律规定的期限内未提交适用税制通知书，或未在法律规定的期限内提交特许证金额核算单的，则视为纳税人同意按照普通税制进行税额计算和缴纳。新登记的个体经营者以及从普通或其他特殊税制调整到特许证特殊税制的个体经营者不提交适用税制通知书。

第二节　小企业特殊税制

一、概述

（一）小企业特殊税制的概念与范围

在哈国税法中，小企业特殊税制是指为小企业规定的社会税、企业所得税和个人所得税的核算和缴纳程序的法律制度，适用源泉扣缴的企业除外。此处所称的小企业，是指《税法典》第429条规定的适用于摊贩牌照特殊税制的个体经营者和《税法典》第433条规定的适用简化申报特殊税制的个体经营者和法人组织。对于小企业其他的税种和上缴财政款的核算、缴纳和税务报表提交，均应按普通税制执行。

（二）适用小企业特殊税制的收入与调整

根据税法的规定，适用小企业特殊税制的纳税人的收益主要包括以下各项：（1）商品销售、施工、提供服务的收入，包括提成费以及财产租赁收益；（2）免除债务收益；（3）债权转让收益；（4）合营收益；（5）判决或债务人认可的罚款，滞纳金和其他罚没收入；（6）国家财政补贴款；（7）物质财产登记残值；（8）用于企业经营的馈赠收益（捐赠和赞助除外）；（9）承租人补偿个体经营者（出租人）出租财产维护和维修的费用；（10）按照租赁合同冲抵租金的承租人替出租人支付的出租财产维护和维修费用。

对于法人纳税人上述规定之外的收入，按普通税制进行企业所得税核算和缴纳。

对于自然人（个体经营者），其适用特殊税制的税收范围包括：（1）作为个人所得税纳税人取得的非源泉扣缴的财产性收入和其他收入；（2）作为个人所得税纳税人取得的源泉扣缴收入；（3）作为个人所得税纳税人的个体经营者的收入。其中，除第（2）项的规定之外的其他两项收入，纳税人都必须按照个人所得税法的规定，对相应类别收入进行个人所得税的核算和缴纳，并提交税务报表。

另外，捐赠财产（由捐赠人纳税）、依据哈国法律出售为公用事业购买的资产、个体经营者获得的商品单价不超过捐赠当天月度计算指标总额5倍的广告赠品，不视为采用特殊税制的小企业纳税人的收入。

对于适用小企业特殊税制纳税人收入的调整，指的是在原申报收入范围内增减纳税申报期内的收入。其中，下列6项收入需要下调：（1）全部或部分退货；（2）交易条款变更；（3）销售或购入商品、工程、服务的价格、赔偿费的变化；（4）降价，打折；（5）销售或购入商品、工程、服务用本国货币支付的金额变化；（6）免除法人、个体经营者、在哈国境内通过常设机构开展经营活动的非居民法人与该常设机构经营相关的债务以及免除不够常设机构级别，通过分公司、代表处在哈国境内开展经营的非居民法人分公司、代表处的债务。另外，对于纳税人的债务人清算时债权人未索取的债务和纳税人根据法院判决免除的债务，在按照规定进行下调时，只限于被免除的原申报收入范围，并需要提交证明债务产生的原始凭证。

对适用小企业税制纳税人的收入调整，应根据原始凭证，在规定的纳税期内进行。当纳税人在纳税期内无收入或下调金额不足时，可对该纳税期的收入进行调整。如果同一收入可以反映在多个收入项目中，该收入只计列一次。

如果财产托管协议规定作为受托人的纳税人代替委托人或受益人履行纳税义务，则纳税人的收入包括委托人和其他托管情况受益人的收入。

（三）不要求会计核算和编制税务报表的个体经营者的收入确认

哈国会计法和财务报表法律定，对于一些个体经营者，不要求进行会计核算和编制税务报表。因此，在征税时，必须要对他们的收入根据实收（应收）补偿金进行确认，包括全部代销和批发折扣。

（1）商品销售收入。商品销售收入包括：①个体经营者将商品所有权相关的重大风险和报酬转移给买方；②个体经营者不再参加与所有权相关的管理；对已出售商品不进行查验；③收入金额可以可靠计量；④业务经济效益有可能流向个体经营者；⑤与业务相关的费用或预计费用可以可靠计量。

（2）工程、服务收入。工程、服务收入根据工程、服务交接书或其他的文件确认。工程、服务收入在签署工程、服务交接书或其他证明工程、服务事实的文件的期限内确认。

（3）免除债务收入。免除债务收入包括：1）债权人免除纳税人的债务收入；2）个体经营者停止经营时债权人未索取的债务；3）免除哈国法律规定的超过诉讼时效的债务；4）根据法院判决免除的债务。

（4）物质财产登记残值。物质财产登记残值在登记后并编制反映残值登记表的纳税申报期内确认。物质财产残值由个体经营者根据现行价格和费率自行确定。

（5）罚款、滞纳金、违约金和其他罚没收入。罚款、滞纳金、违约金和其他罚没收入在法院做出收缴判决或债务人认同的纳税申报期内确认。

（6）个体经营者的商品、工程或服务置换业务。个体经营者的商品、工程或服务置换业务应当签订商品、工程或服务交接书。交接书应反映出让和获得商品、工程或服务的价值。该类业务的收入是出让和获取商品、工程或服务价值之间的正差。

（7）应收（实收）收益。纳税期内的应收（实收）收益为纳税申报期长期合同收益。

（8）债权转让收益。根据法律规定，获得债权的个体经营者的收入是应收本金（包括债权转让当日高出本金的部分）与所承接债权价值之间的正差值。转让债权的个体经营者的收入是债权转让价值与纳税人原始凭证应收债务价值的正差。

（9）个体经营者无偿取得的资产。个体经营者无偿取得的资产，如果在取得的纳税期内用于经营，属于经营性馈赠资产收入。馈赠的财产收入（捐赠和赞助除外），应在取得馈赠的纳税期内确认。评估人与个体经营者应根据哈国评估法对馈赠财产的价值进行评估。

（10）承租人补偿个体经营者（出租人）出租资产的维护和维修费用。承租人为出租人支付的出租财产维护和维修费用作为租金抵扣时，该收入属于抵扣纳税期内出租个体经营者的收入。

（四）特殊税制的适用条件

根据哈国税法的规定，小企业有权在普通税制、特许证特殊税制、简化申报特殊税制这三种税制之中，自由选择一种税制作为税金核算、缴纳和税务报表提交方法。纳税人一旦选择普通税制，未满2年不得变更到特殊税制。

特殊税制不适用于以下各种情况：（1）具有分支机构、代表处的法人；（2）法人分支机构、代表处；（3）在不同居民区设有分支机构或征税相关对象的纳税人（进行财产出租的纳税人除外）；（4）其他法人参股超过25%的法人；（5）法人创办人或参与者同时是采用特殊税制的其他法人的创办人或参与者；（6）基于代理合同（协议）进行经营活动的纳税人；（7）非营利组织；（8）获得哈国境外收入来源的法人，股息、利息、开采权使用费除外。

从事下列经营的小企业纳税人无权使用特殊税制：（1）从事消费税应税商品的生产；（2）从事消费税应税商品的储存和批发；（3）某些类型的石油产品、汽油、柴油和燃油的销售；（4）组织和进行抽彩（国家彩票除外）；（5）矿藏利用；（6）玻璃器皿收集；（7）收集（采集）、储存加工和销售有色及黑色金属废料；（8）咨询服务；（9）会计或审计活动；（10）保险经纪公司和保险代理进行的金融、保险、信托活动；（11）法律、司法、审判行为。

二、摊贩牌照特殊税制

（一）适用范围

哈国税法规定，摊贩牌照特殊税制适用于符合下列条件的个体经营者：（1）不雇用工人；（2）进行个体经营活动；（3）纳税期限内边际收入不超过300倍预算法规定的、相应财务年度1月1日实施的工资最低数额。

（二）适用程序

核算表是计算摊贩牌照费用的税务报表。采用摊贩牌照特殊税制时，个体经营者应向所在地税务机关提交摊贩牌照费用的核算表（本章以下简称“核算”）。核算表可以是纸质的，也可以是电子版的。对于电子版的核算表，个体经营者可以通过官网主页提交。

纳税人在提交核算表前必须支付根据法律规定计算的摊贩牌照费用。其中，提交纸质核算表时需提交确认摊贩牌照费用支付的文件。通过银行或特许银行业务机构付款时，以电子形式提交的核算表，在需要付款文件时，应附上官网主页上生成的付款通知，并说明包含在摊贩牌照费的纳税和付款。

对于新成立的个体经营者，需要把核算表与个体经营者税务登记申请书一起提交；对于从普通税制或其他特殊税制变更而来的个体经营者，需要在采用摊贩牌照特殊税制当月1日之前提交核算表；对于使用当前摊贩牌照特殊税制的个体经营者，需要在上个摊贩牌照有效期满或停止提交税务报表前提交核算表。

摊贩牌照特殊税制的纳税期为一年。一般情况下，在一个纳税期内摊贩牌照特殊税制的适用期限不少于一个月。但对于在当前纳税期最后一个月内重新注册的个体经营者以及在当前纳税期最后一个月内暂停提交税务报表期限届满前后恢复经营的个体经营者，摊贩牌照特殊税制的适用期限可以少于一个月。

因摊贩牌照到期，决定变更到普通税制或其他特殊税制时，个体经营者应在摊贩牌照到期前，向所在地税务机关提交适用税制通知书。

税务机关在查账时发现纳税人不符合摊贩牌照特殊税制的适用条件时，应将这些纳税人的税制变更为普通税制。在变更为普通税制之前，向纳税人发出整改通知书。

个体经营者提交核算报表后，税务机关在核算报表提交日后的1个工作日内在税务机关信息系统办理摊贩牌照。

个体经营者有权向提交核算报表的税务机关申领电子牌照。

摊贩牌照格式由主管机关确定。

（三）摊贩牌照费用的计算、缴纳

根据哈国税法的规定，摊贩牌照费用包括该纳税人应当承担的个人所得税、社会税、强制性养老金和社会统筹基金（源泉扣缴个人所得税者除外）。其中，个人所得税和社会税的税额和摊贩牌照费用应按照征税对象2%的税率进行计算。强制性养老金和社会统筹基金应根据《退休保障法》和《强制社会保险法》进行计算。

缴纳摊贩牌照费用时，个人所得税按照计算的结果减半缴纳，社会税在扣除社会统筹基金后减半缴纳。如果社会统筹基金金额超过社会税金额时，则社会税的金额为零。

在摊贩牌照有效期内，如果所得收益实际金额超过了核算单中规定的数额，则个体经营者应在5个工作日内提交增加数额的补充税务报表并支付相应的税款。

如果所得收益实际金额超过了预算法规定的财政年度1月1日实施的最低工资额300倍的，则纳税人应该办理新摊贩牌照以代替旧摊贩牌照。

如果在摊贩牌照有效期内的实际收入少于核算单中规定的收益，个体经营者有权补充提交税务报表，要求从摊贩牌照费用中减去不足的金额。在这种情况下，经过税务机关的测定调查后，按照法律规定返还多缴的税款。

摊贩牌照到期前停止经营时，所缴税款不返还，不重算。

三、简化申报特殊税制

（一）适用条件

根据哈国税法的规定，除不适用特殊税制的机构和无权适用特殊税制的小企业纳税人之外，符合下列条件的个体经营者和法人可以适用简化申报特殊税制：(1) 个体经营者在纳税期内员工平均册列人数不超过25人（包括个体经营者本人在内），且纳税期内收入不超过1400倍国家预算法规定的和财政年度1月1日生效的最低工资；(2) 法人机构在纳税期内员工平均册列人数不超过50人，且纳税期内收入不超过2800倍国家预算法规定的财政年度1月1日生效的最低工资。

(二) 适用程序

哈国税法规定，除新成立的个体经营者外，适用简化申报特殊税制的纳税人，应向所在地税务机关提交适用税制通知书。其中，(1) 新成立（产生）法人在司法部门进行法人国家登记后的5个工作日之内，提交适用税制通知书；(2) 停用普通税制或其他特殊税制的纳税人，在采用简化申报特殊税制当月1日之前，提交适用税制通知书；(3) 停用摊贩牌照特殊税制的个体经营者，在摊贩牌照到期或暂停提交税务报表之前，或在发现违反摊贩牌照特殊税制条款之日起5个工作日内，提交适用税制通知书。至于适用简化申报特殊税制的开始时间，则依《税法典》规定的时间为准。

决定由简化申报特殊税制向普通税制或其他特殊税制变更时，纳税人应向所在地税务机关提交适用税制通知书。

如果纳税人不符合适用简化申报特殊税制的规定时，纳税人应在5个工作日内向所在地税务机关提交向普通税制或其他税制变更的适用税制通知书。

如果税务机关在查账过程中发现纳税人不符合适用简化申报特殊税制的规定时，税务机关应将该纳税人的税制变更为普通税制。对于查账中发现的违规事实，税务机关应根据查账结果，按照法律规定，在采用普通税制之前，向纳税人发出整改通知。

(三) 简化申报税款核算

根据法律规定，简化申报税款由纳税人按照税务核算期内征税对象3%的税率自行核算。

对于核算出的税款金额，如果个体经营者的员工高于预算法规定的纳税期首日实行的平均工资的1.5倍以上，法人的员工工资高于预算法规定的纳税期首日实行的平均工资2倍以上，应按平均册列人数，按每名员工税款的2.5%下调。

简化申报特殊税制的纳税期为一年。纳税人应在不晚于纳税期第2个月的15日，向所在地税务机关提交简化申报，税款缴库应不晚于个人（企业）所得税和社会税缴纳后的25日。其中，个人（企业）所得税应按照计算税额减半缴纳，社会税在扣除国家社会保险基金基础上减半缴纳，国家社会保险基金核算应符合哈国强制性社会保险法律要求。

如果国家社会统筹金扣款数额超出社会税金额，那么社会税金额为零。

对于实行源泉扣缴的个人所得税、强制性养老金和社会保险金，应不晚于纳税期后的25日缴纳。

第三节　农民或农场特殊税制

一、概述

农民或农场特殊税制是基于土地税的缴纳办法，适用于农产品、水产养殖产品（渔业）的生产、加工及销售的特殊税制。对于农民或农场部分拥有土地所有权或使用权（包括二次土地使用权）的，也可适用农民或农场特殊税制。

农民或农场有权在农民或农场特殊税制、小企业特殊税制和普通税制等三种不同的税制之间选择适用某一税制。

新成立的个体经营者在进行个体经营者登记时，可以选择农民或农场特殊税制。其开始适用的时间，是税务机关对个体经营者进行国家登记之日。

由普通税制或其他特殊税制变更为农民或农场特殊税制时，个体经营者应向所在地税务机关提交适用税制通知书。其开始适用农民或农场特殊税制的时间，是提交适用税制通知书后的次月1日。

纳税人决定从农民或农场特殊税制变更为普通税制或其他特殊税制时，应提交适用税制通知书。适用新税制的开始时间是提交适用税制通知书后次月1日。

个体经营者发现违反农民或农场特殊税制的情况时，应在发现情况之日起的5日内向税务机关提交适用税制通知书，并变更为普通税制或其他特殊税制。

税务机关在查账时发现个体经营者违反适用农民或农场特殊税制的规定时，应将该纳税人的税制变更为普通税制。税务机关应根据法律规定，在变更为普通税制之前，向纳税人发出整改通知书。

二、农民或农场特殊税制的适用特点

根据《税法典》的规定，土地税的纳税人不承担缴纳下列税种和规费的义务：(1) 农民或农场经营中的个人所得税，包括适用该特殊税制的经营中获得的国家财政补贴；(2) 增值税；(3) 土地税或土地使用税；(4) 运输工具税；(5) 财产税。

土地统一税的纳税人有权自愿向税务机关申请成为增值税纳税人。

经营范围超出农民和农场特殊税制规定的范围时，土地税纳税人应将收益、财产单独进行统计，根据普通税制规定的项目计算并缴纳相应的税款和规费。

三、征税对象

土地税的征税对象是国家土地主管机关颁发的土地价格评估书中规定的土地评估价值。无国家土地主管机关颁发的土地价格评估书时，土地评估价值根据国家土地主管机关提供的数据，按地区、城市平均1公顷土地评估价值及土地面积确定。

四、土地税的核算程序

土地税根据土地总面积、总估价，通过使用下列税率进行计算（见表10－1）：

表10－1　土地税的税率　单位：公顷

序号	土地面积	税率
1	达到500	0.1%
2	500—1000（含）	500公顷，估价的0.1%，超过500公顷，估价的0.2%
3	1001—1500（含）	1000公顷，估价的0.2%，超过1000公顷，估价的0.3%
4	1500—3000（含）	1500公顷，估价的0.3%，超过1500公顷，估价的0.4%
5	大于3000	3000公顷，估价的0.4%，超过500公顷，估价的0.5%

适用特殊税制经营牧场、天然草场等土地的土地税，根据土地总估价的0.1%计算。

农民和农场按照土地所有权或使用权的实际拥有期限计算土地税的税额。

确定土地实际拥有期间的评估价值时，用土地评估总价除以12个月，乘以土地实际拥有月份数量。

农民或农场将土地租赁给其他农民和农场时，双方均应计算土地实际拥有（使用）期间的土地税。

承租人在取得租赁土地的次月初开始计算使用期内的土地税。

出租人计算实际土地拥有期限内的土地税的，从出租当月开始计算。

五、社会税的核算程序

土地税纳税人根据国家预算法规定的财政年度1月1日月度计算指标的20%税率，为每位员工及其领导、农民或农场成年人按月缴纳社会税。农民或农场成年人的社会税计算和缴纳义务自成年次年年初开始履行。

社会税计算金额应减去根据哈国《强制性社会保险法》计算的社会统筹金。

如果社会统筹金金额超过了社会税数额，则社会税的金额为零。

六、缴费与申报

土地税的纳税期为一年。

根据《税法典》的规定，土地税、社会税、个人所得税源泉扣缴、地表水资源使用费、空气污染费、社会统筹基金、强制性养老金等的缴纳按照下列规定执行：(1) 自当年1月1日到10月1日纳税期限内计算的金额，最迟不晚于当前纳税期的11月10日缴纳；(2) 自10月1日到12月31日计算的金额，最迟不晚于次年4月10日前缴纳。

社会税和个人所得税源泉扣缴款应在土地所在地进行支付。

土地税申报包括土地税、社会税、个人所得税源泉扣缴款、地表水资源使用费、空气污染费、强制性养老金的计算金额。

纳税人应在不晚于下个纳税期3月31日向土地所在地税务机关提交土地税纳税人申报表。

第四节 农产品、水产品企业及农村消费合作社的特殊税制

一、概述

根据《税法典》第63章的规定，从事农产品、水产养殖品生产的企业法

人和农村消费合作社有权在简化申报特殊税制、普通税制和本章规定的农产品、水产养殖品生产企业法人和农村消费合作社使用的特殊税制（以下简称“特殊税制”）等三种税制中间自由选择适用其中的一种税制。但是，一旦纳税人选择适用本节所称的特殊税制，则使用期限不得少于一个自然年。

特殊税制规定了从事农产品、水产养殖品生产的企业法人和农村消费合作社在适用特殊税制时的企业所得税、增值税、社会税、土地税、土地使用税、房产税、运输工具税的专门计算程序。

二、适用范围

哈国税法规定，本节所称的特殊税制适用于从事农产品、水产养殖品生产的企业法人和农村消费合作社两类对象特定的生产经营活动。

1. 对于从事农产品、水产养殖（渔业）品生产的企业法人，其经营活动主要包括：农产品、水产养殖生产，自行生产产品的加工和销售；全周期（从饲养）肉类和家禽（包括养殖的）、养蜂业、水产养殖（渔业）的生产以及自行生产产品的加工和销售。

2. 对于农业消费合作社，其经营活动包括：作为合作社成员或股东的农民或农场出售农产品、水产养殖品；作为合作社成员或股东的农民或农场加工的农产品、水产养殖品，以及出售其加工品。其中，此处的农村消费合作社必须符合下列条件：(1) 其成员（股东）只包括农民和农场；(2) 其全年总收入的90%应源于本项规定的经营所得，而不包括其他的所得。

3. 以下人员无权采用特殊税制：(1) 具有分支机构、代表处的法人；(2) 使用特殊税制的其他关联法人；(3) 参股其他法人超过25%的法人；(4) 法人创办人同时是采用特殊税制的其他法人的创办人；(5) 农村消费合作社成员或股东同时是其他农村消费合作社成员。其中，第 (2) 项所称关联法人是指：1) 根据合同或其他协议能直接或间接为其他法人进行决策或影响其决策的法人；2) 根据合同或其他协议，其他法人能直接或间接替其进行决定或影响其决策的法人。

另外，特殊税制不适用于从事消费税应纳税商品生产、加工和销售的纳税人。

对于经营范围超出特殊税制规定范围时，纳税人应将收益、财产单独进行统计，根据普通税制规定的项目计算并缴纳相应的税款和规费。

三、纳税期限

适用特殊税制的纳税人在计算企业所得税、增值税、社会税、土地税、土地使用税、房产税、运输工具税时，其纳税期限应根据上述各税种的纳税期限确定。

四、适用条件

适用特殊税制的纳税人应在采用特殊税制的上一年的12月10日前向所在地税务机关提交适用税制通知书。如果在12月10日之后到当年12月31日之前取得相应的土地权利，应在土地所在地办理登记之日后的30日内向税务机关提交适用税制通知书。

适用特殊税制的新成立（产生）法人应将适用税制通知书及税务登记申请书一并提交给税务机关。

适用特殊税制的纳税人决定向普通税制或其他特殊税制变更时，纳税人应提交适用税制通知书。

纳税人违反本特殊税制的规定时，应在发现之日起的5个工作日内向税务机关提交税制适用通知并将税制变更为普通税制或其他特殊税制。

税务机关在查账时发现纳税人有违反本特殊税制的规定时，应按照法律的规定，将这些纳税人的税制变更为普通税制。在向普通税制变更期间，税务机关应按照规定的期限和办法向纳税人发出整改通知书。

五、特殊税种及土地使用税的计算、缴纳与申报

在计算适用特殊税制纳税人的税额时，根据《税法典》第451条的规定，其企业所得税、社会税、土地税、土地使用税、财产税、交通工具税等的税额，分别在按照普通税制计算出的税额基础上减少70%。

对于应缴增值税的计算，适用特殊税制的纳税人，如果在纳税申报期期初无用于抵扣的超额累进增值税税额时，增值税税额可下调70%；如果纳税人在纳税申报期期初有超额累进增值税，增值税税额可在纳税申报期期初超额累进增值税税额上减少70%。

适用特殊税制的纳税人规费和土地使用税都必须按照普通税制的要求提交税务报表。

第十一章 国际税收

一般而言，征税权是国家主权的重要内容和国家主权在税收领域中的具体体现。因此，一方面，基于国家主权独立原则，征税权在国家主权范围内，就是一种完全独立自主的、不受外来干预的权力。任何一个主权国家，都会出于维护国家权力和税收利益的考虑，自由地决定征税权力的内容、范围和行使方式。另一方面，基于国家间地位平等原则，任何一个国家的征税权都不能超越国家主权的范围，对国家主权管辖范围之外的人或物进行征税。在自然经济状况下，国家征税权无论在内容还是行使范围上，一般都不会出现问题。但是，在当代全球经济一体化的背景下，随着国际贸易、跨国投资等经济活动的日益广泛，必然会引起国家间税收利益和税收管辖权的冲突。为了解决这些问题，不但各个国家都在国内税法中规定了外国公民、法人及其他组织在本国进行生产、贸易活动时的税收规则和本国公民、法人及其他组织在外国进行生产、贸易等活动时的税收规则，而且在世界范围内还逐步形成了一些共同的做法，即根据纳税人与本国间的联结因素和征税对象与本国间的联结关系的不同，形成了属人性质的税收管辖权和属地性质的税收管辖权两种形式。其中属人性质的税收管辖权又分为居民税收管辖权和公民税收管辖权，属地性质的税收管辖权又分为所得来源地税收管辖权和财产所在地税收管辖权。由于各个国家和地区具体实践的不同，从而形成了四种不同的模式，即以中国香港、巴西等为代表的单一行使来源地管辖权模式；以罗马尼亚、菲律宾等为代表的同时实行来源地权管辖权和公民管辖权的模式；以美国、墨西哥为代表的同时实行来源地管辖权、居民管辖权和公民管辖权的模式；以中国、德国、意大利、法国等为代表的同时实行来源地管辖权和居民管辖权的模式。其中，最后一种模式是目前世界大多数国家都采用的模式。哈国也采纳了这一模式，在《税法典》中将纳税人分成了居民纳税人和非居民纳税人，并分别赋予了其不同的纳税义务。

第一节　哈国国际税收管辖权的原则与重要概念

一、哈国税收管辖权的基本原则

根据《税法典》第 188 条的规定，哈国居民纳税人缴纳从哈国境内和境外取得收入的所得税，非居民纳税人只缴纳从哈国境内取得收入的所得税，通过常设机构在哈国开展经营的非居民纳税人，除要缴纳在哈国境内取得收入的所得税外，还必须缴纳在哈国境外取得的、与该常设机构经营活动相关收入的所得税。发生纳税义务时，居民和非居民同时也要缴纳其他税款和规费。从这些规定可以看出，哈国税法中关于税收管辖权的原则是同时实行居民管辖权和来源地管辖权原则。其中，在属人原则上，哈国采取了居民税收管辖权。它通过对居民和非居民概念的界定，不仅明确了哈国税法上的居民和非居民的身份，而且赋予了居民和非居民不同的纳税义务。在属地原则上，哈国采取了来源地税收管辖权。由于哈国在属人原则上采取了居民税收管辖权，故对于本国居民境内与境外的所得就可以依居民管辖权进行征税，而只有非居民从来源国取得的所得纳税后，才可以将剩余的所得转移到境外。由此可见，非居民纳税人对于来源国只负有有限的纳税义务，只对来源国的所得向来源国履行纳税的义务。

二、居民与非居民

鉴于哈国税法在属人原则上采取了居民税收管辖权，故居民与非居民的概念区分就不仅是哈国税法中一个非常重要的基础性概念，而且也是哈国行使税收管辖权的一个前提条件。因此，只有清楚地界定和区分这两个概念的内涵和外延，才能真正从法律上确定其纳税的义务。故此，哈国《税法典》第 189 条和 190 条专门对这两个概念进行了界定。

根据《税法典》第 189 条的规定，哈国税法上的居民包括了居民自然人和居民法人。其中，居民自然人指的是固定在哈国境内居住，或不固定在哈国境内居住，但其切身利益中心位于哈国的自然人。从这个定义可以看出，哈国税法上的居民自然人概念包括两个重要的标准，即固定居所标准和切身利益标准。只要纳税人满足了其中的一个标准，则该自然人即为哈国的居民。

其中，固定居所标准是指在一个纳税年度内该自然人在哈国境内居住 183 日以上（包括入境和出境当天），则认定其在当前纳税期内在哈国境内有固定居所。切身利益中心是指自然人同时满足以下三个条件时，即认定其切身利益中心在哈国，则其即为哈国居民。这三个条件是：（1）自然人具有哈国国籍或哈国居住许可证（绿卡）；（2）自然人的家庭成员或近亲在哈国境内居住；（3）自然人或其家庭成员在哈国有随时可以居住的不动产，该不动产属于该自然人或其家庭成员所有。另外，对于哈国公民以及虽不是哈国公民但允许在哈国永久居留的自然人，不论其在哈国境内居住时间长短或切身利益中心是否在哈国，均被认为是哈国的居民自然人。这些人员包括：（1）国家权力机关派遣到国外的自然人，包括外交机构、领事机构、国际组织的工作人员，以及上述自然人的家庭成员；（2）在哈国法人或公民所有的从事定期国际运输的交通运输工具上的乘务人员；（3）部署在哈国境外的军事基地、部队、集群、军队和军事单位的军人和文职人员；（4）在哈国境外、但归哈国所有的项目上的工作人员；（5）在哈国境外学习或实习的大学生、见习人员和实习生，接受培训的人员；（6）在哈国境外教学、咨询或从事科学工作的教师和科学工作者；（7）在哈国境外接受治疗或进行保健疗养的人员。

哈国税法上的居民法人是指依据哈国法律成立的法人或虽然是依据外国法律成立的、但其有效管理地点位于哈国境内的法人组织。其中，有效管理地点也可称之为“实际管理机构所在地点”，即实际管理机构（董事会或类似机构）召开会议的地点。在该会议上能够进行基础管理或检查，通过法人经营活动必需的商业战略决议等。

哈国税法上的非居民是指除上述居民自然人和居民法人之外的自然人和法人，以及依据避免双重征税国际条约，被认定为非居民的外国人或无国籍人员。

三、非居民常设机构

从根本上讲，常设机构是一个非法人组织。按照 OECD 和 UN 税收协定范本第五条的定义，常设机构是指企业进行全部或部分营业活动的固定营业场所。在国际税法上，常设机构的概念主要与跨国征税问题紧密相关。对于所得来源国而言，对非居民纳税人行使收入来源地管辖权的前提条件是要确定跨国所得的来源地。为此，在国际税法上人们提出了常设机构的概念，并把常设机构作为行使征税权的前提和鉴别所得来源的重要依据。在当代各国，对于非居民企业而言，国家一般只对其来源于常设机构的所得征税，不论这些所得来自于境内还是境外。而对于与常设机构无关的收入，国家只会对其来自于境内的所得征税，而对于境外的所得不征税。由此可见，常设机构的概念直接影响到纳税人居住国和收入来源国之间税收利益的划分。因此，在当代世界，各个国家不但对常设机构的认识不尽相同，而且对于常设机构的认定条件也各有特点。

为了解决对非居民企业的征税问题，《税法典》第191条对哈国非居民的常设机构做出了明确的规定。按照规定，哈国国内非居民常设机构是指在哈国境内从事经营活动的以下地点：（1）从事商品生产、加工、配套、分装、包装或供应的地点；（2）管理地点；（3）从事地下资源地质研究地点，从事勘探、采矿准备工作或采矿、施工、提供矿物勘探或开采监测或观测服务的地点；（4）从事管道相关经营（其中包括监测或观测活动）的地点；（5）与老虎机（包括手掌游戏机）、计算机网络和通信信道、娱乐设施的安装、调试和运营相关的经营地点，以及与运输或其他基础设施相关的经营地点；（6）销售商品的地点；（7）从事建筑或建筑安装工程，以及为这些工程施工提供监督服务的地点；（8）公司或代表处的所在地；（9）根据保险法，以非居民名义在哈国境内从事中介业务的人员所在地；（10）如果在哈国境内实施联合经营，依据外国法律或哈国法律与非居民签订联合经营协议的居民签约方所在地。

除上述规定外，《税法典》中还对以下情况作了特殊规定：（1）在哈国境内通过一个项目或关联项目提供其他服务或施工时，如果此类经营活动在连续的12个月内超过183日，则提供服务或施工的地点被视为常设机构。（2）非居民法人在哈国境内展览会和交易会上销售商品持续10日以上的，应在哈国设立常设机构。（3）非居民法人在哈国境内从事主营业务之外的前期和辅助性活动，持续时间不超过3年的，不需设立常设机构。（4）如果非居民通过代理人（自然人或法人）在哈国境内从事经营活动，只要代理人为非居民法人开展经营活动，则被视为非居民的常设机构。（5）如果分支机构以非居民法人的名义从事相关的经营活动，则非居民法人的分支机构被视为非居民法人的常设机构。（6）非居民法人在哈国向法人或其他机构提供服务时，如果满足以下条件，可以不用在哈国境内设立常设机构：A. 这些为法人提供的劳务人员以法人的名义并为法人工作；B. 提供外国劳务人员的非居民不对所提供劳务人员的工作结果负责；C. 非居民在纳税期内提供外国劳务人员服务的收入不超过纳税期内非居民提供劳务人员服务总费用的10%。(7) 如果非居民法人依据联营合同在哈国从事经营，合同各参与方均应设立常设机构。(8) 如果非居民法人通过分公司或代表处从事经营，未根据避免双重征税国际条约或法律规定成立常设机构，那么非居民法人的分公司或代表处将被视为非居民常设机构。

哈国税法规定，对于在哈国境内从事经营活动、需要设立常设机构的，必须在其通过常设机构开展业务的30日内按照规定程序在税务机关进行纳税人登记。如果非居民需要成立两个和两个以上常设机构并在同一个税务机关注册时，应按非居民常设机构类别共同注册一个常设机构。已经注册的常设机构，如果需要在异地从事经营活动，那么也应该在该经营地设立常设机构，并向税务机关进行登记。非居民常设机构被国家纳税人数据库除名后，如果在后续12个月内恢复经营，则视为非居民成立了常设机构，并应在开始经营之日起进行纳税人登记。

四、非居民在哈国的收入范围

为了便于对哈国非居民法人来源于哈国境内的所得征税，《税法典》对非居民纳税人在哈国取得的收入进行了专门的规定。它具体包括：(1) 在哈国境内销售商品收入，以及将哈国境内的商品销售到境外的收入。(2) 在哈国境内进行施工、提供服务的收入。(3) 在哈国境内提供管理、金融、咨询、审计、法律服务的收入（不含在法院、仲裁法庭、仲裁法院提供代理和维护权利与合法利益的服务，以及公证服务)。其中的金融服务包括：保险市场、证券市场业务（不含保险或再保险服务)；养老公积金业务；银行业务（不含向哈国居民境外分支机构提供账户开立和管理、汇款、现金、外币兑换、付款凭证托收等服务)；中央存管和相互保险公司业务。(4) 按照哈国政府颁布的税收优惠清单进行登记的人员的工程、服务收入。(5) 销售位于哈国境内的财产、有价证券（包括哈国居民法人、财团注册资本份额)、非居民法人发行的股票和资本份额（其中50%以上的股金、份额或非居民法人的资产位于哈国境内）等项目的增值收益。(6) 向通过常设机构在哈国从事经营的居民或非居民转让债权的收益。(7) 向通过常设机构在哈国从事经营的居民或非居民收购债权的收益。(8) 违约金（罚款、滞纳金）和其他罚款收入。(9) 股息收入。(10) 奖励收入。(11) 证券收益。(12) 特许权使用费所得。(13) 位于哈国境内的财产租赁所得。(14) 位于哈国境内的不动产收入。(15) 哈国境内风险保险或再保险公司理赔收入。(16) 提供国际运输服务取得的收入(不包括只在哈国境外各站点之间以及哈国境内各站点之间的运输；也不包括矿物管道输送)。(17) 船只装卸作业的滞港费收入。(18) 使用哈国境内的管道、输电线、光纤通信线取得的收入。(19) 非居民自然人，根据与居民或非居民雇主签订的劳动合同，在哈国从事经营的收入。(20) 领导人或管理机构成员（理事会或其他机构）因履行其担负的居民管理义务所得的报酬或其他补贴。(21) 非居民自然人从居民或非居民雇主处取得的哈国生活津贴。(22) 非居民自然人在哈国从事经营，从雇主处取得的物质收益。(23) 非居民法人从非雇主人员处取得的物质收益。(24) 从居民自然人养老公积金中取得的退休金收入。(25) 将经营中取得的收入支付给文化和艺术工作者：剧团、电影、广播、电视演员、音乐家、艺术家、运动员。(26) 在哈国具有常设机构的居民或非居民法人支付的，与此常设机构的活动有关的彩金。(27) 在哈国提供服务取得的收入。(28) 无偿取得或继承财产的收入（不包括非居民自然人从居民自然人处无偿取得的财产)。(29) 金融衍生工具收益。(30) 信托收益。(31) 伊斯兰银行储蓄投资收益。(32) 在哈国境内的其他经营收入。

另外，哈国税法还明确规定，对于非居民的所得税金额和非居民为管理机构（董事会或其他机关）成员报销的、与履行义务相关的交通费、租赁住宅费等，不能算作非居民的收入。

第二节 非居民税收缴纳程序

由于在税法上，非居民可以分为非居民自然人和非居民法人两类，而非居民法人又可以分为建立常设机构从事经营活动的非居民法人和不建立常设机构从事经营活动的非居民法人，并且它们的税收缴纳程序又各有不同。因此，在《税法典》中针对不同的非居民纳税人，分别规定了不同的税收缴纳程序。

一、未建立常设机构从事经营的非居民法人的税收缴纳程序

根据哈国税法的规定，对于在哈国未建立常设机构从事经营的非居民法人，其经营收入的企业所得税实行全额源泉扣缴，由扣缴义务人根据法律规定履行扣缴义务。这些具有扣缴义务的人员包括：(1) 个体经营者；(2) 通

过分公司、办事处在哈国进行经营活动的非居民法人（该分公司、办事处依据避免双重征税协定并非为常设机构）；（3）法人，包括通过常设机构在哈国境内进行经营的非居民法人；（4）存托凭证标的资产居民发行人；（5）购买有价证券、股份的非居民法人。

按照法律规定，扣缴义务人无论在什么地点、采取什么方式向非居民法人进行支付，都应当在支付当日履行扣缴义务。对于计入扣款的非居民法人应支付的或已支付的收入，扣缴义务人应当在向税务机关提交企业所得税申报表之前履行扣缴义务。支付方式不但包括用现金或转账形式移交资金、有价证券、股份、商品、财产等，而且也包括工程、服务、冲销或抵销用于支付非居民法人哈国源泉收入的债务。同时，扣缴义务人在依法履行扣缴义务时，除法律规定的不应征税的资金项目外，其他的支付项目都必须依法计算并扣缴税款。这些不应征税的项目包括：（1）对外贸易业务范围内，在哈国境内销售商品的相关费用，不含连带的在哈国境内提供的服务、工程。（2）提供居民银行代理行账户开立和管理、账户结算以及利用国际支付卡结算服务的收益。（3）满足以下条件的红利（不含向按照国家税收优惠清单进行了登记的人员支付的红利）：①纳税人持有支付红利的股票或股份超过 3 年；②分红法人不是地下矿藏使用者；③分红法人资产价值中，地下矿藏使用者的财产不超过 50%。（4）开放型共同投资基金管理公司回购该基金股份的收益。（5）有价证券交易的红利和收益。（6）政府发行的有价证券、代理债券的收益，以及出售有价证券和代理债券的增值收益。（7）同时满足以下条件的、销售法人发行的股票或销售法人或财团股份时取得的增值收益（不包含国家税收优惠清单进行了登记的人员）：①纳税人持有此股票或股份超过 3 年；②发行或出售股份、股票的法人，或出售财团股份的财团参与者不是地下矿藏使用者；③发行股票的法人或出售股份的法人，或出售股份的财团参与者总资产价值中，地下矿藏使用者的资产不超过 50%。（8）在哈国境内的证券交易所，或在外国证券交易所拍卖有价证券取得的增值收益。（9）非居民法人缴税费专用账户存款收益。（10）通过哈国境外统一管道系统输送的原油，销售时根据其质量调整价格产生的支付。（11）居民购买者认购的债务性有价证券累计（应付）收益。（12）根据国际金融租赁合同取得的固定资产金融租赁收益。（13）哈国境外工程、服务的收益。（14）根据与哈国政府的协议框架，扶持帮助哈国贫困人口基金的支付。（15）向独立教育机构提供工程、服务的收入。（16）独立教育机构支付的许可证使用费收入。（17）经法院批准的重组计划中包含的资产和债务重组清单中所列的银行债务，非居民免除这些债务时，计列的应付未付的银行负债利息。

对于非居民法人在哈国境内和境外完成、提供的各种工程、服务，应该单独计算和扣缴企业所得税。如果这些工程、服务无法单独计算的，则非居民的总收入应有根据地分摊到哈国境内和境外工程、服务收入中。如果随意分配非居民收入，导致哈国非居民法人应税收入金额下降，则应按非居民法人的总收入进行征税。

另外，对非居民法人收入进行源泉扣缴征税时，不论该非居民法人之前对自己的收益是否进行了有利于第三方或其他国家的分支机构的处置，都必须全额计算和扣缴企业所得税。

针对不同的支付项目，扣缴义务人在计算所得税额时，应该按照法律规定的税率分别计算。其中，对于按风险保险合同保险理赔获得的收益，税率为 15%；对于按风险再保险合同保险理赔获得的收益，税率为 5%；对于提供国际运输服务的收益，税率为 5%；对于增值收益、红利、利息、特许权使用费所得，税率为 15%。其他应该征税的收入，税率统一为 20%。

对于按照法律规定计算和扣缴的税款，扣缴义务人应该在支付收入发生月份结束后 25 日内缴入国库；对于列入扣款的应支付但未支付收入金额的税款，在企业所得税申报表规定提交日期结束之后 10 日内缴纳入库。对于支付的预付款的税款，在已支付月份结束后 25 日内缴纳入库。

另外，对于在每年第一、第二和第三季度内的扣缴情况，扣缴义务人应该在该支付季度后的第二个月 15 日内向税务机关提交非居民法人收入企业所得税源泉扣缴结算表。第四季度的非居民法人收入企业所得税源泉扣缴结算表，应该在下一年 3 月 31 日之前提交。

对于非居民法人出售在哈国境内的财产和矿藏利用相关股票、股份的增值收益所得税的计算、扣缴和缴纳，应该按照《税法典》第 197 条的规定执行。

二、通过常设机构从事经营活动的非居民法人的税收缴纳程序

对于通过常设机构在哈国从事经营活动的非居民法人，如果没有法律的特别规定，则其应该按照《税法典》中有关企业所得税的规定执行。

在哈国境内通过常设机构从事经营的非居民法人在确定应缴纳的企业所得税金额时，如果其年度总收入的 90% 以上是来源于向哈国政府建立的非营

利教育机构，或由哈国政府成立的从事卫生领域的营利活动的股份公司提供工程、服务的收入，或向其他的从事教育、医疗技术服务（不包括整容和疗养）、科学技术活动、课外教育、学历教育的机构提供工程、技术服务的收入，则100%减去相应的企业所得税金额。

非居民法人在哈国通过常设机构从事经营活动的年度总收入，包括前述规定的被视为非居民法人在哈国取得的收入、作为企业法人所取得的年度总收入、非居民法人常设机构在哈国境外取得的收入（包括通过职员或其他雇用人员的收入）、非居民法人的收入（包括其他国家的非居民法人分支机构通过此非居民法人在哈国境内的常设机构从事相同或相似经营活动取得的收入）等四项收入。

对于非居民法人与其在哈国境内的常设机构共同完成的项目，如果该常设机构是作为独立法人与非居民法人从事的经营，则该常设机构可能取得的收益就是其收益。

如果非居民法人在哈国境外的其他常设机构销售非居民法人哈国常设机构生产的商品，境内常设机构如果是作为独立法人从事与非居民法人的经营，则该常设机构可能取得的收益就是其收益。

对于非居民法人通过常设机构在哈国从事经营活动取得与收入直接相关的费用，不论其发生地在哈国境内还是境外，都可以在计算应纳税所得时予以扣除。但是，非居民法人常设机构的下列金额不得扣除：（1）该非居民法人产权或知识产权使用或提供其使用权的特许权使用费、酬金、收费和其他费用；（2）非居民法人向自己的常设机构提供服务的收入；（3）非居民法人向自己的常设机构提供借款的利息；（4）与通过常设机构在哈国从事经营活动取得收益无关的费用；（5）无凭据证实的费用；（6）非居民法人与通过常设机构在哈国从事经营活动无关的管理费和行政经费。

对于非居民法人通过常设机构在哈国从事经营活动取得的收入，哈国税法规定应该按照净收入来确定应纳税所得额，以15%的税率计算和缴纳企业所得税。并且，非居民法人应在提交企业所得税申报表规定期限后10日内，缴纳企业所得税。

另外，如果非居民法人在哈国境内具有一个以上的常设机构，非居民法人在上一年度12月31日前书面通知税务机关的情况下，有权通过其中一个常设机构共同缴纳企业所得税。在此情况下，该常设机构负责所有常设机构的纳税工作，并提交非居民法人常设机构的企业所得税总申报表。

对于违反法律规定，未在税务机关进行纳税登记的非居民法人在哈国境内通过常设机构从事经营活动的所得，应扣缴企业所得税，不得按照20%的税率扣除。通过常设机构从事经营活动的非居民法人，如果该常设机构未按规定期限在税务机关进行纳税登记，则纳税人应该在提交的申报表中按相关税种的征税对象，计算并履行由此产生的纳税义务。

三、非居民自然人的收入征税程序

哈国税法规定，对于哈国非居民自然人的以下收入免税：(1) 银行及其他金融机构向非居民自然人支付的存款利息。(2) 根据对外贸易合同，向哈国国内销售商品相关的支付（不含与该外贸合同有关的在哈国提供的服务）。(3) 居民购买者认购的债务性有价证券的收益。(4) 同时满足下列条件的红利（不含支付给按国家税收优惠清单进行登记的人员）：①纳税人持有股票或股权超过3年。②支付分红的法人不是地下矿藏使用者。③地下矿藏使用者的财产在分红法人资产价值中的比例不超过50%。(5) 开放型共同投资基金管理公司回购该基金股份的收益。(6) 挂牌交易的有价证券的红利和收益。(7) 政府发行的有价证券、代理债券的收益，以及出售政府发行的有价证券和代理债券的增值收益。(8) 销售同时满足以下条件的法人发行的股票，或销售法人或财团股份时取得的增值收益（不包含按照国家税收优惠清单进行登记的人员）：①纳税人持有股票或股份超过3年；②发行股票的法人或出售股份的法人，或出售财团股份的财团参与者不是地下矿藏使用者；③发行股票的法人或出售股份的法人，或出售股份的财团参与者总资产价值中，地下矿藏使用者的资产不超过50%。(9) 在哈国境内证券交易所，或外国证券交易所拍卖有价证券取得的增值收益。(10) 哈国境外工程、服务的收益。(11) 伊斯兰银行投资存款的收入。(12) 按照与哈国政府的协议，扶持（帮助）哈国贫困人口基金的支付。(13) 作为非居民自然人的独立教育机构的工作人员、在哈国境内向独立教育机构提供工程和服务的人员，从独立教育机构获得的物质利益，如住宿费、医疗保险、从哈国境外居住地到哈国境内经营地点之间的往返航空费等。

哈国税法规定，对于非居民自然人的个人所得税实行源泉扣缴。故下列人员为法律规定的扣缴义务人：(1) 个体经营者。(2) 在哈国通过分公司、代表处从事经营活动的非居民法人，如果分公司、代表处根据国际条约或本法律规定未建立常设机构。(3) 在哈国通过常设机构从事经营的法人（非居民法人）。非居民法人的分公司、代表处或没有开办分公司或代表处的常设机构即为扣缴义务人。（4）接受未按照规定成立常设机构开展经营的非居民提供的外国工作人员，通过常设机构在哈国从事经营活动法人，包含非居民法人。（5）存托凭证标的资产居民发行人。（6）购买有价证券、股权的非居民法人。

上述规定的扣缴义务人在向非居民自然人支付收入前，按照法律规定的税率进行计算和扣缴税款。如果是用外汇支付收入的，扣缴义务人应按支付日的市场汇率换算成哈国法定货币坚戈来进行扣缴，并在履行扣缴义务的次月25日前，向所在地税务机关缴纳税款。

在对非居民自然人根据劳动合同从哈国从事经营取得的收入、领导人员因履行其管理义务所取得的报酬或补贴、非居民自然人从雇主处得到的生活津贴和物质收益、退休金等，由扣缴义务人按照10%的税率进计算和扣缴税款，不得进行税前扣除。

对于未在哈国境内设立常设机构从事经营活动的非居民法人提供外国人员时，该外国人员在哈国境内的收入应进行个人所得税扣缴。这时，个人所得税的征税对象是非居民自然人的所得，其中包括该工作人员在哈国所得的其他物质利益。扣缴义务人应该按照法律规定提供的文件，确定个人所得税的计税依据，并计算和扣缴税款。除不视为自然人的收入项目之外，不得进行税前扣除。

对于在哈国无常设机构的非居民法人的外国人或无国籍人员，如果认定该外国人或无国籍人员在当前纳税期未在哈国定居，则他们依据劳动合同取得的收入、从雇主处取得的生活津贴以及其他的特殊收益，均不应征税。对于外国人或无国籍人员按照劳动合同取得的收入，均应按照税法的规定由扣缴义务人按法律规定履行扣缴义务，不进行税前扣除。扣缴义务人在依法履行代扣义务的次月25日前，向所在地税务机关缴纳税款。外国人和无国籍人员个人所得税和社会税申报表由扣缴义务人在该纳税季过后的第二个月15日之前提交给税务机关。

非居民自然人未进行个人所得税源泉扣缴的收入，应在纳税申报期后下一年3月31日前向暂住地（住所）的税务机关进行个人所得税纳税申报，并在规定的纳税申报表提交期限后10日内缴税。如果非居民自然人在当前纳税期内离开哈国，且在下一年度3月31日前不再进入哈国境内，非居民自然人可以只申报和缴纳当前纳税期的个人所得税，并只提交当前纳税期内的个人所得税申报表。

第三节　国际条约的特殊规定

为了解决跨国重复征税或偷漏税等问题，哈国政府与许多国家签订了《对所得和财产（资产）收益避免双重征税和防止偷漏税的协定》（简称国际条约），适用于条约签订国的居民。在该条约中，哈国政府基于对非居民税收征管的需要，对以下几个方面的问题进行了专门规定。

一、对非居民法人管理费和行政经费的扣除

鉴于非居民法人组织在哈国从事生产经营过程中必然会产生一定的管理费用和行政经费，因此，国际条约允许在确定非居民法人在哈国通过常设机构从事经营活动的应税收入时，扣除非居民法人的管理费和行政经费（以下简称非居民法人的分摊费用）。为此，国际条约中对分摊费用的含义、内容、范围与分摊的方法等都进行了明确的规定。

根据《税法典》的规定，国际条约中所称的分摊费用是指非居民法人在哈国境内和境外实际发生的，通过常设机构在哈国境内从事经营活动相关的机构管理、人员工资方面的支出费用，这些费用与生产过程无关。因此，这些分摊费用不应包括以下三个方面的支出或费用：（1）需要成立常设机构的非居民法人分公司或代表处，或未在哈国境内开办分公司或代表处的非居民法人常设机构直接发生的管理费和行政经费；这些费用可在企业所得税法中按规定扣除；（2）非居民法人在其他国家的分公司、代表处或常设机构直接发生的，与作为纳税人在哈国境内注册的常设机构的经营活动无关的管理费和行政经费；（3）与哈国常设机构经营活动无关的非居民法人的管理费和行政经费。

对于可以依照国际条约进行扣除的分摊费用，哈国税法规定，纳税人必须提供相应的证明材料。这些材料包括：（1）非居民法人税收居所证明文件的公证复印件；（2）哈国常设机构财务报告的复印件，其中应该包括年度收入总额、工作人员工资支出总额、固定资产原值（现值）和账面价值等资料；（3）按照法人成立或纳税居所国家法律的要求编制的非居民法人财务报表的复印件，加盖有非居民法人名称的印章，以及领导的签字。财务报表中必须

单独列出非居民法人管理费和行政经费的总额。该财务报表中还应该包括年度收入总额、工作人员工资支出总额、固定资产原值（现值）和账面价值等资料；（4）财务报表中还必须列明非居民法人的管理费和行政经费明细，包括：①按支出种类划分的非居民法人的分摊费用；②划分哈国常设机构的管理费和行政经费；（5）非居民法人财务报表的审计报告的复印件。

对于可以扣除的分摊费用，哈国税法规定，纳税人可以在纳税申报期内采用比例分摊法或直接扣除法中的任意一种方法对非居民法人的分摊费用进行扣除，并且应该在企业所得税申报表附件中注明所采用的方法。

（一）比例分摊法

比例分摊法是指，非居民纳税人在确定分摊费用时是按照非居民法人分摊费用额与结算指数的乘积来确定分摊额度的方法。在分摊费用额已经确定的前提下，结算系数就是确定分摊费用的决定因素。哈国税法规定，对于结算系数，纳税人可以从以下两种方法中进行选择。

第一种方法为非居民法人在哈国通过常设机构在纳税申报期内的年度总收入与同期非居民法人年度总收入的比值。即：

结算系数 = 通过常设机构取得的年度总收入 × 同期非居民法人的年度总收入

第二种方法需要通过两个步骤来实现。第一步，先确定三个指标，即：（1）在一个纳税申报期内非居民法人在哈国通过常设机构取得的年度总收入与同期非居民法人年度总收入的比值（Л）；（2）到一个纳税申报期末时，非居民法人在哈国常设机构的财务报表中统计的固定资产的价值与同期非居民法人所有固定资产的总价值的比值（OC）；（3）到一个纳税申报期末时，非居民法人在哈国常设机构工作人员工资费用与同期非居民法人所有工作人员工资费用总额的比值（OT）。第二步，求取上述三个比值的平均值（CB），即将 Л、OC、OT 这三个数值相加后除以3，即为分摊系数。即：

$$CB = \frac{\text{Л} + OC + OT}{3}$$

在采用上述两种方法时，如果哈国与纳税人居所国的纳税期限不一致，或是哈国与纳税人居所国纳税期限起始日期不一致，导致上述纳税期限时间不同时，纳税人应按照哈国税法中规定的修正方法，修正非居民法人在居所国财务报表的数据，用于计算应扣除的分摊费用。

（二）直接扣除法

直接扣除法，在哈国税法中也被称为“费用现场直接扣除法”或“垂直直接扣除法”。根据哈国税法的规定，如果非居民法人单独核算总部和设在哈国及其他国家常设机构的收入和支出（含管理费和行政经费），则允许非居民法人直接扣除分摊费用。

对于可以依照国际条约进行扣除的分摊费用，哈国税法规定，纳税人必须提供相应的证明材料。这些材料包括：（1）通过常设机构在哈国进行赢利性经营时在哈国境内产生的分摊费用，非居民法人的原始会计凭证；（2）通过常设机构在哈国进行赢利性经营时在哈国境外产生的分摊费用，非居民法人的原始会计凭证复印件；（3）通过常设机构在哈国进行赢利性经营在哈国境内和境外产生的分摊费用，依据原始会计凭证编制的非居民法人分摊费用税务登记表。如果上述证明文件确实能够证明这些费用是通过常设机构在哈国从事赢利经营活动时直接产生的费用，则允许哈国常设机构按规定扣除非居民法人的分摊费用。

二、对非居民法人的免税

哈国税法规定，扣缴义务人在向非居民进行支付或扣除未支付的收入时，如果该非居民是国际条约签约国的居民，则扣缴义务人有权自行免除哈国相应的税收。这些应该支付或扣除的收入，应该属于非居民在哈国取得的、法律规定范围内的收入。同时，在适用国际条约要求免税时，非居民需要在规定的时间内向扣缴义务人提交税收居所证明。

如果非居民法人在哈国设立常设机构之前提供服务或施工，为了运用国际条约条款，非居民法人在向扣缴义务人提交税收居所的文件时，还应提交成立文件或贸易目录摘要（股东登记簿或非居民注册国家法律规定的其他类似文件）的公证复印件，并注明创立人（参与者）和非居民法人大股东。扣缴义务人应该依据提交的文件和提供服务或工程的合同，确定非居民法人在该合同及关联项目范围内，是否因为提供服务或工程而成立常设机构的事实。一旦扣缴义务人查明非居民法人在哈国境内成立了常设机构的事实，则扣缴义务人不得利用国际条约的相关条款，免除非居民的纳税义务。

如果非居民法人在哈国设立常设机构之前，依据联营合同在哈国境内提供服务或工程，该非居民法人为了运用国际条约的条款免税，除了向税务机关提交上述文件外，还必须同时提交联营合同或联营股权证明文件的公证复印件。扣缴义务人有权对非居民法人按照联营合同或联营股权证明文件取得的收入免税。此时，扣缴义务人应在向税务机关提交的税务报表中如实填写根据国际条约向非居民法人支付的金额和代扣的金额，以及免税的金额。同时，扣缴义务人应向自己所在地税务机关提交非居民纳税人税收居所证明文件的复印件。如果扣缴义务违法运用国际条约，导致纳税人未缴纳或未全额缴纳税款，扣缴义务人应根据法律规定承担责任。

三、对非居民法人的分红、酬金和特许权使用费收益的减免

依据哈国税法的规定，如果非居民是国际条约签约国的居民，并且是分红、酬金和特许权使用费收益或收入的最终或实际的获得者，则扣缴义务人以红利、奖金或特许权使用费形式向居民支付收入时，或将非居民红利、奖金或特许权使用费形式的未支付收入列入扣除款时，有权根据相应国际条约的规定对所得进行税收减免。法律中所称的收入最终或实际获得者是指拥有收入所有权、使用权、支配权的人员，不包括与此收入相关的中介人、代理人或名义持有者。

按照哈国税法的规定，扣缴义务人在向上述收入的最终或实际获得者支付酬金时，扣缴义务人在满足法律规定的条件时，有权根据国际条约的规定对所得进行税收减免。这些条件包括：(1) 在合同中要反映出每位最终或实际获得者取得酬金的金额，注明该人的资料。资料包括：自然人的姓、名、父称（如有）或法人名称；在法人注册国的税务登记号（或者类似编号）；法人注册国家的国家登记编号（或其类似编号）。(2) 向扣缴义务人提交酬金最终或实际获得者税收居所的证明文件。扣缴义务人在向税务机关提交的税务报表中应写明国际条约的条款、所得税税率和国际条约名称，向非居民法人支付的金额以及代扣、免于代扣的总金额。同时，扣缴义务人还应向税务机关提交非居民纳税人（收入最终或实际获得者）的税收居所证明文件的复印件。如果扣缴义务人在向非居民法人支付酬金收入时没有采用国际条约的条款，则扣缴义务人应按《税法典》第 194 条规定的税率对所得税进行源泉扣缴，并在规定的期限内缴纳入库。如果扣缴义务人在对非居民的上述收入所得税进行扣缴时超出法律规定导致多扣，非居民收入最终或实际获得者有权根据国际条约要求返还多扣的所得税。如果扣缴义务人违法运用国际条约条款造成不缴或少缴税款时，扣缴义务人应根据法律的规定承担责任。

四、对非居民法人存托凭证资产股息收入的免税

哈国税法规定，对于通过存托凭证名义持有者向非居民法人收入最终或

实际获得者支付存托凭证标的资产股息收入时，如果收入最终或实际获得者是国际条约签约国的居民，则扣缴义务人在同时满足以下条件时，有权根据国际条约的规定对所得进行税收减免。这些需要满足的条件包括：（1）具有存托凭证持有者清单。清单中应该包含：①哈国居民法人发行的股票作为标的资产时，自然人存托凭证所有者的姓名、父称（如有）或法人名称；②存托凭证数量和类型的信息；③自然人身份或法人国家登记编号和日期证明文件的名称和详细信息；④有权在哈国境内和境外的有价证券市场开展存托凭证业务的机构，但该机构应该与存托凭证标的资产的居民股票发行人签订存托凭证登记和权属证明合同；（2）具有能够证明存托凭证标的资产股息最终或实际获得者税收居所的文件。扣缴义务人在向税务机关提交的税务报表中应如实填写根据国际条约支付的总收入，以及扣除的收入、免税的收入、所得税税率和国际条约名称。同时，扣缴义务人还应向税务机关提交非居民纳税人税收居所证明文件的复印件。

如果扣缴义务人向非居民法人支付存托凭证标的资产股息收入时未采用国际条约，扣缴义务人应按《税法典》第194条规定的税率代扣所得税，并在规定的期限内上缴。如果扣缴义务人在对非居民法人的上述收入所得税进行扣缴时超出法律规定导致多扣，非居民法人收入最终或实际获得者有权根据国际条约的要求返还多扣的所得税。如果扣缴义务人违法运用国际条约条款造成不缴或少缴税款时，扣缴义务人应根据法律的规定承担责任。

五、对非居民法人通过常设机构提供国际运输服务收入的免税

根据《税法典》的规定，如果非居民法人是从事国际运输服务收入的最终获得者，并且是国际条约签约国的居民，则在满足法律规定的条件时，有权按照国际条约的规定，享受免税待遇。非居民法人必须向常设机构所在地税务机关提交企业所得税申报表，在其中应该明确填写纳税金额、税率和采用该税率所依据的国际条约名称，并向税务机关提交纳税人税收居所证明的公证复印件。同时，在计算应纳税所得额时，居民法人应该将提供国际运输服务（根据国际条约不应征税）和提供哈国境内站点间运输服务（应纳税）的所得额分别进行统计。纳税人有权自己选择直接扣除法或比例分摊法来确定免税的费用。其中，直接扣除法是基于纳税人提供国际运输服务（根据国际条约不应纳税）和提供哈国境内站点间运输服务（应纳税）的费用划分相关费用。比例分摊法则按照上述规定的方法来划分分摊的费用。对于违法运

用国际条约条款，造成未缴纳或未全额缴纳税款的，纳税人应该承担哈国法律规定的责任。

六、对非居民通过常设机构来源于哈国净收入的免税

根据《税法典》第214条的规定，如果非居民是国际条约签约国的居民，则有权根据国际条约的规定，降低来源于哈国通过常设机构从事经营活动取得净收入的税收负担。为此，非居民在向税务机关提交企业所得税申报表时，必须提供相应的税收居所证明文件的公证复印件，并在企业所得税申报表中如实填写净收入纳税金额、税率和采用该税率所依据的国际条约的名称。如果非居民纳税人违法运用国际条约，造成未缴或少缴税款的，应该承担相应的法律责任。

七、对非居民自然人从非扣缴义务人处获得收入的免税

在哈国税法中，如果非居民自然人是收入的最终获得者，并且是国际条约签约国的居民，则非居民自然人有权按照国际条约的规定，对来自于非扣缴义务人的收入免税。为此，非居民自然人必须向税务机关提交个人所得税申报表，在其中要明确指出国际条约规定的所得金额和已缴纳或免征的税款金额，以及所依据的国际条约的名称。同时，还必须向税务机关提交非居民自然人的税收居所证明的公证复印件。非居民自然人如果没有税收居所证明文件，则应该按照法律的规定提交个人所得税申报表，并缴纳所得税。一旦非居民自然人能够按照国际条约的规定享受免税待遇，该非居民自然人有权按法律规定的程序要求从预算中返还已缴纳的所得税。

第四节　对居民对外活动收入的征税

对于哈国居民在对外经济活动过程中从境外取得收入的征税，哈国税法中也做了非常明确的规定。根据《税法典》，哈国居民对来源于境外的全部所得负有纳税义务。其中，对于境外所得的界定，它不以所得支付地或是否居住在哈国境内为标准，而是以从事受雇活动的所在地、提供劳务活动的所在地、财产坐落地以及资金、产权等实际的运用地为标准确定的。

一、自然人和适用小企业特殊税制的个体经营者出售哈国境外财产所得的征税

对于自然人和适用小企业特殊税制的个体经营者，其出售位于哈国境外的财产、有价证券、债务性有价证券、股份等获得的哈国境外的源泉收入，均应为销售价值和购买价值之间的正差。法律规定的境外财产，指的是依据外国法律规定在外国主管机构进行财产或财产权登记的哈国境外财产。如果出售的不动产位于税收优惠国家境内或不动产的产权或不动产交易是在税收优惠国家主管机构登记的，或出售有价证券、债务性有价证券、股份等获得的收入来自于税收优惠国家，则不包括在上述规定的范围内，也不得适用上述的特殊税制。同时，自然人和适用小企业特殊税制的个体经营者出售境外财产的收入如果需要按照特殊税制计算和缴纳税款时，还必须提供相应的证明文件。这些证明文件包括能够证实财产购买价值（投资价值）的文件、能够证实财产销售价值的文件和外国主管机构根据外国法律登记财产所有权或交易权的文件。

二、居民法人在境外从事营利活动支出费用的扣除

根据哈国税法的规定，哈国居民纳税人在扣除营利活动所支出的费用时，其在获得境外收入时的费用也应一并扣除。如果哈国居民纳税人根据外国法律在外国设立常设机构，并通过常设机构进行经营活动而获得境外收入时，其在哈国境内产生的费用也应一并归入到在国外设立的常设机构，根据该外国税收法律或国际条约的规定扣除。其中，境内支出的管理费和行政经费也应一并扣除。

三、外国税收抵扣

根据哈国税法的规定，对于哈国居民在外国缴纳的所得税或相同类型的税收，如果能够提供税款缴纳的证明文件，则允许其抵扣在哈国国内缴税的企业所得税或个人所得税。这些证明文件必须是由外国税务机关颁发的，并且能够证明该纳税人收入的纳税额的文件。如果这些文件是用外文书写的，则应具有哈语或俄语译文，并按哈国法律规定进行公证。在税务机关进行税务检查时，纳税人有义务提交该证明文件。

对于哈国的非居民纳税人而言，根据哈国税法应该免税的收入、应该调

整的收入、在哈国取得的与在外国取得的收入无关的收入等所产生的应纳税额，不得适用外国税收抵扣。

另外，哈国税法规定，对于哈国居民纳税人的外国税收抵扣，应该分别确定各个国家单独的抵扣金额。

为了确定已在国外缴纳的所得税的抵扣金额，居民纳税人应该在企业所得税或个人所得税申报表附件中写明外国源泉收入在该国已缴纳的所得税金额。

四、居民在外国运用国际条约的程序

根据哈国税法的规定，如果哈国居民在与哈国签订国际条约的国家从事经营活动时，哈国居民有权在该国适用此国际条约。为此，该居民应该向暂住地（居住地）税务机关的上级税务机关提交证实税收居所的税务申请。如果该居民是外国法人，还应该同时提交证明在哈国具有法人有效管理地点或实际管理机构所在地的文件。这些文件包括股东大会备忘录或标明其召开地点的类似机构备忘录，能够证明其基本管理或检查地点的文件，能够证明其做出战略经营决策地点的文件等。如果该居民是哈国公民，则应同时提交身份证明或哈国护照复印件。如果该居民是外国人和无国籍人员，则应提交身份证明或护照、哈国居住证（如有）、能够证实在哈国停留期的文件或签证。税务机关在申请提交起的15日内，根据《税法典》第189条对居民资格的规定作出如下决定：（1）按授权机构规定的形式，向申请人颁发证实其税收居所的文件。在其中，根据申请，对申请人指定年度的税收居所进行证实。（2）拒绝向申请人颁发证实人员税收居所的文件，并阐明充足的理由。

如果居民认为外国的税款征收与国际条约相抵触，也不符合外国国内法的规定，居民可以向外国主管机构或授权机构提出申请，要求按照国际条约的规定执行。

五、相互协商程序

如果哈国居民或公民认为国际条约的缔约国实施的征税行为不符合国际条约的规定，则自该纳税义务产生之日起的5年内，有权向哈国的授权机构提出申请，要求授权机构与缔约国的主管机构进行协调。在提出申请时，申请人应该附上在缔约国所得或扣除税款金额的会计凭证复印件，以及下列公证过的文件的复印件：（1）工程合同、服务合同或其他的合同、协议、议定

书；（2）对于法人，提交创立文件或注明创立人、参与者和非居民法人大股东的贸易目录摘要的复印件；（3）对于外国人和无国籍人员，应该提交身份证明或护照、哈国居住证（如有）、能够证实在哈国停留期的文件或签证；（4）其他所必需的文件。除上述文件外，授权机构还有权以书面形式要求哈国居民或公民提交其他必需的补充文件。

哈国授权机构在收到申请后，如果因为以下情况而作出不予受理的决定，则应该在5个工作日内以邮局挂号信的形式向哈国居民或公民，派寄不受理申请的书面裁决：（1）该国与哈国没有签订国际条约；（2）申请超出了法律规定的期限；（3）申请人没有提交上述规定的文件。对于因为申请人没有提交上述文件而被授权机构拒绝受理的，申请人在消除违规情况之后，有权在规定的期限内重新提交申请。

除上述情况外，授权机构应该在45日内受理该申请，并根据审理的情况，作出拒绝进行相互协商或接受进行相互协商的决定。其中，授权机构作出拒绝进行相互协商的决定，必须基于以下的理由：（1）申请书提出的理由不符合国际条约的规定；（2）申请人提供的是虚假信息；（3）申请受理过程中申请人未提交法律规定的文件。授权机构作出拒绝进行相互协商的决定后，应在2个工作日内以书面形式通过邮局挂号信将该决定投寄给申请人。如果授权机构决定进行相互协商，则授权机构应该向外国主管机构征询进行相互协商的程序。

对于已经开始的相互协调程序，当出现下述情况时，授权机构可以停止与外国主管机构的协商：（1）申请人提交了终止进行相互协商程序的申请；（2）在进行协商过程中，查明申请人提供了虚假的事实；（3）在进行协商过程中，申请人未提交规定的文件。

外国主管机构对授权机构函询作出最终答复之日起的7个工作日内，授权机构通过邮局挂号信以书面形式向申请人寄送根据进行相互协调程序作出决定的信息。

授权机构在协商程序结束后作出的决定，应该以书面形式发送税务机关。根据此决定，指定国家的非居民纳税人开始进行相互协调程序。

相互协调程序结束后作出的决定，税务机关应强制执行。

六、税款征收协助

在非居民纳税人未履行或未完全履行来源于哈国境内收入的纳税义务时，

或者非居民常设机构未履行或未完全履行来源于哈国境外收入的纳税义务时，授权机构根据国际条约的规定，有权按照规定的形式，要求外国主管机构给予协助。在请求外国主管机构提供协助时，授权机构有权保证履行在外国产生的居民纳税义务。同时，授权机构还必须根据国际条约的规定审查缴纳居民外国来源收入税款的合法性，并作出结论。

根据外国主管机构的函询作出的合格结论，授权机构必须根据国际条约的规定，保证居民按法律规定的程序履行纳税义务。居民纳税人应该按照授权机构的要求，将税款缴纳至外国主管机构指定的账户。

授权机构依据互惠原则受理外国主管机构的函询。

七、扣缴义务人向居民支付存托凭证标的资产股息收入的纳税义务，以及返还所得税源泉扣缴的程序

通过存托凭证名义持有人向收入最终或实际获得者支付存托凭证标的资产的股息收入时，如果同时满足以下条件时，扣缴义务人有权按照法律规定的程序免征该收入的源泉扣缴所得税，或者对居民自然人的收入按照5%税率征税：(1) 具有存托凭证持有人清单或存托凭证所有权的证明文件，该文件应该包括：自然人姓名、父称（如果有的话）或存托凭证持有人的法人名称；存托凭证的数量和类型；证明自然人身份的文件名称，或作为存托凭证持有人的法人国家注册编号和日期。(2) 存托凭证标的资产股息最终或实际获得者证明的公证复印件。

扣缴义务人向税务机关提交的税务报表中应该明确根据法律计算的总收入、扣除收入、免税收入以及所得税税率。同时，扣缴义务人还应在提交税收报表的3日内，向税务机关提交哈国居民纳税人证明的公证复印件。

如果扣缴义务人在向居民纳税人支付存托凭证标的资产股息收入时，没有执行上述规定，则扣缴义务人必须按照《税法典》第194条规定的税率计算和扣缴所得税。

扣缴义务人对居民纳税人收入最终或实际获得者收入的所得税缴纳入库时，该居民有权根据国际条约要求返还溢缴的所得税。

扣缴义务人有权向税务机关提交居民纳税人存托凭证标的资产股息收入所得税的补充结算表。

第十二章　规　　费

在哈国税法中，“其他应缴款项”指的是依照哈国《税法典》第19篇规定的，法人或自然人向哈国政府缴纳的16种收费项目。它是哈国财政收入的重要组成部分，并由哈国有关机关或税务机关负责征收。鉴于每一种收费的具体内容、数额计算和缴纳等都各不相同，故《税法典》中对不同的收费项目，进行了具体的规定。

第一节　登记费

登记费是指哈国国家主管机关（以下简称登记机关）按照《税法典》的规定进行登记以及发放登记复印件时一次性收取的款项。

一、缴费人

缴费人是指登记机关按照法律规定为其办理登记的自然人和法人。当登记机关为分支机构办理登记时，该分支机构可视为独立的缴费人。

二、征费对象

依照法律的规定，需要缴费的登记行为主要包括以下两大类：

1. 国家注册（登记）。包括：（1）法人、分支机构和代表处登记注册以及重新登记；（2）个体经营者登记；（3）房地产权属登记；（4）动产抵押和船只抵押登记，以及不可撤销的注销权和飞机出口的国家登记；（5）航天器及其权属登记；（6）交通工具登记及其重新登记；（7）药品、医疗产品和医疗技术设备登记及其重新登记；（8）受版权保护的著作权登记及其重新登记；（9）电视、无线电频道、定期出版刊物和信息机构的登记。

2. 颁发注册复印件，不含对上述个体经营者的登记颁发登记复印件。

三、费率

费率根据预算法规定的、交费当月的月度核算指标确定，具体规定见表12－1。

表12－1　　登记费的费率　　单位：月度核算指标

序号	登记种类	费率（月度核算指标）
1	法人及其分支机构、代表处国家（登记）注册及其重新登记：	3
1.1	下列对象的国家登记（重新登记）、终止法人活动（其中包括在哈国法律规定的条件之下进行重组时）的国家登记、注册登记（重新登记）、法人分支机构和代表处注销登记：	
1.1.1	法人、其分支机构和代表处	6.5
1.1.2	作为小规模经营主体的法人及其分支机构和代表处	2
1.1.3	政党及其分支机构和代表处	14
1.2	由预算资金拨款的单位、国有企业和场所（住宅）所有人合作组织的国家登记（重新登记）、活动终止（其中包括在哈国法律规定的条件之下进行重组时）的国家登记、注册登记（重新登记）、其分支机构和代表处的注销登记：	
1.2.1	活动终止的国家登记、注册登记、注销登记	1
1.2.2	重新登记	0.5
1.3	青少年社会团体以及残疾人社会团体的国家登记（重新登记）、活动终止（其中包括在哈国法律规定的条件之下进行重组时）的国家登记、注册登记（重新登记）、其分支机构和代表处以及国家和地区民族文化社会团体的注销登记：	
1.3.1	登记（其中包括在哈国法律规定的条件之下进行重组时）	2
1.3.2	重新登记、活动终止（其中包括在哈国法律规定的条件之下进行重组时）的国家登记、注销登记	1
2	个体经营者国家登记：	
2.1	个体经营者登记	2
2.2	颁发个体经营者证明其国家登记的证书复印件	0.25
3	房地产权属国家登记：	
3.1	发生下列对象所有权、经济管辖权、经营管理权、委托管理权、抵押权、租金权利、使用权（地役权除外）的登记：	

续表

序号	登记种类	费率（月度核算指标）
3.1.1	住宅、个人住房（配有杂用房屋和其他类似设施）、杂用房屋	0.5*
3.1.2	有多套房间的住房（配有杂用房屋和其他类似设施）、住房内的非居住用房、非住宅建筑物	8*
3.1.3	车库	0.5*
3.1.4	非居住用产业综合体（房屋、建筑物、构筑物），包括：	
3.1.4.1	单个实施对象	10*
3.1.4.2	2—5个独立设施	15*
3.1.4.3	6—10个独立设施	20*
3.1.4.4	10个以上独立设施	25*
3.2	适用于小型企业：	
3.2.1	含有多套住宅住房（配有杂用房间和其他类似设施）、住房中的非居住用房、非居住建筑物、非居住用综合体（房屋、建筑物、构筑物）的所有权、委托管理权、抵押权、租金权利、使用权（地役权除外）产生登记	1
3.3	所有权和土地使用权、地块其他权属（权利受限）登记	0.5*
3.4	地役权登记（不分设施）	0.5
3.5	共管设施登记	1
3.6	颁发抵押证书及随后证书转移给其他所有人的登记	0.25*
3.7	权利享有者资料和不动产设施特定属性修改登记	0.25*
3.8	与权属转让无关的情况下，与不动产丧失（受损）或拒绝接受产权相关的房地产权属终止登记	0.25*
3.9	非与权属转移给第三方有关的负担终止登记，其中包括不动产抵押终止登记	0.25*
3.10	责任由抵押来保证的银行债务协议规定的索赔权转让登记	0.25*
3.11	由于作为权属产生（权利受限）依据的合同条款或者其他法律事实发生变化而发生的权属修改或者权属受限登记	0.25*
3.12	不动产其他权属以及不动产受限权利登记	0.5*
3.13	法律索赔登记	0.25
3.14	国家机关按照哈国法律文件规定的程序产生（造成）的房地产权属限制登记	0

续表

序号	登记种类	费率（月度核算指标）
3.15	属于国家所有的房地产权属登记，适用于行使所有权、使用权和处分国家所有权的国家主管机关及其地方机构	0
3.16	以前产生的房地产权属（受限权利）的系统登记	0
3.17	根据国家机关的决定对不动产识别属性修改情况进行的登记，其中包括居民点名称、街道名字以及房屋和构筑物序号（地址）发生修改时或者由于哈国地方行政机构改革而发生的地籍号发生变化时	0
3.18	房地产权属确认文件复印件的颁发	0.25
4	动产抵押、船只抵押以及不可撤销的飞机出口注销权的国家登记；	
4.1	动产抵押、船只抵押和不可撤销的飞机出口注销权登记；以及登记抵押发生修改、补充和终止或不可撤销的飞机出口注销权国家登记表中的信息修改、补充和终止的登记：	1
4.1.1	自然人	5
4.1.2	法人	0.5
4.2	颁发能够证明动产抵押、船只抵押或不可撤销的飞机出口撤销权的国家登记的证书复印件	
6	交通工具的国家登记和重新登记：	
6.1	国家登记：	
6.1.1	机动车或拖车	0.25
6.1.2	海运船舶	60
6.1.3	河运船舶	15
6.1.4	小型船队的船只	
6.1.4.1	功率超过50马力（37千瓦）自行式小型船只	3
6.1.4.2	功率达50马力（37千瓦）自行式小型船只	2
5.1.4.3	非自行式小型船只	1.5
6.1.5	民用航空器	7
6.1.6	航天器及其权属	14
6.2	重新登记：	
6.2.1	机动车或拖车	0.25
6.2.2	海运船舶	30
6.2.3	河运船舶	7.5
6.2.4	小型船队的船只：	

续表

序号	登记种类	费率（月度核算指标）
6.2.4.1	功率超过50马力（37千瓦）自行式小型船只	1.5
6.2.4.2	功率达50马力（37千瓦）自行式小型船只	1
6.2.4.3	非自行式小型船只	0.75
6.2.5	民用航空器	7
6.3	颁发国家登记证书复印件	
6.3.1	机动车或拖车	0
6.3.2	海运船舶	15
6.3.3	河运船舶	3.75
6.3.4	小型船队的船只：	
6.3.4.1	功率超过50马力（37千瓦）自行式小型船只	0.75
6.3.4.2	功率达50马力（37千瓦）自行式小型船只	0.5
6.3.4.3	非自行式小型船只	0.38
6.3.5	民用航空器	3.5
6.3.6	航天器及其权属	3.5
7	药品、医疗产品和医疗技术设备国家登记及其重新登记	
7.1	药物、医疗产品和医疗技术设备的登记	11
7.2.	药物、医疗产品和医疗技术设备的重新登记	5
7.3	颁发国家登记证书复印件	0.7
8	受著作权保护的作品权的国家登记和重新登记：	
8.1	受著作权保护的作品权登记	3
8.3	颁发国家登记证书复印件	2
9	电视、广播、定期出版的刊物和信息机构的国家登记（注册登记）：	
9.1	儿童和科技题材	2
9.2	其他题材	5
9.3	颁发国家登记证书复印件	
9.3.1	儿童和科技题材	1.6
9.3.2	其他题材	4

注：本表中“*”符号表示相应项目在按照快速程序办理时的国家登记费率由哈国政府规定。

四、登记费的免除

根据哈国法律的规定，下列对象在进行登记时，免除收费：

1. 个人经营者登记为农民或农场生产单位，或个人经营者为Ⅰ级、Ⅱ级、Ⅲ级残疾人，或在取得哈国国籍之前从事经营活动且不构成法人的被遣送回国的人。

2. 在进行房地产权属国家登记时，参加卫国战争的人及享受同等待遇的人、在卫国战争期间荣获苏联授予的勋章和奖章的人、在1941年6月22日到1945年5月9日期间工作（服役）不少于6个月的人、残疾人以及残疾幼童父母中的一方、未满18岁的孤儿和没有父母照顾的留守儿童、独居的退休人员、取得哈国国籍之前被遣送回国的人（被遣返回国的哈萨克人）；自国家登记时起3年内从事干部培训教育的小规模经营主体。

3. 在动产抵押、船只和在建船只抵押国家登记时，参加卫国战争的人及享受同等待遇的人、在卫国战争期间荣获苏联授予的勋章和奖章的人、在1941年6月22日到1945年5月9日期间工作（服役）不少于6个月的人、残疾人以及残疾幼童父母中的一方、取得哈国国籍之前被遣送回国的人（被遣返回国的哈萨克人）。

4. 无线电电子设备和高频设备国家登记的登记主体为国有单位的；

5. 受著作权保护的作品在进行国家登记时，参加卫国战争的人及享受同等待遇的人、在卫国战争期间荣获苏联授予的勋章和奖章的人、在1941年6月22日到1945年5月9日期间工作（服役）不少于6个月的人、残疾人以及残疾人父母中的一员、取得哈国国籍之前被遣送回国的人（被遣返回国的哈萨克人）、未成年人。

五、登记费的计算和交缴

登记费的缴费金额按照规定费率进行计算，在将相关文件提交给缴费项目注册地登记机关之前缴纳。

已经缴纳的费用不予返还，但不含已支付了费用而登记机关不受理缴费人提交申请书的情况。在这种情况下，已经缴库的收费由当地税务机关根据缴费人的申请，在收到缴费人提供的文件、并由相关登记机关签发的文件确认该缴费人未提供完成注册登记的资料之后返还。

登记结算的期限为一个季度。登记机关在一个季度后的20日之前按照规定的格式向所在地税务机关提交收费项目和缴费人的相关信息。

第二节　汽车运输工具通行费

对汽车运输工具的通行收费是《税法典》中规定的对在哈国领土上通行的汽车工具的收费。

一、缴费人

缴费人是符合法律规定的，在哈国领土上实施汽车运输工具通行的自然人和法人。

二、收费对象

根据规定，汽车运输工具在哈国领土上的通行收费对象包括以下几种情况：

1. 从事国际线路客运和货运的本国汽车运输工具驶出哈国领土。

2. 在国际线路从事客运和货运的外国汽车运输工具驶入、驶出哈国领土或者在哈国领土上通行。

3. 本国和外国大型或重型汽车运输工具在哈国领土上通行。

三、费率

费率根据国家预算法规定的、在交费之日有效的月度核算指标确定，费率如下：

1. 从事国际线路客运和货运的本国汽车运输工具驶出哈国领土的，为月度核算指标的2倍。

2. 按照国际协定取得一年期限外国许可的、定期在国际线路从事旅客和行李运输的本国汽车运输工具驶出哈国领土的，为月度核算指标的10倍。

3. 在国际线路从事客运和货运的外国汽车运输工具驶入、驶出哈国领土或者在哈国领土上通行的，为月度核算指标的10倍。

4. 本国和外国大型或重型汽车运输工具在哈国领土通行的费率包括：(1) 汽车运输工具（有货或者无货）实际总重量超过容许总重量的罚款，其计算方法为：月度核算指标（MPH）的0.005倍税率乘以超标吨数（不足1吨按1吨计）再乘以运输路线的距离（公里）；(2) 汽车运输工具（有货或者无货）实际轴重超过容许轴重的罚款（按超载的每一根、每两根和每三根车轴计算），其计算方法为将表 1 规定的相应纳税率乘以运输距离（公里）（见表 12 – 2）。

表 12 – 2　　汽车运输工具通行费费率　　单位：月度核算指标

序号	实际轴重超载	允许的轴重超载的罚款额（月度核算指标）
1	5.0%以内（含 0.5%）	0.011
2	从 5.0%—10.0%（含 10.0%）	0.014
3	从 10.0%—20.0%（含 20.0%）	0.190
4	从 20.0%—30.0%（含 30.0%）	0.380
5	从 30.0%—50.0%（含 50.0%）	0.500
6	50.0%以上	1.0

（3）汽车运输工具（重载或者空载）外形尺寸超过尺寸容许指标的罚款，按照汽车运输工具的高度、宽度和长度超标情况进行计算，将表 12 – 3 规定的相应税率乘以运输线路的距离（公里）（见表 12 – 3）。

表 12 – 3　　汽车运输工具的超限罚款额　　单位：月度核算指标

序号	汽车运输工具的外形尺寸（米）	超限罚款额（月度核算指标）
1	高度：	
1.2	从 4—4.5（含 4.5）	0.009
1.3	从 4.5—5（含 5）	0.018
1.4	5 以上	0.036
2	宽度：	
2.1	从 2.55（2.6 适用于等容积车厢）—3（含 3）	0.009
2.2	从 3—3.75（含 3.75）	0.019
2.3	3.75 以上	0.038
3	长度：	
3.1	超过允许长度后每米（不足 1 米算 1 米）	0.004

四、计算、缴纳与管理

汽车运输工具在哈国领土上通行需要取得国家交通部门颁发的许可文件。发放许可文件的程序、汽车运输工具在哈国领土上通行的办法由哈国政府规定。

缴费金额按照规定的费率计算，在取得许可文件之前缴纳。

如果发现汽车交通工具并未办理相应的许可文件，则应在自明确该事实之日起的 5 个工作日内上交规定的金额。

申请许可文件之前的费用向许可文件申办地地方财政缴纳。

缴费金额通过银行、其他金融机构转账或者在通行检查站、配备了专门设备的其他地方以现金支付的方式缴库。

以现金方式收到的缴费金额由交通主管部门移交给银行或者其他金融机构，在接收现金并计入预算的下一个交易日之前按天移交。如果每天收到的现金低于国家预算法规定的、截止到缴费日有效的月度核算指标的 10 倍，则从接收现金之日起每 3 个交易日将这些现金上缴财政。

自然人以现金形式缴纳费用时，需提供国家交通主管部门的唯一识别号。

已缴纳的费用不予返还。

国家交通部门要在每月 20 日之前向所在地税务机关提供上月缴费人和收费项目的信息。

第三节　拍卖费

拍卖费是指哈国政府对在哈国境内通过拍卖出售财产（含财产权）所得的收费。

一、缴费人

根据《税法典》的规定，拍卖费的缴费人是在拍卖会上展示并出售财产（包括财产权）的法人和自然人。

二、缴费对象

拍卖费的缴费对象是指根据拍卖结果确定的出售财产（财产权）的价值。

通过下列方式出售财产（财产权）时免于缴纳拍卖费：

1. 拥有国有资产所有权、使用权和处分权的国家主管机关及其区域性机关组织进行的拍卖。

2. 主管机关为了国家利益根据法院文件进行强制执行时组织的拍卖。

3. 通过专场公开拍卖出售的财产（财产权），包括：出售税务机关限制处分的财产；出售纳税抵押财产；根据法院判决授权配股。

4. 拍卖根据法院执行文件收归国有的财产、依法认定的无主财产和依法转归国有的财产。

5. 拍卖破产法人的破产财产。

6. 拍卖被强制清算的银行、保险和再保险机构，以及养老储蓄基金的财产。

7. 拍卖哈国境内证券交易所的交易市场。

8. 拍卖有价证券。

9. 按照哈国《政府采购法》组织的拍卖。

三、费率

拍卖费费率为3%。

四、计算、缴纳和申报

缴费金额由缴费人根据适用的缴费对象的费率自行核算。

拍卖人应该在举行拍卖次月20号之前向拍卖人所在地税务机关缴纳费款并提交缴费申报表。

在一个季度内组织了多场拍卖会的组织者应当在该季度后的15日内向所在地税务机关提交缴费人和缴费对象的信息。

第四节　特许经营执照费

哈国法律规定，对于一些特殊的经营项目，需要取得由国家相关机关颁发的特许经营执照才能经营。故本项收费就是针对自然人或法人在取得特许经营执照时的收费。

一、缴费人

特许经营执照的缴费人是办理特许经营执照的自然人和法人。

二、费率

费率根据国家预算法规定的、缴费当月的月度核算指标确定如下（见表

12－4）：

表 12－4　　特许经营执照费费率　　单位：月度核算指标

序号	特许经营项目	费率，月度核算指标
1	特许经营执照税率	
1.2	采矿（勘探、矿物开采）、石化生产项目和化学生产项目的（工艺）设计或运营，石油天然气加工项目的（工艺）设计，干线天然气管道、输油管道和石油产品输送管道的运营	10
1.6	为了供电而购买电能	10
1.8	法人收集（收购）、存储、加工和销售有色金属和黑色金属废料	10
1.9	原子能利用项目生命周期各阶段施工	100
1.10	核材料的处置	50
1.11	放射性物质、含有放射性物质的仪器和设备的处置	10
1.12	具有电离辐射的仪器和设备的处置	5
1.13	在提供原子能领域利用服务	5
1.14	放射性废物的处置	50
1.15	在哈萨克斯坦共和国境内运输（包括过境运输）核材料、放射性物质、放射性同位素电离辐射源、放射性废弃物	50
1.16	废弃核试验场，以及核试验污染的区域内的活动	10
1.17	核设备和核材料的物理保护	10
1.18	核安全和放射安全负责人专业培训	5
1.19	有毒物质的生产、加工、采购、储存、销售、使用和销毁	10
1.20	杀虫剂（化学毒剂）的生产（配方设计）、杀虫剂（化学毒剂）的销售、采用气溶胶法和熏蒸法使用杀虫剂（化学毒剂）	10
1.22	城市间、各州间、各区域间（州内城市间）和各国间客车和小型客车的不定期运输，以及各国间客车和小型客车的定期运输	3
1.24	麻醉剂、精神药物及其制毒原料流通有关的活动	20
1.26	信息密码保护设备的开发和销售（包括转让）	9
1.27	侦查用专业技术设备的研制、生产、维修和销售	20
1.28	提供信息泄露和侦查专业技术设备采购渠道的调查服务	20
1.29	弹药、军需品和军事装备及其备件、配套产品和仪器以及用于生产（包括安装、调试、改造、配置、使用、存储、维修和维护服务）军事装备的特种材料和设备的研制、生产、维修、采购和销售	22
1.30	爆炸和发烟物质，及其制品的研制、生产、采购和销售	22

续表

序号	特许经营项目	费率，月度核算指标
1.31	退役弹药、军用器材、军事装备及特种器材的处理（销毁、回收、填埋）和加工	22
1.33	民用和警用武器及其弹药的研制、生产、维修、贸易、收集和展览	10
1.33.1	民用和警用武器及其弹药的获取	3
1.34	民用发烟物质及制品的研制、生产、贸易和使用	10
1.34.1	民用发烟物质及制产品的采购	3
1.35	太空利用领域的活动	186
1.36	根据哈萨克斯坦共和国2011年7月15日第N0461－IV号法律删除	/
1.37	提供通信领域服务	6
1.38	教育活动	10
1.39	电视和广播频道的传播活动	6
1.41	提供棉花仓储服务并开具棉花收购收据	10
1.43	医疗活动	10
1.44	制药活动	10
1.46	律师业务	6
1.47	公证业务	6
1.47.1	执行文件执行业务	6
1.48	财产评估（知识产权和无形资产除外）	6
1.49	知识产权和无形资产评估	
1.50	根据哈国2011年7月15日第N0461－IV号法律删除	10
1.51	审计业务	50
1.52	在环保领域开展业务和提供服务	10
1.53	彩票抽奖的组织和实施	6
1.54	法人开展安保活动	10
1.58	旅游观光活动	10
1.59	兽医学领域的活动	6
1.60	司法鉴定活动	6
1.61	在历史和文化古迹上进行考古和（或）科学修复工作	10
1.62	银行业务	80（40）*
1.63	由银行开展的其他业务	80

续表

序号	特许经营项目	费率，月度核算指标
1.64	人寿保险领域的活动	50
1.65	普通保险领域的活动	50
1.66	再保险业务	20
1.67	保险经纪人的活动	30
1.68	保险市场上的精算业务	5
1.69	经纪活动	30
1.70	经销商活动	30
1.71	有价证券持有人登记系统管理活动	10
1.72	投资组合管理活动	30
1.73	养老金资产投资管理活动	30
1.74	托管业务	30
1.75	过户代理活动	10
1.76	有价证券和其他金融工具交易组织方面的活动	10
1.77	退休金融资和发放方面的活动	10
1.78	信贷公司业务	40
1.79	勘测活动	10
1.80	建筑安装工程	10
1.81	设计活动	10
1.83	通过募集股东资金组织住房建设的活动	10
1.84	哈国国旗和哈萨克斯坦共和国国旗的制作	10
1.85	乙醇生产	500
1.86	生产除啤酒外的酒精饮料	500
1.87	啤酒生产	100
1.88	含酒精产品的存储、批发和（或）零售，含酒精产品在其产地范围内的存储、批发和（或）零售除外	100
1.89	烟草制品的生产	500
1.91	商品进出口	10
1.92	提供谷物仓储服务并提供谷物收购收据	10
1.94	赌博业领域的活动：赌场和自动赌博机大厅（每年），赛马赌博和登记赌注办公室（每年）	3845 640
1.95	商品交易所领域的活动： 商品交易所； 交易所经纪人； 交易所中间商	 10 5 5

续表

序号	特许经营项目	费率，月度核算指标
2	发放执照复印件税率：	
2.1	除颁发商品进出口执照复印件之外的所有业务类别	颁发执照时费率的100%
2.2	商品进出口	1
3	重新办理执照的费用：	
3.1	除重新办理商品进出口执照之外的各种执照	颁发执照时费率的10%，但不能超过月度核算指标的4倍
3.2	商品进出口执照的重新办理	1

注：本表中的“*”符号表示与银行业务有关的活动执照费：其中，二级银行为月度核算指标的80倍；开展某些银行业务的机构为月度核算指的40倍。

三、计算、缴纳与申报

特许经营执照由国家主管机关（以下简称发证机关）按照法律规定的办法和条件颁发。

特许经营业务在发放（或重新办理）执照和执照复印件时征收执照费。

缴费人应该按照规定的费率计算费额，在相关材料提交给发证机关之前缴纳入库。

经营赌博业务的法人或自然人在开展业务的第一年，应在相关材料提交给发证机关之前缴纳费用，并在每年1月20日之前缴纳当年的费用。

已缴费款不予返还，在相关资料提交给发证机关之前缴费人办理执照的申请被拒绝的情况除外。对于此种情况，已缴金额由税务机关在收到发证机关签发的证明、确认该缴费人未提供获得执照所需文件后返还，返还地址是缴纳人按缴费通知书缴纳费用的地址。

发证机关应当在缴费季度后15日内按季度向所在地税务机关提交缴费人和缴费对象的信息。

第五节　无线电频谱使用执照费

无线电频谱使用执照费是向广播和电视机构发放无线电频谱使用执照并

允许其通过模拟信号从事活动的收费。该项费用由国家通信权力机构在向广播和电视机构发放哈国无线电频谱使用执照（执照复印件）时收取。

一、缴费人

本项费用的缴费人是依照法律规定通过模拟信号从事活动的广播电视机构。但办理无线电频谱执照以履行公职的国有机关不是缴费人。

二、费率

费率根据国家预算法规定的、相关财政年度1月1日的月度核算指标确定，同时取决于广播电视服务覆盖区域内居民点的居民数量，还取决于发射设备的功率和广播或电视频道的数量。具体由下列项目组成（见表12－5）：

表12－5　无线电频谱使用执照费费率　单位：月度核算指标

序号	应用/频谱	居民人数（千人）	发射设备功率（瓦）	一个频道的费率（月度核算指标）
1	发放无线电频谱使用许可：			
1.1	电视/米波段			
1.1.2		小于10（含）	小于100（含）	20
1.1.3		10—50（含）	小于500（含）	41
1.1.4		10—50（含）	500以上	83
1.1.5		50—100（含）	小于1000（含）	124
1.1.6		50—100（含）	1000以上	249
1.1.7		100—200（含）	小于1000（含）	290
1.1.8		100—200（含）	1000以上	435
1.1.9		200—500（含）	小于2000年（含）	828
1.1.10		200—500（含）	2000以上	1243
1.1.11		500以上	小于5000（含）	2367
1.1.12		500以上	5000多	3550
1.2	电视/分米波段			
1.2.1		小于10（含）	小于100（含）	13
1.2.2		10—50（含）	小于500（含）	26
1.2.3		10—50（含）	500以上	52
1.2.4		50—100（含）	小于1000（含）	78

续表

序号	应用/频谱	居民人数（千人）	发射设备功率（瓦）	一个频道的费率（月度核算指标）
1.2.5		50—100（含）	1000以上	155
1.2.6		100—200（含）	小于1000（含）	181
1.2.7		100—200（含）	1000以上	272
1.2.8		200—500（含）	小于2000年（含）	518
1.2.9		200—500（含）	2000以上	777
1.2.10		500以上	小于5000（含）	1479
1.2.11		500以上	5000多	2219
1.3	广播/超短波调频（FM）			
1.3.1		小于10（含）	小于100（含）	5
1.3.2		10—50（含）	小于500（含）	9
1.3.3		10—50（含）	500以上	18
1.3.4		50—100（含）	小于1000（含）	27
1.3.5		50—100（含）	1000以上	53
1.3.6		100—200（含）	小于1000（含）	62
1.3.7		100—200（含）	1000以上	93
1.3.8		200—500（含）	小于2000年（含）	178
1.3.9		200—500（含）	2000以上	266
1.3.10		500以上	小于5000（含）	488
1.3.11		500以上	5000多	732
1.4	广播/短波、中波、长波			
1.4.1		500以上	小于100（含）	5
1.4.2		500以上	100—200（含）	15
1.4.3		500以上	1000—10000（含）	30
1.4.4		500以上	10000—100000含）	45
1.4.5		500以上	100000及以上	89
2	颁发执照复印件费率			2

三、计算、缴纳与管理

缴费人应该按照规定费率计算缴费金额，并在取得国家主管机关的许可之前缴入广播电视机构所在地的预算。

已缴金额不予返还，除非在相关资料提交给发证机关之前缴费人办理执照的申请被拒绝。此时，已经缴库的金额由税务机关在收到缴费人提供的、能够证明该缴费人未提供办理执照文件的相关国家主管机关签发的文件之后返还，返还地址是缴费人按缴费通知书缴纳费用的地址。

国家主管机关要在每个缴费季度后次月 15 日之前按季度以主管机关规定的格式向广播和电视机构所在地税务机关提供缴费人和缴费的信息。

第六节　土地使用费

土地使用费是国家对提供土地临时有偿使用（租赁）而收取的费用。

土地临时有偿使用（租赁）的办法由哈国土地法律定。

一、缴费人

根据《税法典》第 478 条的规定，土地使用费的缴费人是取得土地有偿使用权（租赁权）的自然人和法人。

法人有权决定其分支机构是否作为土地费征费对象的独立缴费人。法人做出的确认或者撤销分支机构作为独立缴费人的决定将于次年的 1 月 1 日开始生效。

下列自然人或法人不是土地费的缴费人：（1）使用土地从事适用农户或农场经营特别税制业务的自然或法人；（2）提供土地的联营者履行符合哈国法律的联营合同，但不超过自决定提供土地临时有偿使用权用于联营之日起的 5 年。

二、缴费对象

缴费对象是国家提供的临时有偿使用的土地。

三、费率

土地使用费费率根据哈国土地法确定，但不得低于土地税的税率。《税法典》第 387 条第 2 款和第 5 款规定的情况除外。

四、计算、缴纳和申报

土地使用费金额由国家土地主管机关根据缴费人与国家土地主管机关签

订的土地临时有偿使用合同计算确定，经济特区则由地方主管机关或者经济特区管委会根据缴费人与国家土地主管机关签订的土地临时有偿使用合同计算确定。如果合同条款发生修改，或者《税法典》规定的土地费计算办法发生改变，则由国家土地主管机关（如果是在经济特区，则为地方主管机关或者经济特区管委会）修改缴费金额核算表。

缴费期内缴纳的金额应根据核算表中规定的费率和缴费期内土地使用时间计算。

缴费金额不得低于按照《税法典》规定计算出的该土地费的金额。

采用特殊税制生产农产品和水产品（养鱼业）的法人和农业消费合作社的纳税人，其缴费额在根据一般规定计算的基础上再减除30%确定。

一般纳税人应当在当年的2月25日、5月25日、8月25日和11月25日之前将当期费用等额分批缴入预算。如果国家在上述各缴费期限之后提供土地临时有偿使用，则第一个缴费期就是下一个缴费期。如果国家在最后一个缴费期之后提供土地临时有偿使用，则缴费期限为提供土地次月25日。

不是个体经营者的自然人应当在会计申报期2月25日之前缴纳费用。如果土地是在规定期限之后取得的，则应在取得土地临时有偿使用权之后的次月25日前缴费。

如果缴费期开始之后土地临时有偿使用合同到期或者终止，则余下时间段应当缴入预算的金额应当在合同有效期结束之日后15日内缴纳。

缴费金额应当在土地所在地缴库。

土地使用费的缴纳期为每年1月1日至12月31日。

缴费人需向土地所在地税务机关缴款当期金额。

缴费人应当在2月20日之前提交当期税款金额核算账目。

缴费期开始之后签订临时有偿使用土地合同的人员应当在合同签订次月20日之前提交当期税款金额核算账目。

在第一个缴费期，缴费人应当把当期缴费金额核算账目、临时有偿使用土地合同公证后的复印件一并提交。在后续纳税期，只有在费用总额或者合同条款发生修改的情况下才需要提交公证复印件。

如果在缴费期开始之后临时土地使用合同到期或者与地方主管机关或经济特区管委会解除了该合同，则需在合同有效期结束之日起的10日之内提交当期纳税金额核算账目。

国家土地主管机关以及经济特区内的地方主管机关或者经济特区行政机

关应当在一个缴费季度后的15日内，按主管机关规定的格式向其所在地税务机关提供缴费人和缴费对象方面的信息。

第七节　地表水资源使用费

地表水资源使用费是针对几类地表特种用水情况征收的费用，包括从中取水或者不取水。特种用水的种类由哈国水法律定。自然人和法人使用特种用水的，需要在国家水资源保护与利用主管机关办理许可文件，并缴纳地表水资源使用费。否则，即视为超限取水。

一、缴费人

地表水资源使用费的缴费人是指下列利用地表水资源的自然人和法人（以下简称主要用水户）：

1. 应用固定、移动和漂浮式设施从地表水和海水中通过机械和自流方式取水的自然人和法人。

2. 应用水电站的自然人和法人。

3. 利用水利设施进行水产养殖的自然人和法人。

4. 满足水上运输的自然人和法人。

二、缴费对象

缴费对象包括：

1. 从地表水源采集的水量，但下列对象除外：（1）用水坝和其他水利工程建筑、水利调节设施积蓄的水量；（2）国家水资源保护与利用主管机关根据供水系统设计资料确认的、在调节径流的河道外水库和径流跨流域输送用沟渠内过滤和蒸发流失的水；（3）国家水资源保护与利用主管机关按照哈国法律规定批准的、为了进行自然保护或卫生防疫而排放的水；（4）为了预防水灾、淹没和浸没，经过国家水资源保护与利用主管机关的批准，强行排入灌溉系统的水。

2. 发电用水。

3. 水上运输用水。

另外，哈国《税法典》还规定，无船舶牵引木排放流、游览、采用挖土设备、沼泽排水等不缴纳该项费用。

三、费率

地表水资源使用费费率由州、市级和首都的地方代表机构根据国家水资源保护与利用主管机关批准的费用核算办法确定。

如果实际取水量超过了国家水资源保护与利用主管机关规定的用水限量，超标部分的费率为规定费率的5倍。

四、计算、缴纳和申报

应缴费额由缴费人根据实际用水量和规定费率自行核算，并在每个缴费季后第二个月25日之前将费用总额缴入许可文件中指定的特种水资源所在地财政。

采用农民和农场主特殊税制的缴费人对于1月1日到10月1日的费用，最迟不晚于11月10日缴纳。对于10月1日到12月31日的费用，最迟不晚于次年4月10日缴纳。

法人和自然人在建有水利枢纽的水体从事水上运输时，按吨/公里缴费。

热力工程企业为居住和经营需要生产热力所需用水缴纳的费用按照为提供居住和经营服务、公共服务的单位制定的费率计算。

为满足机组制冷的工程需要、在取水限定范围内取水（循环用水）的热力工程企业，其缴费金额按照为提供居住和经营服务、公共服务的单位制定的费率计算。如果是非循环用水，缴费金额按照适用于工业企业的费率计算。

缴费期为1月1日至12月31日。

缴费人需向特种用水所在地税务机关提交申报表。

采用农民和农场主特别税制的缴费人无须提交缴费申报表，其他缴费人都要在纳税季后第二个月15日前提交申报表。

申报表在提交给税务机关之前需在国家水资源利用与保护主管机关的地方部门盖章确认。

国家水资源保护与利用主管机关的地方机关应当在纳税季度后第二个月25日之前，按季度向所在地税务机关提供缴费人和缴费对象的资料。

第八节　环境空气污染费

环境空气污染费是按照自然资源特种利用程序对进行环境排污的自然人

和法人征收的费用。自然资源特种利用是根据国家环境保护主管机关或者州、直辖市和首都地方主管机关（以下简称发放许可文件的机关）发放的环境许可（以下简称许可文件）开展的业务，移动式排放源排放污染物的情况除外。未按规定程序办理许可文件而向周围环境进行的排放被认为是超过环境排放标准的排放。

一、缴费人

缴费人是在哈国领土上按自然资源特种利用的有关规定开展业务的自然人和法人。

法人有权自行决定其分支机构是否被看作是分支机构所在地收费项目的独立缴费人。对于法人做出的决定，自下一年的1月1日开始生效。

二、缴费对象

缴费对象是环境排放规定标准范围内的下列物质的实际排放量或超标排放量：

1. 大气污染物排放。
2. 地表污染物排放。
3. 生活废料和生活垃圾处理。
4. 石油作业时产生的硫处理。

三、费率

费率根据国家预算法规定的，当1月1日的月度核算指标确定。具体规定如下：

1. 固定污染源排放的污染物费率（见表12-5）：

表12-5　固定污染源排放的污染物费率　单位：月度核算指标

序号	污染物种类	每吨的费率（月度核算指标）	每千克的费率（月度核算指标）
1	硫氧化物	10	
2	氮氧化物	10	
3	粉尘和灰渣	5	
4	铅及其化合物	1993	
5	硫化氢	62	

续表

序号	污染物种类	每吨的费率（月度核算指标）	每千克的费率（月度核算指标）
6	苯酚	166	
7	碳氢化合物	0.16	
8	甲醛	166	
9	碳氧化物	0.16	
10	甲烷	0.01	
11	炭黑	12	
12	铁氧化物	15	
13	氨气	12	
14	六价铬	399	
15	铜氧化物	299	
16	苯并芘		498.3

2. 按照哈国法律规定的方法在火炬上燃烧天然气或伴生性气体排放的污染物费率（见表 12－6）：

表 12－6　　燃烧天然气或伴生性气体排放的污染物费率　　单位：月度核算指标

序号	污染物种类	每吨的费率（月度核算指标）
1	碳氢化合物	2.23
2	碳氧化物	0.73
3	甲烷	0.04
4	二氧化硫	10
5	二氧化氮	10
6	炭黑	12
7	硫化氢	62
8	硫醇	9966

3. 移动污染源向大气中排放污染物的费率（见表 12－7）：

表 12－7　　移动污染源向大气中排放污染物的费率　　单位：月度核算指标

序号	燃料种类	每使用 1 吨烯料的费率月度核算指标
1	无铅汽油	0.33
2	柴油	0.45
3	液化天然气	0.24

4. 特定污染物排放费的费率（见表12－8）：

表12－8　**特定污染物排放费的费率**　单位：月度核算指标

序号	燃料种类	每使用1吨烯料的费率月度核算指标
1	亚硝酸盐	670
2	锌	1340
3	铜	13402
4	生物需氧量	4
5	铵盐	34
6	石油制品	268
7	硝酸盐	1
8	全铁	134
9	硫酸盐（阳离子）	0.4
10	悬浮物	1
11	人工合成表面活性物质	27
12	氯化物（阴离子）	0.1
13	铝	27

5. 生活废料和生活垃圾处理费率（见表12－9）：

表12－9　**生活废料和生活垃圾处理费率**　单位：月度核算指标

序号	垃圾种类	费率（MPII）	
		1吨	1千兆贝克勒尔
1	因在垃圾场、储存器、合法垃圾场和专门划出的地方处理的生产和生活垃圾：		
1.1	市政垃圾（固体生活垃圾、净化设施排水沟内的淤泥）	0.19	
1.2	鉴于危险性等级情况下的工业垃圾：		
1.2.1	“红色清单”	7	
1.2.2	“琥珀色清单”	4	
1.2.3	“绿色清单”	1	
1.2.4	未分类垃圾	0.45	
1.3	此外：		
1.3.1	剥离岩石	0.002	

续表

序号	垃圾种类	费率（MPII）	
		1吨	1千兆贝克勒尔
1.3.2	围岩	0.013	
1.3.3	选矿废渣	0.01	
1.3.4	矿渣、残渣	0.019	
1.3.5	灰渣和炉灰渣	0.33	
1.3.6	农业生产废渣	0.009	
2	处理放射性垃圾，单位：1千兆贝克勒尔		
2.1	铀后		0.38
2.2	A－放射性的		0.19
2.3	β－放射性的		0.02
2.4	密封放射源		0.19

6. 处置硫的费率为每吨3.77倍的月度核算指标。对于哈国天然垄断主体和能源生产单位，为提供公共服务时产生的排放进行缴费时，第1项的费率应该采用的系数为0.3，第4项的费率应该采用的系数为0.43；第5项1.3.5行应该采用的系数为0.05。对于处理公共垃圾的垃圾场而言，自然人在居住地产生的固体生活垃圾应按照第1.1行确定的费率，再采用0.2的系数。但这一规定不适用于向周围环境超标排放情况下的费用。

地方代表机构有权提高规定的各项费率，但是不超过两倍；但上述第2项规定的费率除外。地方代表机构有权将第2项的费率最高提高20倍。

向周围环境超标排放的收费费率需在上述规定的费率基础上提升10倍。

四、计算、缴纳与申报

缴费金额由缴费人根据向周围环境实际排放的量和规定费率自行核算。

年排放总量的费用低于月度核算指标100倍的缴费人有权购买发放许可文件的机关制定的向周围环境排放废弃物的定额标准。定额标准需在每年3月20日前办理许可文件时购买并提前支付全部费用。如果在3月20日之后取得许可文件，则限定指标应当在取得许可文件次月20日前购买。

缴费总额应当在许可文件注明的排放源（对象）所在地缴入预算。对于国家登记的流动污染源，其费用应缴入国家主管机关在办理登记时注明的流动污染源登记地；对于不属于国家登记的流动污染源，其费用应该缴入缴费人所在地。

按实际污染物排放量缴纳的当期费用总额由缴费人在缴费季结束后第二个月25日前缴纳。

采用农民和农场主特殊税制的缴费人对于1月1日到10月1日的费用，最迟不晚于11月10日缴纳。对于10月1日到12月31日的费用，最迟不晚于次年4月10日缴纳。

环境空气污染费缴费期从1月1日至12月31日。

缴费人应向污染源所在地税务机关提交申报表。对于国家登记的流动污染源，其申报表应缴入国家主管机关在办理登记时注明的流动污染源登记地税务机关。对于不属于国家登记的流动污染源，其申报表应该缴入缴费人所在地的税务机关。

采用农民和农场主特别税制的纳税人无须提交缴费申报表。其他纳税人都要在纳税季后第二个月15日前提交每季度的申报表。

年排放总量的费用低于月度核算指标100倍的缴费人在3月20日以前提交申报表。

国家环境保护主管机关的地区机关和州、直辖市以及首都的地方主管机关应当在纳税季之后第二个月15日之前按季度向所在地税务机关提供缴费人和缴费项目的资料。

第九节　野生动物资源保护管理费

野生动物资源保护管理费是对野生动物资源利用进行的收费，旨在合理利用野生动物资源。野生动物资源利用的种类由哈国法律规定。野生动物资源的特殊利用应到国家野生动物资源保护、再生与利用的主管机关办理野生动物资源利用许可证（以下简称许可证）。

一、缴费人

缴费人是按照哈国法律规定的办法取得野生动物资源特殊利用权的自然人和法人。

二、缴费对象

野生动物和濒临灭绝的动物种类资源使用费由哈国政府在颁发捕捉此类

动物的许可证时专门确定。但下列情况不收费：

1. 为了进行科学研究和生产给野生动物做标记或环记、迁移、驯化、人工繁殖和杂交而捕捉野生动物，然后再把他们放回自然的。

2. 利用自然人和法人所有、人工驯化过的、放养或半放养的动物的。

3. 国家野生动物资源保护、再生与利用领域主管机关为了对渔业资源和其他水生野生动物资源的利用进行生物学评估而进行的鱼类和其他水生动物试捕的。

4. 为了保护居民健康，防止耕畜和其他宠物生病，防止对周围环境造成损失，避免居民遭受明显的农业经营损失而捕捉数量需要调整的动物的。

三、费率

缴费费率根据国家预算法确定的、缴费之日的月度核算指标计算。具体规定如下：

1. 在哈国境内进行职业狩猎、业余爱好性质的狩猎和运动性质的狩猎时的费率为（见表 12－10）：

表 12－10　狩猎费的费率　单位：头

序号	野生动物物种	每头缴费费率（月度核算指标）	
		职业狩猎	业余爱好性质和运动性质的狩猎
1	哺乳类：		
1.1	驼鹿（雄性）	—	16
1.2	驼鹿（雌性）	—	11
1.3	驼鹿（幼崽）	—	6
1.4	西伯利亚马鹿（雄性）	—	13
1.5	西伯利亚马鹿（雌性）	—	7
1.6	西伯利亚马鹿（幼崽）	—	4
1.7	阿斯卡尼亚马鹿（雄性）	—	9
1.8	阿斯卡尼亚马鹿（雌性）	—	5
1.9	阿斯卡尼亚马鹿（幼崽）	—	3.5
1.10	狍子（分布区的北部，雄性）	—	4
1.11	狍子（分布区的北部，雌性、幼崽）	—	3
1.12	狍子（分布区的南部，雄性）	—	3

续表

序号	野生动物物种	每头缴费费率（月度核算指标）	
		职业狩猎	业余爱好性质和运动性质的狩猎
1.13	狍子（分布区的南部，雌性、幼崽）	—	2
1.14	西伯利亚北山羊（雄性）	—	4
1.15	西伯利亚北山羊（雌性、幼崽）	—	3.5
1.16	麝	—	2
1.17	野猪（雄性）	—	4
1.18	野猪（雌性、幼崽）	—	3
1.19	赛加羚羊（雄性）	4	5
1.20	赛加羚羊（雌性、幼崽）	3	4
1.21	棕熊（天山棕熊除外）	—	14
1.22	海狸，水獭（中亚水獭除外）	1	2
1.23	紫貂	2	4
1.24	旱獭（塔拉斯旱獭除外）	0.060	0.12
1.25	麝鼠	0.045	0.9
1.26	獾子、狐狸	0.10	0.20
1.27	沙狐	0.045	0.10
1.28	美洲水貂	0.12	0.25
1.29	猞猁（欧亚猞猁除外）	—	0.45
1.30	兔子（蒙古兔、欧兔、雪兔）	0.010	0.45
1.31	九节狸、浣熊、狼獾、香鼬、银鼠、白鼬、黄鼠狼、艾鼬、松鼠	0.020	0.35
1.32	黄鼠（沙鼠）	0.015	0.025
1.33	狼	2	0
1.34	胡狼	2	0
2	鸟		
2.1	潜鸟（红喉潜鸟、黑喉潜鸟）	0.015	0.030
2.2	松鸡	—	0.15
2.3	黑琴鸡	—	0.055
2.4	喜马拉雅雪鸡	—	0.20
2.5	野鸡	0.020	0.060
2.6	雁*（灰雁、白额雁、豆雁）、黑雁	0.020	0.045

续表

序号	野生动物物种	每头缴费费率（月度核算指标）	
		职业狩猎	业余爱好性质和运动性质的狩猎
2.7	鸭子类*（赤麻鸭、翘鼻麻鸭、绿头鸭、花脸鸭、绿翅鸭、紫膀鸭、赤颈鸭、针尾鸭、白眉鸭、琵嘴鸭、赤嘴潜鸭、红头潜鸭、凤头潜鸭、斑背潜鸭、长尾鸭、普通鹊鸭、眼眶绒鸭、欧海番鸭、斑头秋沙鸭、红胸秋沙鸭、秋沙鸭）	0.010	0.020
2.8	骨顶鸡、凤头麦鸡、山鹑属（白山鹑、岩雷鸟、漠鹑、灰山鹑和斑翅山鹑），石鸡、榛鸡、鸽子类（斑鸠、欧鸽、灰鸽子、岩鸽）、欧斑鸠（普通欧斑鸠、大欧斑鸠）、鹬（流苏鹬、姬鹬、田鹬、大沙锥、针尾沙锥、孤沙锥、中沙锥、丘鹬、白腰杓鹬、中杓鹬、黑尾胜鹬、斑尾胜鹬）	0.005	0.010
2.9	鹌鹑	0.005	0.010

在本表中，符号“＊”表示哈国红皮书所列的动物种类除外。

2. 属于捕鱼对象的动物种类使用费的费率（见表1－11）：

表12－11　　捕鱼的费率　　单位：条或千克

序号	水生动物物种	费率（月度核算指标）	
		每条	每千克
1	以狩猎和科研为目的的：		
1.1	鲟鱼类（欧鳇、鲟鱼、闪光鲟、小体鲟、裸腹鲟）		0.064
1.2	鲱鱼类（西鲱、美洲西鲱、黑背鲱）、鲻、比目鱼、黍鲱		0
1.3	鲑鱼类（虹鳟、细鳞鱼、茴鱼）		0.017
1.4	白鲑类（拉多加湖白鲑、欧白鲑、高白鲑、宽鼻白鲑、目荀白鲑）、长螯虾		0.012
1.5	斜齿鳊		0.004
1.6	海豹	1.93	
1.7	密网捕获的大鱼：		

续表

序号	水生动物物种	费率（月度核算指标）	
		每条	每千克
1.7.1	草鱼、野鲤、鲤鱼、赤梢鱼、贝尔氏鲈，鲶鱼、江鳕、白鲢鱼、狗鱼、乌鱼、鲈鱼		0.013
1.8	密网捕获的小鱼：		
1.8.1	鳊鱼、拟鲤、圆鳍雅罗鱼、蜕、软口鱼、黄瓜鱼、圆腹鲦、鲫鱼、鲈鱼、冬穴鱼、普通雅罗鱼和塔拉斯雅罗鱼、红眼鱼、粗鳞鳊、白鲦、白眼欧鳊、上口欧鳊、欧飘鱼、水牛鱼、细鳞鱼		0.004
2	进行体育性和业余爱好（休闲）性质的捕鱼时：		
2.1	捕出：		
2.1.1	密网捕获的大鱼		0.017
2.1.2	欧鳇		6.5
2.1.3	鲟鱼类		5.5
2.1.4	白鲑类、鲑鱼类		0.042
2.1.5	密网捕获的小鱼		0.008
2.1.6	虾类	0.008	
2.2	“捕一放”原则：		
2.2.1	密网捕获的大鱼：		0.1
2.2.2	鲟鱼类（欧鳇、鲟鱼、闪光鲟、小体鲟、裸腹鲟）	4.97	
2.2.3	白鲑类和鲑鱼类		0.27
2.2.4	密网捕获的小鱼		0.068

3. 为其他生产目的（打猎和捕鱼除外）利用某些种类动物的缴费费率（见表 12－12）：

表 12－12 **利用水生动物的费率** 单位：条或千克

序号	水生动物物种	费率（月度核算指标）	
		每条	每千克
1	哺乳类：		
1.1	利比亚猫或非洲野猫	0.030	—
1.2	森林鼠	0.015	—
2	鸟类：		

续表

序号	水生动物物种	费率（月度核算指标）	
		每条	每千克
2.1	小鸟、黑颈鸟、红颈鸟、灰颊鸟、大无尾水鸟、大鸬鹚、大麻鸭、夜鹭、苍鹭和褐鹭	0.010	
2.2	大白鹭	0.015	—
2.3	灰斑鸻、褐翅金鸻和金鸻、剑鸻、金眶鸻、蒙古沙鸻、红胸鸻、东方鸻、小嘴鸻、翻石鹬、秧鸡、斑胸田鸡、姬田鸡、小田鸡、黑水鸡、鹬、喜鹊、白腰草鹬、林鹬、青脚鹬、红脚鹬、丁香结、泽鹬、矶鹬、翘嘴鹬、灰瓣蹼鹬、红颈瓣蹼鹬、小滨鹬、红胸滨鹬、长趾滨鹬、青脚滨鹬、弯嘴滨鹬、黑腹滨鹬、尖尾滨鹬、三趾鹬、阔嘴鹬、领燕鸻和草原燕鹤、灰斑鸠、印度八哥、黄嘴 LU 鸦、紫翅椋鸟、金翅雀、金丝燕、蓝胸佛法僧、云雀（凤头百灵、沙百灵、细嘴短趾百灵、灰沙百灵、短趾百灵、草原百灵、二斑百灵、白翅百灵、黑百灵、角百灵、林百灵、云雀、恒河沙百灵）、红嘴山鸦、白背矶鸫	0.005	
2.4	苍鹰	0.010	—
2.5	苍鹰、小鹗、金眼枭、长耳猫头鹰、短耳鸦、鹊鹛	0.045	—
3	爬行动物：		
3.1	四爪陆龟、沼龟	0.020	—
3.2	草原鬣蜥、大耳沙蜥、旱地沙蜥、沙虎	0.010	—
3.3	普通蝮蛇	0.045	—
3.4	白条锦蛇、沙蟒和东方沙蟒	0.035	—
3.5	沼泽蛙	0.005	—
4	水生无脊椎动物：		
4.1	足虫（胞囊）	—	0.045
4.2	钩虾、金鱼虫	—	0.010
4.3	水蛭	—	0.030
4.4	其他水生无脊椎动物和胞囊	—	0.005

四、计算、缴纳与申报

缴费额由缴费人根据费率和动物数量自行计算，并在取得野生动物资源许可的地方缴入财政。使用费需在取得许可前通过银行或其他金融机构转账缴纳。

已缴纳的款项不予退还。

国家野生动物资源保护、再生与利用主管机关的地区分支机构应当在缴费季度后次月 15 日之前按季度向所在地税务机关提供缴费人和收费对象的资料。

第十节　森林资源费

森林资源费是自然人或法人在利用国家规定种类的林业资源时缴纳的费用。国有森林资源林地利用方法由哈国森林法律定。森林资源使用者必须按照哈国森林法律定的程序和期限办理国家森林资源采伐证和林地使用权证（以下简称许可文件）。

一、缴费人

森林资源费缴费人是按照哈国法律规定的办法取得林地利用权的国有林地所有者、自然人和法人。

以造林为目的，按照哈国土地法的规定拥有土地长期使用权或者对拥有所有权的个人林地进行森林利用的个体林地所有者不用缴纳此项费用。

二、缴费对象

根据《税法典》的规定，森林资源使用费的缴费对象包括以下各类：

1. 木材采伐。

2. 木汁液和松脂采集。

3. 次级林木资源（树皮、树枝、树墩、树根、树叶、乔木和灌木的幼芽）采集。

4. 森林利用副业（割草、放牧牲畜、养鹿、兽类养殖、养蜂、蔬菜栽培、瓜果种植及其他农作物的栽培、药用植物和工业原料、野果、坚果、蘑菇及其他食用植物、皮毛、枯枝落叶和落叶、芦苇的采集加工）。

5. 国家森林资源林地用于下列目的：文化保健、娱乐、旅游和运动；打猎；科学研究。

6. 为种植林业、灌木类材料和特殊用途的栽培而利用国有森林资源林地。

但是，针对下列对象不征收森林资源费：（1）对栽种的树木进行维护，保持其种类构成和形状而修剪时、调整小树苗稀疏程度（拔掉、伐除）时以及与改造用处不大的树木和景观造型相关的修剪砍伐时放倒的树木总量；（2）为了进行科学研究而采伐的树木、采集的松脂和次级林木资源。

三、费率

除下表规定的费率外，其他费率由州、直辖市和首都地方代表机构根据地方主管机关按照国家林业主管机关制订的办法编制的核算表确定。

放倒树木的费率按照国家预算法规定、发生林业利用权的年度第一天的月度核算指标计算。计量单位为立方米。具体如下（见表12-13）：

表12-13　森林资源费的费率　单位：立方米

序号	乔木和灌木树种的名称	根据树木上端直径确定的细木工用材，无树皮（月度核算指标“MPII”）			带树皮的薪材（MPII）
		粗（25厘米及以上）	中（13—14厘米）	小（3—12厘米）	
1	松木	1.48	1.05	0.52	0.21
2	云岭杉	1.93	1.37	0.68	0.27
3	西伯利亚云杉、冷杉	1.34	0.95	0.48	0.16
4	落叶松	1.19	0.85	0.41	0.15
5	雪松	2.67	1.91	0.93	0.23
6	杜松树（桧）	1.79	1.26	0.63	0.27
7	橡树、柃树	2.67	1.91	0.93	0.41
8	赤杨、槭树、榆树、椴树	0.60	0.42	0.21	0.14
9	梭梭				0.60
10	白桦树	0.69	0.4—8	0.23	0.16
11	白杨、柳树、杨树	0.52	0.37	0.18	0.11
12	核桃树、黄连木	3.24	2.32	1.15	0.35
13	杏树、刺槐、樱桃李树、山楂树、樱桃树、胡颓子、花楸、李子树、稠李、桑椹树、苹果树、其他树种	1.90	1.35	0.68	0.23
14	杜松、偃松			0.34	0.18
15	柽柳			0.3	0.25
16	西伯利亚槐、灌木柳树、沙棘、沙拐枣、盐豆木及其他灌木			0.19	0.12

费率在确定过程中使用下列参数：

1. 根据采伐区距离公路的远近：

小于 10 公里——1. 30；

10. 1—25 公里——1. 20；

25. 1—40 公里——1. 00；

40. 1—60 公里——0. 75；

60. 1—80 公里——0. 55；

80. 1—100 公里——0. 40；

100 公里以上——0. 30。

采伐区与公路的远近按照绘图资料确定的、采伐区中心到道路的最短距离，并根据地形地貌用下列系数修正：

平地——1. 1；

丘陵地形或地势沼泽——1. 25；

山地——1. 5；

2. 中间应用进行砍伐的——0. 6；

3. 主体应用进行选择性砍伐的——0. 8；

4. 在坡度超过 20 度的山坡上溜放木材的——0. 7。

另外，放倒树木时产生的采伐废料（树冠烧柴）的费率按规定的相应树种烧柴费率的 20% 确定。

四、计算、缴纳和申报

缴费金额由国家森林所有者核算，并在许可文件中注明。

应缴纳的费用金额确定方式如下：

1. 放倒树木时，是根据森林利用量和费率并考虑规定的系数进行计算，即：

缴费金额 = 森林利用量 × 费率 × 系数

2. 用其他方式利用森林时，是根据森林利用量或森林利用面积、州、直辖市和首都地方代表机构制订的其他方式利用森林的适用费率进行计算，即：

缴费金额 = 森林利用量（利用面积）× 费率

费用应当上缴给森林利用所在地财政，期限如下：（1）长期利用森林时，应在缴费季后次月 20 日前，将每年森林利用量的总缴费金额按季度平均缴纳；（2）短期利用森林时，应在取得许可文件之前或者当天缴纳。在这种情况下，许可文件上要有已经缴费的标记，并注明支付证明的各种要素；（3）放倒木材时，应按照颁发的采伐证将年缴费总额按季度平均缴纳，时间不得晚于缴费季后次月 15 日。

缴费人可以根据哈国政府规定格式的编号报表，通过银行或者其他金融机构以转账方式缴费，也可以在国有林地所有者收款处以现金的方式缴纳。自然人按照编号报表以现金的形式缴纳费用时需提供国家林地所有者的唯一识别码。

已缴费用不予返还或抵销，不含发生森林老化或者毁灭危险时，哈国政府或者国家林业主管机关根据哈国森林法的规定，在自己的职权范围之内做出禁止利用森林资源的决定。

国家森林所有者应该按照主管机关规定的格式按季度向所在地的税务机关提供缴费人和征收费对象等方面的资料，时间不得晚于缴费季后第二个月 15 日。

第十一节　自然保护区土地管理费

自然保护区土地管理费是根据哈国《自然保护区法》确定的，以科研、生态教育、教学、旅游、休闲和有限生产为目的，使用哈国自然保护区土地时征收的费用。

一、缴费人

缴费人是利用哈国自然保护区土地的自然人和法人。但下列人员不是缴费人：（1）在自然保护区附近居民点长期居住的自然人；（2）哈国《自然保护区法》确定的自然保护单位。

二、费率

根据《税法典》的规定，属于国家级自然保护区内土地资源的费率是从使用自然保护区土地起，每天按照国家预算法规定的财政年度 1 月 1 日的月度核算指标的 0.1 倍缴费。

地区级自然保护区土地的费率由州、直辖市和首都地方代表机构按照州、直辖市和首都主管机关的指示确定。

三、计算、缴纳和申报

缴费金额由缴费人根据规定的费率以及在自然保护区内的停留天数自行核算。但在下列情况下，由作为土地所有者的自然人和法人、自然保护区附近的土地使用人进行缴费：（1）使用工人时为每位员工缴费；（2）在自然保护区内有永久性治疗、休闲、运动保健机关时，为光顾这些机关的每个自然人缴费。自然人能提供已经缴费的证明文件时不再收费。

费用在自然保护区所在地支付。缴费人只有持有缴费证明文件时才可以利用自然保护区。

缴费金额可以依照哈国政府规定格式的编号报表或者能够证明已经缴费的税控收款机小票，通过银行或者其他金融机构转账缴库，也可以在自然保护区内设立的自然保护单位通行检查站或者配备专门设备的地方通过现金方式缴纳。

自然人通过现金缴费时，需在报表内提供哈国《自然保护区法》确定的自然保护单位的唯一识别号码。

已缴纳的款项不予返还。

利用自然保护区内的野生动物资源和林业资源的使用费按照相关规定执行。

自然保护单位应当在缴费季后次月 15 日之前按季度以主管机关规定的格式向其所在地税务机关提供缴费人和缴费的信息。

第十二节　无线电频谱占用费

无线电频谱占用费是对无线电频谱使用者占用国家通信主管机关分配的无线电频谱中的标称频率（频带、波段）（以下简称无线电频谱的频带）而征收的费用。无线电频谱利用权由国家通信主管机关按照哈国法律规定的办法颁发的许可文件予以确认。无线电频谱的频带分配可以按照哈和国法律的规定采用招投标的方式进行。中标者需按照哈国法律规定的办法将费用一次性缴入国家预算。但该金额不计入缴费账目。

另外，为了保证在哈国领土内均可转播到电视、广播频道，国家电视广播管理者划分出了无须竞标的无线电频谱的频带。

一、缴费人

无线电频谱占用费的缴费人是按照哈国法律规定的办法取得无线电频谱利用权的自然人和法人。

法人有权自行决定其分支机构是否作为分支机构所在地征费对象的独立缴费人。除非另有规定，否则法人做出承认或者撤销独立缴费人的决定将于次年1月1日开始生效。如果新成立的分支机构被认为是独立缴费人，则法人的决定于分支机构成立之日起或分支机构成立的次年1月1日起生效。

下列人员或单位不是缴费人：

1. 因履行职责而利用无线电频谱的国家机关。
2. 缴纳无线电频谱使用执照费的广播电视机构。
3. 作为自然人的无线电业余爱好者。
4. 使用单一电台频率的中波段（27兆赫）无线电的电台拥有者。

二、费率

无线电频谱占用费的费率根据国家预算法规定的、缴费期第一天的月度核算指标、无线电通信种类、使用频率的标称频率（频带）、无线电延长器套件、使用区域以及在提供服务的居民点内居民的数量和发送无线电的功率确定。

1. 下列通讯项目年费率包括（见表12－14）：

表12－14　　无线电频谱占用费的费率　　单位：月度核算指标

序号	无线电通信种类	使用地区	费率（月度核算指标）
1	个人无线电系统（频率占用宽度25千赫）	州、努尔苏丹市、阿拉木图市	10
2	中继通信（接收信道宽度25千赫，发送信道宽度25千赫）		
1）		努尔苏丹市、阿拉木图市	140
2）		5万人以上的居民点	80
3）		其他地区行政单位（地级市、区、镇、村（屯）、村（镇）小组）	10

续表

序号	无线电通信种类	使用地区	费率（月度核算指标）
3	超短波无线通信（双工通道，收发带宽都是25千赫）		
1）		努尔苏丹市、阿拉木图市	80
2）		5万人以上的居民点	60
3）		其他地区行政单位（地级市、区、镇、村（屯）、村（镇）小组）	15
4	超短波无线通信（25千赫带宽单工信道）		
1）		努尔苏丹市、阿拉木图市	30
2）		5万人以上的居民点	20
3）		其他地区行政单位（地级市、区、镇、村（屯）、村（镇）小组）	10
5	发射机输出功率如下的短波通信（每个和频率）： ——低于50瓦； ——超过50瓦	州、努尔苏丹市、阿拉木图市	10 20
6	无线电延长器（信道）	州、努尔苏丹市、阿拉木图市	2
7	移动通信（接收带宽为200千赫、发送带宽为200千赫的频带）	州、努尔苏丹市、阿拉木图市	1100
7-1	第三代移动通信和第四代手机通信（接收带宽2兆赫/发送带宽2兆赫的无线电频带）	州、努尔苏丹市、阿拉木图市	2200
8	全球个人移动卫星通信（接收带宽100千赫/发送带宽100千赫的双工频带）	哈国	20
9	带有HUB技术的卫星通信（HUB上使用的100千赫接收/100千赫发送带宽）	哈国	30
10	没有HUB技术的卫星通信（一个基站使用的频率）	哈国	100

续表

序号	无线电通信种类	使用地区	费率（月度核算指标）
11	无线电中继线路（每个跨距上的一个双工波道）：		
1）	地方中继线路	区、市、镇、村（屯）、村（屯）小组	40
2）	地区和干线中继线路	哈国	10
12	无线接入系统（双工通道，收发带宽都是25千赫）		
1）		5万人以上的居民点	25
2）		其他地区行政单位（地级市、区、镇、村（屯）、村（镇）小组）	2
13	采用宽带网技术的无线接入系统（接收带宽2兆赫/发送带宽2兆赫的双工信道）		
1）		努尔苏丹市、阿拉木图市	140
2）		5万人以上的居民点	70
3）		其他地区行政单位（地级市、区、镇、村（屯）、村（镇）小组）	5
14	有线电视（叫K赫带宽）		
1）		20万人以上的居民点	300
2）		5万—20万人的居民点	135
3）		5万人以下的区级市、市属区	45
4）		其他地区行政单位（镇、村（屯）、村（镇）小组）	5
15	海上无线电通信（无线调制解调器、岸边通信、遥测技术、无线电定位等），每个无线电信道	州	10

2. 数字电视广播年费率包括（见表12－15）：

表 12－15　　数字电视广播年费　　单位：月度核算指标

序号	数字电视广播频段	使用地区	费率（月度核算指标）
1	电视/米频段		
1)	发送无线电功率低于 50 瓦（含）	努尔苏丹市、阿拉木图市	81
		州	15
2)	发送无线电功率低于 250 瓦（含）	努尔苏丹市、阿拉木图市	361
		州	65
3)	发送无线电功率低于 500 瓦（含）	努尔苏丹市、阿拉木图市	957
		州	174
4)	发送无线电功率低于 1000 瓦（含）	努尔苏丹市、阿拉木图市	1353
		州	245
5)	发送无线电功率高于 1000 瓦	努尔苏丹市、阿拉木图市	2344
		州	425
2	电视/米频段		
1)	发送无线电功率低于 50 瓦（含）	努尔苏丹市、阿拉木图市	51
		州	9
2)	发送无线电功率低于 250 瓦（含）	努尔苏丹市、阿拉木图市	228
		州	41
3)	发送无线电功率低于 500 瓦（含）	努尔苏丹市、阿拉木图市	605
		州	110
4	发送无线电功率低于 1000 瓦（含）	努尔苏丹市、阿拉木图市	855
		州	155
5)	发送无线电功率高于 1000 瓦	努尔苏丹市、阿拉木图市	1481
		州	269

在进行试运行、比赛、展览和其他活动中占用（时间在 6 个月以内）无线电频谱时，费用根据无线电通信种类、无线电频谱使用地区和发送的无线电功率计算，其金额与无线电频谱实际占用时间一致，但是不能少于年费率的 1/12。

如果采用信号技术的双工信道带宽与本项费率中列举的带宽不同，则费率根据缴费人实际使用的双工信道带宽在本条费率中规定的双工信道带宽中的比重确定。

采用宽带信号技术时，按照“2 兆赫接收/2 兆赫发送”的带宽收费。

三、计算、缴纳和申报

无线电频谱占用费缴费金额由国家通信主管机关根据许可文件上规定的技术参数（包括发送无线电的功率）、不同类型无线电通信方式以及无线电频谱利用地区确定的年费率计算。

如果在缴费期内使用无线电频谱时间不到 1 年，则将计算出的年缴费额除以 12，再乘以 1 年中使用无线电频谱的月数来计算缴费额。

国家通信主管机关开具年度缴费总额通知书，并在每年 2 月 20 日之前交给缴费人。

如果取得确认无线电频谱利用权许可文件的日期是在 2 月 20 日之后，则国家通信主管机关应当在缴费人取得无线电频谱使用许可的次月 20 日之前向其发出缴费金额通知书。

年缴费总额应当在每年 3 月 25 日、6 月 25 日、9 月 25 日和 12 月 25 日之前等额按份缴入预算。

未在哈国领土从事活动和未注册为哈国缴费人的外国人、无国籍人士、非居民法人应在国家通信主管机关所在地缴纳费用。

无线电频谱占用费缴费期为每年 1 月 1 日至 12 月 31 日。

国家通信领域地方主管机关需要在 2 月 25 日之前向所在地税务机关提交缴费人和缴费金额、缴费对象的资料。

第十三节　国内（国际）长途电话及移动通信服务费

国内（国际）长途电话及移动通信服务费是指对提供国内长途电话、国际长途电话以及移动通信服务的收费。它是由国家通信主管机关按照哈国法律规定颁发的许可文件确认的。

一、缴费人

缴费人是按照哈国通信法律定的程序提供国内长途电话、国际长途电话通信以及移动通信服务的法人和自然人。

二、缴费对象

提供国内长途电话、国际长途电话以及移动通信服务的收费对象包括：

1. 国内、国际长途电话通信。

2. 移动通信。

三、费率

年费率由哈国政府确定。

四、计算、缴纳和申报

缴费金额由国家通信主管机关根据缴费人从提供电子通信（远距离通信）服务中取得的收入和年费率核算。

如果在一个缴费期内提供国内、国际长途电话通信以及移动通信服务的时间不足 1 年，则要将计算出的年缴费总额除以 12 再乘以 1 年中提供国内、国际长途电话通信以及移动通信服务的月数，以便计算缴费金额。

国家通信主管机关开具年度费用通知书，并在每年 2 月 20 日之前交给缴费人。

如果取得确认许可权文件的日期是在 2 月 20 日之后，则国家通信主管机关应当在缴费人取得国内、国际长途电话通信及移动通信服务提供权许可的次月 20 日之前向其发出注明缴费金额的通知书。

年缴费总额应当在每年 3 月 25 日、6 月 25 日、9 月 25 日和 12 月 25 日之前等额按份缴入预算。

国家通信领域地方主管机关需在 2 月 25 日之前向所在地税务机关提交缴费人和缴费金额、征费对象的资料。

第十四节 通航水道利用费

通航水道利用费是针对自然人或法人利用哈国通航水道而征收的费用。

一、缴费人

通航水道利用费的缴费人是利用哈国通航水道的自然人和法人。但国家机关免缴该项费用。

二、费率

通航水道利用费的费率按照国家预算法规定的、利用通航水道年度 1 月 1

日的月度核算指标的0.26倍的比例，乘以总登记吨位进行计算。

三、计算、缴纳和申报

缴费额根据费率、船只总吨位和使用通航水道的实际时间计算，但不得少于一个月内的缴费额。

月度缴费额是将国家交通执行部门确定的本年度支付总额划分到每个月而确定的。

缴费期内应缴费用应在规定提交缴费申请期后10日内由缴费人在所在地缴纳。

外国人、无国籍人员和非居民法人一次性停靠时需缴纳一个月的费用。如果他们在哈国通航水道上停留时间超过一个月，则应按照法律规定的办法将费用缴入财政。

缴费人需在下个缴费期的3月31日之前向缴费人所在地税务机关提交缴费申报表。

通航水道利用费缴费期为每年1月1日至12月31日。

国家交通主管机关应当在次年1月15日之前向主管机关提供通航的信息。

第十五节　户外（视觉）广告张贴费

户外（视觉）广告张贴费（以下简称张贴费）是指对在哈国境内居民点房间外面露天部位、普通公路用地固定张贴广告的地方张贴户外（视觉）广告而征收的费用。

根据哈国法律规定，缴费人在下列情况下可以张贴户外（视觉）广告（以下简称广告）：

1. 按照哈国法律规定的程序，根据国家公路主管机关（以下简称公路机关）发布的文件、于一定期限内在国际普通公路和普通国道公路用地上发布广告，根据州或区相关地方主管机关发布的文件在州或区级普通公路用地上发布广告。

2. 根据地方主管机关颁发的许可，按照哈国法律规定的程序在居民点以及交通工具上发布广告。

禁止在没有相关许可文件的情况下张贴广告。否则，以张贴户外（视觉）广告的实际情况作为罚款和缴库的依据。

一、缴费人

户外（视觉）广告张贴费的缴费人是指发布广告的自然人（包括个体企业主）和法人。

法人有权自行决定其分支机构作为分支机构所在地征费对象的独立缴费人。除非另有规定，否则法人做出承认或者撤销独立缴费人的决定将于下一年1月1日开始生效。如果新成立的分支机构被认为是独立缴费人，则法人的决定于分支机构成立之日起或分支机构成立的次年1月1日起生效。

哈国国家机关为履行职责而发布的户外（视觉）广告不用缴费。

二、费率

户外（视觉）广告张贴费费率根据国家预算法确定的，截至发布户外（视觉）广告当月1日的月度核算指标计算。

1. 在普通国道公路用地上张贴单面面积小于3平方米的户外（视觉）广告时的月费率见表12－16所示：

表12－16 普通公路上户外（视觉）广告张贴费费率 单位：月度核算指标

序号	公路等级	费率（月度核算指标）
1	进城道路	25
2	Ⅰ、Ⅱ	20
3	Ⅲ	10
4	Ⅳ	5

张贴尺寸超标的广告时，其月费率根据广告一面（张）的面积超出3平方米的比例相应增加。

2. 在以下位置张贴广告的月度基准缴费额：

（1）在地方公路用地和居民点，根据广告面积和安放位置确定费率（见表12－17）：

表 12-17　地方公路和居民点户外（视觉）广告张贴费费率　单位：月度核算指标

序号	广告种类	固定广告费率（单面）（月度核算指标）		
		直辖市和首都	州辖市	其他区级市、镇、村、屯
1	面积小于2平方米的指示牌、招牌和信息板（一个广告）	2	1	0
2	灯箱（城市型）	3	2	1
3	如下面积的广告信息牌			
3.1	2—5平方米	5	3	1
3.2	5—10平方米	10	5	2
3.3	10—20平方米	20	10	5
3.4	20—30平方米	30	15	5
3.5	30—50平方米	50	20	10
3.6	50—70平方米	70	30	15
3.7	70平方米以上	100	50	25
4	屋顶霓虹灯广告（发光板或者立体霓虹灯光字母）：			
4.1	小于30平方米	30	20	10
4.2	30平方米以上	50	30	10
5	帐篷、帆布篷、天幕、敞棚、伞、旗子、信号旗、元首旗上的广告			
5.1	小于5平方米	1	1	0
5.2	5—10平方米	2	1	0
5.3	10平方米以上	3	2	1
6	临时售货亭和展馆上的广告			
6.1	小于2平方米	2	1	0
6.2	2—5平方米	2	1	0
6.3	5—10平方米	3	2	1
6.4	10平方米以上	8	4	2
7	伸缩式广告（户外移动式广告牌）	10	5	1

（2）交通工具上的广告，根据广告面积和设置地点确定费率（见表12-18）：

表 12－18　　交通工具上广告张贴费费率　　单位：月度核算指标

序号	广告种类	移动对象的费率（月度核算指标）		
		直辖市和首都	州辖市	其他区级市、镇、村、屯
1	交通工具外部广告（每辆车）：			
1.1	公共汽车、无轨电车、有轨电车、卡车、专用汽车（载重 1.5 吨以上）、自行式车辆和机械	8	4	2
1.2	中巴、出租车、小汽车（载重 1.5 吨以上）上的广告	3	2	1
2	安装在汽车交通工具构件上的广告（装饰板、展板、灯箱），每面；			
2.1	小于 2 平方米	3	2	1
2.2	2—5 平方米	15	10	5
2.3	5—10 平方米	35	25	10
2.4	10—20 平方米	50	25	10
2.5	20—40 平方米	60	45	20
2.6	40 平方米以上	80	40	25

州、直辖市和首都的地方代表机构有权根据广告设置位置，提高安装在普通公路用地和居民点内广告的基准费率，但不得超过 2 倍（见表 12－19）。

表 12－19　　普通公路和居民点内广告的基准费率　　单位：月度核算指标

序号	公路等级	费率（月度核算指标）
1	进城道路	8
2	Ⅰ、Ⅱ	7
3	Ⅲ	3
4	Ⅳ	2

三、计算、缴纳和申报

户外（视觉）广告张贴费缴费额根据费率和许可文件上标明的广告实际

发布时间核算，但是不能少于一个月的缴费额。

每个月应缴库的缴费额应在次月 25 日之前缴纳。

在取得许可文件时，缴费人应向公路机关或者地方主管机关提供能够证明月度广告发布缴费证明的文件。

应当在许可文件上规定的发布户外（视觉）广告的地方缴费入库，在交通工具上发布的广告除外。后者的费用在交通工具国家登记地缴库。

缴费人可以根据法律规定的方法以及主管机关的证明，申请返还和抵销上缴给税务机关多付的费额。

公路机关和地方主管机关应当在次月 15 日之前，按主管机关规定的格式向所在地税务机关提供缴费人和收费对象的信息。

第十六节　行政性收费

一、概述

根据《税法典》的规定，行政性收费是国家主管机关或者公职人员实施重要法律活动或颁发证书时征收的费用。由于在哈国，颁发证书（证书复印件、复印件）被认为是一项重要的法律活动，因此，对于实施重要法律活动和领取证书（证书复印件、复印件）的自然人和法人，都必须按照法律的规定，缴纳相应的费用。

二、缴费人

行政性收费的缴费人是指为了实施重要法律活动或获取证书而到国家主管机关或公职人员处办事的法人和自然人。

当相关国家主管机关为分支机构实施重要法律活动时，该分支机构可视为行政性收费的独立缴费人。

三、缴费对象

根据哈国法律的规定，行政性收费的对象具体包括以下 15 类：

1. 向法院提交起诉书、特别诉讼程序申请书、适用特别程序的案件申请书（投诉书）、申请法院发出法院指令申请书、申请判决执行令复印件的申请书、申请强制执行仲裁（公断）法庭和外国法院判决的执行令申请书、申请再次出具判决书和执行令以及其他文件复印件的申请书。

2. 实施公证行为以及颁发公证文件复印件（复印件）。

3. 户籍登记以及因户籍登记信息发生变更、补充、修改和恢复给公民提供证明或者提供户籍登记查询和证明。

4. 办理出境永久居住权文件、邀请其他国家人员来哈国的邀请函以及对其进行变更。

5. 在哈国领土上为外国人和无国籍人员护照或者护照代替文件上签发允许出入哈国的签证。

6. 办理取得哈国公民身份、恢复哈国公民身份和终止哈国公民身份的文件。

7. 居住地登记。

8. 签发狩猎执照和年度登记。

9. 签发野生和濒临灭绝动物、鲟鱼和衍生物进出口许可。

10. 签发身份证。

11. 发放从哈国进出口武器及其弹药的储存、携带、运输许可证。

12. 法人和自然人民用和警用武器（狩猎用冷兵器、信号枪、装有催泪物质和刺激性物质的机械喷雾器、气溶胶装置和其他装置，枪口功率不超过7.5焦耳且口径小于或等于4.5毫米的气动武器除外）的登记或重新登记。

13. 哈国政府授权的国家机关按照哈国批准的国际条约的规定，在哈国规定的正式文件上填写旁注。

14. 签发驾驶证、拖拉机驾驶证、机械运输工具国家登记证明、国家登记的车牌号证明、技术检查国际认证证书。

15. 国家知识产权主管机关实施的重要法律活动。

四、费率

行政性收费的费率是根据国家预算法制订的、缴费之日的月度核算指标确定的。具体规定如下：

1. 法院行政性收费费率。向法院提交起诉书、特别诉讼程序申请书、适用特别程序的案件申请书（投诉书）、申请法院发出法院指令申请书、申请判决执行令复印件的申请书、申请强制执行仲裁（公断）法庭和外国法院判决的执行令申请书、申请再次出具判决书、执行令和其他文件复印件的申请书时按下列额度收费：

（1）财产类起诉书：自然人缴费人的费率为诉讼金额的1%；法人缴费人的费率为诉讼金额的3%。

（2）对国家机关及其公职人员限制自然人权利的不法行为投诉时的缴费率为月度核算指标的30%。

（3）对国家机关及其公职人员限制法人权利的不法行为投诉时的缴费率为月度核算指标的500%。

（4）对税务检查通知书的争议申请：个体经营者、农民和农场主的缴费率为通知书上注明的争议税款额和其他应缴库金额（包括罚金）的0.1%；法人的缴费率为通知书上注明的争议税款额和其他应缴库金额（包括罚金）的1%。

（5）离婚起诉书为月度核算指标的30%。进行离婚财产分割时的缴费根据第（1）项诉讼费确定。

（6）与按规定程序证明缺席、精神病人、痴呆、无行为能力人或者被判剥夺自由超过3年的人离婚时，分割财产起诉书的费率按第（1）项规定执行。

（7）变更或者解除住房租赁合同、遗产继承延期、财产免于查封起诉书以及非财产性或者无须评估的起诉书时的费率为月度核算指标的50%。

（8）特别诉讼程序申请书、使用特别程序的案件申请书（投诉书）（第（2）、（3）、（4）和（13）项规定的内容除外）时的费率为月度核算指标的50%。

（9）对仲裁法院仲裁结果的上诉申请书、撤销仲裁结果的申请书的费率为向哈国法院提交非财产性起诉书时收取的行政性收费金额的50%；对财产性争议的费率为向哈国法院提交财产性起诉书时收取的、根据申请人争议金额计算出来的行政性收费金额的50%。

（10）申请发出法院令时的费率为第（1）项规定的行政性收费标准的50%。

（11）申请下发执行令复印件、申请下发强制执行仲裁（公断）法庭仲裁结果和外国法院判决的执行令申请书时的费率为月度核算指标的500%。

（12）申请再次下发法院判决书、判定、决定和其他法院令复印件（复印件）以及法院根据案件其他参加人的请求再次下发与案件相关的其他文件复印件的申请书时的费率为每份文件收取月度核算指标的10%，每一页加收月度核算指标的3%。

（13）申请认定法人破产、执行重组程序、执行快速重组程序的申请书时的费率为500%。

另外，对于同时包含财产性要求和非财产性要求的起诉书，需要同时征收为财产性起诉书规定的行政性收费和为非财产性起诉书规定的行政性收费。

2. 公证行政性收费费率。实施公证行政性收费的征收额度如下：

（1）城市不动产（土地、住宅、别墅、车库、设施和其他不动产）转让合同公证的费率为：

如果其中一方是法人，为月度核算指标的1000%；

对于总额小于30个月度核算指标的，如果其中一方是儿童、配偶、父母、同胞兄弟姐妹、孙子女的，为月度核算指标的100%；如果是其他人的，则为月度核算指标的300%；

对于总额达到30个月度核算指标以上的，如果其中一方是儿童、配偶、父母、同胞兄弟姐妹、孙子女的，为月度核算指标的500%；如果是其他人的，则为月度核算指标的700%；

如果是通过住房抵押购买不动产的完成合同，则为月度核算指标的200%。

（2）村镇不动产（地块、住宅、别墅、车库、设施和其他不动产）转让合同公证的征费额为：

如果其中一方是法人，为月度核算指标的100%；

如果其中的一方是儿童、配偶、父母、同胞兄弟姐妹、孙子女的，为月度核算指标的50%；如果一方是其他人的，则为月度核算指标的70%。

（3）交通工具转让合同公证收费额为：

如果其中一方是法人，为月度核算指标的700%；

如果其中一方是儿童、配偶、父母、同胞兄弟姐妹、孙子女，为月度核算指标的200%；如果一方是其他人的，则为月度核算指标的500%。

（4）出租合同、债务合同（住房抵押债务合同除外）、定金、租金和承包合同、婚姻财产协议、共有财产分割合同、分割继承财产合同、支付赡养费的协议、创立合同公证等，为月度核算指标的500%；

（5）住宅抵押贷款合同公证，为月度核算指标的200%。

（6）遗嘱公证，为月度核算指标的100%。

（7）出具继承权证明，每份证明为月度核算指标的100%。

（8）出具夫妻双方以及其他对财产拥有共同所有权的人对共有财产相应份额所有权的证明，为月度核算指标的100%。

（9）财产使用和处置权委托证明公证，为月度核算指标的50%。

（10）汽车交通工具使用和管理权（无出卖权）委托证明公证，为月度核算指标的100%。

（11）汽车交通工具出卖、赠送、交换委托证明公证，为月度核算指标的200%。

（12）其他证明委托书等公证额：自然人为月度核算指标的10%；法人为月度核算指标的50%。

（13）对继承的财产采取保全措施，为月度核算指标的100%。

（14）办理海事声明，为月度核算指标的50%。

（15）文件复印件和文件摘录真实性公证（每页）：自然人为月度核算指标的5%；法人为月度核算指标的10%。

（16）文件上的签字真实可靠、文件从一种语言翻译成另一种语言的准确性公证（每份文件）：自然人为月度核算指标的3%；法人为月度核算指标的10%。

（17）将法人和自然人的声明转交给其他法人和自然人，为月度核算指标的20%。

（18）出具经过公证且有证明力的文件复印件，为月度核算指标的20%。

（19）出具复印件，为月度核算指标的100%。

（20）银行开户时签名真实性公证（每份文件）：自然人为月度核算指标的10%；法人为月度核算指标的50%。

（21）不动产抵押合同、住房抵押债务抵押证书和索赔权公证，为月度核算指标的200%；其他抵押合同公证，为月度核算指标的700%。

（22）办理期票拒付证书、支票拒付公证，为月度核算指标的50%。

（23）文件和有价证券保管公证，每个月为月度核算指标的10%。

（24）担保合同和赔偿合同公证，为月度核算指标的50%。

（25）实施哈国法律规定的其他公证行为，为月度核算指标的20%。

3. 户籍登记行政性收费的费率。户籍登记、为公民出具第二份户籍登记证明、因登记的出生日期、结婚离婚情况、死亡情况等记录发生变更、补充、修正和恢复而出具证明时按下列标准收费：

（1）结婚登记，为月度核算指标的100%。

（2）离婚登记：如果是无未成年子女的夫妻双方相互协商离婚的，为月度核算指标的200%；如果是根据法院判决离婚的，为月度核算指标的150%（由夫妻一方或双方支付）；如果是根据法院判决和按规定程序证明缺席或者因精神疾病、痴呆、无行为能力的人、被判剥夺自由超过3年的人离婚的，为月度核算指标的10%。

（3）姓、名或父称、民族和性别变更登记，为月度核算指标的200%；据此每出具一份配偶、子女证明，为月度核算指标的50%。

（4）因出生日期、结婚离婚情况、死亡情况等登记记录发生变更、补充、修正和恢复而出具证明的，为月度核算指标的50%。

（5）再次出具户籍登记证明的，为月度核算指标的100%。

（6）外国公民收养子女登记，为月度核算指标的200%。

（7）为哈国公民提供户籍登记查询，为月度核算指标的30%。

（8）要求提供独联体国家户籍登记证明的，为月度核算指标的50%。

（9）请求提供除独联体国家以外的其他国家户籍登记证明的，月度核算指标的100%。

4. 办理与取得哈国公民身份、恢复哈国公民身份、终止哈国公民身份、离开哈国或者进入哈国国境有关事项时的行政性收费费率如下：

（1）签发或延长外国人和无国籍人员下列事项的签证时：离开哈国的，为月度核算指标的50%；进入哈国和离开哈国的，为月度核算指标的100%。

（2）为外国人和无国籍人员签发多次往返签证的，为月度核算指标的200%。

（3）哈国公民、长期居住在哈国境内的外国人和无国籍人员离开哈国和进入哈国的证件进行变更时，为月度核算指标的100%。

（4）为哈国公民、外国人和无国籍人员出具邀请入境的文件时，对于每个被邀请人，为月度核算指标的50%。

（5）办理取得哈国公民身份、恢复哈国公民身份和终止哈国公民身份的文件时，为月度核算指标的100%。

（6）发放丢失或损坏的进入哈国邀请函的替换文件的，分别按第（1）、（2）和（4）项规定的标准执行。

5. 国家知识产权主管机关实施重要法律行为时的行政性收费费率。知识产权国家主管机关实施重要法律行为时的行政性收费按下列标准征收：

（1）授予创新专利权、普通专利权、出具证明，为月度核算指标的100%。

（2）发放名牌商标认证证书，为月度核算指标的100%。

（3）与使用工业产权相关的特权合同与抵押合同、许可合同、从属许可合同登记，为月度核算指标的150%。

（4）专利代理人证明，为月度核算指标的1500%。

（5）出具特许代理人登记证明，为月度核算指标的100%。

6. 办理其他事项时的行政性收费费率。办理其他事项时行政性收费的征收标准如下：

（1）居住地登记时，为月度核算指标的10%。

（2）签发狩猎执照和年度登记时，为月度核算指标的10%。

（3）签发野生和濒临灭绝动物、鲟鱼及其部分和衍生物进出口许可时，为月度核算指标的200%。

（4）签发哈国公民护照、无国籍人员证明，为月度核算指标的400%；签发哈国公民身份、外国人在哈国常住地类型、临时身份证明，为月度核算指标的20%。

（5）签发给法人的民用和警用武器弹药输入许可证、输出许可证、存储许可证、运输许可证的，为月度核算指标的200%，签发给法人的民用和警用武器弹药存储及携带许可证和民用武器弹药代售介绍信的，为月度核算指标的100%；

签发给自然人的民用武器弹药输入许可证、输出许可证、购买许可证、民用和警用武器弹药存储许可证、民用和警用武器弹药存储及携带许可证、民用武器弹药代售介绍信的，为月度核算指标的50%；签发给自然人民用和警用武器弹药运输许可证的，为月度核算指标的10%。

（6）法人和自然人每件民用和警用武器（狩猎用冷兵器、信号枪、装有催泪物质和刺激性物质的机械喷雾器、气溶胶装置和其他装置、枪口功率不超过7.5焦耳、口径小于或等于4.5毫米的气动武器除外）登记或重新登记，为月度核算指标的10%。

（7）证明身份文件变更时，为月度核算指标的10%。

（8）哈国政府授权的国家机关按照哈国批准的国际条约的规定，在哈国订立的正式文件上填写旁注时，每份文件为月度核算指标的50%。

（9）签发下列文件时：

驾驶证，为月度核算指标的125%；

交通工具国家登记证明，为月度核算指标的125%；

汽车国家登记号，为月度核算指标的280%；

机动交通工具、拖车国家登记号牌，为月度核算指标的140%；

运输工具行程（过境）国家登记号牌，为月度核算指标的35%；

国际技术检查认证证书及其复印件，为月度核算指标的50%。

（10）签发下列文件时：

拖拉机司机驾驶证，为月度核算指标的50%；

拖拉机、以拖拉机为基础的自行式车架和机械、拖拉机拖车（包括安装有专用设备的拖车）、自行式农用、土壤改良和道路施工机械设备国家登记号牌，为月度核算指标的100%；

拖拉机、以拖拉机为基础的自行式车架和机械、拖拉机拖车（包括安装有专用设备的拖车）、自行式农用、土壤改良和道路施工机械设备的技术说明书，为月度核算指标的50%。

五、行政性收费的免除

1. 法院行政性收费的免除。根据法律规定，下列人员免缴法庭诉讼行政性收费：

（1）上诉请求补偿劳动报酬和具有其他与劳动有关的要求的原告。

（2）作为管理集体所有财产权的单位和执行者的原告，在著作权和类似权利引发的诉讼中的原告。

（3）作为工业所有权的原告，在发明、实用新型和工业样品相关权利引发的诉讼中的原告。

（4）索要赡养费诉讼中的原告。

（5）请求补偿重伤或其他对身体的伤害，以及因抚养人死亡而造成的损失的诉讼中的原告。

（6）因犯罪行为造成的财产损失赔偿诉讼中的原告。

（7）被签发与刑事案件和赡养费案件有关文件的自然人和法人（与案件无关的人员除外）。

（8）索要违反哈国自然环境保护法造成的损失赔偿金并缴库的诉讼中的原告。

（9）索要政府擅自截留或取消培养学生开支的诉讼中的职业学校和专科学院。

（10）在哈国法律规定的情况下，向法院起诉要求保护其他人利益和国家利益的法人和自然人。

（11）根据哈国预算法的规定，向法院提起诉讼要求返还预算拨款以及国家债务或者国家担保债务的代理人（代办人）。

（12）在所有案件和文件中涉及的下列人员：参加卫国战争及享受同等待遇的人、在卫国战争期间荣获苏联授予的勋章和奖章的人、在1941年6月22日到1945年5月9日期间工作（服役）不少于6个月的人、残疾人以及残疾幼童父母。

（13）与取得哈国公民身份有关的所有诉讼和文件中的被遣返回国的，作为原告的哈萨克斯坦人。

（14）就下列事项向法院起诉的自然人和法人：

撤销法院关于终止案件程序或者不予受理起诉的裁定；

延期或者分期执行法院判决；

变更法院判决执行方式和程序；

诉讼保证或者担保替换；

根据新发现的情节对法院判决、裁定或判令进行重新审查；

增加或者降低法院裁定的罚款；

变更法院执行决议，恢复遗漏的日期；

取消法院的缺席决议；

在特殊教育机构和采取特殊管理制度的教育机构进行安置。

（15）就下列事项向法院进行投诉的自然人和法人：

法院执行人员的（执行）行为；

就法院拒绝增加或者减少罚款的裁定进行的私人投诉；

关于法院裁定的其他私人投诉；

就行政违法案件的判决进行的投诉；

取消法院的缺席决议投诉；

（16）检察机关提起的各种诉讼。

（17）国家机关提起诉讼以及对法院判决提出的上诉（为保护第三人利益的情况除外）。

（18）失去听力、语言能力和视觉功能的残疾人占比不小于35%的社会残疾人联合会或其创立的组织，为自身利益发起的诉讼。

（19）投保人和保险机构（公司）由于义务保险合同产生的诉讼。

（20）由于公民被非法关押、非法隔离或者行政机关逮捕或者劳动改造形式的处罚，而非法损害公民的利益并造成损失的赔偿争议中的原告和被告。

（21）哈国国家银行及其分行和代表处就其职权范围内的问题提起的诉讼。

（22）被强制清算的金融单位清算委员会为了保护清算单位的利益而提起的诉讼和申请。

（23）依照哈国法律的规定实施国家投资政策的银行，就下列事项提起的诉讼：

①追索依靠预算资金发放、需要返还的贷款债务；

②要求征收财产；

③由于债务人不履行政府担保债务、国家外债以及依靠预算资金发放的债务规定的义务而导致的债务人破产。

（24）债券持有人代表，代表债券持有人就发行机构不履行债券发行说明书规定义务的问题提起的诉讼。

（25）破产重组管理人，在哈国破产法律定的权限范围内就破产流程和重组程序提起的诉讼。

（26）居民迁移主管机关就违反哈国法律而强迫外国人和无国籍人员迁出哈国领土的有关问题提出的起诉。

2. 公证行政性收费的免除。下列人员在办理公证时免缴行政性收费：

（1）自然人出于国家利益而进行财产赠予合同和遗嘱的公证。

（2）国家机关出具国家继承权证明（证明复印件）以及为获得此类证明（证明复印件）而必需的各种文件的公证。

（3）自然人领取下列对象继承权的证明：

因履行其他国家义务或社会义务，或者因为履行哈国公民救助人员生命、保护国家财产和法律责任而牺牲的人员的财产；

住宅建设合作组织中的股份或者住房，继承人与被继承人共同居住 3 年以上且在被继承人死后仍继续居住在该住房内；

保险合同约定的保险理赔金、国债券、劳动报酬、著作权报酬、稿费以及发现、发明和工业样品设计奖金；

恢复公民权利而获得的财产。

（4）参加卫国战争的人及享受同等待遇的人、在卫国战争期间荣获苏联授予的勋章和奖章的人、在 1941 年 6 月 22 日到 1945 年 5 月 9 日期间工作

(服役) 不少于6个月的人、残疾人以及残疾幼童父母进行的所有公证活动。

(5) 被遣送回国的人（被遣返回国的哈萨克斯坦人）进行的与取得哈国国籍有关的各种公证。

(6) 荣获“英雄母亲”称号、“亲爱祖国”和“库姆萨普卡”垂饰的多子女母亲进行的各种公证活动。

(7) 按照哈国法律规定被指定了监护人的患慢性精神疾病的自然人进行的申领财产继承证明的。

(8) 哈萨克斯坦残疾人志愿者协会（Ⅱ OHK)、哈萨克斯坦失聪者协会(KOF)、哈萨克斯坦盲人协会（KOC）以及他们的生产企业进行的各种公证活动。

(9) 未满18岁的孤儿和没有父母照顾的留守儿童进行的签发财产继承权证明的。

3. 户籍登记行政性收费的免除。在提供相关证明文件的情况下，免收下列人员户籍登记的行政性收费：

(1) 参加卫国战争及享受同等待遇的人、在卫国战争期间荣获苏联授予的勋章和奖章的人、在1941年6月22日到1945年5月9日期间工作（服役）不少于6个月的人、残疾人以及残疾幼童的父母或监护人（保护人)、国家组织，进行登记和再次发放出生证明。

(2) 自然人因为进行户籍登记时出现错误而对出生日期、死亡情况、确立父亲、养子（养女）身份等记录发生变更、补充、修正和恢复时为其发放的证明。

(3) 自然人为其再次发放亲属死亡证明或替换以前发放的该证明。

(4) 自然人因确立父亲、养子（养女）身份而再次下发出生证明。

4. 补发和取得哈国公民身份时行政性收费的免除。下列人员免缴行政性收费（但只能享受一次免缴行政性收费的情况)：

(1) 在大清洗和强制集体化时期或者因为其他非人道政治运动而被迫离开哈国领土的人及其后代，愿意恢复哈国国籍的。

(2) 被遣送回国的人（被遣返回国的哈萨克斯坦人）取得哈国国籍的。

5. 国家知识产权主管机关实施重要法律行为时行政性收费的免除。国家知识产权主管机关实施重要法律行为时下列人员免缴行政性收费：

(1) 生活在普通老年人和残疾人社会医疗机构中的老年人和残疾人。

(2) 在寄宿学校、职业技术学校、职业专科学校集体宿舍生活的、完全依靠国家供养的学生。

（3）取得哈国国籍之前被遣送回国的人（被遣返回国的哈萨克斯坦人）。

（4）苏联英雄、社会主义劳动英雄、三级光荣勋章获得者和三级劳动光荣勋章获得者、"金鹰"和"祖国"勋章获得者、"人民英雄"和"哈萨克斯坦劳动英雄"荣誉获得者、荣获"英雄母亲"称号的多子女母亲、"亲爱祖国"和"库姆萨普卡"垂饰获得者。

（5）参加卫国战争以及享受同等待遇的人、在卫国战争期间荣获苏联授予的勋章和奖章的人、在1941年6月22日到1945年5月9日期间工作（服役）不少于6个月的人、残疾人以及残疾幼童父母，在切尔诺贝利核事故中受伤的公民。

6. 办理其他事项时行政性收费的免除。下列人员免缴行政性收费：

（1）居住地登记时：

生活在普通老年人和残疾人社会医疗机构中的老年人和残疾人；

在寄宿学校、职业技术学校、职业专科学校集体宿舍生活的、完全依靠国家供养的学生；

取得哈国国籍之前被遣送回国的人（被遣返回国的哈萨克斯坦人）；苏联英雄、社会主义劳动英雄、三级光荣勋章获得者和三级劳动光荣勋章获得者、"金鹰"和"祖国"勋章获得者、"人民英雄"和"哈萨克斯坦劳动英雄"荣誉获得者、荣获"英雄母亲"称号的多子女母亲、"亲爱祖国"和"库姆萨普卡"垂饰获得者；

参加卫国战争的人及享受同等待遇的人、在卫国战争期间荣获苏联授予的勋章和奖章的人、在1941年6月22日到1945年5月9日期间工作（服役）不少于6个月的人、残疾人以及残疾幼童的父母；因切尔诺贝利核事故受到伤害的公民。

（2）发放或延期（狩猎专家、猎场看守人、注册猎人）狩猎权许可证的。

（3）在刑事案件中提起民事诉讼的。

（4）通过哈国外交代表处和领事机构在送来认证的文件上填写旁注的。

（5）请求哈国外交代表处和领事机构再次向公民发放户籍登记证明的。

（6）发放哈国公民身份证和护照以及外国公民在哈国的居留证和无国籍人员证明的：

苏联英雄、社会主义劳动英雄；

三级光荣勋章获得者和三级劳动光荣勋章获得者、“人民英雄”和“哈萨克斯坦劳动英雄”荣誉获得者；

被授予“英雄母亲”称号及获得“亲爱祖国”和“库姆萨普卡”垂饰的多子女母亲；

参加卫国战争的人及享受同等待遇的人、在卫国战争期间荣获苏联授予的勋章和奖章的人、在1941年6月22日到1945年5月9日期间工作（服役）不少于6个月的人、残疾人以及残疾幼童的父母；

生活在普通老年人和残疾人社会医疗机构中的老年人，居住在孤儿院或寄宿制学校的完全依靠国家供养的孤儿和无父母照顾的留守儿童；

因切尔诺贝利核事故受到伤害的公民。

（7）发放汽车、汽车拖车和摩托车国家登记号牌时：

“苏联英雄”、社会主义劳动英雄、三级光荣勋章获得者和三级劳动光荣勋章获得者、“人民英雄”和“哈萨克斯坦劳动英雄”荣誉获得者；

参加卫国战争的人及享受同等待遇的人、在卫国战争期间荣获苏联授予的勋章和奖章的人、在1941年6月22日到1945年5月9日期间工作（服役）不少于6个月的人、残疾人以及残疾幼童的父母；

因切尔诺贝利核事故受到伤害的公民。

六、行政性收费的缴纳

1. 行政性收费在国家主管机关或者公职人员实施重要法律行为或颁发证书的地方，通过银行或者开展某些银行业务的机构以转账的方式和现金缴纳。

2. 行政性收费的缴纳时间：

（1）法院审理的案件，在递交相关起诉书（投诉状）或者发出法庭令的申请书之前，以及法庭出具文件复印件时缴纳。

（2）进行公证、下发文件复印件或复印件的规费，在完成公证事项登记时缴纳。

（3）户籍证明文件的国家登记、对户籍登记信息进行修改、补充、恢复和修正以及提供查询、出具二次证明时，在进行上述工作时缴纳。

（4）无未成年子女的夫妻双方协议离婚国家登记的规费在登记时缴纳。

（5）公民居住地登记收费在下发相关文件之前缴纳。

（6）签发哈国公民护照和身份证、无国籍人员身份证明、外国公民在哈国居留证的，在发放相关证件之前缴纳。

（7）发放驾驶证、拖拉机司机驾驶证、机械运输工具和拖车国家登记证明、技术检查国际认证证书及其复印件、国家登记车辆号牌的，在发放相关证件和国家登记号牌之前缴纳。

（8）发放狩猎权许可证的，在发放相关证件之前缴纳。

（9）签发野生和濒临灭绝动物、鲟鱼及其部分和衍生物进出口许可证的，在发放相关文件之前缴纳；

（10）发放从哈国进出口武器及其弹药、储存或保管和携带、运输许可证的，在发放相关文件之前缴纳。

（11）法人和自然人民用和公务用的每把武器（狩猎用冷兵器、信号枪、装有催泪物质和刺激性物质的机械喷雾器、气溶胶装置和其他装置、枪口功率不超过7.5焦耳、口径小于或等于4.5毫米的气动武器除外）的登记或重新登记，在发放相关文件之前缴纳。

（12）与取得哈国公民身份、恢复哈国公民身份或者终止哈国公民身份以及离开哈国或者进入哈国边境有关的事务的，在收到相关文件之前缴纳。

（13）哈国法律授权的国家机构在哈国国家机构和公证人提出的正式文件上认证填写旁注的规费，在填写旁注之前缴纳。

（14）知识产权国家主管机关实施与授予创新专利权、普通专利权、颁发认证证书、合同登记、专利代理人鉴定和登记相关的重要法律行为的，在颁发相关证书之前缴纳。

3. 已缴纳行政性收费的退还。根据哈国法律的规定，已经缴纳的行政性收费在下列情况下应当全部或部分退还：

（1）收取的行政性收费超过了本法律定的标准，但原告降低自己要求的情况除外。

（2）案件移交至仲裁法院。

（3）签订调解协调争议协议。

（4）撤销诉状（投诉）或者诉状（投诉）被驳回、公证员或者执行公证员拒绝为该人进行公证。

（5）因案件不属于法院审理范围或者原告没有遵守此类案件的争议预解决程序，或者诉讼是由无行为能力的人提起的而终止案件程序或者对诉讼不予审理的。

（6）缴纳行政性收费的人拒绝履行重要法律行为或者向实施重要法律行为的机关申请之前拒绝接收相关文件。

(7) 哈国法律规定的其他情况。

在下列情况下行政性收费不予返还：

①原告撤诉。

②原告降低了自己的要求。

③双方签订和平协议终止案件。

申请退费人应在自行政性收费缴库之日起的3年内，将退费申请书、作为退费依据的相关国家机关文件和证明已缴纳行政性收费的文件一并提交给税务机关。收到退费申请后的15个工作日内，税务机关应对申请予以审核。符合条件的，税务机关应将已缴库的收费返还到缴费人的银行户头。

如果法院已经支持缴费人并做出判决，要求作为案件一方的国家机关退还行政性收费，则税务机关应当根据缴费人的申请、行政性收费缴库的缴费证明和法院判决书将收取的行政性收费退还给缴费人。行政性收费返还之后，税务机关需向缴费人和国家机关提交已经履行法院判决的确认函。

国家主管机关或公职人员应按照规定，在缴费季度次月20日前按季度向所在地税务机关提交缴费人的信息。

第十七节　领事签证费

领事签证费是哈国外交代表机构和领事机构在办理领事事务、签发具有法律意义的文件时向外国人、无国籍人员、外国非居民法人、哈国自然人和法人收取的费用。

一、缴费人

领事签证费的缴费人是为其利益办理法律规定的领事事务的外国人、无国籍人员、外国非居民法人、哈国的自然人和法人。

二、征费对象

领事签证费的收费对象包括以下事务：

1. 办理哈国公民护照。

2. 签发哈国签证。

3. 签发返回哈国的证明。

4. 办理哈国公民境外停留的申请。

5. 为长期定居境外的哈国公民、由外国人收养的哈国儿童在领事机构登记。

6. 办理关于哈国国籍问题的文件。

7. 户籍登记。

8. 索取文件。

9. 文件认证、需要认证的文件的接收与送交。

10. 实施公证行为。

11. 在领事机构保管遗嘱、文件袋（不包括遗嘱）、现金、有价证券和其他重要物品（遗产除外）。

12. 投标销售商品或者其他财产。

13. 根据附件移交的期限在6个月以内的财产或有价证券的寄存。

14. 通过外交邮件向法人地址寄送文件。

15. 为境外购买的船只发放悬挂哈国国旗航行权利证书，为哈国法律或哈国参与的国际条约规定的船只办理申报表和其他证件、提供证明。

16. 出具具有法律意义的其他文件（证明文件）。

三、费率

领事签证费最低和最高基准费率以及紧急情况下领事签证费的费率由哈国政府规定，哈国批准的国际条约另有规定的情况除外。

哈国外交部有权在领事签证费基准费率范围内确定具体的费率。

四、领事签证费的免除

下列情况不收取领事签证费：

1.《税法典》第542—546条规定的，免除公证收费、户籍登记收费、取得或补发哈国公民身份的收费、知识产权国家机关的收费以及其他行政收费的情况。

2. 与哈国签订互免征收领事签证费协议的国家的自然人和法人。

3. 按照与哈国签订法律援助协议的国家政府部门和公民个人的请求，要求提供关于赡养费、国家福利金和退休金、养子女的个人情况、民事案件和刑事案件相关文件。

4. 为外国外交代表机构或领事机构的下列人员办理签证而办理和打印的

照会：

（1）哈国官方代表团成员及其随行人员；

（2）哈国国会成员；

（3）持有哈国外交护照、公务护照或者国民护照、出境办理公务的哈国政府工作人员；

（4）哈国驻外机构人员家属；

（5）因哈国驻外机构员工或工作人员生病或死亡而出境的哈国驻外机构工作人员的亲属及其随行人员。

5. 审核哈国公民和法人以及外国人和无国籍人员、外国法人要求签发签证的申请时，向哈国驻外机构发出指令给下列人员发放签证（签证协助）：

前往哈国的外国官方代表团成员及其随行人员；

前往哈国参加国家和国际活动（学术报告会、代表会议和其他政治、文化、学术和体育活动）的外国人；

受哈国总统办公厅、政府、国会、宪法委员会、最高法院、中央选举委员会、总理办公室、努尔苏丹和阿拉木图州和市国家机关和政府邀请前往哈国的外国人；

经与哈国相关国家机关协商前往哈国进行人道主义援助的外国人；

前往哈国执行公务的国际组织人员；

根据对等原则，受派驻在哈国的外交代表机构和领事机构邀请前往哈国的外国人；

投资签证；

不属于哈国公民的哈萨克族人。

6. 为下列人员签发签证：

前往哈国的外国官方代表团成员及其随行人员；

前往哈国参加国家和国际活动（学术报告会、代表会议和其他政治、文化、学术和体育活动）的外国人；

受哈国总统办公厅、政府、国会、宪法委员会、最高法院、中央选举委员会、总统事务管理局、总理办公室邀请前往哈国的外国人；

经与哈国相关国家机关协商前往哈国进行人道主义援助的外国人；

前往哈国执行公务的国际组织人员；

根据对等原则，受派驻在哈国的外交代表机构和领事机构邀请前往哈国的外国人；

持有外交护照和公务护照、前往哈国执行公务的外国人；

16 岁以下的儿童；

不属于哈国公民的哈萨克族人；

永久定居国外的前往哈国参加亲属葬礼的前哈国公民；

投资签证；

公务签证；

外交签证。

7. 再次签发签证，以替代含有哈国领事机构和哈国外交部工作人员所犯错误的旧签证。

8. 为丢失、自然灾害或者其他不可抗力原因失去证件和资金的哈国公民签发返回哈国的证明和证件。

9. 向哈国运送装有境外死亡的哈国公民遗骸的棺材和骨灰盒时签发证明。

10. 按照对等原则，根据外国外交代表机构和领事机构的申请向其颁发文件。

11. 对哈国公民通过哈国驻外机构取得的文件进行认证。

12. 按照对等原则、根据外国外交代表机构和领事机构以及国际组织的申请对文件进行认证。

13. 在境外学习的哈国公民的领事登记，以及向其发放具有法律效力的证件。

五、缴费

领事签证费在办理领事事务之前缴纳。在哈国境内缴费的，可以通过银行或其他金融机构转账的方式缴费，也可以在领事机构用现金缴纳。在哈国境外缴费的，可以通过银行或其他金融机构向外交代表机构或领事机构银行户头转账的方式缴纳，也可以在领事机构用现金缴纳。

可以使用办理领事事务所在国的货币或者其他任何可自由兑换的货币缴纳领事签证费。

已经缴纳的领事签证费不予返还。

第三编 哈国税收征管法律制度

第十三章 税务管理

第一节 一般规定

根据哈国《税法典》的规定，税收征管一般包括四个方面的内容，即税务检查、保证履行补税义务的方法、强制追缴欠税的措施、为纳税人（扣缴义务人）和国家其他主管机关提供公共服务。

一、税收稽查

税收稽查是税务机关对哈国税法及其他法律的执行情况进行的国家检查。它有两种不同的形式，即税务检查和其他形式的国家稽查。根据哈国税法典的规定，税收稽查的主要任务有以下各项：

1. 检查纳税义务、核算和缴纳养老金责任、核算和缴纳社会统筹责任的履行情况。

2. 稽查税控收款机的应用情况。

3. 检查消费税商品以及航空燃油、生物燃料及重油。

4. 检查资金转移定价时的情况。

5. 检查归国家所有的财产统计、保存、评估、后续使用及变卖规定的执行情况。

6. 检查国家主管机关和地方执行机构在履行哈国税法赋予的职责方面的活动。

根据哈国其他法律的规定，税收稽查还包括如下的任务：

1. 检查纳税人在税务机关的登记情况。

2. 接收纳税申报表。

3. 进行审核。

4. 监督重要纳税人。

5. 税收调查。

6. 检查生产乙醇的单位的乙醇统计情况。

7. 确定许可证申请人是否符合对乙醇和酒精产品生产与流通活动提出的技术要求。

税收稽查的一般程序由哈国《国家稽查与监督法》规定，进行税收稽查的具体方法及期限由《税法典》规定。

国家税收主管机关按照《国家稽查与监督法》制定和批准主管机关报表格式、检查表格式、风险等级评估标准、进行检查的年度计划。海关机构按照《税法典》、关税联盟关税法和哈国关税法的规定在其职权范围之内进行税务检查，采取办法保证未按时履行的纳税义务能够得到履行，采取措施强制追缴因商品跨越关税联盟的关税边界而应当缴纳的税款。

二、涉税信息秘密

在哈国，税务机关获得的有关纳税人（扣缴义务人）的任何资料都属于纳税秘密，但是下列信息除外：

1. 除自然人之外的纳税人（扣缴义务人）税款和规费缴款金额。

2. 溢缴增值税返还金额。

3. 纳税人（扣缴义务人）欠缴税款金额。

4. 根据法院判决或者法庭决议判定纳税人无效或者纳税人不是企业的相关信息。

5. 纳税人因清算（终止业务）而提出进行凭证检查的申请情况。

6. 除自然人之外的纳税人（扣缴义务人）税款和规费缴款金额。

7. 自然人应当缴纳的财产税、土地税、运输工具税的金额。

8. 对违反哈国税收法律的纳税人（扣缴义务人）的处罚情况。

9. 通过常设机构、分公司、代表处开展业务或者未按照税法典第 197 条的规定建立常设机构的非公民纳税人的登记（未登记）情况。

10. 纳税人（扣缴义务人）注册资料包括：唯一识别码；自然人、法人领导人的姓名和父称（如有）；个体企业主、法人的名称；纳税人（扣缴义务人）登记注册的日期、注销登记的日期、注销登记的原因；业务暂停的开始及结束日期；纳税人的住所。

11. 税务检查计划。

12. 纳税人（扣缴义务人）提供的税务报表。

未经纳税人（扣缴义务人）书面同意，税务机关不得将属于纳税秘密的纳税人（扣缴义务人）资料提供给他人。但在下列情况下，税务机关可以在未经纳税人（扣缴义务人）书面同意的情况下提供构成纳税秘密的纳税人（扣缴义务人）资料：

（1）为了按照法律的规定追捕违反税法和涉税犯罪人员，要求其履行税法规定的纳税义务和责任，在哈国法律规定的职权范围内向执法机关提供。

（2）在法庭审理纳税人和扣缴义务人如何按照本法律定的办法划分税款计算、扣除和转账责任和义务，或者违反税法及涉税犯罪责任的案件期间向法院提供。

（3）在履行法院批准的执行文件期间在哈国法律规定的法院执行人职权范围内向执行人提供。此类信息的提供办法由主管机关会同国家主管机关制定。

（4）向制订预算计划的中央主管机关提供。

（5）向国家授权的财政监督机关提供。

（6）向受聘作为专家参与税务检查的人提供。

（7）按照哈国与国际组织签订的条约，向其他国家税务机关或者执法机关、国际组织提供。

（8）向国家环境保护主管机关提供纳税申报表中环境空气污染费方面的信息。

（9）向国家统计主管机关提供。

（10）向国家破产主管机关提供。

除上述规定的情况外，税务机关的工作人员及其他国家机关工作人员，无论是在上述机关工作期间还是被解雇之后，都不得泄露纳税秘密。否则，丢失含有纳税秘密信息的文件或者泄露此类信息，都应当承担法律责任。

三、税收调查

税收调查是税务机关在工作时间内对纳税人（扣缴义务人）登记资料中注明的地址进行的另一种形式的税收稽查，其目的是：第一，确认纳税人（扣缴义务人）实际上处于在登记资料中注明的地址；第二，在完成税务检查之后向纳税人（扣缴义务人）面交税务检查报告；第三，依照法律规定向纳税人（扣缴义务人）送达税务检查结果通知书及其他的强制缴款通知书、养老金和社会统筹金核算通知书；第四，向纳税人（扣缴义务人）面交财产处置限制决定和限制处置的财产登记清单。

哈国《税法典》中之所以要规定税收调查，是因为：第一，税务机关无法向纳税人（扣缴义务人）当面下达税务检查通知、命令、审核结论、税务检查报告、财产处置限制决定或限制处置的财产登记清单。第二，纳税人（扣缴义务人）不在登记的地址，致使税务机关通过挂号信寄出的通知书被邮局或其他通信单位退回。在这种情况下，对于拥有银行账户的纳税人（扣缴义务人）而言，税收调查应当在挂号信被邮局或其他通信单位退回之日起的5个工作日之后进行。第三，有必要确认增值税的纳税人是否真实存在于登记资料上给出的所在地。

税务机关应当根据税收调查结果编写税收调查报告。调查报告需注明：报告编写地点、日期和时间；编写报告的税务机关工作人员的职务、姓名和父称（如有）；税务机关的名称；聘请的见证人姓名和父称（如有）、证明身份的文件名称和编号、居住地址；纳税人姓、名和父称（如有）或名称及其唯一识别号码；税收调查结果方面的信息。

如果税收调查结果表明，在登记资料上注明的地址实际上并没有纳税人，则税务机关需向该纳税人发出通知，确认纳税人是否处于该地点。纳税人必须在通知之日起的20个工作日内主动向税务机关提供书面解释，说明其在税收调查时不在该地点的原因。否则，如果该纳税人有开立银行账户，则税务机关可以按照规定暂时冻结该纳税人银行账户的开支或注销增值税登记。纳税人必须在银行账户开支被暂时冻结之日起的5个工作日内主动向税务机关提供书面解释。否则，税务机关可以依照规定的办法注销该纳税人的增值税登记。

四、见证人

为了保证税务检查工作的规范性和合法性，保障纳税人的合法权益，税法典规定，税务机关的工作人员在进行下列工作时，可以自行决定或者应纳税人（扣缴义务人）的要求邀请见证人见证：

1. 税务机关工作人员面交履行纳税义务通知书、暂停现金交易开支的指令、限制财产处分的决定、财产登记清单、进行税务检查的通知书、税务检查报告以及税法规定的税务机关的其他文件。

2. 限制纳税人（扣缴义务人）支配财产。

3. 根据命令对属于征税对象或征税相关对象的财产进行调查。

4. 根据命令对纳税人（扣缴义务人）财产（住房除外）进行清点，其中包括按照税法典规定程序采用特殊设备（照相、录音、录像设备）。

5. 税收调查。

根据法律规定，见证人必须是具有完全民事行为能力的公民，且数量不少于两人。同时，税务机关工作人员、与纳税人（扣缴义务人）有利害关系的人及其他国家机关工作人员等，都不得成为见证人。见证人必须对税务机关工作人员和纳税人（扣缴义务人）实施的行动做出说明。见证人的说明应当包括在税务机关工作人员编写的报告（记录）中。报告（记录）需附上行动过程中拍摄的照片、底片、录像和其他材料。

第二节　税务登记

税务登记是国家主管机关通过建立国家纳税人数据库的方式对纳税人进行的登记。国家纳税人数据库作为一种信息系统，它的登记对象包括了各税种法中规定的所有纳税人，即自然人、法人和法人分支机构、个体经营者、个体公证员、个体法院执行员、律师、增值税纳税人、电子化纳税人、开展特许业务的纳税人、征税对象和征税相关对象所在地的纳税人，以及作为地下资源使用者的居民法人所在地的纳税人。登记事项包括向国家纳税人数据库提供上述纳税人的资料、变更或补充国家纳税人数据库中的登记资料、从国家纳税人数据库中清除有关纳税人的信息等。国家纳税人数据库中的信息资料应当由国家主管机关、银行或按照法律规定开展特许银行业务的机构、纳税人向税务机关提供。

有关纳税人的登记地，根据哈国税法典的规定，按照哈国公民登记法律定的公民登记地点是自然人居住地；个体经营者、个体公证员、个体法院执行员或律师主要开展业务的地点或在税务机关进行登记时申明的地方就是他们的所在地；创始文件或者分支机构注册登记证明中注明的常设机构所在地是居民法人及其分支机构和法人非居民所在地；纳税人在税务机关登记时申明的在哈国开展业务的地点是非居民法人的所在地；按照外国法律规定设立、有效管理场所位于哈国境内的法人的所在地是其登记地；外国人或无国籍人的暂住地（即移民卡上注明的外国人或无国籍人员在哈国的临时居住地）是其登记地。对于按照国际条约的规定没有移民卡的人员或无国籍人员，则其暂住地（即这些外国人或无国籍人员在税务机关申明的在哈国的主要活动地）是其登记地。对于那些根据哈国税法典的规定具有纳税义务但又不在哈国居住的外国人或者无国籍人员，向其支付来自哈国收入的人的居住地是其暂住地。

一、纳税人注册登记

（一）自然人、法人和法人分支机构的注册登记

税务机关应当向国家纳税人数据库填写有关自然人、法人和法人分支机构的登记所在地的信息。除法律规定的情形外，向国家纳税人数据库填写纳税人注册登记的数据应当由税务机关完成。但之前需由个人国家唯一识别码数据库根据唯一识别码国家目录向自然人、法人和法人分支机构分派一个唯一识别码。税务机关应当在收到唯一识别码国家登记信息之日起的 3 个工作日之内向国家纳税人数据库中填入数据。个人国家唯一识别码数据库中的自然人信息，由国家授权机构在自然人年满 16 岁之后转交给税务机关。如果自然人未满 16 岁时担负纳税义务，则有关此人的资料将根据税务机关的要求移交给税务机关。

（二）非居民纳税人的注册登记

对于未开设分公司或者代表处而是通过一个常设机构开展业务的非居民法人，作为纳税人进行登记时，必须在其通过常设机构在哈国开展业务之日起的 30 日内向该常设机构所在地税务机关提交要求登记注册的申请，并附上经过公证的下列文件的复印件：（1）成立文件；（2）能够证明非居民在登记注册国登记过的文件，并注明国家登记号（或者类似编号）；（3）能够证明非居民法人在登记注册国税务登记的文件，如果有的话还要注明税务登记号（或者类似编号）。

按照其他国家法律成立，有效管理机构所在地（实际管理机构所在地）

位于哈国境内的法人，必须在确认在哈国的有效管理机构所在地（实际管理机构所在地）之日起的30日内，向所在地税务机关提交纳税人登记注册的申请，并附上经过公证的下列文件复印件：（1）成立文件；（2）能够证明非居民法人在登记注册国登记过的文件，并注明国家登记号（或者类似编号）；（3）能够证明非居民法人在登记注册国或驻外机构所在国税务登记的文件，如果有的话还要注明税务登记号（或者类似编号）；（4）董事会或者类似管理机构大会的会议记录。

如果按照外国法律规定成立，有效管理机构所在地（实际管理机构所在地）位于哈国境内的法人在所在地提交的申请中表示未设立分公司（代表机构），但是在哈国境内有常设机构的，那么这类常设机构必须将自己的权利和义务按照法律规定转移给该法人。

如果法人决定将有效管理机构所在地（实际管理机构所在地）迁入哈国，且在哈国境内有作为常设机构登记注册的分公司（代表机构），则该分公司（代表机构）的注册资料应当按照税法典的规定进行变更。

对于扣缴义务人或在哈国境内购买了财产的非居民纳税人，在购买财产之前必须向该财产所在地税务机关提交登记注册的申请，并附上经过公证、有证明力的下列文件的复印件：（1）能够证明非居民自然人身份的文件，或者非居民法人的创立文件；（2）能够证明非居民法人在登记注册国进行过国家登记的文件，并注明该非居民法人的国家登记号（或者类似编号）；（3）能够证明非居民法人在登记注册国税务登记的文件，如果有的话还要注明税务登记号（或者类似编号）。

与居民法人签订了建立常设机构合作协议的非居民法人，为了进行纳税人注册，必须在业务开始后的30日内，向合作协议一方的居民所在地（居住地、暂住地）税务机关提交要求进行注册登记的申请书，并附上经过公证的下列文件复印件：（1）合作协议；（2）能够证明非居民自然人身份的文件，或者非居民法人的创立文件；（3）能够证明非居民法人在登记注册国登记过的文件，并注明国家登记号（或者类似编号）；（4）能够证明非居民法人在登记注册国税务登记的文件，如果有的话还要注明税务登记号（或者类似编号）。

在哈国银行开设往来账户的非居民法人，必须在开立账户之前以纳税人身份进行注册登记。该非居民法人需向银行所在地税务机关提交要求进行登记注册的申请，并附上下列经过公证的文件复印件：（1）能够证明非居民自然人身份的文件，或者非居民法人的创立文件；（2）能够证明非居民法人在登记注册国进行过国家登记的文件，并注明该非居民法人的国家登记号（或者类似编号）；（3）能够证明非居民法人在登记注册（国籍）国税务登记的文件，如果有的话还要注明税务登记号（或者类似编号）。

从哈国取得收入的外国人和无国籍人必须在开展业务后的30日内向暂住地（居住地）税务机关提供要求进行登记注册的申请，并附上经过公证的下列文件复印件：（1）能够证明外国人或者无国籍人员身份的文件；（2）能够证明在本国（国籍国）纳税登记的文件，如果有的话还要注明税务登记号（或者类似编号）；（3）能够证明来自哈国的收入金额的文件（如果有此类文件）。

非居民自然人必须在承认其哈国居民身份起的30日内进行纳税人注册。

购买哈国财产、成为征收财产税、运输工具税及土地税纳税对象的外国人或者无国籍人应该向该财产所在地税务机关提交税务登记申请，并附上经过公证的下列文件复印件：（1）能够证明外国人或者无国籍人员身份的文件；（2）能够证明在本国（国籍国）纳税登记的文件，如果有的话还要注明税务登记号（或者类似编号）。

作为地下资源使用者的非居民法人应当进行纳税人登记注册。在登记注册时需要提供的资料包括，国家地下资源主管机关和地方执行机构提供的资料，非居民法人购买的有价证券或股份数据，或者该非居民法人提供的、要求进行注册登记的申请等信息。

购买了有价证券和股份的非居民法人必须向居民法人或者发行机构法人所在地税务机关提交要求进行登记注册的申请，并附上规定的经过公证的文件复印件。

派驻哈国的外交代表机构及类似机构、领事机构应当向所在地税务机关提供注册登记申请，并附上经过公证的、能够证明自己在哈国派驻的文件复印件。

给上述人员办理唯一识别码和登记证明时，税务机关应当在收到申请和国家主管机关的资料起1个工作日内向司法机关发出电子通知书。司法机关在收到税务机关的电子通知书后的1个工作日内将唯一识别码和登记证明交给税务机关。税务机关应该按照法律的规定对上述人员进行登记，并在规定的期限内颁发登记证。

对于购买与哈国境内地下资源利用有关的有价证券、股份的居民法人的登记证，由地下资源使用权所在地的税务机关保管。

（三）国家纳税人数据库中注册资料的修改和补充

根据哈国《税法典》的规定，税务机关可以依据国家唯一识别码数据库中的信息对自然人注册时提供的登记数据进行修改和补充；依据商业国家唯一识别码数据库或者按照外国法律规定设立，其有效管理机构（实际有效管理机构所在地）位于哈国境内的法人进行登记注册的申请对其注册资料进行修改和补充；依据进行注册登记的申请，对未开设分公司或者代表处，而是通过在哈国境内的常设机构开展业务的非居民法人的国家纳税人数据库中的注册资料进行修改和补充；依据该非居民法人进行登记时提交的申请或者在哈国地下资源利用主管机关和地方执行机构的数据以及有价证券或股份出售情况，对非居民法人的国家纳税人数据库中的注册资料进行修改和补充；依据国家居民法人商业唯一识别码数据库中的资料，对购买有价证券和股份的非居民法人在居民法人所在地发生变更时的国家纳税人数据库中注册资料进行修改和补充；依据提交的登记申请，对派驻在哈国的其他国家外交代表机构及类似机构的国家纳税人数据库中的注册资料进行修改和补充；依据下属代理提供给税务机关的申请，对通过位于哈国的下属代理开展业务的非居民法人的国家纳税人数据库中的注册资料进行修改和补充；依据银行通知书，对拥有银行往来账户的非居民法人和非居民自然人的国家纳税人数据库中的注册资料进行修改和补充；依据提交的登记申请，对账目统计工作人员的信息、法人及其分支机构的电话号码、电子邮箱地址的变更等国家纳税人数据库中的注册资料进行修改和补充；依据登记注册时提供的申请，对居民法人及其分支机构、非居民法人分支机构领导人的信息的国家纳税人数据库中的注册资料进行修改和补充。此种变更申请应附上经过公证的法人成员（股东）或者只有一个成员（股东）的法人（股东）大会关于任命法人执行机构的决议复印件。用于法人分支机构领导人信息变更的申请应附上经过公证的法人授权机构关于任命法人分支机构领导人的决议复印件或者其他能够证明对其授权的文件复印件。根据银行或者开展特许银行业务的机构提供的资料，对纳税人国家纳税人数据库中银行账户资料进行修改和补充。

另外，自然人居住地（暂住地）发生变更时，有权自行向新的住所地税务机关提交申请，修改登记数据，但要附上能够证明纳税人居住地（暂住地）变更的文件复印件和原件。

要求变更纳税人登记数据的申请应该在纳税人的数据发生变更的10个工

作日内提供给纳税人（扣缴义务人）所在地（居住地、暂住地）的税务机关。税务机关在收到国家唯一识别码数据库数据、国家主管机关、银行或者开展特许银行业务的机构的数据、要求登记注册的申请后的3个工作日内，应当对纳税人的登记数据进行修改。

（四）从国家纳税人数据库中删除纳税人

在下列情形之下，税务机关应当依据国家唯一识别码数据库中的信息或者纳税人的申请资料，将纳税人从国家纳税人数据库中删除：

（1）自然人死亡或者被宣告死亡。

（2）自然人从哈国移居国外定居且在哈国内没有征税对象。

（3）购买哈国财产的外国人、无国籍人士的征税对象的权利被终止。

（4）将法人及其分支机构从国家商务唯一识别码目录中删除，或将法人分支机构从登记目录中删除。

（5）按照其他国家法律规定成立的法人在哈国的有效管理机构住所（实际管理机构所在地）发生变更。

（6）在外国登记的法人停止通过常设机构开展业务。

（7）外国人或者无国籍人员终止在哈国的活动。

（8）非居民法人财产权、股份的权利终止，且该非居民法人在哈国没有其他征税对象。

（9）派驻在哈国的其他国家外交代表机构及类似机构终止活动。

（10）非居民法人停止通过位于哈国的下属代理开展业务。

（11）非居民法人注销了在本国登记银行的往来账户，且在其他的银行也没有往来账户，自收到银行通知书之日起的6个月内没有开设往来账户。

为了从国家纳税人数据库中删除上述人员，税务机关应当在收到国家主管机关资料、银行通知书、撤销注册登记的申请之日起的1个工作日内向执法机构提供撤销上述人员注册登记的电子通知书。如果纳税人没有未履行纳税义务的情况，税务机关应当依据国家唯一识别码数据库的资料从国家纳税人数据库中删除纳税人的信息。

二、个体经营者、个体公证员、个体法院执行员和律师的登记注册

自然人作为个体经营者的登记注册由税务机关进行，并按照哈国私营企业法的规定颁发个体经营者国家登记证。如果个体经营者的业务是哈国法律不允许的，则税务机关不能将自然人作为个体经营者登记注册。

自然人作为个体公证员、个体法院执行员或律师，在开展相应的业务前，必须向所在地税务机关提交登记注册的申请及相应的文件的原件和复印件：(1) 能够证明身份的文件；(2) 开展个体公证业务、律师业务、实施执行文件的业务的权利许可文件；(3) 能够证明个体公证员、个体法院执行员或律师所在地的文件；(4) 能够证明不动产所有权或者使用权的文件是能够证明个体公证员、个体法院执行员或律师所在地的文件。

税务机关在收到申请后的3个工作日内，将自然人作为个体经营者、个体公证员、个体法院执行员或律师进行登记注册，并颁发主管机关规定格式的个体公证员、个体法院执行员或律师注册登记证。如果个体经营者（合作私营企业）的国家登记证灭失，根据申请，税务机关应当在3个工作日内为其发放该证书的复印件。

如果个体经营者、个体公证员、个体法院执行员和律师作为个体经营者，其国家登记证上标明的注册信息及申请中规定的联合体经营者股东（成员）的信息发生变化，或者所在地发生变化，则个体经营者、个体公证员、个体法院执行员和律师应当在变更之日起的10个工作日内向所在地税务机关提交变更登记的申请及相应的资料，税务机关应当在收到申请的3个工作日内对个体经营者国家登记证上标明的个体经营者注册资料进行修改，并换发个体经营者国家登记证。对于个体经营者被认定为失效纳税人，或者申请中规定的身份证明文件与国家唯一识别码登记目录中的信息不符，或者申请中规定的所在地不在《地址索引》信息系统中的，税务机关可以拒绝对该个体经营者的登记数据进行变更。

个体经营者、个体公证员、个体法院执行员或律师可以依照法律的规定提交注销登记申请。如果没有未履行的纳税义务，税务机关可以依据申请和相关法律的规定，撤销相应的注册登记。

三、增值税纳税人的注册登记

哈国《税法典》规定，对于增值税纳税人的注册登记，分为强制和自愿两种。

（一）增值税纳税人的强制注册登记

哈国税法规定，在哈国通过分公司、代表机构或者个体经营者开展业务的居民法人、非居民法人，如果在一年内营业额超过了规定的最低营业额，则都应该办理增值税强制注册登记，但国家机关、居民法人的分支机构，以及缴纳博彩税、定额税和土地税的人不必进行强制登记。

最低营业额是国家税法规定的、月度核算指标的30000倍。

为了进行增值税登记注册，纳税人的营业额应当包括除《税法典》第232条规定的免税营业额之外的流通额：（1）在哈国境内销售商品、完成劳务、提供服务产生的营业额；（2）从不是哈国增值税纳税人、从不通过分公司或代表处开展业务的从非居民法人那里购买劳务、服务（其销售地点位于哈萨克斯坦共和国境内的）产生的营业额。

按照适用于农民或农业生产的特殊税制进行核算的纳税人，在计算营业额时，不计算开展采用此种特殊税制的业务产生的营业额。

在哈国通过分公司、代表机构或者个体经营者开展业务的居民法人、非居民法人，其营业额超过了法律规定的最低营业额时，必须在营业额超过最低营业额的次月10日前，向所在地税务机关当面提交增值税注册登记申请，并从递交申请次月1日起成为增值税的纳税人。

在递交注册登记申请时，申请人必须附上经过公证、能够证明纳税人所在地的文件复印件：（1）能够证明不动产所有权（或者使用权）的文件；（2）财产所有权证明中包括不动产所在地的自然人的书面证明；（3）纳税人所在地文件复印件公证之日与递交给税务机关之日间的时间不能超过10个工作日。

如果发现符合增值税强制注册条件的人员没有递交增值税登记注册的申请，税务机关应当按照法律规定，在5个工作日内向其发出通知书，要求其改正违反哈国税法的行为。如果纳税人没有按照税务机关的通知提交增值税注册登记的申请，则税务机关将按照法律规定下令暂停该纳税人银行账户的付款业务。

（二）增值税自愿注册登记

哈国《税法典》规定，对于无须进行增值税纳税人强制注册登记的人员，可以自愿进行增值税的注册登记。但非个体经营者的自然人、国家机关、没有通过分公司或代表机构在哈国境内开展业务的非居民法人、居民法人的分支机构、博彩税和定额税的纳税人等无权进行增值税的自愿注册登记。

居民法人和通过分公司、代表机构在哈国境内开展业务的非居民法人应当在递交进行增值税注册登记的申请中附上法律规定的文件。税务机关应当在收到申请的10个工作日内进行增值税注册登记，并颁发增值税注册登记证，或者做出不予增值税注册登记的决定。符合注册登记条件的人员自递交申请的次月1日起成为增值税纳税人。

如果递交注册登记申请者具有下列情况之一，税务机关必须拒绝纳税人的增值税自愿注册登记：(1) 纳税人没有按规定程序和期限履行提交税务报表的义务；(2) 纳税人被税务机关撤销增值税注册登记不满两年；(3) 没有递交法律规定的证明文件；(4) 纳税人为失效纳税人；(5) 法人的唯一创始人（股东）为无效法人、无效的个体经营者、无效法人的第一领导人或唯一创始人（股东）、无行为能力或行为受限以及失踪的自然人、有哈国刑法第192、192-1、216和217条规定的犯罪前科或未撤销判罪的自然人、正在接受调查的自然人；(6) 法人的第一领导人或者个体经营者是无效个体经营者、无效法人的第一领导人或唯一创始人（股东）、无行为能力或行为受限或失踪的自然人、有哈国刑法第192、192-1、216和217条规定的犯罪前科或未被撤销判罪的自然人、正在接受调查的自然人。

税务机关做出拒绝增值税纳税人登记注册的决定时，应当当面交给纳税人并签字，或者采用能够证明决定送达的其他方式。

(三) 增值税注册登记证

增值税注册登记证是用以证明纳税人增值税注册登记的表格，其格式由哈国政府确定。

增值税注册登记证包括下列事项：(1) 纳税人名称或姓名、父称（如果有）；(2) 唯一识别码；(3) 纳税人进行增值税注册登记的日期；(4) 税务机关签署增值税注册登记证的日期（也即发放日期）；(5) 发放登记证的税务机关名称。

增值税注册登记证由增值税纳税人保管。

如果纳税人的增值税注册登记被注销，纳税人应该将增值税注册登记证返还给税务机关。

对于增值税注册登记证遗失（损坏）、增值税纳税人姓名和父称（如果存在的话）发生变更、增值税注册登记证没有唯一识别码等的情况，税务机关依据纳税人的申请或者国家唯一识别码数据库中的信息，应该在3个工作日内为其换发增值税注册登记证。

(四) 增值税注册登记的撤销

对于在上一个年度或者自本年年初到提交申请之时，应纳税的营业额没有超过法律规定的最低营业额的，增值税纳税人有权向所在地税务机关提出增值税注册登记撤销的申请。为此，纳税人必须提交增值税注册登记证原件和停缴增值税申报表。税务机关应当在纳税人递交注销申请的5个工作日内将纳税人从增值税注册登记数据库中删除。纳税人向税务机关递交注销申请之日即为增值税注册登记注销的之日。对于不符合撤销注册登记的申请，税务机关应在接到申请的5个工作日内作出拒绝注销纳税人增值税注册登记的决定，并将决定连同拒绝的原因说明，当面交给纳税人并签字确认，或者采用其他能够证明递交这一事实的方式送达。

在下列情况下，税务机关可在不通知纳税人的情况下，在5个工作日内作出注销纳税人增值税注册登记的决定：（1）在规定的提交期限结束后的6个月之后，增值税纳税人仍然没有提交增值税税务报表；（2）纳税人在提交书面说明的最后期限内未开设银行账户；（3）纳税人在银行账户被暂时冻结的5个工作日未内向税务机关提供书面解释，说明其在税收调查时缺席的原因；（4）根据法院判决或者法庭决议判定纳税人不是企业；（5）根据法院判决确认法人或者个体经营者的登记无效。

在下列情况下，税务机关应当撤销纳税人的增值税注册登记：（1）本国注册的居民法人、非居民法人终止通过分公司、代表机构和属于增值税纳税人的个体经营者在哈国境内开展业务的，其注销时间为申请提交之日；（2）法人通过兼并或合并进行重组的，其注销时间为申请提交之日；（3）法人通过拆分重组的，其注销时间为申请提交之日；（4）作为个体经营者及增值税纳税人的自然人死亡的，其注销时间为将其从国家纳税人数据库中注销之日；（5）增值税纳税人因为破产而进行清算的，其注销时间为将其从法人国家数据库中除名或者作为个体经营者注销登记之日。

被撤销登记的增值税纳税人的信息，税务机关应在作出注销注册登记决定的次日内将其发布到授权机构的网站上。

四、电子化纳税人的注册登记

根据哈国《税法典》的规定，自然人、法人及其分支机构，在税务机关进行纳税人注册之后，可以自愿注册登记为电子化纳税人。为此，纳税人应当面向纳税人所在地或者居住地税务机关递交电子化纳税人注册登记申请。税务机关在收到纳税人注册登记申请后的3个工作日内向纳税人下发下列文件，并在文件下发日志上签字确认：

1. 包含电子化数字签名的电子化信息载体（含密钥）。
2. 在交换电子版文件时使用和承认电子化数字签名的协议。

在下列情况下，纳税人有权向所在地或居住地税务机关提出电子化纳税人注册登记申请，注销或者替换电子数字签名：

1. 决定不再使用电子数字签名。

2. 登记证有效期到期。

3. 含有电子化数字签名的电子信息载体（含密钥）遗失。

4. 存在电子信息载体（含密钥容器）失灵状态引起的问题。

税务机关在收到纳税人申请后的1个工作日内，应当注销或者替换电子化数字签名。

注销电子化数字签名会终止纳税人通过通信网络交换电子版文件的权利。如果纳税人信息被从国家纳税人数据库中删除，即使没有纳税人的申请，税务机关也应当在1个工作日内取消电子化数字签名。另外，如果法院判决确认纳税人属于无效企业或纳税人的国家登记无效，税务机关也可以在收到法院判决之日注销纳税人的电子化数字签名。

五、特许业务纳税人的注册登记

哈国《税法典》规定，开展下列业务的纳税人应当以开展特许业务纳税人的身份进行注册登记：（1）汽油（航空汽油除外）、柴油生产；（3）汽油（航空汽油除外）、柴油批发零售；（3）乙醇和酒精产品生产；（4）酒精产品的批发零售；（5）烟草制品的生产或批发销售；（6）组织、进行抽彩和彩票销售；（7）博彩业；（8）使用无奖金的游戏机、游戏机、游乐通道、纸牌、台球桌提供的服务；（9）从事10座以上且发动机排量3000立方厘米的机动车、发动机排量3000厘米以上乘用轿车、小轿车的生产和组装（配套）。

如果从事上述业务的人员获得了许可，则在持有相关许可证的条件下，纳税人应当在征税或征税相关对象所在地税务机关当面提交个别种类业务注册登记申请书和相关资料，以开展特许业务纳税人的身份进行注册登记。此种注册登记有效期不能超过许可证的有效期。税务机关在收到申请书的3个工作日内，将纳税人作为开展特许业务的纳税人进行注册登记，并发放登记卡。如果纳税人在从事上述第（1）—（5）项规定的业务时使用了多个征税对象或与其有关的对象，则分别为每个征税对象或征税相关对象颁发登记卡。如果纳税人有多家赌博场所（固定地点），则应该为每个赌博场所（固定地点）颁发一张登记卡。组织和实施抽彩、彩票销售的纳税人必须在进行彩票销售前10日内在税务机关对每一批彩票都予以登记。

如果登记卡上注明的征税对象或征税相关对象的数据资料发生变更、登记卡遗失（损坏）、登记卡上没有唯一识别码，则纳税人必须在变更后的3个工作日内向征税对象或征税相关对象所在地的税务机关递交申请。税务机关应在收到申请后的3个工作日内更换登记卡。

如果上述纳税人的业务被终止，或者登记卡上注明的所有征税对象或征税相关对象被注销，则纳税人应该申请注销特许业务纳税人的注册登记。纳税人的申请书应在终止上述业务或者登记卡上注明的所有征税对象或征税相关对象注销后的3个工作日内连同登记卡一起递交给税务机关。税务机关应该根据法律规定，将纳税人从特许业务纳税人的注册登记中注销，并将特许业务纳税人注册登记的注销信息在注销登记注册后的3个工作日内在主管机关网站上公布。

六、征税对象或征税相关对象所在地的注册登记

纳税人按照征税对象或征税相关对象所在地进行的注册登记由税务机关实施，其目的在于依据对征税对象或征税相关对象进行核算登记的国家主管机关提供的数据，保证纳税人缴纳财产税、交通工具税、土地税、统一土地税和其他应当缴入预算的强制缴费。因此，对征税对象或征税相关对象拥有所有权、永久土地使用权、基本无偿临时土地使用权、限时有偿土地使用权、限时拥有和使用权、委托管理权的自然人，如果税务机关没有这些对象的资料，则该自然人有权在上述权利开始行使的10个工作日内向征税对象或征税相关对象所在地税务机关提交注册登记的申请。对于按照税法典的规定属于征税对象但未竣工的项目，自然人必须在暂住或使用之日起的10天内向征税对象所在地税务机关递交注册登记的申请。根据法人决议，法人的分支机构被认定为财产税、土地税和其他应当缴入预算的强制缴费的独立纳税人，则该分支机构也可以提交申请书。税务机关在收到国家主管机关提供的资料，或纳税人提交的申请书起的3个工作日内完成注册登记。

如果征税对象或征税相关对象的所有权、永久土地使用权、基本无偿限时土地使用权、限时有偿土地使用权、经济管辖权和经营管理权以及委托管理权被终止，依据对征税对象或征税相关对象进行注册登记的国家主管机关提供的数据，在纳税人相关纳税义务都已履行的情况下，税务机关注销其注册登记。

对征税对象或征税相关对象拥有所有权、永久土地使用权、基本无偿限

时土地使用权、限时有偿土地使用权、委托管理权的自然人，在税务机关不存在规定数据的情况下，有权向征税对象或征税相关对象所在地税务机关提出注销注册登记的申请。

依照租让合同，终止对在同一个税务机关注册登记的征税对象或征税相关对象的所有权、永久土地使用权、基本无偿限时土地使用权、限时有偿土地使用权、开展业务权、委托管理或者经营管理权的法人，必须向税务机关申请将项目所在地的注册登记撤销。

税务机关应当在收到国家主管机关提供的数据或纳税人的注销申请后的3个工作日内注销征税对象或征税相关对象所在地纳税人的注册登记。

七、失效纳税人和清算阶段纳税人

（一）失效纳税人

根据哈国《税法典》的规定，失效纳税人包括了无效法人和无效个体经营者两类。其中，居民法人、通过常设机构在哈国境内开展业务的非居民法人以及非居民法人的分支机构，如果在规定的纳税期过后的1年内仍然没有缴纳企业所得税，或者博彩税、定额税指定纳税申报期过后的3个纳税申报期内仍未提交申报表或者简易申报表，则被认为是失效的法人。

个体经营者在规定的提交期限过后1年内仍没有提交个人所得税的申报，或者博彩税、定额税指定纳税申报期限后的3个纳税申报期内仍未提交申报表，或者在最后一个专利证书有效期结束后的2年内没有提交专利价值核算单，则被认为是失效的个体经营者。但这一规定不适用于居民法人、通过常设机构在哈国境内开展业务的非居民法人以及非居民法人分支机构和暂停业务的个体经营者。

税务机关应当在每年4月30日之前确认失效纳税人的清单，并将相关信息公布在主管机关的网站上。失效纳税人如果履行了提交纳税报表的义务、或者按照税务机关的处罚决定缴纳了罚款，则税务机关应该在5个工作日内将其从失效纳税人清单中删除，并将删除信息发布在主管机关的网站上。另外，还应该将纳税人从法人国家登记目录中删除或从个体经营者注册登记中注销。

（二）处于清算阶段的纳税人

因清算（终止业务）而提交进行凭证检验申请或终止业务申请的人被认为是处于清算阶段的纳税人。有关处于清算阶段纳税人的信息会在因清算

（终止业务）而提交凭证检查申请或终止业务申请后的3个工作日内在主管机关网站上公布。

处于清算阶段的纳税人被从唯一识别码国家登记清单中删除，或者以个体经营者、个体公证员、个体法院执行员或律师身份进行的注册登记被注销，或者纳税人决定恢复经营活动的，税务机关应该将上述人员从处于清算阶段纳税人的清单中删除。

八、银行、开展银行特许业务的机构以及国家主管机关在纳税人登记注册时的责任

（一）银行、开展银行特许业务的机构在纳税人登记注册时的责任

根据哈国《税法典》的规定，银行或者开展特许银行业务的机构在纳税人进行登记注册时的责任包括以下各项：

（1）在给法人（包括非居民法人）及其分支机构、作为个体经营者进行登记注册的自然人、个体公证员、个体法庭执行员、律师、外国人和无国籍人员开立银行账户（用于养老资产、累积退休基金、专业金融公司债券发行保证金资产、投资基金资产的银行账户、非居民法人、外国人和无国籍人员的存款账户或外国代理银行的代理账户除外）时，应当在开立上述账户后的1个工作日内通过通信网络向主管机关通报账户开立情况，并给出唯一识别码。如果因为技术问题无法通过通信网络通报上述账户开立情况，则应当在3个工作日内通过纸质载体将通知书送给纳税人所在地（居住地）的税务机关。

（2）如果付款凭证上没有唯一识别码，则不得通过银行账户（非居民法人的存款账户或外国银行代理账户除外）办理业务，银行接收和给付现金所依据的票据和付款凭证除外。

（3）在接受用于支付税款和其他需缴入预算的强制缴费的付款凭证、养老金转账时，必须按照唯一识别码的办理规定和国家主管机关提供的数据检查唯一识别码是否正确（本项规定不适用于外国人和无国籍人员需缴入预算的其他强制缴费的情况）。

（4）关闭纳税人银行账户的，应在账户关闭后的1个工作日内，通过通信网络通知税务机关，并给出唯一识别码。如果因为技术问题无法通过通信网络通报上述账户关闭情况，则应当在3个工作日内通过纸质载体将通知书送给纳税人所在地（居住地）的税务机关。

（5）通过暂停为法人或个体经营者累计放贷奖的方式终止承认放贷奖形

式的收入时，应当在法律规定的纳税期（终止承认放贷奖收入的那个纳税期）次年的3月31日之前向主管机关报告这一情况。

（6）如果储户在银行账户内的资金足够满足客户提出的所有要求，银行应当首先履行纳税人从银行账户缴纳税款和其他强制缴费的付款委托。还应优先执行税务机关关于追缴税收债务的代收令，时间不得晚于收到税务机关指令后的一个交易日。如果银行账户内没有资金或者资金不足，不能满足储户提出的全部要求，银行应当按照哈国民事法律规定的顺序将资金划入偿还纳税欠款的账户。

（7）应当划拨税款和需缴入预算的其他强制缴费、养老金、社会统筹。

（8）如果有指令，则应当允许税务机关工作人员对被检查的（以个体经营者、个体公证员、个体法院执行员、律师身份进行注册登记的）自然人或法人的银行账户是否有资金和通过这些账户完成的交易情况进行检查。

（9）根据法律规定和税务机关的决定，按照哈国法律规定程序暂停自然人、法人、法人分支机构、通过哈国境内常设机构开展业务的非居民法人分支机构通过银行账户（代理账户除外）进行的一切付款业务；偿还纳税欠款、养老金和社会统筹的交易除外。

（10）属于以个体经营者身份注册登记的自然人或法人的借债人结束因放贷（借债）产生的债务时，应当在30天内通知纳税人和借债人所在地（居住地）税务机关，告知借债人从终止债务中产生了收入。

（11）应当按照法律规定的办法和期限，向扣缴义务人所在地（居住地）的税务机关提供关于银行奖金的数据。

（12）应当在收到税务机关请求后的10个工作日内提供关于下列人员是否存在银行账户、账户余额、账户资金流动方面的信息：①就纳税相关问题被检查的法人或其分支机构；②就纳税问题被检查的自然人（以个体经营者、个体公证员、个体法院执行员、律师身份注册登记的）；③按照法律规定在终止业务时符合履行纳税义务特性的个体经营者、法人；④按照法律规定的程序确认在所在地实际上不存在且在本法律定的税务报表提交期限过后6个月仍未提供税务报表的自然人、法人及其分支机构；⑤失效的自然人、法人；⑥按照法律规定程序登记为哈国总统候选人、哈国国会议员和地方选举委员会委员、地方自治机构成员的人及其妻子（丈夫）；⑦国家公职或者与履行国家职能或类似职能有关的职务候选人的人及其妻子（丈夫）；⑧担任国家公职的人及其妻子（丈夫）；⑨提前解除刑罚的释放人员。

（13）应当拒绝为在该银行有未结清账户的纳税人、资料在主管机关网站上公布的失效纳税人开立银行账户。

根据《税法典》的规定，对于在执行国家预算主管机关开立的国家机关账户等同于银行账户，执行国家预算的主管机关等同于开展特许银行业务的机构。

（二）国家主管机关在纳税人登记注册时的相互协作

哈国《税法典》规定，纳税人在进行注册登记时，税务机关应该与下列国家主管机关相互协作：（1）进行法人国家登记、重新登记和注销、分支机构注册登记、重新登记、注销登记的国家主管机关。（2）国家统计主管机关。（3）进行征税对象和征税相关对象统计和登记的国家主管机关，其中包括：不动产权利国家登记；动产抵押、船只抵押的国家登记以及不可撤销的航空注销与出口国家登记；无线电电子设备和高频设备的国家登记；航天器及其权利的国家登记；交通工具的国家登记；药品、医用产品和医疗技术设备的国家登记；著作权和类似权利对象、使用作品和类似权利对象的许可合同的国家登记；大众传播媒体的登记。（4）颁发许可证、证明和其他许可和登记类证书的国家主管机关，其中包括：地表水资源利用许可；动物资源利用许可；自然资源特殊利用的生态许可；森林利用中的采伐证和林业资源许可证；发布户外（可视）广告许可；无线电频谱使用许可；广播电视单位使用无线电频谱的许可；汽车交通工具在哈国领土上的通行许可；通过公用通信网络提供国内和国际长途电话通信的权利；通航水路使用权。（5）按照在哈国境内居住地对自然人进行登记的国家主管机关。（6）进行户籍登记的国家主管机关。（7）实施公证行为的国家机关。（8）监护和保护机关。（9）运输和交通部门。（10）按照哈国地下资源和地下资源利用法律定在地下资源利用领域实施国家管理的国家机关。（11）进行外交活动的国家主管机关。（12）哈国政府确定的其他国家主管机关。

根据哈国税法的规定，国家主管机关和地方执行机关在与税务机关协作时的职责主要包括：（1）进行法人国家登记、重新登记和注销、分支机构注册登记、重新登记、注销登记的国家主管机关必须在完成相应登记起的3个工作日内向税务机关、银行和开展特许银行业务的机构以电子版通知的方式提供有关法人登记、重新登记和注销、分支机构注册登记、重新登记、注销登记的信息。（2）颁发许可证、证明和其他许可和登记类证书的国家主管机关应当向其所在地税务机关提供关于取得许可证、证明及其他许可和登记类证书的纳税人的信息，还有应当向预算缴纳其他强制费用的征税对象的信息。

(3) 对征税对象或征税相关对象进行统计或登记的国家主管机关，必须向税务机关提供拥有征税对象或征税相关对象的纳税人以及征税对象或征税相关对象的资料。(4) 收缴其他缴入预算的强制收费、进行征税对象或征税相关对象统计或登记的国家主管机关，必须在提供的信息中给出纳税人唯一识别码；为了科研、生态教育、旅游、休闲和有限生产之目的而使用专项自然保护区的自然人除外。(5) 进行外国人入境（离境）登记的国家主管机关，必须在其入境（离境）登记之日后的10个工作日内向税务机关提供入境外国人的信息，包括目的、暂住地和暂住时间。(6) 按照哈国地下资源利用法的规定，在地下资源利用领域职权范围内实施国家管理的国家主管机关和地方执行机关，必须在股份或者股份买卖交易之日后的10个工作日内，向其所在地税务机关提供产生纳税义务的交易各方和交易参数的信息，包括属于纳税代办人、非居民法人的资料。(7) 开展外交活动的国家主管机关，必须向派驻在哈国的其他国家外交代表机构及类似机构所在地税务机关提供确认外交代表机构及类似机构派遣和所在地的文件。(8) 以电子形式、使用自动化软件提供有关纳税人、征税对象或征税相关对象的资料应当在10个工作日内办理。

第三节 纳税申报

根据法律规定，纳税人在除纳税登记簿之外的税务报表和申请都应该按照规定的期限提供给税务机关。这些税务报表和申请的提交方式可以分为3种，即当面递交、通过挂号信邮寄和电子格式。其中，当面递交的，以税务机关接受税务报表或申请的日期为准；通过挂号信邮寄的，如果是税务报表，则以邮局或者其他通信机构打上验收戳记的日期为准；如果是申请，则以税务机关收到之日为准；如果是电子格式，则以税务机关税务报表接收处理系统中央节点收到的日期为准。税务机关接受电子格式的2个工作日内，应当向纳税人发出一份电子通知，告知该系统接受或者拒绝其税务报表。

如果纳税人的报表出现下列情况之一者，则报表被认为没有提交给税务机关：(1) 报表格式不符合相关法律的规定；(2) 没有注明税务机关的代码；(3) 没有注明或者没有正确注明唯一识别码；(4) 没有注明纳税期；(5) 没有注明纳税申报表的种类；(6) 违反了关于纳税申报表签字的规定；(7) 违反了主管机关规定的电子格式。

税务机关在收到税务报表后，必须依据国家主管机关提供的数据以及有关纳税人其他资料和单证对报表进行审核检查。这是对纳税人进行风险评估体系的一个组成部分，其目的在于授予纳税人权利，使之可以通过在税务机关注册登记、提供税务报表和缴纳税款及其他强制缴费的方式，自行解决税务机关从审核结果中发现的违规问题。

审核检查主要是通过税务报表、其他国家机关提供的征税对象或与征税有关对象的资料、税务机关从其他渠道获得的纳税人业务信息进行对比的方式进行。审核检查按相应的纳税期进行，审核时间从法律规定的相应纳税期税务报表提交期限结束之后开始。如果审核检查中发现报表存在违规情况，则税务机关要发出消除违规情况的通知书，并附上已发现违规情况的说明。纳税人在收到通知书后的30个工作日内，应该按照通知书的要求执行。

如果纳税人提供了有违规情况的税务报表的文件，或者提供了对违规情况的说明文件，或者对发送通知书的税务工作人员的行为（不作为）进行了投诉，则可以认为纳税人执行了通知书。

如果纳税人同意通知书上列出的违规情况，则应向税务机关提交已发现违规情况的税务报表。如果纳税人不同意通知书上列出的违规情况，则应向发送通知书的税务机关发送纸质或电子版的违规说明，或者向上级税务机关投诉税务工作人员的行为（不作为）。其中，纸质或电子版的违规说明应该包括以下内容：(1) 纳税人（扣缴义务人）在解释说明上签字的日期；(2) 提交解释说明的人的姓名和父称（如果有的话）及其居住地（所在地）；(3) 纳税人（扣缴义务人）的唯一识别码；(4) 发出消除从审核结果中发现的违规情况通知书的税务机关名称；(5) 提交解释说明的人不同意通知书上所说的违规情况的原因说明；(6) 所附文件清单；(7) 其他证明文件及其复印件。

如果纳税人在规定期限内没有执行通知书规定的任务，则税务机关应当按照规定暂停纳税人银行账户的付款业务。

第四节 税收统计

一、税收统计的一般规定

根据哈国《税法典》的规定，税收统计是指为了总结和系统化征税对象或征税相关对象的信息，核算税款和规费，编制税务报表，要求纳税人根据法律规定编制统计文件的过程。进行税收统计的目的在于形成纳税人完整可靠的信息，以便对纳税人在纳税期内实施的活动征税、准确编制税务报表、向税务机关提供用于税收监管的信息。统计文件包括：(1) 会计凭证；(2) 原始会计凭证（适用于法律规定的个体经营者）；(3) 税务表；(4) 税收统计政策；(5) 能够确定征税对象或征税相关对象，以及核算税收义务的其他文件。

纳税人应该独立进行税收统计。合营合同参与者的全权代表负责进行税收统计，统计内容包括合营业务以及合营合同每一位参与者的参股份额内的义务。

税收统计政策可以作为单独部分包含在会计政策中，该会计政策根据国际财务报告准则和哈国会计核算和财务报告法律要求制订。适用小企业特殊税制的纳税人，以及农民或农场特殊税制的个体经营者，在从事特殊税制范围内的经营时，可按哈国政府规定的方式自主制订并批准税收统计政策。

税收统计采用加算法进行。采用这种统计方法对业务和其他事件完成的实际情况进行认定，包括从完成工作、提供服务、为销售或财产进账向买方或其委托人发运和移交商品之日起，而不是自收到或支付款项或其等价物之日起。

纳税期结束后纳税人依据税收统计确定征税对象或征税相关对象，并计算税款和规费。

地下矿藏使用者应对征税对象或征税相关对象进行单独税收统计，旨在按《税法典》第310条规定的程序，单独计算于合同外业务的纳税义务。

金融衍生业务不属于地下矿藏业务（合同业务）。

被托管方按照为信托管理合同托管方或其他信托管理受益人利益实施的托管活动和其他经营活动，对征税对象或征税相关对象进行单独税收统计。

采用小企业特殊税制的法人，发生应按标准程序纳税的收入时，为了与小企业特殊税制的纳税义务分开计算标准程序的纳税义务，应该对征税对象或征税相关对象进行独立税收统计。

纳税人在税收统计政策中可以自主规定进行单独税收统计的规则，其中包括全部收入和支出种类的清单以及规定不同纳税标准的业务种类之间的收支分配方法。其中，纳税人的全部收入和支出是指会计年度的收入和支出，其中包括总固定资产的收入和支出，其与实现单独业务种类没有直接的因果联系，不可以全额列入业务种类。如果税收统计政策中没有规定总收入和支出的分配办法，在进行税务审查过程中，税务机关可以按照法律规定的程序对收入和支出进行归类。

税收统计文件以哈萨克语或俄语版编制。纳税人以外语版单独编制的税收统计文件，税务机关有权要求将其翻译成哈萨克语或俄语。

税收统计文件可以是纸质版或电子版，并应在税务审查时提交税务机关。在税务审查过程中，如果纳税人提交的是电子版统计文件，税务机关有权要求纳税人提交统计文件纸质版的复印件，但不包括在电子发票信息系统登记的发票。

税收统计文件应由纳税人负责保存。期限与纳税义务、税务追索的时效相同（即一般为 5 年）。开始计算保存期限的时间为编制统计文件期后下一个纳税期开始的时间。对于确认固定资产价值的统计文件，其保存期限是从最后一个计算该资产计提折旧的纳税期结束的时间开始。确认不折旧资产价值的统计文件，其保存期限是从该财产处置或完全使用的纳税期结束开始。

二、税务表

按照哈国《税法典》的规定，税务表包括税务报表、税务申请表和税务登记表三种，由纳税人用哈语或俄语编制，有纸质版和电子版两种形式。其中，纸质版税务表应由纳税人或其代理人签署，同时加盖刻有自己名称的印章。除税务登记表外，电子版税务报表需由纳税人进行数字电子签名。税务表的保存期限与纳税义务和税务追索的时效相同。

（一）税务报表

税务报表是纳税人根据《税法典》的规定向税务机关提交的文件，其中包含纳税人资料、征税对象或征税相关对象资料、计算纳税义务、强制性养老金和社会保障缴款的信息。税务报表包括报税单、结算表及纳税人应按照税种、规费种类、强制性养老金和社会保障缴款编制和提交的附件，以及应受监督的纳税大户提供的监督报表、进口商品间接税申报表、商品进口和缴纳间接税申请书等。税务报表的格式及编制规则由哈国政府批准。

除进口商品间接税申报表、商品进口和缴纳间接税申请书之外，税务报表可以分成以下五种：（1）原始税务报表。原始税务报表是指纳税人在进行注册登记，或在首次发生纳税义务、其他强制性缴款义务的纳税期内，纳税人提交的税务报表。（2）例行税务报表。例行税务报表是指在提交原始税务报表之后的纳税期内，由纳税人提交的各纳税期的税务报表，以及如果纳税人在纳税期内处置征税对象，在该纳税期后提交的税务报表。(3) 补充税务报表。补充税务报表是指纳税人之前已提交税务报表，但在该纳税期内税款和其他强制性缴款发生了修改和补充，纳税人对该税务报表进行修改或补充时提交的税务报表。(4) 根据通知书补充的税务报表。根据通知书补充的税务报表是指税务机关在对纳税人提交的报表进行检查时，发现其中存在违规现象，故要求纳税人对之前提交的税务报表进行修改或补充时提交的税务报表。(5) 税收清算报告。税收清算报告是指纳税人停止经营活动或进行改组，以及注销增值税注册登记时，纳税人提交的税务报表。

不同种类的纳税人应该使用不同的税务报表。同一纳税人从事不同税率的经营活动时，应按各种经营种类单独编制税务报表。

在一个纳税年度中，适用特殊税制的纳税人改为适用普通税制时，应该分别编制不同的税务报表。

1. 企业所得税税务报表。哈国税法规定，企业所得税的纳税人，有编制和提供申报表及其附件的义务。

企业所得税的税务报表主要用于纳税人申报包含在年度总收入中的企业所得税、列入扣款的支出及其修正、应税收入（亏损）、降低应税收入的收入和支出、可转移的损失、纳税期核算税款总额、纳税期减少的核算税款总额。

企业所得税申报表附件用于详细反映计算纳税义务的信息，以便于税务机关进行纳税监督。它主要包括以下信息：(1) 增值收益（亏损）；(2) 呆滞债券、呆滞债权、冲销债务和债权的收入和支出；(3) 酬金的收入和支出；(4) 销售商品、工程施工、提供服务的支出；(5) 金融衍生工具的收入（亏损），互惠信贷除外；(6) 扣除的非居民法人在哈国通过常设机构从事经营活动的管理费和行政经费；(7) 投资税收优惠；(8) 减少应税收入的收入和支出；(9) 折旧计提、维修费用和其他固定资产扣款；(10) 外国源泉收入、注册或位于税收优惠国的公司的利润或部分利润、已缴纳国外税和抵扣的金额；(11) 计算获得标准税收优惠的纳税义务；(12) 根据国际合同应免除征税的收入；(13) 收入和支出报表与企业所得税申报表核对；(14) 互惠信贷收益（亏损）；(15) 征税对象或征税相关对象，以及财产托管人和其他信托管理受益人的纳税义务；(16) 居民管理费和行政经费，由哈国境外的居民常设机构扣除；(17) 按经营业务种类计算企业所得税的征税对象或征税相关对象，根据规定对这些业务种类进行独立核算；(18) 应在企业所得税纳税人年度财务报表中得到反映的资料，根据国际财务报告准则和哈国会计核算和财务报告法律的要求编制。

除上述一般性规定之外，对于一些特殊类型的企业所得税纳税人，其税务报表和附件还应该补充以下资料：（1）对于保险机构、再保险机构、相互保险公司，附件上还应该包括缩减计提储备 规模而获得的收入，和计提储备支出；（2）对于非商业性组织，附件上还应该包括无偿获得财产的收入和支出、入会费和会费、非商业性组织的管理费、组织和举办活动的支出；（3）对于根据地下矿藏使用合同或产品分配合同进行地下经营活动的地下矿藏使用者，附件上还应该包括消除开采矿床影响的基金扣款；净收入分配，用于增加居民法人法定资本并保持每个发起人、参与者份额的净收入；征税对象或征税相关项目，每个地下矿藏使用合同单独计算企业所得税；征税对象或征税相关对象、地下矿藏使用合同税务总额的计算特点；地质调查、勘探、开采自然资源准备作业的费用和地下矿藏使用者的其他支出；（4）对银行和依据许可证授权从事个别银行业务的组织，以及无许可但在哈国法律授权范围内从事银行业务的个人，附件上还应该包括商品销售、工程施工、提供服务的收入；缩减计提储备 规模而获得的收入，和计提的储备 支出；自然人保证金担保费等。

企业所得税金额统计方式分为四类：（1）提交申报表之前应付企业所得税预付款金额计算；（2）提交申报表之后应付企业所得税预付款金额计算；（3）居民源泉扣缴收入的所得税计算；（4）非居民源泉扣缴收入的所得税计算。其中第（1）、（2）项计算方法用于计算即期应付企业所得税预付款金额，由纳税人依据核算和缴纳企业所得税预付款金额的义务提交计算结果。第（3）（4）项规定的统计是为了反映纳税义务统计信息，用于税务检查。

2. 增值税税务报表。增值税税务报表用于增值税纳税人计算增值税的税额，并反映以下信息：（1）应税和非应税营业额；（2）应税进口额；（3）在哈国境内购买商品、工程施工、提供服务的金额；（4）增值税抵扣金额；（5）增值税抵扣金额所选方法及其使用结果；（6）列入抵扣的增值税金额超出核算的增值税金额，其中包括纳税期限截止期；（7）计算出的增值税金额。

增值税申报表附件应该详细反映税务核算信息，用于税务机关的税务检查。它应该包括以下信息：（1）零税率的营业额；（2）免征增值税的营业额；（3）从非居民法人处获得的工程、服务和为非居民法人缴纳的增值税金额；（4）调整应纳税营业额和列入抵扣的增值税金额；（5）不同买家的，物资储备国家授权机构开具的，从国家物资储备发售货物的文件。

3. 个人所得税和社会税税务报表。哈国个人所得税和社会税申报表和申报表附件分为以下三类：哈国公民的个人所得税和社会税申报表；外国人和无国籍人员的个人所得税和社会税申报表；个体经营者的个人所得税申报表。

（1）哈国公民个人所得税和社会税申报表。它主要用于扣缴义务人、依据退休金保障法律缴纳强制性养老金的代理人，以及依据强制性社会保险法律缴纳社会保障缴款的纳税人：1）哈国居民法人，不包括适用简化申报特殊税制的小企业法人；2）在哈国国内通过常设机构开展经营活动非居民法人；3）个体经营者，不包括采用针对农民或农场主，以及简化申报小企业特殊税制的个体经营者；4）个体公证员；5）律师；6）法院个体执行员。

该申报表应该包括以下信息：应核算和扣缴的个人所得税、强制性养老金以及社会税、社会保障缴款的自然人收入；税款债务、强制性养老金、社会保障缴款金额等。它的作用在于便于税务机关进行税收监管。

个人所得税和社会税申报表附件应当反映纳税义务的核算信息。它包含按分支机构、单个地下矿藏使用合同框架内开展经营活动的社会税纳税人的个人所得税和社会税金额的核算信息。

（2）外国人和无国籍人员个人所得税和社会税申报表。它主要用于以下作为扣缴义务人的纳税人：1）哈国居民法人（不包括适用简化申报特殊税制的小企业法人）；2）哈国国内通过常设机构开展经营活动的非居民法人；3）个体经营者（不包括采用针对农民或农场主，以及简化申报小企业特殊税制的个体经营者）。

该申报表应当反映以下信息：1）应核算和扣缴个人所得税、强制性养老金，以及计算社会税、社会保障缴款的外国人和无国籍人员的收入；2）社会津贴超出国家社会保险基金扣款的总额；3）扣缴义务人用于抵扣的，外国人和无国籍人员核算但未完税的个人所得税应税收入的总额；4）根据税法或国际条约已核算和应上缴的税款和规费、强制性养老金和社会保障缴款总额。

该申报表附录可以包括以下信息：单个地下矿藏使用合同框架内开展经营活动的社会税的核算、外国人和无国籍人员个人所得税和社会税的核算。附录中可以指出受益人的以下资料：1）纳税人的一般核查资料；2）征税对象，其中包括根据国际条约免税的对象；3）税率；4）采用的国际条约；5）在哈国从事经营活动的时间；6）根据税法或国际合同计算个人所得税和社会税的总额，其中包括分支机构；7）扣税。

（3）个体经营者的个人所得税申报表。本表适用于个体经营者（不包括采用针对农民或农场主，以及简化申报小企业特殊税制的个体经营者、非居民自然人）；《税法典》第185条第2款规定的国会议员、审判员及选举法、刑事执行法和反腐败法等规定的有提交申报义务的自然人；获得未源泉扣缴收入的自然人、获得哈国境外收入的纳税人、具有哈国境外外国银行账户资金的自然人。

该申报表用于纳税人申报的内容包括：列入年度总收入的收入；列入扣款的支出；调整收入和扣款；应税收入（亏损）；减少应税收入的收入和支出；亏损结转；计算税款。

个人所得税申报表附件应当包括《税法典》第65条第2款第1）—6）、8）—10）、12）—15）项规定信息，以及第166条第1款规定的税收扣款信息。

个人所得税的财产申报表，由《税法典》第185条第2款规定的国会议员、审判员及选举法、刑事执行法和反腐败法等规定的有提交申报义务的自然人提交。其他自然人的个人所得税申报表由上述未列名的自然人提交，其中包括未源泉扣缴的应税收入，以及在哈国境外的外国银行有存款的自然人。

4. 税务报表的提交。税务报表由纳税人按照法律规定的程序和期限向税务机关提交。如果纳税人适用不同的税务报表，则应按其所属的纳税类型和规定的程序提交税务报表。

如果法律未另行规定，则纳税人可以从以下几种方式中有选择地向相应税务机关提交税务报表：（1）按呈报程序：如果提供的是纸质报表，则按照提交税务报表的方式提交；如果提交的是可进行计算机处理的电子报表，可按照提交监管报表的方式提交。（2）纸质版报表可以通过邮局挂号信的方式提交。但被监管的纳税大户和被吊销增值税纳税人资格后作为非增值税纳税人提交的增值税报表不适用此方式。（3）可进行计算机处理的电子报表，可使用税务报表接收和处理系统提交，但不适用于被吊销增值税纳税人资格后作为非增值税纳税人提交的增值税报表。

纳税人提交纸质报表时，一式两份。其中一份经税务机关登记后返还纳税人。

除法律规定外，纳税人在向税务机关提交税收清算报告后无权继续向税务机关提交税务报表，但不包括补充税务报表或通知要求的补充税务报表。

无征税对象时不提交税务报表，法律另有规定者除外。

增值税纳税人注册人员有义务提交增值税税务报表。

申报表附录无数据时，不提交申报表附录。

5. 税务报表的撤销。根据《税法典》的规定，纳税人有权向注册地税务机关提交申请，撤销已提交的税务报表。

撤销已提交的税务报表，可以通过删除和变更两种方式来进行。

（1）删除。该方法主要适用于以下各类的税务报表：1）税收清算报告。如果纳税人在税务检查前根据法律规定决定恢复生产经营活动的；2）纳税人提交的报表不符合所属的类型或程序规定的；3）根据法律规定，报表提交者无相应的纳税义务的；4）根据法律规定被视为未提交报表的。对于符合条件的申请，注册地税务机关应当从税务报表接收和处理系统中删除税务报表，并从纳税人的账户中冲销所撤销税务报表中的税款、规费、强制性养老金和社会保障款。

（2）变更。该方法主要适用于以下各类税务报表：1）报表中无货币代码或货币代码错误的；2）报表中无地下矿藏使用合同的编号或日期，或地下矿藏使用合同的编号或日期错误的；3）报表中无纳税人地位，或纳税人地位错误的；4）报表无税务机关代码或税务机关代码错误的；5）报表中的纳税期错误的；6）报表中税务报表类型错误的；7）税收清算报告，如果税务审查或税务检查之后纳税人根据法律规定决定恢复经营活动的。

不允许纳税人撤销正处在审查纳税期和税收申诉期的税务报表。

对于纳税人申请撤销税务报表的，税务机关应该在收到申请之日起的5个工作日内撤销该报表。对于税务机关依据法律规定决议撤销税务报表的，自税务机关按照规定通知纳税人执行期限结束之日起的2个工作日内撤销。

税务机关应当按授权机构规定的形式向纳税人送达撤销税务报表的通知。

6. 税务报表的变更和补充。税务报表的变更和补充由纳税人通过编制补充报表对报表数据进行变更和补充。

纳税人提交补充报表或按照税务机关的通知要求提交补充报表时，对于在纳税申报表进行审核过程中查明的税款、规费、强制性养老金和社会保障缴款的金额应上缴国库，不追究纳税人的法律责任。

在税务机关根据纳税人进行清算、分立或终止经营活动的申请进行税务检查之前，纳税人有权补充提交税收清算报告。

不允许纳税人变更和补充下列的税务报表：（1）处于审查纳税期的税务报表；（2）处于税收申诉期的税务报表；（3）要求返还增值税的税务报表；

(4) 纳税期预缴月份内企业所得税预缴款的税务报表；(5) 上一纳税期企业所得税申报表提交之前应预缴的企业所得税税务报表，如果晚于当前纳税期的1月20日的；(6) 上一纳税期企业所得税申报表提交后的时期内应预缴的企业所得税税务报表，如果晚于当前纳税期的12月20日的；(7) 采用扣除法变更非居民法人的管理费和行政经费方面的税务报表。

7. 授权机构对提交税务报表的延期。被监管的纳税大户有权在规定提交监管报表之前的10个工作日内，向授权机构申请延期提交该报表。授权机构在收到申请后的5个工作日内决定是否同意延期提交监管报表。如果在过去12个月内，被监管的纳税大户有提出延期申请却未按时提交税务报表的情况，则不同意延期提交监管报表。

授权机关有权将提交报表的日期延长3个月。

8. 税务机关对提交税务报表的延期。纳税人提交电子报表时，税务机关可以根据纳税人的申请延长税务报表的提交期限，但监管报表和从关税同盟成员国境内向哈国进口商品时的间接税税务报表除外。

延期提交税务报表适用于纳税人在自然年度内提交的税务报表。

企业所得税或个人所得税的税务报表自规定的提交期限起，延期不超过30日；其他类型的税款、规费、养老金和社会保障缴款的税务报表自规定的提交期限起，延期不超过15日。

延期提交税务报表，不变更缴纳税款、规费、养老金和社会保障缴款的期限。

9. 纳税人暂停、延期、恢复提交税务报表的办法。纳税人有权按照法律的规定，申请暂停、延期或恢复提交税务报表。

纳税人决定暂停经营业务时，应向所在地税务机关申请到下个报税期之前暂停、延期或恢复提交税务报表。暂停提交税务报表的时间，加上延长期限，不应超过税法典规定的，纳税义务和税务追索的诉讼时效（即5年）。

税务机关在收到申请之日起的3个工作日内决定是否同意纳税人延期提交税务报表，并将决定书送达纳税人，由纳税人签字或以其他方式加以确认。

如果纳税人在提交申请时有欠税、欠缴强制性养老金、欠缴社会保障缴款或法律规定的其他情况的，税务机关不得同意其延期提交税务报表的申请。

如果税务机关发现纳税人有在暂停期间恢复经营的事实，则税务机关有权认定暂停提交税务报表的期限从恢复经营活动时结束。

关于暂停、延期、恢复提交税务报表的规定不适用于以下情况：（1）采用针对农民或农场主，以及简化申报小企业特殊税制的个体经营者；（2）作为博彩税和定额税纳税人的个体业主或法人；（3）适用农产品生产者、水产品生产者（渔业）和农村消费合作社生产者法人特殊税制的法人。

另外，关于暂停、延期、恢复提交税务报表的规定不涉及提交财产税、运输工具税和土地税、土地使用费税务报表的程序和期限。

10. 适用小企业特殊税制的个体业主暂停、延期、恢复提交税务报表的程序。适用小企业特殊税制的个体业主有权申请暂停、延期、恢复提交税务报表。

如果依据特许，适用特殊税制的个体业主暂停经营活动，在特许有效期到期前向所在地税务机关申请暂停、延期或恢复提交税务报表。暂停提交税务报表的时间，加上延长期限，不应超过税法典规定的纳税义务和税务追索的诉讼时效（即5年）。

税务机关在收到申请书的当天，应当做出中止提交税务报表的决议，并送达纳税人或其代理人，由其签字或以其他方式来证实。

如果纳税人在提交申请时有欠税、欠缴强制性养老金、欠缴社会保障缴款或法律规定的情形的，税务机关不得同意其延期提交税务报表的申请。

如果法律没有另行规定，暂停经营活动期满后，则应当认定纳税人恢复经营活动。

如果税务机关发现纳税人在暂停经营活动期间有恢复经营活动的事实，税务机关认定暂停提交税务报表的期限自经营活动恢复之日起暂停，并书面通知纳税人。

（二）税务申请表

税务申请表是纳税人向税务机关提交的文件，旨在法律规定的情况下实现其权利和履行义务。

税务申请表可以是纸质的，也可以是电子的。对于纸质的税务申请表，纳税人可以按呈报的程序在规定的期限内向税务机关提交，也可以通过邮局挂号信的方式向税务机关提交。按呈报程序提交纸质税务申请时，申请书应该一式两份，其中一份由税务机关登记后返还给纳税人。对于电子税务申请书，纳税人可以使用税务报表接收和处理系统向税务机关提交。

纳税人对于提交的税务申请表可以按照法律的规定进行申请变更和补充。

（三）税务登记表

税务登记表是包括征税对象或征税相关对象资料在内的纳税人文件。它的作用在于对税务统计信息进行总结和系统化。

税务登记表分为两种，即由纳税人按税务统计政策的规定格式自行编制的税务登记表和依据哈国政府规定的格式和规则编制的税务登记表。

税务登记表应包括以下必填项目：（1）登记表名称；（2）纳税人识别号；（3）登记表编制周期；（4）负责编制登记表人员的姓名、父称（如有）。

哈国政府有权规定税务登记表的格式，反映以下信息：（1）免税，缩减企业所得税、投资税收优惠方面的税收收入；（2）确定固定资产的资产负债表，固定资产后续费用；（3）金融衍生工具；（4）哈国常设机构扣除的非居民法人管理费和行政经费；（4）转交金融租赁的财产；（5）增值税纳税人开具和收到的发票。

对于未根据哈国会计核算和财务报告法律进行会计核算并编制财务报表的个体经营者，哈国政府有权规定税务登记表的格式以反映以下信息：（1）核算收入；（2）核算已购商品、工程和服务；（3）核算自然人源泉扣缴的收入、相应的税款、核算强制性养老金和社会保障的缴款，包括所有税款和缴款；（4）核算以下费用的缴款：空气污染费、地表水资源使用费。

税务机关对纸质文件和电子文件进行税务调查时，税务机关主管人员根据税务调查部门主管人员的要求提交税务登记表。

编制电子税务登记表时，纳税人应在税务调查过程中按税务机关工作人员的要求提交电子税务登记表和纸质税务登记表的复印件。表上应该具有领导和编制纳税人税务登记表的责任人签字确认以及纳税人的公章。

三、几种特殊情况的税务统计

（一）金融租赁

金融租赁是指根据哈国法律签订的租赁合同转交 3 年以上的财产。它必须符合下列条件之一：（1）租赁合同确定向承租人转交财产所有权或向承租人提供按固定价格购买财产的权利；（2）金融租赁期限超出转交财产金融租赁资产使用寿命的 75%；（3）整个金融租赁期限内租赁费的现行价（折扣价）超出转交财产金融租赁价值的 90%。

财产转交金融租赁视为出租人向承租人出售财产。这时，承租人视为租赁物品的所有者，而租赁费是承租人提供信贷的费用。

用于金融租赁的资产价值在合同签订日确定。

承租人作为租赁物品获得的固定资产、不动产投资、生物资产属于金融租赁资产。

金融租赁不包括以下几种情况：(1) 自签订合同之日起至3年期满前解除租赁合同的租赁业务，但不包括以下情况：承租人破产且从国家税务登记证中被删除的；法院判决书认定承租的自然人失踪或宣布其死亡、无行为能力或行为能力受限；确定承租的自然人是Ⅰ级、Ⅱ级残疾，或其死亡的；承租人无财产的；法院否决出租人追索承租人财产，包括货币、有价证券或收入；将租赁物用于再次租赁等。(2) 租赁合同第一年内的租赁费超出租赁物价值的50%以上的租赁业务；(3) 签订租赁合同不满3年，因债务人变化而变更承租人的租赁业务，承租人改组的情况除外；(4) 债务人变化而变更承租人的租赁业务，承租人通过重组改组的情况除外；(5) 信托资产转租赁业务。

(二) 长期合同

长期合同是指在企业所得税纳税期内按照合同规定开工且未结束的生产、安装、建筑项目的合同（协议）。

长期合同实际发生的费用应按照企业所得税法中有关扣除额、扣除固定资产、投资税收优惠的规定进行抵扣。

长期合同收入由纳税人选择按实际发生方法或竣工方法来确定。该方法一经选用，必须要在税务统计政策中得到反映，且在合同有效期内不能变更。

按照实际发生方法计算的长期合同收入是指纳税报告期内应获得（已获得）的收入，不得少于纳税报告期内长期合同的支出总额。

按照纳税报告期内竣工方法计算的长期合同收入是指长期合同总收入乘以纳税报告期该合同已完成的份额。

(三) 合营

合营是指依照合营协议或是由两个以上的非法人实体按照合营合同开展的经营活动。

哈国税法典规定，在进行税收统计和征税时，必须对合营合同的每一名参与者的征税对象或征税相关对象的合营资产、债务、收入和支出进行统计和征税。如果合营合同中未确定征税对象或征税相关对象的合营资产、债务、收入和支出的分配，合营合同参与者在提供第一份税务报表之前编制并批准合营结果产生纳税义务的税务统计政策。

合营合同可以确定合营合同参与者的全权代表，并由其负责管理这些业务或部分业务方面的税务统计。

合营合同参与者和其全权代表按合营合同的规定，在每个纳税期结束之后进行合营合同参与者之间合营资产、债务、收入和支出的分配，以便确定征税对象或征税相关对象。如果合营合同或合营税务统计政策未规定征税对象或征税相关对象的资产、债务、收入和支出的分配，合营合同参与者或其全权代表根据合营合同按股份比例实现分配，并形成书面形式，由所有合营合同参与者和其全权代表签字并加盖公章。在进行税务调查时，每个合营合同参与者将资产、债务、收入和支出分配结果的文件提交给税务机关。

四、分户账管理

哈国税法规定，税务机关通过管理纳税人分户账的方式，对纳税人的纳税义务、强制养老金划拨和社会统筹缴纳义务的履行情况统计。其中，税务机关对纳税人分户账的管理包括三项内容，即：①分户账的开设；②分户账中的税款、强制缴费、养老金和社会统筹的核算金额、累计金额、缩减金额、已缴金额、入账金额和返还金额；③分户账的关闭。

纳税人的分户账按照税款、规费、养老金和社会统筹分类管理，同时需遵守主管机关规定的程序和格式。

（一）分户账的开立

纳税人的分户账应当根据唯一识别码，在当年年初或者纳税义务、强制养老金缴存和社会统筹缴纳责任产生之日开立，按照纳税人注册登记地进行管理。纳税人分户账内税款、规费、养老金和社会统筹的结算余额按照主管机关规定的办法计算。

如果上一年已经建立了税款、需缴入预算的其他强制缴费、养老金和社会统筹分户账，则将上一年度分户账结算余额转入本年度分户账内。

纳税人分户账以本国货币进行管理。

（二）分户账的管理

纳税人分户账内的税款、规费、养老金和社会统筹计算金额和缩减金额的统计根据税务报表数据和国家主管机关提供的资料进行。

（1）纳税人分户账内税款、其他需缴入预算的强制缴费、养老金和社会统筹计算金额的统计根据下列资料进行：①税务检查结果通知书；②提交税务清算报表之日到完成税务清算检查之日这段时间内的税款、其他强制缴费、养老金和社会统筹累计金额通知书；③纳税人对税务检查结果通知书进行的投诉，或对税务机关对投诉审查结果做出的决定再次进行投诉时的投诉审查结果通知书。

(2) 累计金额的核算在分户账内进行，并注明完成税务检查的日期。如果纳税人递交了同意税收清算检查结果通知书中的内容的声明，则累计金额的核算从递交该声明之日起在分户账内对累计金额进行核算。如果纳税人进行了投诉，则分户账内的累计金额按纳税人递交投诉的日期和等级，并考虑根据投诉审查结果做出决定的情况予以反映。如果在投诉递交期限截止之后纳税人没有递交投诉，则在纳税人分户账内写下曾暂停履行的累计金额恢复履行记录。在这种情况下，累计金额的核算要反映分户账的结算余额。

(3) 纳税人分户账内已经缴纳、入账、返还的税款、其他强制缴费、已经转账和返还的养老金和社会统筹金额的统计根据从国家主管机关得到的支付凭证进行。

如果纳税义务履行期限发生变化，则应在发生变化的税额中注明纳税义务履行时间表。在缴税期限发生改变这段时间里，税务机关不会采取保证履行纳税义务的方法（累积滞纳金除外）和强制收缴措施。

(4) 罚款和滞纳金的核算。按照法律规定计算的滞纳金金额应反映在纳税人的分户账中，并标出计算该金额的时间段。因违反税法、退休保障法和强制社会保险法而进行行政处罚发生的罚款应该根据行政处罚令进行核算。罚款金额按照相应税种和其他强制缴费反映在纳税人的分户账内。

(5) 对税款、规费、养老金和社会统筹核算情况进行核对。根据纳税人的要求，税务机关在1个工作日内对税款、其他强制缴库、养老金和社会统筹核算情况进行核对。核对完毕之后，除规定的例外情况外，需在同一天向纳税人下发主管机关规定格式的核对报告。

核对报告由税务机关编写，一式两份，应当注明纳税人的资料和纳税人的分户账信息。如果在核对报告中纳税人的数据和税务机关给出的数据没有差别，则税务机关负责核算的工作人员和纳税人需在核对报告上签字。一份核对报告交给纳税人，另一份由税务机关留存。如果纳税人的数据和税务机关给出的数据存在差异，则要注明日期、金额和造成差异的原因。必要的情况下，税务机关和纳税人需在发现差异之日起的3个工作日内采取措施，对纳税人的分户账数据进行相应修正，消除产生的差异。差异消除之后，税务机关需重新编写核对报告，并按照规定下发给纳税人。

（三）纳税人分户账的转移

当出现下列情况时，纳税人的分户账应当在10个工作日内从一个税务机关转入另一个税务机关：

（1）纳税人的居住地或所在地发生变动。

（2）法人重组的，依据商业国家唯一识别码数据库中的信息进行转移。

（3）非居民法人缴纳企业所得税和提交企业所得税申报表的方式转变为通过其中的一个常设机构为该非居民法人在哈国境内的一组常设机构办理的，依照税法典第200条第1款规定，由纳税人给税务机关的通知书转移。

（4）法人分支机构被注销登记时，依据商业国家唯一识别码数据库中的信息进行。

法人通过合并方式重组的，法人分户账依据移交单转移到合并后的法人注册登记地税务机关。

法人通过分拆方式重组的，重组后的法人分户账转移需在税务检查完毕、税务检查结果反映在重组后的法人分户账之后，依据分离资产负债表转移到权利继承人注册登记地的税务机关。

法人分支机构的分户账依据商业国家唯一识别码数据库的数据转移到法人注册登记地的税务机关。

分户账在转移时不仅需要转移当年年初至关闭前的账目，而且还需要转移前5年的账目。

分户账转出的税务机关在纳税人分户账转移后的10个工作日内，应当将纳税人与履行纳税义务以及养老金计算、扣除和转账、社会统筹缴纳有关的各种单证，采用纸质载体转交给分户账转入地税务机关。

因为纳税违法，或者违反养老保障法和强制社会保险法而被有关部门作出行政处罚的命令，如果执行命令的诉讼时效到期致使该命令无法执行，则税务机关应当依据税务机关的决定，将该命令规定的罚款金额从纳税人分户账中删除。

（四）纳税人分户账的关闭

对于法人及其分支机构，当法人被从国家法人数据库中删除、分支机构被注销注册登记的，税务机关应当依据国家主管机关数据关闭该纳税人的分户账。

对于个体经营者，当其注册登记被注销时，税务机关应当依据注册登记注销申请关闭该纳税人的分户账。

对于个体公证员、个体法院执行员和律师，其注册登记被注销时，税务机关应当依据注册登记注销申请关闭个体公证员、个体法院执行员和律师的分户账。

对于未开设分公司或者代表处、通过一个常设机构在哈国境内开展业务的非居民法人、通过下属代理开展业务或者本身是扣缴义务人的非居民法人，税务机关应当依照税法典第564条第1款规定的情形关闭其分户账。

对于自然人，如果其征税对象或征税相关对象的权利终止的，税务机关应当依据国家主管机关的数据或者征税对象或征税相关对象注册登记注销申请书和证明文件关闭其分户账。

如果是离开哈国到境外定居的，如果没有未履行的纳税义务，税务机关应当依据国家主管机关的数据关闭其分户账。

如果纳税人死亡或被宣告死亡的，税务机关应当依据国家主管机关的数据关闭其分户账。

（五）纳税人纳税、养老金和社会统筹缴纳情况的证明

纳税人有权向注册登记地税务机关提出申请，要求获得是否存在欠税、养老金和社会统筹欠款的信息。税务机关应当向以下机构递交纳税人是否存在欠税、欠缴养老金和社会统筹方面的信息：

(1) 依据国家商业唯一识别码注册信息，向开展国家法人注册登记、重新注册、注销以及分支机构注册登记、重新注册、注销登记的国家授权机构递交纳税人是否存在欠税、欠缴养老金和社会统筹方面的信息。

(2) 根据移民问题授权机构的要求，向该机构递交纳税人是否存在欠税、欠缴养老金和社会统筹方面的信息。

(3) 依据纳税人的申请，向纳税人递交纳税人是否存在欠税、欠缴养老金和社会统筹方面的证明资料。

税务机关在编制纳税人是否存在欠税、欠缴养老金和社会统筹方面的信息时应当参考纳税人注册登记地税务机关的纳税人分户账的数据。

税务机关应当在收到提供证明的申请后的3个工作日内，为拥有分支机构的法人、法人分支机构、非居民法人的常设机构、自然人、个体经营者、个体公证员、个体法院执行员、律师出具有无欠税或欠款证明。

如果法人或其分支机构被注销或被终止业务，或通过拆分方式进行重组的，则该法人或其分支机构有无欠税或欠款的证明资料应按照国家商业唯一识别码注册信息进行提交。

自然人（包括以个体经营者、个体公证员、个体法院执行员、律师）离开哈国居住在境外的常住地，有无欠税或欠款的证明资料应根据《税法典》第41—43条的规定提交。

如果在递交申请之日纳税人或其分支机构没有提交税务报表，则税务机关不得为其出具有无欠税或欠款的证明，税务报表提交期限延期的情况除外。

第十四章 税款征收

在哈国《税法典》中，除了在各税种法中规定了各税种的缴纳制度外，还在税收征管编中规定了有关税款等的抵扣、返还、追缴、补缴、强制缴纳的具体制度。

第一节 税款等扣抵与返还

针对溢缴或误缴的税款、其他财政款项、滞纳金及罚款，哈国税法典依据不同情况，作出了抵扣与返还的不同规定。

一、溢缴税款、其他财政款项和滞纳金的扣抵

哈国《税法典》规定，对于纳税人溢缴的税款、其他财政款项和滞纳金，根据纳税人提出的扣抵与返还申请书（以下简称扣抵申请书），可以进行抵扣。其中，溢缴税款、其他财政款项和滞纳金是指在考虑到前几个纳税期内该税款、其他财政款项和滞纳金结算情况的条件下，已缴库的税款、其他财政款项和滞纳金与累计计算的相关金额之间的正差。允许抵扣的其他财政款项指的是土地使用费、地表水资源使用费、通航水道费、环境空气污染费、无线电频谱占用费、提供国内或国际长途电话通信、移动通信以及室外（可视）广告布置的收费、拍卖费。

溢缴税款、规费、费用和滞纳金的抵扣由发现纳税人分户账存在多缴金额的税务机关采用本国货币核算。如果是纳税人申请的，则该申请递交给税务机关之日起的10个工作日内，税务机关应该办理抵扣；如果是税务机关发现纳税人溢缴的，则自发现之日起的10个工作日内，税务机关应该办理抵扣。

对于纳税人溢缴的税款、其他财政款项以及滞纳金，哈国税法典规定，

如果是由税务机关发现的，则将溢缴部分强制转入欠税清偿账户，抵扣该税款、其他财政款项的滞纳金及罚金；如果是依据纳税人申请进行的，则将溢缴部分强制转入欠税清偿账户，抵扣纳税人在抵扣申请书中所列税款、其他财政款项中欠缴的税款、其他财政款项以及相应的滞纳金和罚款。

对于法人多缴税款、其他财政款项和滞纳金，在依法进行抵扣之后的多缴部分，法律规定应当转入清偿账户，继续抵扣法人分支机构的欠缴税款、其他财政款项以及相应的滞纳金和罚款。同时，对于法人分支机构多缴税款、其他财政款项和滞纳金等，在依法进行抵扣之后的多缴部分，法律规定应当转入清偿账户，继续抵扣法人的欠缴税款、其他财政款项以及相应的滞纳金和罚款。

对于需打上检验合格标记的应纳税商品的消费税多缴金额，不会转入该税种或其他税种、规费的清偿账户，纳税人终止该商品生产活动的情况除外。

如果税务机关的抵扣行为超出了规定的期限，则税务机关应按日向纳税人支付滞纳金。滞纳金的计算时间从规定抵扣期限结束后的次日开始，滞纳金的数额为哈国国家银行官方偿还利率的2.5倍。滞纳金金额应当转入纳税人在抵扣申请书中给出的银行账号，拨款时间为进行多缴税款、规费、费用抵扣之日，资金由按照对应预算分类代码缴库的资金负担。

二、溢缴税款、其他财政款项和滞纳金的返还

哈国《税法典》规定，对于纳税人溢缴的税款、其他财政款项和滞纳金，依照纳税人提交的抵扣与返还申请书，由管理此类税款、其他财政款项和滞纳金纳税人分户账的税务机关在返还申请递交之日起的15个工作日返还给纳税人。

根据法律规定，溢缴税款、其他财政款项和滞纳金应当在没有欠税的情况下进行返还。如果纳税人存在欠税的，则税务机关在不需要纳税人提交抵扣申请书的情况下，应按照上述关于抵扣的法律规定，通过欠税清偿账户对纳税人及其分支机构的欠税、欠缴的其他财政款项和滞纳金进行抵扣。在完成抵扣后，将溢缴税款、其他财政款项及滞纳金的剩余部分，采用本国货币返还到纳税人的银行账户。

需打上检验合格标记的应纳税商品消费税的多交税款不予返还，纳税人终止该商品生产活动的情况除外。

如果税务机关对溢缴税款、其他财政款项的返还超出了规定期限，则税

务机关应按日向纳税人支付滞纳金。滞纳金的计算时间从规定抵扣期限结束后的次日开始，滞纳金的数额为哈国国家银行官方偿还利率的2.5倍。滞纳金金额应当转入纳税人在抵扣申请书中给出的银行账号。

对于增值税纳税人溢缴的增值税税款，在符合法律规定的条件下，税务机关应该在完成相应的抵扣后，返还超收的增值税。但应当返还的超收增值税金额不能超过按照增值税纳税人分户账需返还的金额。

另外，哈国税法还规定，对于在以下三种情况下征收的增值税，应当依照规定返还：

1. 对于使用一次性资助金购买商品、劳务和服务支付的增值税以及派驻哈国的外交代表机构及类似机构支付的增值税，应当返还。

2. 利用捐赠物资购买商品、工程、服务时缴纳的增值税，应当由受赠人所在地税务机关在完成抵扣后，在纳税人提交申请后的30个工作日内，返还到受赠人银行账户。

3. 派驻在哈国的其他国家外交代表机构及同类机构、其他国家的领事机构的外交人员和行政与技术人员（包括与之共同生活的家庭成员）、领事官员和领事馆职员（包括与之共同生活的家庭成员），在哈国购买商品、工程、服务时缴纳的增值税，在从外交部收到证明已支付增值税的综合统计表和书面通知后的30个工作日内，返还到其银行账户。

三、误缴税款、其他财政款项的抵扣与返还

在哈国税法中，所谓的误缴税款、其他财政款项指的是转账时发生下列错误的金额：（1）在支付凭证上，纳税人的唯一识别码错误、税务机关的唯一识别码错误、指明的规费用途与规费用途代码或预算收入代码不符等三种情况；（2）银行或者开展特许银行业务的机构错误执行了纳税人的支付凭证；（3）纳税人向未注册登记的税务机关完成了付款；（4）缴纳税款的纳税人不是该税种或者其他财政款项的纳税人。

对于发生的误缴行为，纳税人应该向收到税款和规费缴纳错误的税务机关提交抵扣与返还申请书。税务机关应该在收到申请书的10个工作日内，将错误支付的金额抵扣进入正常的预算分类代码或转入正确的税务机关，或将错误支付的金额返还至纳税人的银行账户。

对于发生的误缴行为，银行和开展特许银行业务的机构应该向收到税款和规费缴纳错误的税务机关提交申请书（以下简称银行申请书）。税务机关应

该在收到申请书的10个工作日内，将错误支付的金额抵扣进入正常的预算分类代码或转入正确的税务机关，或将错误支付的金额返还至纳税人的银行账户。

如果银行或者开展特许银行业务的机构错误地执行了纳税人的支付凭证，致使需要按照同一份支付凭证重复对税款和规费进行转账，在错误事实得到证实的情况下税务机关应根据银行申请返还错误支付的金额。

对于税务机关自己发现的，税务机关应出具税款和规费错误缴纳原因的报告（以下简称错误报告），并自发现错误的30日内，将错误支付的金额抵扣进入正常的预算分类代码或转入正确的税务机关，或将错误支付的金额返还至纳税人的银行账户。

四、不当罚款及多缴金额的返还

对于税务机关依据税法、养老保险法和社会保险法对纳税人做出的不当处罚，由纳税人向税务机关提交罚金返还申请，在税务机关内通过分户账计算应返还的罚金金额。申请书应附上税务机关上属机关的有效诉讼文件或决议，该诉讼文件或决议应能确定违法缴纳导致的罚金取消或金额不足等情况。对于已经缴纳的罚款，税务机关在收到申请书后的15日内，应将多缴金额返还至纳税人的银行账户。

第二节 通知纳税

通知纳税是税务机关为了督促纳税人履行纳税义务，采用向纳税人发送通知书的方法，要求其必须履行纳税义务、养老金核算和扣缴义务、社会统筹核算与缴纳义务的一种手段或措施。通知书一般采用纸质方式或者经纳税人同意采用电子方式，其格式由主管机关确定。

一、通知书的种类与要求

根据哈国《税法典》的规定，通知书的种类限定为下列10种，并各自在规定的期限内送达纳税人：

1. 税务机关核算出的税款通知书。根据《税法典》第32条第2款的规定，对于《税法典》中规定的特别情况，税务机关和国家授权机构，可以承担计算特殊税款及其他财政款项的义务。故对于依据法律应该由税务机关和国家授权机构核算的税款，自核算之日起的10个工作日内，税务机关或国家授权机构应该向纳税人发出核算的税款通知书。

2. 税务检查结果通知书。除在刑事诉讼过程中进行的税务检查之外，其他种类的税务检查结果决定作出之后，自税务检查报告交给纳税人之日起的5个工作日内，税务机关应该向纳税人发送税务检查结果通知书。

3. 清算期间税款等的核算通知书。在纳税人清算期间，纳税人从递交清算税务报表之日起到清算税务检查结束之日，这段时间需缴纳的税款、缴入预算的其他强制缴费、养老金和社会统筹等的金额核算结果，应该自清算税务检查报告交给纳税人之日起的5个工作日内将核算通知书交给纳税人。

4. 未按税法规定期限递交税务报表的通知书。税法典中规定的各税种税务报表递交期限结束后的10个工作日内，税务机关应该向纳税人发送未按照期限递交税务报表的通知书。

5. 偿还欠税通知书。对于暂停纳税人银行账户付款业务、现金付款业务和限制纳税人处理财产，以及对纳税人采取强制追缴措施之前的10个工作日内，税务机关应当向纳税人发送偿还欠税通行书。

6. 追缴债务人银行账户资金的通知书。对于欠缴税款的债务人，税务机关自转为追缴纳税人银行账户资金之日起的20个工作日内，向纳税人发送转为追缴银行账户内资金的通知书。

7. 消除违规情况的通知书。对于税务机关从纳税人提交的税务报表中发现违规情况之日起的10个工作日内，税务机关要向纳税人发送要求消除违规情况的通知书。《税法典》第37－1条第7款及第43条第8款规定的特殊情况除外。

8. 投诉审查结果通知书。纳税人对税务检查结果通知书提出投诉或对上一级税务机关对投诉审查结果作出的决定的投诉，税务机关自对投诉进行审查并作出决定之日起的5个工作日内，向纳税人发送投诉审查结果通知书。

9. 消除违反税法的违法行为的通知书。税务机关发现纳税人有违反税法规定的违法行为的，自发现之日起的5个工作日内，向纳税人发送违反税法行为的通知书。

10. 确认纳税人所在地的通知书。对于确认纳税人所在地的调查，自税务机关工作人员出具税收调查证之日起的3个工作日内，税务机关向纳税人发送确认纳税人所在地的通知书。

根据《税法典》的规定，上述任何一种通知书中，都同时需要注明以下事项：(1) 唯一识别码；(2) 纳税人姓名和父称（如有）或者全称；(3) 税务机关的名称；(4) 通知日期；(5) 纳税义务或养老金核算、扣缴义务、社会统筹核算与缴纳的金额；(6) 履行纳税义务或养老金核算、扣缴义务、社会统筹核算与缴纳义务的有关要求；(7) 下发通知书的依据；(8) 申诉办法。

二、通知书的送达与执行

根据《税法典》的规定，上述各种通知书都应当交给纳税人本人签收，或者采用能够证明通知书发出和收到这一事实的其他方式，但法律另有规定的情形除外。

对于通过邮局挂号信方式送达的，以纳税人在邮局或者其他通信机构通知书上签收之日为送达之日。

对于采用电子方式送达的，以税务机关在网站应用程序中发布通知之日为送达之日。但这种方式只适用于以电子化纳税人身份注册登记的纳税人。

如果邮局或者其他通信机构退回了通过邮局挂号信送达的税务检查结果通知书和清算期间税款等的核算通知书，则该通知书的送达日期为依照法律规定邀请见证人进行税收调查之日。

如果邮局或者其他通信机构退回了通过邮局挂号信方式送达的上述第4、5、6、7、8、9种通知书，则税务机关应在该通知返还的次日之前在主管机关的网站上公布纳税人及其唯一识别码、名称或姓、名、父称（如有）、通知返还日期等信息。

如果税务机关完成了税务检查，邮局或者其他通信机构退回了通过邮局挂号信方式送达的税务检查结果通知书和清算期间税款等的核算通知书，则该通知书的送达日期为下列日期之一：如果纳税人没有银行账户，则为邮局或其他通信机构退回挂号信的日期；如果纳税人有银行账户，则为邮局或者其他通信机构退回挂号信之日起的5个工作日结束之后的第二天。

对于税务机关发送的税务检查结果通知书、清算期间税款等的核算通知书、未按税法规定期限递交税务报表的通知书、消除违规情况的通知书、投诉审查结果通知书和消除违反税法的违法行为通知书等6种通知书，纳税人必须在通知书送达之后的3个工作日内依法履行相应的义务。

如果纳税人完全同意税务检查结果通知书、清算期间税款等的核算通知书中的内容，则纳税人应当提交同意声明，并附上通知书上规定的缴纳税款、需缴入预算的其他强制缴费的纳税义务以及养老金转账义务和社会统筹缴纳义务已经履行的证明文件。在这种情况下，同意声明由纳税人递交给税务机关，时间不得晚于通知书送达次日起的25个工作日。

第三节 补税措施

虽然在哈国《税法典》中，对各税种和其他财政款项的缴纳期限都做了具体明确的规定，但在现实中，总有一些纳税人未能在规定的期限内履行纳税义务。为了督促这些纳税人尽快履行纳税义务，哈国在《税法典》中专设“补税义务的保证办法”一章，规定了一些具体的手段或措施，以督促纳税人尽快履行纳税义务。

一、一般规定

根据《税法典》的规定，保证纳税人履行补税义务的手段或措施主要包括四种，即加收滞纳金、停止纳税人的银行付款业务、停止纳税人的现金付款业务和限制纳税人处分财产。

当根据产品分配协议，普通公司以合伙形式参与地下矿藏使用活动的合伙企业出现了逾期未履行纳税义务的情况时，加收滞纳金的办法只适用于该合伙企业的运营商，而停止纳税人银行付款业务、停止纳税人现金付款业务和限制纳税人处分财产等的办法则适用于合资企业（联营公司）的每一个参与者。

对于逾期未履行纳税义务的纳税人采取停止纳税人银行付款业务、停止纳税人现金付款业务和限制纳税人处分财产等办法前，必须依据法律的规定，向纳税人发出通知。

对于欠税金额低于国家预算法规定的财政年度1月1日月度核算指标6倍的纳税人，不得适用加收滞纳金的办法。

另外，上述四种办法不适用于下述三种情况：（1）法院判决纳税人破产的，自破产案提起诉讼之日起；（2）纳税人重组的，自法院重组判决生效之日起。但如果纳税额没有按哈国破产法的规定包括在债权人要求明细表中，或者在哈国破产法律定的情形之下，则该纳税义务履行保证办法适用于该纳税人；（3）对于银行和储蓄养老基金会强制清算的，自法院受理强制破产案之日起；对于保险和再保险机构强制清算的，自法院强制破产判决发生法律效力之日起。

如果纳税人对税务检查结果通知书的内容进行了投诉，或对上一级税务机关对投诉审查结果作出的决定进行了再次投诉，在投诉审查结果决定做出之前暂停采用补税义务的保证办法，但限制纳税人处分财产的规定除外。

如果法人分支机构没有银行账户，或者法人分支机构银行账户和现款中没有资金或者资金不足以偿还欠税，则税务机关可以对创建了该分支机构的法人纳税人采取法律规定的补税义务的保证办法。

如果法人有不止一个分支机构，在对一个分支机构按照本款第一部分规定的程序采取了补税义务的保证办法后，该法人分支机构的欠税仍然没有偿清，则税务机关将对该法人的所有分支机构采取停止银行付款业务、停止现金付款业务和限制处分财产的措施。

二、加收滞纳金

哈国《税法典》规定，税务机关在追缴欠税和规费（包括预付款和当期缴款在内）时，应该加收滞纳金。另外，《税法典》明确规定，滞纳金的计算和缴纳不受其他补税措施、强制收缴措施以及税法中规定的其他措施的制约。

加收滞纳金的范围包括：（1）没有遵守税款和规费、滞纳金和罚款从银行账户转出的顺序；（2）没有将上述款项转入国库；（3）没有及时从纳税人账户中将已销账的款项和交给银行或者开展特许银行业务的机构收款处的现金转入缴纳税款和规费、滞纳金、罚款以及缴费专用账户。

滞纳金从税款和规费缴纳期限结束后的次日开始（包括缴入预算的当天），按日以哈国国家银行官方偿还利率的2.5倍计算，法律另行规定的除外。

为了清偿欠税而根据法院判决强制发行流通股的，当法院的判决生效时，未缴的税款从向法院提交了强制发行流通股起诉书之日到流通股上市之日这段时间内不加收滞纳金。

滞纳金和罚款无须缴纳滞纳金。

通过结算多交税款和规费的方式清偿的欠税，自进行结算的支付凭证开具之日起不加收滞纳金。

税款和其他强制缴费计入国库时不加收滞纳金：（1）自银行或开展特许

银行业务的机构从纳税人银行账户划走资金之日起；（2）自纳税人通过自动柜员机或者其他电子设备进行缴费之日起；（3）自纳税人向银行或者开展特许银行业务的机构、国家主管机关缴纳规定金额的款项之日起。

在已经确认有多缴的税款或规费的前提下，如果超过了抵扣结算期限的规定，则与多缴税款或规费额等比例的欠税额不计算滞纳金。

三、暂停纳税人银行账户的付款业务

在哈国《税法典》中，暂停纳税人银行账户（代理账户除外）付款业务的适用范围与时间的规定如下：

1. 纳税人没有按照规定的期限递交税务报表的，自税务机关通知书送达次日起的30个工作日后暂停。

2. 纳税人没有提交增值税注册登记申请的，自税务机关通知书送达后次日起的30个工作日后暂停。

3. 欠税没有清偿的，自税务机关的通知书送达次日起的10个工作日后暂停。

4. 不让税务机关工作人员进行税务检查和进行征税对象或与征税有关对象的调查的，自不让进行检查之日起的5个工作日内暂停。

5. 因纳税人不在税务登记所在地，邮局或者其他通信机构将发出的通知书退回的，自退回之日起的5个工作日内暂停。

6. 在税务机关发出通知的20日内，纳税人没有向税务机关解释税务调查期间不在登记所在地的原因的，自规定的期限结束之后的5个工作日内暂停。

7. 没有在税务机关通知送达30日内执行消除违规情况通知书的，自规定的期限结束之日起的5个工作日后暂停。

根据规定，暂停银行账户付款业务适用于除下列交易之外纳税人的所有付款业务：

1. 缴纳《税法典》规定的所有税款、规费、养老金、社会统筹以及关税的付款业务。

2. 收回资金。具体包括：（1）根据文件规定要满足生命和健康损失赔偿要求以及索要赡养费要求的回收资金；（2）按照文件规定为结算解雇金、工作人员的劳动报酬、支付著作权报酬、当事人向养老基金缴纳养老金、向国家社会保险基金缴纳社会统筹需回收的资金；（3）清偿欠缴税款以及根据追偿欠款缴入国库的执行文件回收的资金。

如果纳税人欠税没有清偿的，暂停纳税人银行账户中在欠税金额范围内的付款业务，该欠税金额在税务机关暂停纳税人银行账户付款业务令中给出。

税务机关暂停纳税人银行账户付款业务的命令按照主管机关同哈国国家银行共同确定的格式发布，自银行或开展特许银行业务的机构收到该暂停令之日起生效。银行或者开展特许银行业务的机构应当无条件执行税务机关暂停纳税人银行账户付款业务的命令。

暂停银行账户付款业务的命令由发布命令的税务机关撤销，时间不得晚于暂停银行账户付款业务的理由排除后的1个工作日。

如果按照哈国法律规定关闭纳税人银行账户的，银行或者开展特许银行业务的机构应将该命令连同纳税人银行账户关闭通知书一起送给相关税务机关。

四、暂停纳税人现金付款业务

哈国《税法典》规定，如果纳税人在收到清偿欠税通知书后的10个工作日内没有清偿欠税的，税务机关应当暂停其现金付款业务。

暂停纳税人的现金付款业务适用于纳税人的所有现金开支行为，但下列行为除外：

1. 将资金交给银行或开展特许银行业务的机构，然后将其转入欠缴税款、拖欠的养老金和社会统筹清偿账户。

2. 银行或开展特许银行业务的机构将现金交付给客户。

暂停纳税人现金付款业务的命令一式两份，其格式由主管机关确定，其中一份交给纳税人并签字，或者采用其他能够证明发出和收讫的方式送达。

纳税人应当无条件执行税务机关的暂停现金付款业务令。

纳税人清偿所欠税款之后，税务机关应当在1个工作日内取消该命令。

五、限制纳税人处分财产

《税法典》规定，在下列情况下，税务机关有权对纳税人的财产处分进行限制：

1. 纳税人在收到清偿欠税通知书的15个工作日后仍未清偿欠税的，该纳税人拥有所有权或者经济管辖权的财产以及位于其资产负债表上的财产。其金额为根据纳税人在做出上述决定之日分户账内已有的数据确定的欠税额。

2. 纳税大户之外的纳税人对税务检查结果通知书进行投诉，或者对上级税务机关对通知书投诉审查结果作出的决定进行了再次投诉的，按照国际财务报表标准和哈国经济核算与财务报表法的要求作为属于固定资产、不动产投资或生物资产的财产。其金额为纳税人提出申诉的税款、其他强制缴费和滞纳金总额。

不应当限制处分的对象有：保证纳税人生活的对象；电能、热能和其他形式的能源；保质期或保存期不超过一年的食品或者原料。

限制纳税人处分财产的决定由税务机关做出。决定书应当面交给纳税人并签收，或者采用挂号信的方式送达。该决定书送达日期为纳税人的签收之日。如果纳税人因拒绝在收到决定书的证明上签字，或者在所在地不存在纳税人，则该日期为进行税收调查的日期。

如果限制处分的财产是各种权利或应当进行国家登记的财产，那么税务机关应当在向纳税人送达决定书后的 5 个工作日内向国家主管机关发送该决定书的复印件，以便对各项限制的权利进行登记。

限制处分财产的决定书送达纳税人 10 个工作日后，税务机关应该通过开列财产清单，列出纳税人所有限制处分的财产目录。财产清单依据纳税人的会计账目数据确定。需在财产清单中注明账面价值或者市场价值。市场价值是依据哈国评估业务法进行的评估报告中确定的价值。

纳税人在编制限制处分财产清单时，必须向税务机关提供能够证明对该财产拥有所有权或经济管辖权的文件和资产负债表原件或者经过公证的复印件。如果纳税人没有提供规定的文件，税务机关将向国家主管机关提出咨询，确认该纳税人是否对该财产拥有所有权或经济管辖权。

限制处分财产清单一式两份，由编写人以及纳税人或其工作人员签字。其中一份交给纳税人。

纳税人必须保证限制处分财产完好，并对其进行必要的维护，直到按照哈国法律规定解除限制为止。否则，纳税人必须承担相应的法律责任，并必须赔偿拍卖组织者准备将限制处分财产进行拍卖时造成的实际损失。

如果拍卖组织者对限制处分的财产进行两次拍卖之后欠税仍然没有得到清偿，或者限制处分财产没有卖出，则税务机关根据欠税情况有权列出新的财产清单，在其中列出纳税人的其他财产。

在下列情况下，税务机关必须撤销限制财产处分决定书和相应的财产清单：

1. 纳税人清偿欠税的，在清欠后的 1 个工作日内。

2. 依据税务机关对纳税人的申诉作出的决定或者法院的判决，撤销了税务检查结果通知书或上级税务机关依据对通知书申诉进行审查结果做出的决定的，在该决定作出之日或者该法院判决生效之日起的1个工作日内。

3. 纳税人撤回了对税务检查结果通知书或上级税务机关依据对通知书申诉审查结果作出的决定的申诉的，在撤回该申诉后的1个工作日内。

如果限制处分的财产是各种权利或应当进行国家登记的，则税务机关需在作出撤销限制财产处分决定和财产清单的决定之日起5个工作日内向国家主管机关送达该撤销决定的复印件，终止对该财产权的限制。

第四节 强制执行措施

强制执行措施是税务机关对未按照规定期限履行纳税义务的纳税人，依法采取法定的强制手段，以迫使其履行义务的一种征管制度。它是税收强制性的具体体现，是维护税收征管秩序、保证税款入库的一种特别措施。哈国税法典第86章对税收强制执行措施进行了专门规定。

一、强制执行措施的一般规定

哈国税法规定，除对税务检查结果通知书进行申诉，或者对上一级税务机关对通知书投诉审查结果作出的决定进行了再次投诉的情况外，税务机关对纳税人欠缴的税款，可以采取强制执行措施。但法律同时也规定，税务机关在开始采取强制执行措施之前，应按照法律的规定，向纳税人发送清偿欠税通知书。

当根据产品分配协议，普通公司以合伙形式参与地下矿藏使用活动的合伙企业出现了逾期未履行纳税义务的情况时，如果按照税法典的规定其合资企业的纳税义务是由运营商负责履行的，则强制执行措施也应该适用于纳税人和运营商。最终的追偿额不能超过清偿欠缴税通知书中给出的金额。

下列四种情况不能采取强制执行措施：（1）对于欠税金额低于国家预算法规定的财政年度1月1日的月度核算指标6倍的纳税人；（2）法院判决纳税人破产的，自破产案提起诉讼之日起；（3）纳税人重组的，自法院重组判决生效之日起；但如果纳税额没有按哈国破产法的规定包括在债权人要求的明细表中，或者按照哈国破产法的规定应该采取强制执行措施的除外；（4）对于银行和储蓄养老基金会强制清算的，自法院受理强制破产案之日起；对于保险和再保险机构强制清算的，自法院强制破产判决生效之日起。

欠税强制执行按下列办法执行：(1) 从纳税人银行账户内的资金清缴欠税；(2) 从纳税人的债务人账户清缴欠税；(3) 通过出售限制处分的财产清缴欠税；(4) 以强制发行流通股的方式清缴欠税。

如果法人分支机构没有银行账户，或者法人分支机构银行账户和现款中没有资金或者资金不足以偿还欠税，则税务机关可以对创建了该分支机构的法人纳税人采取强制执行措施。如果对法人分支机构采取了强制执行措施之后仍然没有偿清其欠税，而且该法人拥有多家分支机构，则税务机关将对该法人的全部分支机构同时采取强制执行措施。

二、用纳税人银行账户内的资金清缴欠税

哈国税法规定，如果纳税人在收到清偿欠税通知书20个工作日内没有缴纳或者没有完全缴纳欠缴的税款，则税务机关有权依照法律规定，从纳税人的银行账户中按强制办法清缴欠税。

按照哈国银行和银行业务、保险业务、执行程序、养老保障、项目融资和资产证券化、投资基金等方面的法律的规定，不能用于追偿欠款的银行账户不适用于强制清缴欠税的规定。

税务机关应该根据纳税人分户账内有关清缴欠税的数据发出代收令。代收令可以是纸质的，也可以是电子的。代收令的格式由哈国规范性法律文件规定，其中需注明纳税人清缴欠税的银行账户。银行或者开展特许银行业务的机构应该根据税务机关的代收令从纳税人银行账户中清缴欠税，但发放的贷款保证金除外。

如果纳税人的银行本国货币账户内没有资金，则依据税务机关发出的代收令从纳税人的外汇账户中清缴欠税。

如果欠税的纳税人在银行或者开展特许银行业务的机构内资金充足，则银行或者开展特许银行业务的机构在执行代收令时，优先从纳税人银行账户内的资金范围内执行，且不得晚于收到代收令之日起的一个交易日。如果纳税人银行账户内没有资金或者资金不足，则银行或者开展特许银行业务的机构应该按照哈国民事法律规定的顺序，按照资金入账金额将纳税人的资金划到清偿清缴欠税的账户上。

如果欠税的纳税人银行账户内没有资金，则接受代收令的银行或者开展

特许银行业务的机构，在按照哈国法律规定关闭纳税人银行账户时，需将该代收令连同纳税人银行账户关闭通知书一起返还给相关税务机关。

三、从纳税人的债务人账户清缴欠税

如果欠税的纳税人的银行账户中没有资金或者资金不足，或者没有银行账户，则税务机关可以在欠税范围内，用对纳税人负有债务的第三人（以下简称债务人）银行账户内的资金进行追偿。

纳税人在清缴欠税通知书送达之日起的 10 个工作日内必须向税务机关提供债务人清单，注明债务金额；如果有的话，还应提供与债务人共同拟写的、能够证明债务金额的结算对照单。

纳税人和债务人之间的结算对照单应包含如下内容：（1）纳税人及其债务人的名称和唯一识别码；（2）纳税人及其债务人按所在地进行注册登记的税务机关名称；（3）纳税人及债务人的银行账户资料；（4）债务人欠纳税人的债务金额；（5）纳税人及其债务人的法律要项、公章和签字；（6）出具对照单的日期，该日期不得早于收到清缴欠税通知书的日期。

如果有结算对照单，税务机关应在债务人收到通知书的 5 个工作日后发出代收令，要求从债务人银行账户中缴纳纳税人欠缴的税款。

如果纳税人没有在规定的期限内提供债务人清单，则税务机关将对纳税人进行税务检查。根据能够证明欠债金额的债务人清单或者税务检查报告，税务机关将向债务人发出通知，要求从其银行账户追偿欠债数额内的资金用于偿还纳税人欠税。债务人必须在收到通知书的 20 个工作日内向税务机关提供其与纳税人共同拟写的结算对照单。如果债务人没有在规定的期限内提供结算对照单，则税务机关将对债务人进行税务检查。如果有能够证明欠债金额的税务检查报告和从债务人银行账户划拨资金的通知，则债务人可以不提供结算对照单。

如果纳税人与债务人之间的结算对照单中注明的欠债已经偿清，则税务机关发出的代收令，应当在纳税人向税务机关提供结算对照单之日起的 1 个工作日内撤销。

债务人的开户银行或者开展特许银行业务的机构必须按照法律规定执行税务机关发出的代收令。

四、通过出售限制处分的纳税人财产清缴欠税

如果欠税的纳税人银行账户上无资金或者资金不足，其债务人银行账户

也无资金或者资金不足，或者纳税人及其债务人没有银行账户，则税务机关可以在不经纳税人同意的情况下发出追偿令，用限制处分的纳税人财产追偿欠税。追偿令一式两份，格式由主管机关规定。税务机关应将其中附有限制处分财产决定书复印件和财产清单的追偿令交给授权法人。

出售限制处分的纳税人财产应由授权法人执行，出售程序由哈国政府规定。

五、法定资本有国家参股的股份公司纳税人流通股的强制发行

如果在采取法律规定的上述所有措施之后，法定资本中有国家参股的股份公司的纳税人还未能清偿欠税，则主管机关应该向法院提起诉讼，要求按照哈国法律规定的程序强制发行流通股。在法院的判决生效之日起到流通股发行结束这段时间内，暂停税款、规费的缴纳义务以及缴纳滞纳金和罚款的义务。

六、认定纳税人破产

如果税务机关在采取法律规定的上述各种措施之后，纳税人还没有清偿欠税的，则税务机关有权按照哈国法律的规定，采取认定其破产的措施。被认定破产的纳税人的破产清算办法按照哈国破产法的规定执行。

七、在大众媒体上公布欠税纳税人清单

个体经营者、个体公证员、个体法院执行员和律师等欠税额超过国家预算法规定的财政年度1月1日的月度核算指标10倍的，或者法人及其分支机构欠税额超过国家预算法规定的财政年度1月1日的月度核算指标150倍的，税务机关应当在自欠税之日起的6个月内在大众媒体上公布欠税的纳税人清单。清单中应该包括纳税人姓名、父称（如果有的话）或者名称、经济业务类别、唯一识别码、纳税人的领导人姓名、父称（如果有的话）和欠税金额等信息。

发布到主管机关互联网上的欠税的纳税人清单应当每季度更新，时间不得晚于每季度第一个月的20日。应该删除已清偿欠税或者纳税义务终止的纳税人清单。

八、自然人欠税的清缴

对于不属于个体经营者、个体公证员、个体法院执行员或律师的自然人，

如果出现欠税的情况，则税务机关应当向法院提起诉讼，或者申请法院发出法院令，要求用该纳税人的财产偿还欠税。

税务机关要求发布法院令的申请和提起的诉讼按照哈国民事诉讼法审理。执行机关对用自然人的财产清偿税款的程序按照哈国执行程序法的规定进行。

第五节　对纳税大户的监督

根据哈国税法的规定，对纳税大户的监督是通过分析纳税大户的财务经济活动来实现的，其目的在于确定纳税人的实际缴税计税依据，检查哈国税法的执行情况，检查纳税人采用的市场价格以便在转移定价时进行检查。

一、对应监督的纳税大户的认定

按照哈国税法的规定，纳税大户应该同时符合下列条件：（1）账面资产价值不低于国家预算法确定的、批准监督纳税大户清单当年年底的月度核算指标 325000 倍。该账面资产价值根据纳税大户清单批准当年前一年的年度财务报表数据计算。（2）员工总数不低于 250 人。该员工总数根据纳税大户清单批准当年 3 月的个人所得税和社会税申报数据计算。

对于 2009 年 1 月 1 日以前签订的产品分配合同中规定的、拥有最大年度总收入的，或者根据指定合同规定在石油天然气凝析油田上经营业务的运营商或地下资源使用人，无论其是否符合上述条件，都应当被列入纳税大户清单，接受监督。

另外，应监督的纳税大户清单中还应该包括符合上述规定条件，在不考虑修正的情况下在年度总收入中排名前 300 位的纳税大户。

应监督的纳税大户清单由哈国政府在该清单生效前一年的 12 月 25 日以前批准。该清单自批准之日起两年内有效，在此期间不能重新审核。清单应当在批准该清单的次年 1 月 1 日之后施行。

如果应监督的纳税大户重组，在下一份应监督纳税大户清单生效之前，其权利继承人应当接受监督。

如果应监督的纳税大户被清算，自法院的判决生效之日起从应监督纳税大户清单中将其排除。

二、提交监督报表的程序和期限

哈国《税法典》规定，应接受监督的纳税大户应当提交进行过数字签名的电子版监督报表。

对于一般的纳税大户，监督报表应该包括：(1) 资产负债表；(2) 生产和采购的商品、完成的劳务和提供的服务报表；(3) 生产的产品、完成的劳务、提供的服务的成本；(4) 财务经济业务结果报告；(5) 应收应付债务说明。

对于从事银行业务以及根据许可或者哈国法律从事特许银行业务的纳税大户，监督报表应该包括：(1) 资产负债表；(2) 收入和支出报表；(3) 应收应付债务说明。

对于保险机构和再保险机构的纳税大户，监督报表应该包括：(1) 保险业务报告；(2) 资产负债表；(3) 收入和支出报表。

对于从事养老金收缴和退休金发放业务、按照哈国法律规定进行养老金投资管理的纳税大户，监督报表应该包括：(1) 养老资产报告；(2) 养老资产管理报告；(3) 资产负债表；(4) 收入和支出报表。

纳税大户应当在核算纳税期后次月 15 日之前，按照授权机构批准的程序和格式、按季度提交规定的报表。

第六节　风险管理系统

依据哈国税法的规定，风险指的是纳税人不履行或不完全履行纳税义务从而给国家带来损失的可能性。风险控制机制就是在风险评估基础上，税务机关制订或采取风险发现和预防的措施。税务机关进行风险控制的目的在于：(1) 将税务管理的主要精力集中在风险更高的领域，以保证更加有效地利用现有资源；(2) 提高发现纳税领域违规情况的概率。

当风险控制机制被用于税收稽查时，它的作用表现在：(1) 选择要进行税务检查的纳税人；(2) 确定超收需返还的增值税金额；(3) 确定超收增值税退税简易程序的适用权。

风险控制机制可以利用信息化风险控制系统来实现。

为了确认超收需返还的增值税金额，风险等级及风险控制机制应由哈国政府确定。

税务机关对纳税人提交的税务报表、从国家主管机关取得的资料以及关于纳税人的其他业务文件或资料进行分析，分析的结果用于筛选和管理风险控制的目标。

第十五章　税务检查

第一节　概述

一、税务检查的一般规定

根据哈国《税法典》的规定，税务检查是税务机关实施的一种检查。税务机关进行税务检查的内容与目的主要在于三个方面：第一，检查税务机关执行哈国税法律范和其他法律的情况；第二，对提供文件资料、与被检查纳税人业务有关联的人进行调查，以获取与被检查的纳税人经营业务有关的信息；第三，当纳税人对税务检查结果提出异议或者对上一级税务机关根据投诉审查结果做出的决定有异议时，进行该项检查是为了从纳税人那里获得额外信息。

税务检查只能由税务机关进行。从事税务检查的人员包括了税务检查令中规定的税务机关工作人员、按照法律规定聘请参与检查的其他人员以及纳税人。

为了调查需要专业知识和技能的问题、获得咨询，税务机关可以聘请与税务检查结果无利害关系的专家参与税务检查。受聘参加税务检查的专家就税务机关工作人员提出的书面问题需给出结论并在税务检查过程中使用。这些书面问题和结论的复印件应当附在税务检查报告上，并将其中一份税务检查报告交给纳税人。

如果税务机关聘请了专家参加税务检查，则纳税人也有权聘请专家参与税务检查。如果纳税人聘请的专家在签署税务检查报告之日前向税务机关提交了自己的结论，则其结论也应附在税务检查报告上。

在税务检查过程中，如果有必要，税务机关可以对属于纳税对象或纳税相关对象的财产进行调查，对纳税人财产（住房除外）进行清点登记。

除法律规定的情形外，进行税务检查不能停止纳税人的生产经营活动。

税务机关有权对法人分支机构进行检查，无论法人自己是否进行了税务检查。

居民法人分支机构注销登记时不进行税收清算检查，除非纳税人提出申请为其分支机构进行清算而进行的检查。

在确定非企业的纳税人在无意中进行的企业活动或交易的纳税义务时，如果税务机关在审核中发现有违规情况，在对这些问题进行税务检查开始前必须先向纳税人发出通知，要求其消除违规情况，并且在规定的期限过后才能开始进行检查。

根据哈国《税法典》的规定，在得到国家机关批准后，可以对已经进行过检查的纳税期进行计划外检查。但纳税人自己申请的检查、对增值税超收返还要求进行的检查以及依照哈国刑事诉讼法的规定进行的税务检查或者因为纳税人对税务检查结果通知书有异议、对上一级税务机关就其投诉审查结果的决定有异议而进行的税务检查等，不需要得到国家机关的批准。

二、税务检查的类别

根据哈国《税法典》的规定，税务检查可以根据不同的标准，划分为几个不同的类别。

（一）凭证检查和计时调查

根据检查的对象，税务检查可以分为凭证检查和计时调查两种。

凭证检查，是对与税收活动有关的各种凭证进行的检查。凭证检查的时间不能超过法律规定的诉讼时效。

计时调查是税务机关为查明调查期内纳税人的实际收入以及与获得收入有关业务的实际开支而进行的检查。

（二）综合检查、专项检查与反向检查

1. 综合检查。综合检查是税务机关就下列问题对纳税人进行的检查：各税种纳税义务和其他应缴款的执行情况、强制养老统筹的计算以及扣款和转账是否完整及时、社会统筹的计算和缴纳是否完整及时等。另外，对被清算的法人及其分支机构停止经营活动时的凭证检查、非居民法人常设机构停止在哈国的经营活动时的凭证检查、对法人分立重组时的凭证检查、对个体经营者停止经营时的凭证检查、对个体公证员和个体法院执行员及律师终止经

营活动时的凭证检查等，也都属于税法典中规定的综合检查。

2. 专项检查。专项检查是税务机关就下列问题对纳税人进行的检查：①特许税种纳税义务或规费的缴款执行情况；②从关税同盟国家进口的商品增值税和消费税纳税义务履行情况；③强制养老统筹的计算、扣款和转账是否完整及时；④社会统筹的计算和缴纳是否完整及时；⑤银行和开展特许银行业务的单位对税法及哈国强制社会保险法、养老保险法中规定的义务执行情况；⑥转移定价；⑦特许应税商品生产与流通的国家管理情况以及航空燃料、生物燃料、重油的流通情况；⑧根据法院判决或决定确定不是企业的纳税人，按照其业务确定纳税义务的情况；⑨根据纳税人的具体交易确定纳税义务的情况；⑩纳税人与其债务人之间相互结算的情况；⑪国际条约（协议）条款适用是否合法的情况；⑫确定应返还的增值税金额是否正确的情况；⑬根据非居民法人的申请和避免双重征税国际条约的规定，从财政或者缴税费专用账户存款中返还所得税的情况；⑭纳税人不履行税务机关关于消除审核中发现的违规情况的通知的情况；⑮纳税人对税务检查结果通知书的投诉、纳税人对上一级税务机关就其投诉审查结果作出的决定进行投诉过程中反映的问题进行检查的情况；⑯在税务机关是否进行登记注册的情况；⑰是否有税控收款机的情况；⑱是否具有利用支付卡进行支付的设备的情况；⑲是否有纳税标志及统计核查标志及其是否正确的情况；⑳乙醇产品、石油产品及生物燃料是否有附加费用及其是否正确的情况；㉑是否拥有生产乙醇的许可证、专利、登记卡的情况；㉒税控收款机应用规则的遵守情况；㉓哈国进出口许可证法、某些应纳税商品的生产、储存及销售条件的执行情况；㉔税务机关做出的暂停现金开支的规定的执行情况。

在对私营企业进行专项检查时，可以根据与私营企业主联合会的协议聘请该协会代表参加。私营企业主联合会的代表有权对实施专项检查过程中纳税人权利是否得到遵守的情况进行检查。专项检查报告中要注明私营企业主联合会代表参与检查的事实。

在进行上述专项检查时，可以同时就本项规定的几个问题进行检查。专项检查不能对各税种纳税义务和其他应缴费义务的履行情况进行检查。

3. 反向检查。反向检查是税务机关对与纳税人有业务往来的人员进行的检查。它是在税务机关对纳税人进行综合检查或者专项检查期间进行的，目的是获得纳税人有关业务往来的额外信息，以用于对该纳税人的检查。反向检查是综合检查或专项检查的补充。

反向检查的主要内容包括：①根据哈国与其他国家或国际组织签订的条约，就其他国家税务机关或者执法机关的相关问题进行的检查；②对与纳税人有业务往来的人进行的检查；③增值税纳税人没有消除审核过程查明的增值税纳税违规的情况，或者增值税纳税人提供的解释不能证明不存在违规的情况。

（三）计划内检查和计划外检查

1. 计划内检查。计划内检查是根据主管机关每半年批准一次的税务检查计划进行的综合检查和专项检查。税务检查计划根据对纳税人提交的纳税报表、国家主管机关的数据以及有关纳税人活动的其他资料和单证的分析情况制订。

2. 计划外检查。计划外检查是指计划内检查中没有列出的税务检查，主要包括：①根据纳税人自己申请进行的检查；②根据哈国刑事诉讼法的规定进行的检查；③对纳税人提交的补充纳税报表进行的检查，以查明补充纳税报表中反映的数据的真实性；④对税务机关提出质询的执行情况进行的检查；⑤对纳税人不履行税务机关关于消除审核中发现的违规情况的通知的情形进行的检查；⑥因居民法人、非居民法人分支机构通过拆分或者停办的方式重组而进行的检查；⑦因非居民法人终止通过常设机构在哈国境内开展业务而进行的检查；⑧对个体经营者、个体公证员、律师停止经营而进行的检查；⑨根据纳税人申请撤销增值税注册登记时进行的检查；⑩因地下资源利用合同到期而进行的检查；⑪就某些品种应纳税商品生产与流通以及航空燃料、生物燃料、重油的流通的国家调节问题进行的检查；⑫就纳税人与其债务人之间相互结算的确认问题进行的检查；⑬根据纳税人在增值税申报表中的要求，为了明确需返还的增值税金额而进行的检查；⑭根据非居民法人要求依照避免双重征税国际条约规定返还已经缴纳的所得税申请进行的检查；⑮就银行和开展特许银行业务的机构履行哈国税法以及执行情况，由税务机关负责检查的哈国其他法律规定的义务履行情况进行的检查；⑯根据法院判决或决定确定不是企业的纳税人，为了按照其业务对其纳税义务进行确定而进行的检查；⑰就纳税人根据交易的具体情况确定纳税义务而进行的检查；⑱因纳税人对税务检查结果有异议，或者对上级税务机关对该异议进行审查后做出的决定进行了投诉，就该投诉中反映的问题进行的检查；⑲因非居民法人按照避免双重征税国际条约的规定申请返还已经缴纳的所得税的申请而进行的检查；⑳就消除违规情况进行的检查；㉑就从关税同盟国家进口商品的增值税和消费税纳税义务履行情况进行的检查；㉒就在税务机关进行登记注册问题进行的检查；㉓就是否存在税控收款机问题进行的检查；㉔就是否存在利用支付卡进行支付的设备（装置）的问题进行检查；㉕就是否有纳税标志及统计核查标志及其是否正确而进行的检查；㉖就乙醇产品、石油产品及生物燃料是否有附加费用及其是否正确而进行的检查；㉗就是否拥有生产乙醇的许可证、专利、登记卡问题进行的检查；㉘就税控收款机使用规则遵守情况进行的检查；㉙就进出口许可证制度遵守和某些应纳税商品的生产、储存及销售执行情况进行的检查；㉚就税务机关做出的暂停现金开支的规定执行情况进行的检查；㉛根据主管机关的决议进行的检查。

第二节 税务检查的期限及程序

一、税务检查的期限

哈国《税法典》规定，根据税收命令进行的检查，其期限不能超过命令送达之日起的30个工作日。对于在哈国境内的只有一个所在地，且没有分支机构的法人、个体经营者、通过常设机构开展业务的非居民法人，则决定进行税务检查的税务机关在法定期限外最多可以延长45个工作日，上级税务机关最多可以延长60个工作日，主管机关最多可以延长70个工作日。对于在哈国境内的只有一个所在地，且拥有分支机构的法人和通过常设机构开展业务的非居民法人以及应当接受监督的纳税大户，决定进行税务检查的税务机关在法定期限外最多可以延长70个工作日，上级税务机关最多可以延长180个工作日，主管机关最多可以延长180个工作日。

在税务检查过程中，在税务机关要求纳税人提供资料或单证期间，或者在税务机关请求国家机关、银行和开展特许银行业务的机构以及在哈国境内开展业务的其他组织对纳税人提供的资料和单证进行协查期间，或者在税务机关按照国际条约的规定请求其他国家提供有关的信息期间，税务检查暂停，检查期限顺延。在此情况下，税务机关必须在暂停或恢复检查之日起的1个工作日内将暂停或恢复检查的通知书和法律统计机关的通知书当面交给纳税人并签字确认，或者以挂号信的方式送达纳税人。

另外，对于在哈国境内只有一个所在地且没有分支机构的法人、个体经营者、通过常设机构开展业务的非居民法人等，进行凭证检查（反向检查除外）的期限不超过60个工作日；对于在哈国境内只有一个所在地且拥有分支机构的法人、个体经营者、通过常设机构开展业务的非居民法人等，进行凭证检查（反向检查除外）的期限不超过180个工作日；对于应当接受监督的纳税大户，进行凭证检查（反向检查除外）的期限不超过180个工作日。

进行计时调查时，如果被检查纳税人在节假日里开展业务，则上述规定的期限可以计算节假日。计时调查可以根据纳税人的工作时间进行，不受昼夜时间限制。

二、税务检查通知书

按照《税法典》的规定，税务机关应当在综合检查和专项检查开始前的30日内，向纳税人送达通知书，但因下列原因进行的税务检查除外：（1）居民法人、非居民法人分支机构通过拆分或者停办的方式重组；（2）非居民法人终止通过常设机构在哈国境内开展的业务；（3）个体经营者、个体公证员、个体法院执行员、律师终止开展业务；（4）根据纳税人申请撤销增值税注册登记。

通知书中应当注明税务检查的种类、需要检查的问题清单、必需文件的准备清单、进行税务检查期间纳税人的权利和义务以及为进行税务检查而必需的其他资料。

通知书应当在纳税人注册资料中的所在地送达纳税人或者当面交给纳税人，也可以通过邮局挂号信送达。以挂号信送达的，以收到邮局或者其他通信组织的回执之日为送达之日。如果注册资料中的所在地没有纳税人，则可以在不通知的情况下进行税务检查。

另外，当纳税人有可能藏匿或者销毁与纳税有关、进行检查所必需的文件，或者存在其他造成检查无法进行或者无法完全进行的情节时，税务机关在取得上一级税务机关的书面同意后，有权在不通知纳税人的情况下开始税务检查。

三、税务检查的依据

进行税务检查必须依据税务检查令来进行。其中，检查令中必须包含以下内容：（1）检查令在税务机关的登记日期和登记号码；（2）签发检查令的税务机关名称；（3）纳税人的姓名和父称（如有）或者全称；（4）唯一识别码；（5）检查的种类；（6）检查人以及按照规定受聘参与检查的专家的职务、姓名和父称（如有）；（7）进行检查的期限；（8）所检查的纳税期（凭证检查时）。

在进行专项检查时，检查令中还应该包含以下内容：（1）检查的地域范围、在检查中需要查清的问题、在税务机关是否进行登记注册、是否有税控收款机、是否具有利用支付卡进行支付的设备（装置）、是否有纳税标志及统计核查标志及其是否正确、乙醇产品和石油产品及生物燃料是否有附加费用及其是否正确、是否拥有生产乙醇的许可证和专利及登记卡；（2）税控收款机应用规则遵守情况、进出口许可证制度遵守情况、某些应税商品的生产、储存及销售条件执行情况、税务机关做出的暂停现金开支的规定执行情况。

在进行凭证检查时，检查令中会根据检查类型的不同说明需要检查的问题：（1）检查的税种和规费；（2）强制养老统筹的计算、扣款和转账是否完整和及时；社会统筹的计算和缴纳是否完整和及时；（3）银行和开展特许银行业务的机构履行税法及哈国强制社会保险法、养老保险法律定的义务的情况；（4）转移定价；（5）特许应税商品生产与流通的国家管理；（6）纳税人与其债务人之间相互结算的确定；（7）银行和开展特许银行业务的机构在资金从纳税人银行账户出入时，对税款及规费、滞纳金、罚款等转入指定账户的情况；（8）根据法院判决或决定确定不是企业的纳税人，按照其业务确定纳税义务；（9）法院认定其无意中进行了企业经营活动时的纳税义务的确定；（10）国际条约（协议）条款适用是否合法；（11）确定应返还的增值税金额是否正确；（12）确认纳税人与其销售方和客户之间的相互结算情况；（13）从关税同盟国家进口的商品增值税和消费税纳税义务履行情况；（14）在税务机关的登记注册情况；（15）是否有税控收款机；（16）是否具有利用支付卡进行支付的设备（装置）；（16）是否有纳税标志及统计核查标志及其是否正确；乙醇产品、石油产品及生物燃料是否有附加费用及其是否正确；是否拥有生产乙醇的许可证、专利及登记卡；（17）税控收款机应用规则遵守情况；（18）进出口许可证制度遵守情况、某些应税商品的生产、储存及销售条件执行情况；（19）税务机关做出的暂停现金开支的规定执行情况。

检查令应当由税务机关的主要领导人或授权的人签字，并按照主管机关规定的程序加盖公章确认，同时在专用登记簿登记。进行反向检查以及计时调查的检查令可以由税务机关第一领导的副手签字。

如果检查期限延期或检查人员数量变更或替换，或被检查的纳税期变更，则需要办理补充检查令。补充检查令需要注明原检查令的登记日期和登记号码、按照法律规定受聘参加检查的人员姓名和父称（如有）。

依据一个检查令只能进行一种税务检查，但就下列问题进行的专项检查除外：(1) 在税务机关进行登记注册的情况；(2) 是否有税控收款机；(3) 是否有利用支付卡进行支付的设备（装置）；(4) 是否有纳税标志及统计核查标志及其是否正确；乙醇产品、石油产品及生物燃料是否有附加费用及其是否正确；是否拥有生产乙醇的许可证、专利及登记卡。

四、税务检查的开始

按照《税法典》的规定，税务检查令送达纳税人之日或者纳税人拒绝在检查令上签字的报告编写之日即为税务检查开始的时间。

税务机关进行税务检查的工作人员必须向纳税人出示自己的工作证件、检查令原件及其复印件。纳税人需在检查令上签字，表示已知悉检查令并得到复印件，还要注明获得检查令复印件的日期和时间。如果纳税人拒绝在税务检查令复印件上签字，则税务机关工作人员应当拟写拒绝签字报告，聘请不少于两个见证人。拒绝签字报告上应注明：(1) 拟写地点和日期；(2) 拟写报告的税务机关工作人员的姓名和父称（如有）；(3) 受聘见证人的姓名和父称（如有）、个人身份证号、居住地地址；(4) 检查令编号和日期、纳税人名称及其唯一识别码；(5) 拒绝在检查令复印件上签字的情况说明。

纳税人拒绝接收检查令不能构成取消税务检查的依据。

纳税人拒绝在税务检查令复印件上签字表示税务机关工作人员不能进行税务检查。但《税法典》第 636 条第 5 款规定的情况除外。

在进行税务检查期间，不能依据纳税人的申请而终止检查。

五、计时检查

进行计时检查时要有纳税人或其代表在场。

税务机关自行决定需要检查的征税对象或与征税有关的对象。在必要的情况下，税务机关有权对纳税人的商品物资价值进行清点登记。

税务机关有权检查纳税人的现金、金融票据、账簿、报表、成本估算、有价证券、申报表以及与征税对象或征税相关对象有关的其他单据是否存在。税务机关也可以检查纳税人的税控收款机收款报表。

在进行计时检查期间，税务检查人员每天都应当保证填入计时检查记录卡上的、在检查过程中获得的数据的完整性和准确性。每个征税对象或征税相关对象以及取得收入的每个来源都要设置单独的一张计时检查记录卡，上面应包括下列内容：(1) 纳税人名称、唯一识别码和业务种类；(2) 进行检查的日期；(3) 征税对象或征税相关对象所在地；(4) 计时检查开始和结束的时间；(5) 征税对象或征税相关对象、销售的产品、完成的劳务和提供的服务的价值；(6) 拟检查的征税对象或与征税相关对象资料发生的变更；(7) 检查结果；(8) 其他数据。

每个检查日结束后，都要制作一份情况汇总表。税务检查人员和纳税人或其代表都应当在计时检查记录卡和汇总表上签字，并将其附在计时检查报告上。在必要的情况下，可以在计时检查记录卡中附上能够证明计时检查记录卡上的数据的单据复印件、报表和其他材料。

纳税人计时检查的结果会在根据综合检查或者专项检查结果对税款和其他强制缴库金额进行计算时予以考虑。

六、为确定增值税返还金额而进行的专项检查

对于纳税人在递交增值税申报表中提出返还超收增值税的要求，税务机关为了证实需返还增值税的真实性，必须进行专项检查。其中，被检查的纳税期不仅包括纳税人在增值税申报表中要求返还多缴税款的纳税期，还包括之前没有对该税种进行过检查的几个纳税期，但是不能超过法律规定的诉讼时效。

在进行专项检查期间，税务机关可以对被检查纳税人的商品、劳务和服务的直接销售方进行反向检查。如果被检查纳税人的商品、劳务和服务的直接销售方在另一个税务机关进行了注册登记，则进行专项检查的税务机关可以向相关税务机关提出咨询，要求对该销售方进行反向检查。相关税务机关应该对增值税税额的真实性进行确认，并根据得到的信息确定要求返还增值税的纳税人与其直接销售方（需要监督的纳税大户）之间的交易产生的、需返还的增值税金额是否真实。

在进行专项检查过程中，税务检查部门有权对纳税大户的直接销售方的情况向相关税务机关提出查询函。查询函中应包括被检查的纳税大户的直接销售方的资料，其开具的发票编号和日期，商品、劳务及服务的销售金额，还要注明所检查的纳税期。相关税务机关需要提供能够证明增值税金额真实性的资料。

如果在进行反向检查期间销售方因破产而终止了活动，则依据销售商品、完成劳务和提供服务发票清单来证实增值税的税额。

在对增值税纳税人提出的返还增值税金额进行专项检查时，接受过专项检查的增值税纳税人的下列销售方不应再进行反向检查：(1) 从事供电、供热、供水和供气的销售方（由买家随后出口的电能、热能、水和气除外）；(2) 提供通信服务的销售方；(3) 在哈国境内不属于增值税纳税人，不是通过分公司或代表处开展业务的非居民法人；(4) 需要监督的纳税大户。

如果到税务检查结束之日，发现纳税人存在下列情况，则不会按上述金额返还增值税：(1) 在进行反向检查时，税务机关提出的查询函没有得到回应；(2) 被检查纳税人的销售方没有按照查询函的要求消除发现的违规情况；(3) 根据查询函的反馈情况不能证实纳税大户增值税金额的真实性；(4) 不能证实增值税金额的真实性；(5) 由于在注册登记所在地不存在销售方、或销售方统计文件丢失导致无法进行反向检查，从而不能证实增值税金额的真实性，在这种情况下，税务检查报告中应注明不返还增值税的原因。

如果在税务检查结束之日，对被检查纳税人销售方进行的反向检查情况查询函得到了回应，或被检查纳税人的销售方消除了发现的违规情况，或者税务机关证实了多缴增值税金额的情况，则应当依据检查报告中的结论，返还增值税。

按照专项检查报告和税务检查报告所附结论，需返还的增值税总额不能超过被检查纳税期增值税申报表中要求返还的增值税金额。

税务检查报告至少一式两份，并由税务机关工作人员和纳税人签字确认，将其中一份交给纳税人。

七、对非居民法人所得税退库而进行的专项检查

对于非居民法人申请所得税退库或者从缴税费专用账户中返还所得税申请的，税务机关应该针对扣缴义务人进行专项检查，以使其在规定的诉讼时效内，从提交该申请的非居民法人收入中履行支付所得税核算、扣缴和转账的纳税义务。

专项检查从税务机关收到纳税人提交申请的 10 个工作日内开始。税务机关进行专项检查的内容包括：(1) 扣缴义务人从非居民法人收入中履行支付所得税核算、扣缴和转账等纳税义务是否完整；(2) 是否按照法律规定或国际条约的规定成立了常设机构；(3) 非居民法人申请人按照哈国法人国家登

记法和《税法典》的规定办法注册登记的情况、分公司和代表处注册登记的情况以及作为纳税人登记的情况；(4) 纳税人申请书中列举的数据是否真实；(5) 如果非居民法人签订了缴税费专用账户存款合同，还要检查合同各方遵守合同条款的情况。

八、进入厂区或房间进行检查

税务检查人员进入取得收入的厂区或房间（住宅除外）检查征税对象或征税相关对象的，纳税人必须允许。如果纳税人阻挠，需撰写不允许税务检查人员进行税务检查的报告。该报告由税务检查人员和纳税人共同签字。如果拒绝在报告上签字的，纳税人必须提交书面说明，说明拒绝的原因。

如果按照哈国法律的规定，进入纳税人的厂区或房间需要有特别通行证的，则税务检查人员必须持有该通行证。

纳税人在下列情况下有权拒绝税务检查人员进入厂区或房间进行税务检查：(1) 检查令没有按照规定的程序办理；(2) 检查令中规定的检查时间已过期或者还没有到来；(3) 检查令中没有注明企业资料；(4) 税务检查人员未持有按照哈国法律规定进入纳税人厂区或房间必需的特殊通行证。

九、完成税务检查

税务检查结束后，税务机关工作人员要写出税务检查报告。报告中应当注明下列内容：(1) 进行税务检查的地点、编写报告的日期；(2) 检查的种类；(3) 税务检查人员的职务、姓名和父称（如有）；(4) 税务机关的名称；(5) 纳税人姓名、父称（如有）或者全称；(6) 纳税人所在地、银行资料以及唯一识别码；(7) 纳税人单位负责填写税务报表和会计报表、负责税款和规费的工作人员和主要领导的姓名、父称（如有）；(8) 消除以前在进行综合检查和专项检查期间发现的违反哈国税法情况的各项措施的资料；(9) 检查期间纳税人提交用于进行检查的各种凭证的情况；(10) 违反税法情况的详细说明，并指明哈国税法中相应的规定；(11) 税务检查结果。

税务检查报告递交给纳税人的日期被视为税务检查的结束日期。在收到税务检查报告时，纳税人必须在税务检查报告上签字确认收悉。

如果因所在地不存在纳税人而无法将报告交给纳税人的，按法律规定的程序进行有见证人参与的税收调查。在这种情况下，税务检查结束的日期是拟写税收调查报告的日期。

如果税务检查结束之后没有发现纳税人有违反哈国税法的情况，在税务检查报告中要对此作出相应的记录。

如果在税务检查结束之日，在纳税人所在地或进行税务检查的地址不存在纳税人，税务检查人员应在税务检查报告中作相应的记录。

税务检查报告应附上所需的各项凭证复印件、税务检查人员进行的核算以及税务检查过程中获得的其他材料，按照法律规定属于税收秘密的信息除外。

税务检查报告至少一式两份，由税务检查人员签字。其中一份税务检查报告交给纳税人。

如果在收到税务清算报表之日到完成税务清算检查之日这段时间内产生了税款和规费的核算及缴纳义务、养老金核算、扣缴和转账义务、社会统筹核算与缴纳义务，这些义务在税务检查报告附件中应当注明，不累计滞纳金，也不计算罚款。

十、税务检查结果决定

税务检查结束后，如果发现有导致税款和规费金额核算与缴纳、养老金核算与缴纳、扣缴义务金核算与缴纳、社会统筹核算与缴纳、降低损失、不能确认需返还的超收增值税或企业所得税和个人所得税等方面的违规情况，则税务机关应给出税务检查结果通知书，并在法律规定的期限内交给纳税人。

税务检查结果通知书和税务检查报告由税务机关使用同一个编号进行登记。

在税务检查结果通知书中应当包含下列内容：(1) 税务检查结果通知书和税务检查报告登记日期和编号；(2) 纳税人姓名和父称（如有）或者全称；(3) 唯一识别码；(4) 核算出的税款及规费金额、养老金核算、扣缴和转账义务金额、社会统筹计算和缴纳金额以及滞纳金金额；(5) 减少的亏损额；(6) 未确认返还的增值税超收额；(7) 未确认返还的企业所税或个人所得税金额；(8) 缴纳要求、缴纳期限；(9) 相关税款和需缴入预算的其他强制缴费及滞纳金说明；(10) 征税期限和地点。

如果是在进行刑事诉讼的过程中进行的税务检查，则税务检查结果通知书将在该刑事案件审理结束之后给出。

如果对税务检查结果没有提出申诉，则纳税人必须在通知书上规定的期限内执行通知。

如果纳税人认可税务检查通知书上给出的税款、规费及滞纳金核算的金额，缴纳税款和其他强制缴费的纳税义务以及支付滞纳金的义务履行期限可以根据纳税人的申请延长60个工作日。在延长期内，上述税款应当缴入国库。从延长期开始之日起，应按日加收滞纳金，并每隔15个工作日等额缴纳一次。

下列项目纳税义务的履行期限不能延长：（1）缴纳根据税务检查结果核算出的、由支付人承担的消费税和其他税款；（2）对税务检查结果提出申诉之后，缴纳根据税务检查结果核算出的税款和规费。

如果税务检查结束后没有发现违反哈国税法的情况，则不会发出税务检查结果通知书。

如果税务机关在对同一个纳税期和同一个问题进行计划外凭证检查期间发现了以前税务检查过程中没有发现的纳税人违反哈国税法的事实，则不能因该违法情节对纳税人处以行政处罚。但这一规定不适用下列情况下发现的违反哈国税法的情况：（1）通过提供已检查过的上一纳税期该税种或者规费补充纳税申报表的方式降低纳税人缴库税款或规费；（2）税务机关在以前对同一个纳税期进行税务检查期间提出咨询，对咨询的解答是在完成了该次税务检查之后收到的，根据该解答发现的违规情况；（3）根据对一些单据的研究发现的违规情况；（4）法院判决或者命令生效后，与被确认为不是企业的纳税人发生了交易，对完成这些交易的纳税期进行过税务检查之后，在主管机关网站公布了纳税人的信息，在这些交易方面发现的违规情况；（5）法院判决或命令生效之后与私营企业主发生了交易，而税务机关是在对完成该交易的纳税期进行了税务检查之后才首次得到有关该交易的相关信息，在这些交易方面发现的违规情况。

第三节　采用间接方式确定征税对象或征税相关对象

如果纳税人违反统计程序，或者统计资料灭失或损毁，税务机关将按照法律规定采用间接方式确定征税对象或征税相关对象。其中，违反统计程序、统计资料丢失或损毁是指作为确定征税对象或征税相关对象的基本单据不存在或者纳税人未提供这些单据。确定征税对象或征税相关对象的间接方法是指按照法律规定，根据从税务报表和原始统计资料以及其他信息来源得到的信息，对征税对象或征税相关对象进行评估的方法。

如果在进行单据检查过程中纳税人没有提供所需文件，则税务机关必须将要求纳税人提供或者恢复上述文件的命令以及暂停税务检查的通知送达纳税人。税务机关的命令应当在该命令送达纳税人之日后的30个工作日内执行。

纳税人没有按照税务机关的命令提供所需文件的，必须做出书面解释，说明没有提供这些文件的原因。

一、信息来源

为了采用间接方法确定征税对象或征税相关对象，税务机关可以根据被检查纳税人的情况、特点和业务种类获得下列信息：（1）银行和开展特许银行业务的机构关于资金在纳税人银行账户上存在和流动情况的单据；（2）国家主管机关、非国家组织、地方执行机构提供的有关征税对象或征税相关对象的资料；（3）纳税人分户账与纳税人会计账目中有关税款和其他强制缴库核算及缴库数据的对比资料；（4）从纳税人提供的税务报表中取得的、有关纳税人的征税对象或征税相关对象的资料；（5）通过国家机关信息系统以及其他来源取得的，关于对实施了货物发运、提供劳务或服务的人员进行反向检查的资料；（6）税务机关在对被检查的纳税人进行调查、对属于征税对象或与征税相关对象的财产（住房除外）进行登记期间获得的资料。

税务机关还可以通过向下列单位发送查询函，来获得有关的信息：（1）银行或者开展特许银行业务的机构；（2）相关授权国家机关、非政府组织、地方执行机构；（3）就被核查纳税人的销售方和纳税人之间相互结算问题的反向税务检查的情况向其他税务机关发送查询函；（4）其他国家主管机关。

另外，税务机关还可以从业主处了解被检查纳税人提供服务的价格信息，从购买方了解从被检查的纳税人处所购产品的价格和数量，从向被检查的纳税人提供商品、服务或劳务的提供方处了解纳税人购买商品、服务或劳务的情况。

二、征税对象或征税相关对象的确定

税务机关在按照上述程序获取信息的基础上，可以依据法律的规定确定征税对象或征税相关对象。

为了对纳税人的收入进行统计，税务机关需使用纳税人银行账户和支付卡收到资金的信息资料，有银行对账单证实的其他支付和统计的文件资料，以及其他能够证明纳税人获得资金这一事实的资料或文件。

在统计纳税人的总收入时，应当包括根据其他组织或自然人提供的资料计算的纳税人存在的其他收入（或应得收入），也应当包括根据哈国国家银行和二级银行以及关税同盟成员国税务机关提供的资料确定的纳税人通过出口业务取得的外汇收入。

在确定征税对象或征税相关对象时，没有原始文件证明的纳税人的开支不属于计算公司所得税时应当扣减的部分，不能在计算增值税时扣减。

如果纳税人没有能够证明主要物资（包括未竣工项目、运输工具、土地、非物质资产、投资不动产）的原始价值的文件，则上述物资的价值应当按市场价计算，由税务机关聘请的评估师出具评估报告确定。

当资金从银行账户取出支付工资或从银行账户转入自然人银行账户时，这些资金也可能成为应当缴纳个人所得税和社会税的对象。在这种情况下，缴税义务在银行执行纳税人向纳税人或者第三人转移资金的指令时产生。

如果纳税人在纳税申报表中申报的税款和其他强制缴库款项高于采用间接方法计算出的税款金额，或者高于从其他信息来源处查明的收入金额，那么在检查时应当采用纳税人在纳税申报表中申报的税款金额。

如果自然人反映在纳税申报表上的收入与满足个人需要（其中包括购买物品所需）的开支不符，税务机关应该依据其开支并考虑前几个纳税期的收入情况确定其收入和税款。

即使其他人和机构对取得的某项收入是否合法有争议，这项收入也应当缴税。

如果在哈国法律规定的情形下，法院判决某项收益款应当没收缴库，则应在不予扣除已缴税款的情况下没收该项收益款项。

第四节　税控收款机的使用

哈国税法规定，在哈国境内如果使用现金采购商品、劳务和服务的，必须要使用税控收款机。因此，使用现金进行结算的自动售货机和服务支付终端，均需配备税控收款机，并在国家登记表中登记税控收款机的各模块。但无须以个体经营者身份进行国家注册的自然人、个体经营者（销售应征消费税商品的除外）、哈国国家银行等不受此规定的限制。

一、税控收款机的登记、变更与注销

根据规定，纳税人在开始从事与现金资金结算相关的业务前，要在税务机关对税控收款机进行登记，提供税控收款机凭证或售货凭证，其模块应记录在国家登记表中，以确保税务机关工作人员可接触到税控收款机。如果税控收款机是自动售货机或服务支付终端配备的电脑系统，则必须在每台自动售货机或服务支付终端使用地的税务机关进行登记。

除电脑形式的税控收款机外，纳税人在税务机关登记税控收款机时，必须提供以下材料：（1）申请书；（2）含有纳税人信息的税控收款机，信息输入时可以不定控税方式；（3）税控收款机的合格证；（4）有纳税人签字或盖章的现金登记簿和售货凭证簿。对于电脑形式的税控收款机，纳税人在进行登记时，需向当地税务机关提供：1）申请书；2）电脑系统功用和特性的简短描述；3）该电脑系统的“税务检查员工位”模块使用指南，并且确保能进入该模块。

除电脑系统外，税务机关工作人员对税控收款机进行登记时，必须：（1）检查纳税申请书中的信息是否与所提交的文件相符；（2）核对税控收款机工厂编号和产品合格证中的编号；（3）检查现金登记簿和售货凭证簿格式的正确性；（4）确定税控收款机工作的税控方式；（5）在税控收款机外壳上锁上税务机关的铅封；（6）办理税控收款机注册卡；（7）由领导在现金登记簿和售货凭证簿上签字，并加盖税务机关的公章，作为证明；（8）将税控收款机及其产品合格证、现金登记簿和售货凭证簿等返还纳税人。

电脑系统形式的税控收款机进行登记时，税务机关工作人员还必须对电脑系统的税控方式设置信息密码保护激活措施，防止非法获取电脑系统的税控信息。

自纳税人向税务机关递交申请书起5个工作日内，税务机关必须为税控收款机进行登记，授予其登记号，同时颁发税控收款机注册卡。

如果税控收款机注册卡中的信息发生变更，纳税人应在5个工作日内向登记地税务机关递交变更申请书，要求变更税控收款机的注册信息。在收到申请书后的5个工作日内，税务机关工作人员应该办理新的税控收款机注册卡，并发放给纳税人。

如果出现以下情况时，应注销税控收款机：（1）进行商品交易、购买劳务和服务时，不再使用现金结算；（2）税控收款机使用地点发生变化，或者在自动售货机和服务支付终端中使用税控收款机的纳税人所在地发生变化；（3）税控收款机发生技术故障无法继续使用；（4）税控收款机从国家登记表中删除；（5）其他不违反哈国税收法律的情况。为此，纳税人除向税务机关递交申请书外，还必须将税控收款机、产品合格证、现金登记簿和售货凭证簿、注册卡等一并交给税务机关。注销电脑系统中的税控收款机时，纳税人需向税务机关递交税控收款机注销申请书、税控收款机注册卡，并且确保可以进入税务检查员工位模块。税务机关在收到注销申请书后的5个工作日内，应当注销税控收款机。

二、税控收款机的管理与运行

纳税人在使用税控收款机时，应当：（1）按照税控收款机的使用说明书，输入商品、劳务和服务的价格；（2）如发生断电或税控收款机出现故障时，填写并提供售货凭证；（3）填写现金登记簿；（4）按照税控收款机的技术要求，在一班次工作结束时，通过抄录该班次报告，执行“工作班次结束”的程序。

纳税人应该将工作班次报告、现金登记簿和售货凭证、废票、退票及其核查凭证等保存5年。

对于税控收款机，每个工作班次不得超过24小时。

自动售货机中配备的税控收款机的工作班次的期限由纳税人确定，但不得超过1个月。

现金登记簿的数据应该和相应日期的工作班次报告的数据相符。

如税控收款机发生技术故障，且在不损坏税务机关铅封完整性的情况下无法克服技术故障，纳税人需在发生故障后的3个工作日内向登记地的税务机关递交申请书和技术维护中心的结论。税务机关在收到申请书的当日，作出关于是否允许损坏税控收款机铅封完整性，以便消除故障的决议。

税务机关在下列情况下，可以抄录税控报告：（1）进行税务核查；（2）替换税控存储器部件；（3）税控收款机注销；（4）需要输入密码进入税控存储器，以维修税控收款机；（5）现金登记簿已填满；（6）现金登记簿丢失或损坏。

另外，税务机关可以对纳税人使用税控收款机的情况进行稽查。税务机关也可以使用存储在税控收款机税控存储器中的信息，对纳税人是否履行纳税义务和其他缴库义务进行税务检查。

第五节 其他形式的税收稽查

在哈国《税法典》中，除上述对税务检查的一般性内容进行规定之外，还针对消费税、转移定价、国家主管机关和地方执行机关有关涉税问题的稽查等作了专门的规定。

一、消费税的稽查

根据哈国《税法典》的规定，税务机关应该对应征消费税的商品进行稽查。稽查内容主要包括消费税纳税人是否遵守特许应纳消费税商品的标记方法和应纳消费税商品在哈国境内的运送程序。应纳消费税商品的清单由哈国政府按照规定的程序确定。

酒精类产品（酿酒原料和啤酒除外）应该统计核查标志，烟草制品应该标记消费税票。该标记应该由应纳消费税商品的生产商、进口商、出售债务人财产的破产与善后的监督人进行标记。但下列产品不需要标记：（1）出口商品；（2）免税店店主运入哈国境内的、符合免税贸易海关手续的商品；（3）根据海关法的规定，暂时运入关税同盟关境的商品，还包括从关税同盟成员国暂时运入哈国境内，用于宣传或展览目的商品；（4）过境关税同盟的商品，其中也包括关税同盟成员国经哈国境内转运的货物；（5）年满18周岁的自然人运入或转寄到哈国境内的商品。其中，酒精产品和啤酒不得超过3升，烟草和烟草制品不得超过200根香烟和50根雪茄（雪茄烟），或250克烟丝，或各种烟草制品总重量不得超过250克。

除上述规定外，禁止向哈国境内运入或在哈国境内运输需要标记统计核查标志或消费税标志，但却未做标记的应纳消费税商品。

为了加强对消费税的稽查工作，哈国税法典明确规定，税务机关在生产特许应纳消费税商品的纳税人区域内，可以设置消费税税务所。在批发销售从事应纳消费税商品的纳税人区域，或者借助铁路或输油管道运输石油和石油制品的纳税人区域，也可以设立消费税税务所。消费税税务所主要负责稽查：（1）纳税人是否遵守哈国关于调节应纳消费税商品生产和销售的法律；（2）买方是否存在相应种类经营业务的许可证；（3）对进口的应纳消费税商品进行登记；(4) 监督需通过计量仪器进行分配或提货的应纳消费税商品，同时监督使用核算仪器的销售，还可监督铅封状态下计量仪器的使用情况；(5) 纳税人是否遵守特许种类应纳消费税商品的标记程序；(6) 纳税人是否遵守特许种类应纳消费税商品的提货单手续办理规定；(7) 应纳消费税商品的消费税税率使用的正确性和支付消费税的及时性；(8) 用来生产应纳消费税商品、辅助材料、成品、核验标记和消费税票的主要原料的变化。

消费税税务所工作人员在进行税务稽查时，有权调查纳税人用来生产、存储和销售应纳消费税商品的办公室、厂房、仓库、店铺、附属设施等是否遵守了哈国法律的要求的情况，也可以检查纳税人运送货物的运输工具。纳税人在销售应纳消费税商品时，税务机关工作人员有权在场。

二、转移定价的稽查

税务机关按照哈国转移定价方面法律的规定，对转移定价交易进行稽查。

三、对国有资产的稽查

税务机关有权对国有资产的登记、存储、评估、后期使用和销售的情况进行稽查。如果出售该资产，税务机关还必须就资金是否及时、全额进入国家预算进行检查。

四、对国家主管机关和地方执行机关的稽查

根据《税法典》的规定，税务机关有权对国家主管机关和地方执行机关的事务进行稽查。其中，对国家主管机关的稽查内容主要包括：核算的正确性、是否全额纳税及其他向国家预算缴纳的款项拨款的及时性、向税务机关提交信息的可靠性和及时性等事宜。对地方执行机关的稽查内容主要包括核算的正确性，是否全额纳税及其他向国家预算缴纳的款项拨款的及时性，向税务机关提交资产、交通工具、土地税及其他必要付款信息的可靠性和及时性等事宜。

税务机关对国家主管机关和地方执行机关进行稽查必须依据检查任务决议。检查任务决议包括如下要项：(1) 检查令在税务机关的登记日期和登记号码；(2) 国家主管机关的全称和唯一识别码；(3) 稽查员任命依据；(4) 稽查人员和按规定邀请实施检查的其他国家机关专家的职务、姓、名、父称（如有）；(5) 进行稽查的时限；(6) 稽查期限；(7) 稽查的问题；(8) 国

家主管机关知悉和收到决议的标识。

在开始实施稽查前，检查任务决议应该进行国家登记。

进行稽查时，国家主管机关应该配合税务机关获取稽查所必需的文件和信息，协助税务机关工作人员调查征税对象。

国家主管机关如需阻止其获取资料和信息及调查征税对象，可编制拒绝税务机关工作人员稽查的证明。该证明需有稽查人员和国家主管机关工作人员的签字。如果国家主管机关拒绝在该证明上签字，则必须对拒绝缘由作书面解释。

如果国家主管机关拒绝在决议上签字，由稽查工作人员和证人在两天内编制拒绝签字证明。

国家主管机关拒绝接收决议，不能成为取消税务稽查的理由。

国家主管机关收到决议之日或编制国家主管机关拒绝在决议上签字的证明之日，为稽查开始的日期。

稽查期限不得超过稽查任务决议交给国家主管机关后的 3 个工作日。负责稽查的税务机关可以将该稽查期限延长至 50 个工作日。

对国家主管机关工作的稽查，每年不得多于 1 次。

税务机关要求国家主管机关提交所需文件的日期、税务机关向其他地区税务机关、国家机关、银行和从事特许银行业务的机构、企业发送询函的日期，不列入检查期限内。

当中止稽查或恢复稽查时，税务机关应该向国家主管机关发送通知，说明稽查中止或恢复的依据。

如需延长稽查、中止稽查或改变稽查人员清单，税务机关必须办理补充决议。

稽查结束后，需编制检查证明，证明应该包括：(1) 稽查地点、稽查证明的编制日期；(2) 税务机关的名称；(3) 税务机关负责稽查的工作人员的职务、姓、名、父称（如有）；(4) 国家主管机关的全称、唯一识别码和地址；(5) 国家主管机关领导和工作人员的姓、名、父称（如有）；(6) 国家主管机关参与稽查的人员的职务、姓、名、父称（如有）；(7) 上次稽查情况和对发现的问题采取措施的情况；(8) 稽查结果；(9) 邀请参与稽查的其他国家机关的专家的职务、姓、名、父称（如有）。

当稽查结果表明国家主管机关存在违反哈国税收法律的情况时，税务机关在向被检查国家主管机关第一领导人转交稽查证明后的 5 个工作日内，应该向国家主管机关发送纸质通知，要求其消除该违法行为。国家主管机关在收到通知的30个工作日内，必须执行该通知。

如果稽查结果证明国家主管机关存在欠税时，必须要缴纳罚金。另外，国家主管机关就核算的正确性、全额纳税、税款及其他强制缴库的及时性承担责任，同时要对向税务机关提供信息的真实性和及时性负责。

第六节　对税务检查结果的申诉

为了充分保障纳税人的合法权益，税法典规定，对税务机关税务检查结论不服的，纳税人可以向上级税务机关进行申诉。另外，纳税人还可以就税务机关公职人员的行为，向上级税务机关进行申诉。

一、申诉的提起

《税法典》规定，纳税人应在收到税务检查通知书后的30个工作日内向上级税务机关提出申诉。同时，纳税人的申诉材料复印件应该发至实施税务检查的税务机关。

申诉应该采用书面形式。申诉书应该包括以下内容：（1）纳税人的申诉日期；（2）受理税务检查结论申诉的税务机关名称；（3）递交申诉书人员的姓、名、父称（如有）或全称、住址（所在地）；（4）唯一识别码；（5）实施税务检查的税务机关名称；（6）申诉人的请求事项以及相应的证据；（7）附录文件的清单。另外，申诉书中可以注明对解决争议有意义的其他信息。

纳税人在提交申诉书时，除必须要在申诉书上由自己或其代理人签字之外，还必须随申诉书提交税务检查通知书的复印件、相关证明文件以及其他的文件。

申诉书必须在纳税人收到税务检查通知书的30个工作日内提交。如果纳税人是以呈报方式提出的，则以税务机关收到申诉书的日期为准；如果是以邮寄方式提出的，则以邮局或其他通信单位的签收日期为准。

如因正当理由，纳税人错过了法律规定期限时，经纳税人申请，受理申诉的上级税务机关可以延长其递交申诉书的期限。

纳税人在该申诉受理前可书面申请撤销申诉。纳税人撤销申诉并不影响其在规定的期限内第二次递交申诉书的权利。

在实施专项检查期间到对申诉书做出裁决之前，纳税人无权撤销申诉书。

二、不予受理的申诉

根据法律规定，负责接受申诉的上级税务机关有权对纳税人提交的申诉书进行审查。如果发现纳税人的申请符合以下条件时，可不受理纳税人的申诉：

1. 纳税人没有在法律规定的期限内递交申诉书。

2. 申诉书的形式和内容不符合法律规定。

3. 代替纳税人递交申诉书的人员不是其代理人。

4. 纳税人已就申诉书中的问题向法院提起诉讼。

对于符合上述前 3 项规定的，税务机关自收到申诉书起的 10 个工作日内，以书面形式通知纳税人不受理申诉。

对于符合第 4 项规定的，自收到申诉书起的 30 个工作日内，税务机关以书面形式通知纳税人不受理申诉，并且说明拒绝的理由。同时，纳税人无权向上级税务机关申诉。

纳税人向上级税务机关递交申诉书时，应当终止执行税务检查通知书中被申诉部分的内容。

三、申诉的审理

负责审理的税务机关应当在收到申诉书的 30 个工作日内对纳税人的申诉作出合理的决议。对于重点纳税大户，应当在收到申诉书的 5 个工作日作出合理的决议。但审理机关在审理过程中进行专项检查和重复专项检查，以及向相关机关和企业发函咨询的，不受此限制。

负责审理的税务机关应当在纳税人申诉事宜的范围内审理申诉。

负责审理的税务机关在审查过程中，有权决定进行专项检查和重复专项检查。专项检查决定必须以书面形式作出，并注明需要检查的事项。专项检查不得由被申诉对象的税务机关进行，被申诉的税务检查是由主管机关实施的情况除外。专项检查应当在收到书面决定书后的 5 个工作日内实施。在专项检查过程中，如果发现资料不够清晰和完整，或者在以前检查过的情况和文件中发现有新的问题时，上级税务机关有权指定第二次专项检查。

如果纳税人在税务检查过程中未提供申诉书审理所需的文件，负责审理的税务机关有权在专项检查的过程中确认该类文件的可靠性。

在审理纳税人的申诉时，负责审理的税务机关有权向进行税务检查的税务机关发函要求以书面形式提供补充信息或就申诉问题进行解释，也有权向国家机关、国家全资法人以及主管该机构和法人的外国主管机关发函咨询；有权就申诉书中陈述的事宜，同纳税人举行会谈；并有权要求税务检查人员提供额外的信息或对已发生事宜进行解释。

在专项检查和重复专项检查期间，以及要求国家机关、国家全资法人、外国主管机关对咨询函回复期间，暂停计算申诉审理时限。负责申诉审理的税务机关应当以书面形式通知纳税人暂停申诉审理，并且注明暂停的理由。

负责申诉审理的税务机关独立对申诉进行审理，禁止干涉其相关事务，禁止影响申诉审理人员。

四、申诉审理结论

申诉审理结束后，负责审理的税务机关应当作出书面的申诉审理结论。审理结论应该注明：（1）做出结论的日期；（2）被申诉的税务机关的名称；（3）递交申诉书的纳税人的姓、名和父称（如有）或全称；（4）唯一识别码；（5）被申诉的税务检查通知书的简要内容；（6）申诉的性质；（7）做出申诉审理结论时所遵循的法律条文。

在做出审理结论时，如果负责审理的税务机关不同意专项检查或二次专项检查的结果，则有权不考虑专项检查或二次专项检查的结果，但是必须要有合理依据。

根据审理的情况，申诉审理结论应当分为以下两种：（1）维持被申诉的税务检查通知书不变，申诉要求不予满足；（2）全部或部分撤销被申诉的税务检查通知书。

负责申诉审理的税务机关应当将申诉审理结论书发送或转交给纳税人，同时抄送负责检查的税务机关。负责检查的税务机关必须执行申诉审理的结论。

五、对申诉审理结论的重审

哈国《税法典》规定，纳税人对于申诉审理结论不服的，或负责审理申诉的税务机关在法定的期限内没有作出审理结论的，纳税人在收到申诉审理结论书30个工作日内，或在法定期限结束后，有权向主管机关递交书面申请书，要求主管机关重新审理纳税人税务检查通知书申诉审理的结果。同时，纳税人应该将申诉书的复印件发送至负责审理申诉的税务机关。

如因正当理由，纳税人错过了法律规定期限时，经纳税人申请，受理申诉的主管税务机关可以延长其递交申诉书的期限。

主管税务机关在收到纳税人申请书的30个工作日内对申请书的内容进行审理。对于重点纳税大户的申请，应当在5个工作日内进行审理。但审理机关在审理过程中进行专项检查和重复专项检查，以及向相关机关和企业发函咨询的，不受此限制。

审理结束后，主管机关应当以书面形式做出审理结论，并发送或转交给纳税人，同时向进行税务检查的税务机关发送复印件。

根据审理的情况，申诉审理结论应当分为以下三种：（1）对申诉书的要求不予满足；（2）撤销被申诉的税务机关结论；（3）更改结论或重新做出结论。

主管机关做出的结论，税务机关必须执行。

六、向法院的申诉

根据哈国《税法典》的规定，纳税人对于税务机关做出的税务检查结论不服的，除了可以向上级税务机关或主管税务机关提出申诉外，还可以直接向法院提出申诉。

纳税人还可以对税务机关公职人员的行为向法院提出申诉。

税务机关的公职人员应当对违反哈国税法的行为承担责任。

附录：中哈《关于对所得避免双重征税和防止偷漏税的协定》解读

为了协调中哈两国的税收管辖关系，妥善处理对跨国纳税人的征税事务，防止双边经济活动中的重复征税和偷漏税现象发生，中国政府和哈国政府以《经济合作与发展组织关于对所得和财产避免双重征税的协定范本》（以下简称OECD 范本）和《联合国税收协定范本》（以下简称 UN 范本）为蓝本，在双方的平等基础上通过谈判，于 2001 年 9 月 21 日在哈萨克斯坦共和国首都努尔苏丹签订了《中华人民共和国政府和哈萨克斯坦共和国政府关于对所得避免双重征税和防止偷漏税的协定》（以下简称中哈税收协定）。该协定已自 2003 年 7 月 27 日起生效，并自 2004 年 1 月 1 日起执行。由于该协定是处理中哈两国公民在双边经济活动涉税问题的基本法律规范，故有必要对其基本内容加以解读。

第一节　中哈税收协定的适用范围与一般定义

一、协定的适用范围

一般而言，在一个税收协定中，首先需要解决的问题是协定的适用范围。它一般包括了人的适用范围和税种的适用范围两个方面。

（一）人的适用范围

人的适用范围，实际上就是关于该协定适用于哪些纳税人的问题。一般而言，晚近的税收协定在其适用范围的确定过程中，基本都以居民原则取代了之前的国籍原则，即将协定的适用范围限定为居民。之所以如此，是因为居民对于其所属国负有无限纳税义务，需要对其全部所得（包括境内所得和境外所得）对所属国纳税。因此，在居民税收问题上，可能就会发生居住国和所得来源国税收管辖权的重叠，这也正是税收协定所要解决的问题。故

OECD 范本第 1 条明确规定：“本协定适用于缔约国一方或者同时为缔约国双方居民的人”，从而明确了居民原则。中哈税收协定也在第 1 条采用了这一表述。这表明，中哈税收协定只适用于中国和哈萨克斯坦一方或双方的居民，而不适用于第三方的居民。

（二）税种的范围

税种的范围，实际上就是关于该协定在适用过程中主要涉及哪些税种的问题。总体而言，国际上一般把那些基于同一征税客体，但基于各国税收管辖权的冲突而导致可能重复征税的税种都列入协定的税种范围。一般来讲，这主要指的是直接税。鉴于中哈税收协定主要是协调解决对所得的征收问题，故该协定的税种范围主要限于双方的所得税。为此，协定明确规定：第一，协定适用由缔约国一方或其地方机构对所得征收的所有税收。第二，所得包括了全部的所得或某项所得，也包括转让动产或不动产的收益以及资本增值，都应当征税。第三，协定适用的税种在中国主要指个人所得税和企业所得税两个税种（以下简称“中国税收”），在哈国主要指企业所得税和个人所得税两个税种（以下简称“哈萨克斯坦税收”）。第四，本协定也包括缔约国双方在之后新增加的、对所得征收的税种，也包括以后代替上述税种以及与上述税种相同或实质相似的税种。如果缔约国一方的税法有了实质性的变动，则该缔约国的主管当局应在其变动后的适当时间内通知对方。

二、协定中的一般定义

在当代世界，没有两个国家的税收制度是完全相同的。不仅每个国家的税收制度都各不相同，而且各个国家税法中所使用的概念和术语也各有特定的内涵和外延。因此，为了避免由于所使用的概念的差异而导致不必要的混乱，双边或多边税收协定都首先会对所涉及的一些比较重要的概念或用语加以规定。中哈税收协定也不例外。该协定第 3 条首先对协定所涉及的“中国”、“哈萨克斯坦”、“缔约国一方”和“缔约国另一方”、“税收”、“人”、“公司”、“缔约国一方企业”和“缔约国另一方企业”、“国民”、“国际运输”、“主管当局”等 10 组概念进行了界定。例如，“缔约国一方”和“缔约国另一方”指的中国或者哈萨克斯坦；“税收”指中国税收或者哈萨克斯坦税收；“人”的概念包括了个人、公司和其他团体；“公司”一语是指法人团体或者在税收上视同法人团体的实体；“缔约国一方企业”和“缔约国另一方企业”分别指缔约国一方居民经营的企业和缔约国另一方居民经营的企业；“国民”一语是指任何具有缔约国一方国籍的个人，以及任何按照缔约国一方现行法律建立的法人、合伙企业或团体；“主管当局”一语在中国方面是指国家税务总局或其授权的代表，在哈萨克斯坦方面是指财政部或其授权的代表。除此之外，对于协定中未进行明确定义的用语，协定明确规定应当采取该缔约国法律中规定的有关该税种的含义。

另外，由于“居民”和“常设机构”这两个概念在中哈税收协定中有着非常重要的意义，故协定第4条和第5条还分别对这两个概念作了专门的界定。

（一）居民

鉴于现代各国对居民认定的条件比较宽泛，故有可能出现一个人同时成为两个或两个以上国家的居民的情况。为了解决这一问题，中哈税收协定明确规定，缔约国一方居民指的是按照该缔约国法律，由于住所、居所、总机构所在地、管理机构所在地或者其他类似的标准，在该缔约国负有纳税义务的人。当根据上述定义和缔约国各方的规定，出现了某个个人同时为缔约国双方居民的情况时，为了确定其纳税义务，协定明确规定了确定其居民身份的具体规则：

第一，永久性住所标准。中哈税收协定规定，应以其永久性住所所在地作为确定其居民身份的标准。当该个人只在缔约国一方拥有永久性住所的，则应该认定其为该国的居民。

第二，重要利益中心标准。中哈税收协定规定，应以其重要利益中心作为确定其居民身份的标准。当该个人在缔约国双方同时拥有永久性住所的，则应认定其是与其个人和经济关系更密切（重要利益中心）的所在缔约国的居民。

第三，习惯性居住地标准。中哈税收协定规定，应以其习惯性居住地作为确定其居民身份的标准。如果该个人重要利益中心所在国无法确定，或者在缔约国任何一方都没有永久性住所，则应认定其是有习惯性居所所在国的居民。

第四，国民身份标准。中哈税收协定规定，应以其国民身份作为确定其居民身份的标准。如果该个人在缔约国双方都有或者都没有习惯性居所，应认定其是其国民身份所属缔约国的居民。

第五，协商。如果该个人同时是缔约国双方的国民，或者不是缔约国任何一方的国民，则缔约国双方主管当局应通过协商确定其居民身份。

另外，对于同时为缔约国双方居民的非自然人，缔约国双方主管当局应通过协商解决其居民身份。

（二）常设机构

在国际税法中，“常设机构”与“居民”的概念一样，是一个非常重要的概念。它的主要作用在于确定跨国企业是否和某国有实质性的联系从而使该国能对归属于该常设机构的所得进行征税。因此，确定常设机构的概念就成为税收协定的重要内容。根据中哈税收协定的规定，“常设机构”的内涵是指企业进行全部或部分营业的固定营业场所。在其外延上，一般包括了以下的对象：（1）管理场所；（2）分支机构；（3）办事处；（4）工厂；（5）作业场所；（6）矿场、油井或气井、采石场或者其他开采自然资源的场所。另外，以下 3 项也包括在了常设机构的范围之内：1）建筑工地，建筑、装配或安装工程，或者与其有关的监督管理活动超过 12 个月以上的；2）为勘探、开采或运输自然资源所使用的装置、钻井机或船只使用期超过 12 个月以上的；3）企业通过雇员或者雇用的其他人员在该国为同一个项目或有关项目提供的劳务和咨询累计超过 12 个月的。

为了进一步明确常设机构的概念，中哈税收协定还明确规定，以下各项不得包括在常设机构的范围之内：（1）专为储存、陈列或者交付本企业货物或者商品的目的而使用的设施；（2）专为储存、陈列或者交付的目的而保存本企业货物或者商品的库存；（3）专为另一企业加工的目的而保存本企业货物或者商品的库存；（4）专为本企业采购货物或者商品，或者搜集情报的目的所设的固定营业场所；（5）专为本企业进行其他准备性或辅助性活动的目的所设立的固定营业场所；（6）专为上述各项活动的结合所设的固定营业场所，如果由于这种结合使该固定营业场所的全部活动属于准备性质或辅助性质。

当一个人在缔约国一方代表缔约国另一方的企业进行活动，有权并经常行使这种权力以该企业的名义签订合同，则这个人为该企业进行的任何活动，都应该认定为该企业在该缔约国一方设有常设机构。但是，如果这个人通过固定营业场所进行活动，根据上述规定被明确认为是不属于常设机构的，则这个固定营业场所不能认为是常设机构。

当缔约国一方企业在缔约国另一方仅通过常规的经纪人、一般佣金代理人或者其他独立代理人进行营业的，不应认为该企业在缔约国另一方设有常设机构。但是，如果这个代理人的活动全部或几乎全部都代表了该企业的，则不应认为其是独立代理人。

缔约国一方居民公司，不论是否通过常设机构控制缔约国另一方的居民公司，或者被缔约国另一方居民公司控制，或者在该缔约国另一方进行营业的，都不能认为任何一方公司构成另一方公司的常设机构。

第二节 征税权的分配

和世界上其他税收协定范本和双边税收协定、多边税收协定一样，中哈税收协定的主要目的在于避免对纳税人的跨国所得进行双重征税。为此，中哈两国政府通过协商做出承诺，各自放弃对部分所得的征税权，以消除可能出现的双重征税。故在该协定中，根据纳税人的不同所得，中哈两国政府就其征税权的分配作出了明确的规定。

一、不动产所得

中哈税收协定中对不动产所得的定义，完全采纳了 OECD 范本的规定。即“不动产”一语“应当具有财产所在地的缔约国的法律所规定的含义。该用语在任何情况下应包括附属于不动产的财产，农业和林业所使用的牲畜和设备，有关地产的一般法律规定所适用的权利，不动产的用益权以及由于开采或有权开采矿藏、水源和其他自然资源取得的不固定或固定收入的权利。船舶和飞机不应视为不动产”。

关于不动产所得，中哈税收协定第 6 条规定，它包括了“从直接使用、出租或者任何其他形式使用不动产取得的所得”。从这个定义可知，它涵盖了对不动产的直接使用、出租以及其他任何形式的使用而取得的收入，但不包括出售不动产而取得的财产收入。另外，它从范围上也包括了企业的不动产所得和用于进行独立个人劳务的不动产所得。

关于对不动产所得的征税权力，中哈税收协定规定，缔约国一方居民从位于缔约国另一方的不动产取得的所得（包括农业或林业所得），可以在该缔约国另一方征税。这表明，不动产的所在国享有对不动产所得的征税权。

二、营业利润

关于营业利润，中哈税收协定在借鉴 OECD 范本和 UN 范本的基础上，确定了对营业利润进行征税的基本原则。

1. 利润归属原则。对于缔约国一方企业的营业利润如何分配，中哈税收协定以常设机构为标准，首先确定了利润归属的基本原则。根据第 7 条第 1 款的规定，缔约国一方企业所获得的利润应仅在该缔约国征税，故该缔约国一方对该利润具有独占征税权。但是，如果缔约国一方企业在缔约国另一方设有常设机构，并且通过该常设机构进行营业的，对归属于该常设机构的利润，缔约国另一方则享有征税权。

2. 独立企业原则或独立交易原则。由于在法律上常设机构并不是独立的企业法人，其经营行为必须由总机构加以控制，利润分配也应该由总机构来决定。故为了保证利润来源国享有相应的征税权，一般都将常设机构认定为一个独立企业，假定其为一个在相同或类似情况下从事相同或类似活动的分设机构。这样，就把它与其总机构所隶属的其他企业完全独立开来。它与总机构所隶属的其他企业之间的交易被视为一种内部交易，由此所可能产生的利润也应该归属于该常设机构。

3. 合理计算原则。为了确定归属于常设机构的利润，在借鉴其他国际税收协定范本等的基础上，中哈税收协定对利润计算，规定了三个方面的内容。

（1）费用扣除。借鉴国际上的一般做法，中哈税收协定明确规定，在确定常设机构的利润时，应当允许扣除其为进行营业活动而发生的各项费用。这些费用包括行政费用和一般管理费用。对于这些费用，不论其发生于该常设机构所在国或者其他任何地方，都允许进行扣除。但是，除银行企业外，常设机构因使用专利或者其他权利而支付给总机构或该总机构所属企业其他办事处的特许权使用费、报酬或其他类似款项，具体服务或管理的佣金以及向其借款所支付的利息，都不得作任何扣除（属于偿还代垫实际发生的费用除外）。另外，除银行企业外，在确定常设机构的利润时，也不考虑该常设机构从企业总机构或该企业其他办事处取得的专利或其他权利的特许权使用费、报酬或其他类似款项，具体服务或管理的佣金，以及贷款给该企业总机构或该企业其他办事处所取得的利息（属于偿还代垫实际发生的费用除外）。

（2）常设机构利润归属方法的一致性。为了确定营业利润的分配方法，中哈税收协定规定了两方面的内容：第一，对于缔约国一方以将总利润按比例分配给所属各单位的方法来确定常设机构利润的做法，并不违背独立企业原则或独立交易原则。但其分配的结果，应与有关营业利润分配的原则相一致。第二，常设机构利润的分配方法，应该保持其一致性。除非有适当的和充分的理由需要变动外，每年应采用相同的方法。

(3) 常设机构为企业采购货物或商品的行为。由于采购行为不是一个完整的商业循环，故采购能否获得利润其实在现实中可能无法确定。因此，对于常设机构为总企业采购货物或商品的行为，不应当将其利润归属于该常设机构。在计算其应税所得时，也不得列支采购费用。

4. 特定种类所得条款优先原则。由于企业的利润除了营业利润之外，可能还包含许多其他的所得，如不动产所得、投资所得、租赁所得、劳务所得等，故如果协定中对上述各项所得的分配或归属的规定与对营业利润的分配或归属的规定不一致的，中哈税收协定在借鉴其他税收协定或税收协定范本的基础上，明确规定，“利润中如果包括本协定其他各条单独规定的所得项目时，本条规定不应影响其他各条的规定”，从而明确了特定种类所得条款的优先原则。

三、海运和空运

对于从事跨境海运、空运或陆上运输的企业而言，它可能涉及多个国家。因此，如果按照常设机构原则对其征税，则一方面利润分配难以实际进行，另一方面由于从事国际运输的利润不高，如果允许多国同时对其征税就会导致其税负过重。为了解决这一问题，当代一些主要的税收协定范本和双边或多边协定，都对此做了特别规定。中哈税收协定也不例外。该协定第 8 条规定，缔约国一方居民以船舶、飞机或陆运车辆经营国际运输取得的利润，应仅在该国征税。这一规定，确立了对从事国际海运、空运和陆运的居民国独占征税权的原则。根据此原则，缔约国一方企业从事国际海运、空运和陆运而从缔约国另一方所获得的利润，仅在该缔约国一方征税，而不能由缔约国另一方征税。对于参加合伙经营、联合经营或者参加国际经营机构从事国际海运、空运和陆运业务而取得的利润，其征税权的行使也应按照上述规定执行。

四、联属企业

联属企业也叫关联企业。在现实中，联属企业主要有两种不同的类型：一种是直接或间接的控制，一种是由同一人控制多个受控企业。鉴于联属企业之间存在关联关系和关联交易，会导致账面利润不符合独立企业原则或独立交易原则，而使缔约国一方无法确定其纳税义务时，就需要对其进行账务调整。否则，如果联属企业之间的交易属于正常的独立企业之间的交易，则不需要对其进行账面调整。

根据 OECD（2014）范本的规定，无论哪一类联属企业，当这样的“两个企业之间在商业或财务关系中达成的交易条件不同于独立企业之间达成的交易条件，此时，本应由其中一个企业取得，但由于这些条件而没有取得的利润，可以计入该企业的利润，并据以征税”。中哈税收协定第 9 条第 1 款直接采用了这一表述，对联属企业进行账面调整的条件进行了明确的规定：第一，必须是联属企业；第二，其交易行为不符合独立企业原则或独立交易原则；第三，本应按照独立企业原则或独立交易原则而使其中的一个企业所获得的利润，由于联属关系而使其没有获得应有的利润。只有企业满足了这三个条件，即可进行账面调整。

缔约国一方将缔约国另一方已征税的企业利润，而这部分利润本应由该缔约国一方企业取得的，包括在该缔约国一方企业的利润内，并且加以征税时，该缔约国另一方应对这部分利润所征收的税额加以调整。根据条约的规定当关联交易中国居民企业一方被实施转让定价调整（初次调整），缔约国另一方应进行相应调整，以避免双重征税。因为如果中国税务机关调增了该国居民企业的应税所得，而该居民企业的关联方所在国如并不因此调减该关联方的应税所得并退还相应已经缴纳的税款，则被中国实施的转让定价初次调整所对应的利润就会被双重征税（经济性双重征税，即同一笔所得由两个不同纳税主体被两个主权国家课征税赋）。相应调整是缔约国一方实施转让定价初次调整后，缔约国另一方为履行条约义务，而做出的调整。当然，条约只是要求缔约国另一方进行相应调整的义务，换言之，并没有规定缔约国另一方彻底消除双重征税的义务。而且缔约国另一方认为缔约国一方调整的利润符合了独立交易原则，才会做出相应的调整。税收条约联属企业条款通常都会规定缔约国另一方在确定相应调整时，应适当考虑协定中的其他规定，如有必要，缔约国双方主管当局应相互协商。相互协商程序的引入在于缔约国一方所进行的转让定价初步调整通常情况下并不会被缔约国另一方主动接受并因此做出相应调整，所以缔约国另一方所做出的相应调整是两国税务主管当局通过税收协定的相互协商程序来实现的。

五、股息

在中哈税收协定中，对“股息”的定义是从股份或者非债权关系分享利润的权利取得的所得，以及按照分配利润的公司是其居民的缔约国法律，视同股份所得同样征税的其他公司权利取得的所得。根据这个定义，股息应该是指通过持有证券而享有参与公司利润分配的权利而获取的所得。另外，任何在公司所在的缔约国被认为是股份所得的所得，也都被认为是股息。

对于股息的征税权，中哈税收协定第10条第1款规定，缔约国一方居民公司支付给缔约国另一方居民的股息，可以在该缔约国另一方征税。由此可见，收取股息的居住国对此拥有征税权。同时，第2款也规定，这些股息也可以在支付股息的公司是其居民的缔约国，按照该缔约国法律征税。由此可见，股息的来源国也可以对此拥有征税权。不过，如果股息的收取人是股息的受益所有人，则来源国的征税额度不得超过股息总额的百分之十。中哈双方主管当局应对实施该限制税率的方式进行协商确定。

如果股息受益所有人是缔约国的一方居民，支付股息的公司是缔约国的另一方居民，股息受益所有人是通过设在缔约国另一方的常设机构进行营业或者通过设在该缔约国另一方的固定基地从事独立个人劳务，据以支付股息的股份与该常设机构或固定基地有实际联系的，在这种情况下，该股息应被视为营业所得或独立个人劳务所得。由此可见，该项规定实际上是将股息归于该常设机构所有。

中哈税收协定第5款还规定，缔约国一方居民公司从缔约国另一方取得利润或所得，该缔约国另一方不得对该公司支付的股息征收任何税收。这一规定表明，来源国的征税权是基于股息的支付，而不是来源于支付股息的利润。故股息来源国不得因为股息来源于国内而对支付给作为缔约国另一方的股息征税。当然，如果支付给该缔约国另一方居民的股息或者据以支付股息的股份与设在缔约国另一方的常设机构或固定基地有实际联系的，则应按归属于常设机构的收入来处理。同时，中哈税收协定还禁止对公司未分配的利润征税。

另外，中哈税收协定并不禁止缔约国一方对归属于位于该国的常设机构的公司利润除征收利润税外征收分公司税，但税率不超过在以前纳税年度未征收分公司税的利润的百分之五。该利润应在扣除所有常设机构所在国征收的税收（该款所指的分公司税除外）之后确定。

六、利息

在中哈税收协定中，对“利息”的定义是从各种债权取得的所得，不论其有无抵押担保或者是否有权分享债务人的利润；特别是从公债、债券或者信用债券取得的所得，包括其溢价和奖金。对于延期支付的罚款，不应视为协定所规定的利息。

对于利息的征税权，中哈税收协定第11条第1款规定，缔约国一方居民公司支付给缔约国另一方居民的股息，可以在该缔约国另一方征税。由此可见，收取利息的居住国对此拥有征税权。同时，第2款也规定，这些利息也可以在该利息发生的缔约国，按照该缔约国法律征税。由此可见，利息的来源国也可以对此拥有征税权。不过，如果利息的收取人是利息的受益所有人，则来源国的征税额度不得超过利息总额的百分之十。中哈双方的主管当局应对实施该限制税率的方式进行协商确定。

除上述规定外，中哈税收协定还规定了在两种情况下，利息取得国的征税独占权：一种情况是，在利息来源国发生的利息归于缔约国另一方的政府、地方当局及其中央银行或者完全为其政府所有的金融机构。另外一种情况是，在利息来源国发生的利息，虽然为该缔约国另一方居民取得，但其债权是由该缔约国另一方政府、地方当局及其中央银行或者完全为其政府所有的金融机构间接提供资金的。对于这两种情况，利息收取国享有征税独占权，利息来源国则不得对其征税。

如果利息受益所有人是缔约国的一方居民，在利息发生的缔约国另一方，通过设在该缔约国另一方的常设机构进行营业或者通过设在该缔约国另一方的固定基地从事独立个人劳务，据以支付该利息的债权与该常设机构或者固定基地有实际联系的，则该利息应被视为营业所得或独立个人劳务所得。由此可见，这一规定实际上是将该利息归于常设机构所有。

如果利息支付人为缔约国一方政府、地方当局或该缔约国居民，应认为该利息发生在该缔约国。然而，当利息支付人不论是否为缔约国一方居民，在缔约国一方设有常设机构或者固定基地，支付该利息的债务与该常设机构或者固定基地有联系，并由其负担利息，上述利息应认为发生于该常设机构或固定基地所在的缔约国。

如果利息支付人与受益所有人之间或者他们与其他人之间由于存在特殊关系，导致就有关债权所支付的利息数额超出支付人与受益所有人没有这种特殊关系时所能同意的数额的情况，则只要能根据一种没有这种特殊关系时的利息来确定其征税权的分配。前述规定只适用于公平的利息。对于超出公平利息的部分，仍应在本协定规定的基础上，按照各缔约国的法律征税。

七、特许权使用费

在中哈税收协定中，对于“特许权使用费”的定义是，使用或有权使用文学、艺术或科学著作，包括电影影片、无线电或电视广播使用的胶片、磁带的版权，专利、商标、设计或模型、图纸、秘密配方或秘密程序所支付的作为报酬的各种款项，或者使用或有权使用工业、商业、科学设备或有关工业、商业、科学经验的情报所支付的作为报酬的各种款项。

对于特许权使用费的征税权，中哈税收协定第12条第1款规定，发生于缔约国一方而支付给缔约国另一方居民的特许权使用费，可以在该缔约国另一方征税。由此可见，收取特许权使用费的居住国对此拥有征税权。同时，第2款也规定，这些特许权使用费也可以在其发生的缔约国，按照该缔约国法律征税。由此可见，特许权使用费的来源国也可以对此拥有征税权。不过，如果特许权使用费的收取人是特许权使用费的受益所有人，则来源国的征税额度不得超过特许权使用费总额的百分之十。中哈双方的主管当局应对实施该限制税率的方式进行协商确定。

如果特许权使用费受益所有人是缔约国一方居民，在特许权使用费发生的缔约国另一方，通过设在该缔约国另一方的常设机构进行营业或者通过设在该缔约国另一方的固定基地从事独立个人劳务，据以支付该特许权使用费的权利或财产与该常设机构或固定基地有实际联系的，在这种情况下，该特许权使用费应被视为营业所得或独立个人劳务所得。由此可见，此处的规定，实际上是将这些股息归于常设机构所有。

如果支付特许权使用费的人是缔约国一方政府、其地方当局或该缔约国居民，应认为该特许权使用费发生在该缔约国。然而，当支付特许权使用费的人不论是否为缔约国一方居民，在缔约国一方设有常设机构或者固定基地，支付该特许权使用费的义务与该常设机构或者固定基地有联系，并由其负担这种特许权使用费，上述特许权使用费应认为发生于该常设机构或者固定基地所在缔约国。

由于支付特许权使用费的人与受益所有人之间或他们与其他人之间的特殊关系，就有关使用、权利或情报支付的特许权使用费数额超出支付人与受益所有人没有上述特殊关系所能同意的数额时，则只能根据一种没有这种特殊关系时的特许权使用费来确定其征税权的分配。前述规定只适用于公平的利息。对于超出公平利息的部分，仍应在本协定规定的基础上，按照各缔约国的法律征税。

八、财产收益

对于转让财产的收益，中哈税收协定第 13 条作出了如下的规定：

1. 缔约国一方居民转让位于缔约国另一方的不动产取得的收益，可以在该缔约国另一方征税。

2. 转让缔约国一方企业在缔约国另一方的常设机构营业财产部分的动产，或者缔约国一方居民在缔约国另一方从事独立个人劳务的固定基地的动产取得的收益，包括转让常设机构（单独或者随同整个企业）或者固定基地取得的收益，可以在该缔约国另一方征税。

3. 转让从事国际运输的船舶、飞机或车辆，或者转让属于经营上述船舶、飞机或陆运车辆的动产取得的收益，应仅在经营上述船舶、飞机或陆运车辆的企业为其居民的缔约国征税。

4. 转让一个公司财产股份的股票取得的收益，该公司的财产又主要直接或者间接由位于缔约国一方的不动产所组成，可以在该缔约国一方征税。

5. 转让上述财产以外的其他财产取得的收益，应仅在转让者为其居民的缔约国征税。

九、独立个人劳务

中哈税收协定第 14 条规定，独立个人劳务包括独立的科学、文学、艺术、教育或教学活动，以及医师、律师、工程师、建筑师、牙医师和会计师的独立活动。

对于独立个人劳务的征税权，中哈税收协定规定，缔约国一方居民由于专业性劳务或者其他独立性活动取得的所得，应仅在该缔约国征税。但是，如果出现下述两种情况，则缔约国另一方有权征税：第一，在缔约国另一方为从事上述活动设有经常使用的固定基地。在这种情况下，该缔约国另一方可以仅对属于该固定基地的所得征税；第二，在一年中在缔约国另一方停留连续或累计达到或超过 183 天。在这种情况下，该缔约国另一方可以仅对在该缔约国进行活动取得的所得征税。

十、非独立个人劳务

除中哈税收协定规定的特殊情况以外，缔约国一方居民因受雇取得的薪金、工资和其他类似报酬（不包括在缔约国另一方从事受雇活动的报酬），应仅在该缔约国一方征税。而在该缔约国另一方从事受雇活动取得的报酬，可以在该缔约国另一方征税。但是，如果缔约国一方居民因在缔约国另一方从事受雇的活动取得的报酬，同时具备以下三个条件的，应仅在该缔约国一方征税：（1）收款人在有关日历年中在该缔约国另一方停留连续或累计不超过183天；（2）该项报酬由并非该缔约国另一方居民的雇主支付或代表该雇主支付；（3）该项报酬不是由雇主设在该缔约国另一方的常设机构或固定基地所负担。

另外，在缔约国一方企业经营国际运输的船舶、飞机或陆运车辆上从事受雇活动取得的报酬，应仅在经营上述船舶、飞机或陆运车辆的企业为其居民的缔约国征税。

十一、董事费

缔约国一方居民作为缔约国另一方居民公司的董事会成员取得的董事费和其他类似款项，可以在该缔约国另一方征税。

十二、艺术家和运动员

对于艺术家和运动员，中哈税收协定第17条规定：

1. 缔约国一方居民，作为表演家，如戏剧、电影、广播或电视艺术家、音乐家或作为运动员，在缔约国另一方从事其个人活动取得的所得，可以在该缔约国另一方征税。

2. 艺术家或运动员从事其个人活动取得的所得，并非归属艺术家或运动员本人，而是归属于其他人，则可以在该艺术家或运动员从事其活动的缔约国征税。

3. 作为缔约国一方居民的艺术家或运动员在缔约国另一方按照缔约国双方政府的文化交流计划进行活动取得的所得，在该缔约国另一方应予免税。

十三、退休金

中哈税收协定规定，因以前的雇佣关系支付给缔约国一方居民的退休金和其他类似报酬，应仅在该缔约国一方征税。

缔约国一方政府或地方当局按社会保险制度的公共福利计划支付的退休金和其他类似款项，应仅在该缔约国一方征税。

十四、政府服务

这是税收协定中对于缔约国政府及其地方政府或行政机关支付给其雇员的工资、薪金及其他报酬的征税规定。协定规定，支付国对于支付给受雇于该国政府的个人的工资、薪金及其他的报酬享有排他性的征税权。雇员的居住国必须对这些收入免税。但是，如果该项服务是在缔约国另一方提供，而且提供服务的个人是该缔约国另一方居民，并且该居民是该缔约国另一方国民，或者他不是因为提供该项服务而成为该缔约国另一方的居民，则该雇员的居住国享有排他性的征税权。

协定还规定，缔约国一方政府或地方当局支付或者从其建立的基金中支付给向其提供服务的个人的退休金，则该缔约国一方对其享有排他性的征税权。但是，如果提供服务的个人是缔约国另一方居民，并且是其国民的，该缔约国另一方对该项退休金应享有排他性的征税权。

十五、教师和研究人员

对于教师和研究人员等任何个人，在前往缔约国一方之前是、或者曾经是缔约国另一方的居民，他前往缔约国一方主要是了为在该缔约国一方的大学、学院、学校或为该缔约国一方政府承认的教育机构和科研机构从事教学、讲学或研究的目的，停留在该缔约国一方。对其由于教学、讲学或研究取得的报酬，该缔约国一方应自其第一次到达之日起，三年内免予征税。但是，这一规定不适用于不是为了公共利益而主要是为某个人或某些人的私利从事研究取得的所得。

十六、学生和实习人员

对于学生、企业学徒或实习生，如果在紧接前往缔约国一方之前是、或者曾经是缔约国另一方居民，仅由于接受教育或培训的目的，停留在该缔约国一方，对其为了维持生活、接受教育或培训的目的收到的来源于该缔约国以外的款项，该缔约国一方应免予征税。对于学生、企业学徒或实习生取得的赠款、奖学金和劳务报酬，在接受教育或培训期间，应与其所停留国居民享受同样的免税、优惠或减税。

十七、其他所得

对于缔约国一方居民取得的协定中未规定的其他所得，无论发生在什么地方，应仅在该缔约国一方征税。对于不动产所得以外的其他所得，如果收款人为缔约国一方居民，通过设在缔约国另一方的常设机构在该缔约国另一方进行营业，或者通过设在该缔约国另一方的固定基地在该缔约国另一方从事独立个人劳务，据以支付所得的权利或财产与该常设机构或固定基地有实际联系的，应该按照营业所得或独立个人劳务所得的规定征税。

第三节 消除双重征税的方法及特别措施

从上述规定我们可以看到，中哈税收协定在上述所得征税权的分配过程中，除了对一些项目规定了排他性的征税独占权外，还对许多项目的所得规定了来源国与居住国都享有征税权，这就会产生双重征税的问题。为了解决这一问题，中哈税收协定专门规定了解决双重征税的具体方法和手段。

一、消除双重征税方法

根据中哈税收协定第 23 条的规定，对于涉及中哈双重征税的所得，中哈两国分别采取了两种不同的办法。其中，中国一方采取了抵免法，哈国一方采取了免税法。

根据规定，对于中国居民从哈萨克斯坦取得的所得，按照中哈税收协定的规定在哈萨克斯坦已经缴纳的税额，中国税务机关在对该项收入征税时，应该从按照中国税法规定计算的税额中抵免。但是，抵免额不应超过对该项所得按照中国税法和规章计算的中国税收数额。

对于哈萨克斯坦居民从中国取得的所得，按照中哈税收协定的规定，可以在中国纳税的，哈萨克斯坦将允许从对该居民所得征收的税收中扣除相当于在中国缴纳的所得税。但是，根据上述规定扣除的税额不应超过按照哈萨克斯坦适用税率对同样所得征收的税额。另外，对于哈萨克斯坦居民取得的所得，按照协定规定可以仅在中国纳税的，哈萨克斯坦可以将该项所得计入计税依据，但仅是为了确定其他可以在哈萨克斯坦征税的所得税率。

二、无差别待遇

无差别待遇也叫做非歧视待遇。它是税收协定中一个比较常见的内容，其目的在于消除一个国家在税收问题上的歧视，以协调缔约国之间的税收权利、税收利益。一般来讲，它包括了国籍非歧视、常设机构非歧视、支付非歧视和资本非歧视四个方面。中哈税收协定也在第 24 条专门规定了无差别待遇，以消除上述四种可能的歧视。

1. 国籍非歧视。根据第 1 款的规定，缔约国一方国民在缔约国另一方负担的税收或者有关条件，在相同情况下，不应与该缔约国另一方国民负担或可能负担的税收或者有关条件不同或比其更重。这就是国籍非歧视。它要求缔约国一方的所有国民，在缔约国另一方，都应该与该国国民享受相同的税收待遇，而不应该受到歧视。这一规定，对于不是缔约国国民的第三国居民，也同样适用。

2. 常设机构非歧视。根据第 2 款的规定，缔约国一方企业在缔约国另一方建立的常设机构，其在缔约国另一方的税收负担不应高于该缔约国另一方对其本国进行同样活动的企业。但是，缔约国一方由于民事地位、家庭负担给予该缔约国居民的任何扣除、优惠和减免也不一定必须给予该缔约国另一方居民。

3. 支付非歧视。中哈税收协定第 3 款规定，除中哈税收协定中对联属企业、利息和特许权使用费等的特别规定外，缔约国一方企业支付给缔约国另一方居民的利息、特许权使用费和其他款项，在确定该企业应纳税利润时，应与在同样情况下支付给该缔约国一方居民同样予以扣除。

4. 资本非歧视。中哈税收协定第 4 款规定，缔约国一方企业的全部或部分资本，直接或间接为缔约国另一方一个或一个以上的居民拥有或控制，该企业在该缔约国一方负担的税收或者有关条件，不应与该缔约国一方其他同类企业的负担或可能负担的税收或者有关条件不同或比其更重。

三、相互协商程序

相互协商程序是指税务协定缔约国的主管当局，用于协调缔约国之间的涉税事项和税务争端的解决机制。它是国际税收协定中必不可少的内容。OECD 范本、UN 范本以及双边和多边税收协定中都对此有专门的规定。中哈税收协定也不例外。其在内容上也与 2000 年 OECD 范本的内容基本一致。

中哈税收协定第 25 条第 1 款规定，当一个人认为，缔约国一方或者双方所采取的措施，导致或将会导致对其不符合中哈税收协定规定的征税时，他就可以将案情提交本人为其居民的缔约国主管当局，而可以不需要考虑各缔约国国内法律的补救。这说明：第一，该程序的提起并不是因为缔约国的主管当局实施了双重征税，而是因为其所采取的措施与税收协定中规定的内容不符。故只要纳税人认为缔约国一方或双方所采取的措施，导致或可能会导致对其的征税不符合中哈税收协定的内容时，就可以提起该程序。第二，该程序的提起不以寻求国内法的救济为前提条件。换言之，纳税人可以在不提起国内法的救济的情况下，直接向本人为其国民的缔约国主管当局提起。至于提起的时间，应该在不符合本协定规定的征税措施第一次通知之日起的三年内。

对于纳税人提出的意见，如果主管当局认为是合理的但又不能单方面圆满解决时，主管当局应设法同缔约国另一方主管当局相互协商解决，以避免不符合本协定的征税。达成的协议应予执行，而不受各缔约国国内法律的时间限制。

缔约国双方主管当局应通过协议设法解决在解释或实施本协定时所发生的困难或疑义，也可以对本协定未作规定的消除双重征税问题进行协商。

缔约国双方主管当局为达成解决上述问题的协议，可以相互直接联系。双方主管当局的代表可以进行会谈，口头交换意见。

四、情报交换

由于在国际法中不允许一个国家在未经其他国家同意的情况下在该国进行税务调查，故为了保证税收协定的执行，各种税收协定范本和各个双边或多边税收协定都规定了情况交换的内容。中哈税收协定第 26 条参照 OECD 范本，对中哈两国税收情报交换的内容进行了规定。

根据规定，缔约国双方主管当局交换的情况包括以下三类：第一类为实施中哈税收协定的规定所需要的情报。第二类为缔约国双方关于本协定所涉及税种的国内法律规定所需要的情报。但这些情报只限于那些依据国内法律的规定征税不与本协定相抵触的情况。第三类为防止偷漏税的情报。另外，情况交换的范围，并不仅限于缔约国双方的居民。换言之，它可以涉及非缔约国的居民。

中哈税收协定对税收情报交换的保密进行了规定。对于缔约国一方提供的情报，收到情报的缔约国另一方应作密件处理。这些情报告知的范围，仅限于与本协定所含税种有关的查定、征收、执行、起诉或裁决上诉的有关人员或当局（包括法院和行政管理部门）。这些情报只能由上述人员或当局仅用于本协定所含税种的查定、征收、执行、起诉或裁决上诉，而不能用于其他的目的。但是，在公开法庭的诉讼程序或法庭判决中可以公开有关的情报。

另外，中哈税收协定还对情报交换的限制范围进行了规定。依据本条第2款的规定，缔约国一方或双方有权拒绝交换以下三类的情报：第一，使缔约国一方或另一方采取与其国内法律和行政惯例相违背的行政措施的情报。第二，按照缔约国一方或缔约国另一方法律或正常行政渠道不能得到的情报。第三，提供泄露任何贸易、经营、工业、商业、专业秘密、贸易过程的情报或者泄露会违反公共政策（公共秩序）的情报。

五、外交代表和领事官员

对于按国际法一般规则或特别协定规定的外交代表或领事官员的税收特权，并不受本协定的限制。

参考文献

1. 刘晓红主编:《“一带一路”法律研究》(第1卷),知识产权出版社2020年版。

2. 蓝琪主编:《中亚史》,商务印书馆2020年版。

3. 奋迅·贝克麦坚时联营办公室编著:《“一带一路”国别投资法律指南》,中国法制出版社2020年版。

4. 莫纪宏、廖凡、孙南翔等:《“一带一路”法律风险防范与法律机制构建》,中国社会科学出版社2019年版。

5. 单文华主编:《“丝绸之路经济带”贸易投资便利化法律框架研究》,法律出版社2018年版。

6. 任飞、狄飞编著:《中亚五国与南高加索三国投资环境》,经济科学出版社2018年版。

7. 王瀚主编:《“一带一路”与人类命运共同体构建的法律与实践》,知识产权出版社2018年版。

8. 漆彤:《“一带一路”国际经贸法律问题研究》,高等教育出版社2018年版。

9. 杜剑、杨杨编著:《“一带一路”国家税制研究》,经济管理出版社2017年版。

10. 中国税务学会编:《“一带一路”税收服务文集》,中国税务出版社2017年版。

11. 中华全国律师协会编:《“一带一路”沿线国家法律环境国别报告》(第1卷),北京大学出版社2017年版。

12. 中华全国律师协会编:《“一带一路”沿线国家法律环境国别报告》(第2卷),北京大学出版社2017年版。

13. 赖小民主编:《“一带一路”沿线国家和地区法律与税收政策研究》(上册、下册),中国金融出版社2017年版。

14. 新疆维吾尔自治区国家税务局译：《哈萨克斯坦共和国税款和其他应缴财政款法（税法）》，中国税务出版社 2015 年版。

15. 刘国胜、程静：《中亚五国宪法制度概论》，知识产权出版社 2015 年版。

16. 包毅：《中亚国家的政治转型》，社会科学文献出版社 2015 年版。

17. 赵常庆编著：《哈萨克斯坦》，社会科学文献出版社 2015 年版。

18. 陈彤主编：《中亚经济法律问题研究论文集》，企业管理出版社 2014 年版。

19. 新疆师范大学中亚法律资政研究中心编著：《中亚经济法律问题研究》，企业管理出版社 2014 年版。

20. 郭学兰：《中亚五国企业法律概论》，知识产权出版社 2013 年版。

21. 马幸荣：《中亚五国税收法律概论》，知识产权出版社 2012 年版。

22. 中国国际税收研究会编：《中国居民企业对外投资与税收研究报告》（续篇），中国税务出版社 2012 年版。

23. 王林彬、王晓峰：《哈萨克斯坦投资法律制度研究》，兰州大学出版社 2012 年版。

24. 中国国际税收研究会编：《中国居民企业对外投资与税收研究报告》，中国税务出版社 2010 年版。

25. 库满等编译：《哈萨克斯坦商务活动法律基础指南》，石油工业出版社 2006 年版。

26. 新疆中亚科技经济中心、新疆对外贸易经济信息中心编：《中亚五国及俄罗斯经贸法律法律汇编》，新疆人民出版社 2005 年版。

27. 北京中亚时代能源技术有限公司译：《哈萨克斯坦共和国税收法律法律选编》，未公开出版，2013 年。

28. 中国驻中亚五国大使馆经济商务参赞处：《中亚法律汇编》，未公开出版，具体汇编时间不详。

29. 未名编：《哈萨克斯坦共和国税收法律法规选编》，未公开出版，2013 年。

30. 国家税务总局国际税务司国别投资税收指南课题组：《中国居民赴哈萨克斯坦投资税收指南》，载国家税务总局官网 2021 年 7 月 10 日，http：//www. chinatax. gov. cn/chinatax/n810219/n810744/n1671176/n1671206/c2581971/5116198/files/a8a2809c297a4616afb37cb8f70f8b13. pdf.

31. 商务部国际贸易经济合作研究院、中国驻哈萨克斯坦大使馆经济商务参赞处、商务部对外投资和经济合作司：《哈萨克斯坦——对外投资合作国别（地区）指南（2020 年版）》，载中国商务部官网，http：//www. mofcom. gov. cn/dl/gbdqzn/upload/hasakesitan. pdf。

32. 中国驻哈萨克使馆经商参处：《哈萨克斯坦新税法浅析》，载商务部官网 2009 年 5 月 15 日，http：//kz. mofcom. gov. cn/article/ztdy/200905/20090506251274. shtml.

33. 王林彬、郭婷婷：《哈萨克斯坦矿业投资税费法律制度研究》，载《新疆社会科学》2010 年第 2 期。

34. 李胜：《中国与哈萨克斯坦共和国个人所得税法律制度比较研究》，新疆大学 2013 年硕士学位论文。

35. 张守萍：《中国与哈萨克斯坦涉外税收法律制度比较研究》，新疆大学 2008 年硕士学位论文。

36. 古丽娜 · 依德力希：《中国与哈萨克斯坦国家企业所得税法律制度比较研究》，新疆大学 2007 年硕士学位论文。

后　记

2014 年初，一位友人建议我研究中亚国家的税法制度。他的理由很明确：中亚地区不仅是中国经济发展的“后院”，而且也是我国向欧亚大陆发展的必经之路。随着“一带一路”倡议的实施和中国与中亚国家经济交往的快速增加，势必需要了解和研究中亚各国的税法。由于朋友言之凿凿，故虽然之前我对中亚国家的税法一无所知，但我还是采纳了友人的建议，在随后几个月，一边收集资料，一边开始筹划这一项目。只是，到了当年下半年，由于我主持的国家社科项目面临结项，有大量的工作要作，再加上手头还有其他的教学科研任务，故我只好将这一计划暂时放了下来，打算处理完手头之事后再继续。但没有想到的是，这一放就是 4 年。特别是 2017 年我又申请到了一个国家社科基金课题之后，对本项目更是无暇顾及。因此，在看到中亚国家的税法资料时，我的直观反应是我可能不会再来研究这个问题。以至于在更换电脑时，我都没有把这些资料复制到新电脑中。

然而，令我没有想到的是，2018 年 3 月，我接到一个国内某大型企业法务部负责人的电话。他告诉我，他们企业在中亚某国的一个子公司遇到了一些复杂的税法问题，朋友推荐他来找我，希望我能提供一些帮助。鉴于我对中亚国家税法的了解还停留在 2014 年收集到的资料范围内，不可能为他们提供有效的帮助，因此建议他向国内其他专家学者请教。我以为此事就这样过去了。但没有想到的是，4 月份，他又两次给我打电话。虽然我无力解决他所提出的问题，但从与他的交谈中，我明显感觉在中亚国家的中资企业对投资所在国的税法有着非常强烈的需求。于是，我重新开始梳理中亚国家的税法资料。我发现，一方面，就对中亚国家的税法翻译而言，近年来，除新疆维吾尔自治区原国家税务局组织翻译出版了中亚五个国家的税法典外，中国北方工业公司、中国振华石油公司、北京易斯普罗石油工程技术有限公司、中国石油天然气集团公司国际部、中石油阿姆河天然气勘探开发（北京）有限公司等许多在中亚投资的企业也在组织翻译中亚各国的税法。另外，还有一些教学研究机构和法律服务机构也在组织人员翻译中亚各国的税法，如西北师范大学中亚研究院出版《中亚国家法律文本翻译丛书》，对包括吉尔吉斯斯坦的税法典在内的各国税法进行翻译。但仔细研读这些译本之后我发现，这些法律大多是由语言工作者翻译的，由于译者大多缺少税法方面的专门知识，使得这些译本不仅难以达到“雅”的要求，而且离“信”和“达”的要求也存在不小的差距。除了其中的一些译法值得商榷之外，还有一些译法明显属于错译或误译。另外，即使翻译没有错误，但由于译文表达不够规范和顺畅，读起来非常费劲，甚至有些条文琢磨半天都不得要领。这对于一个研究税法的人尚且如此，别的人看起来更是困难重重，更不用说去适用和遵从了。另一方面，就对中亚国家税法的研究和介绍来看，除几篇硕士学位论文对个别国家的税法制度作了一些粗浅的探讨外，其余的著述都只限于对中亚各国税收制度的概括性介绍，比较宏观和简单。另外，虽然国家税务总局每年都会组织编写中国居民赴中亚各国的投资税收指南，但也比较概括，不足以指导中国企业解决在中亚投资国具体的税收法律问题。有鉴于此，我决定放下手头的其他事情，撰写一套能够让人看得懂、用得上的中亚各国的税法著作。为此，从 2018 年 10 月开始，我在完成 2017 年和 2020 年申请的两个国家社科基金项目的同时，依据中亚各国的税法典，编写完成了《哈萨克斯坦税收法律制度》、《乌兹别克斯坦税收法律制度》、《塔吉克斯坦税收法律制度》、《吉尔吉斯斯坦税收法律制度》、《土库曼斯坦税收法律制度》这五个国家的书稿，希望能够为国内读者了解中亚各国的税收法律制度提供一些帮助，更希望能够为在中亚的中资企业正确地掌握中亚各国的税法制度提供一些帮助。

汪峰在《当我想你的时候》这首歌中唱道：“生命就像是一场告别，从起点对一切说再见。”对于我们每一个人来讲，来到这个世界是一种偶然，离开这个世界则是一种必然。因此，除去成年之前的懵懂无知和年老失智后的风烛残年，我们每一天所做的事情，其实都是在有意或无意地书写着自己的人生。德沃金教授说过，人生苦短，应该善待生命，不可浪费生命。其实，对待人生，在多元的社会中，应当允许每个人有自己的看法和做法，只要他人畜无害，就无须强求。但对于我个人来说，既然选择做一个学者，就必须要对自己的选择负责。因为，我个人一向认为，在现代社会中，学问不再是个别富家公子酒足饭饱之后自我娱乐消遣的“玩艺儿”。它作为“天下之公器”，在被赋予了极大的社会价值的同时，也被寄予了极大的社会期望。因此，对于学者而言，从事自己的专业研究，以专业的态度和专业的方式，回应社会需求，解决社会问题，既是学者的一种生活方式，也是学者的责任与使命所在。正是基于这样的认识，自2018年以来，我除了完成由我主持的两个国家社科基金课题外，尽可能不参加会议、不外出授课和不举办学术讲座，“躲进小楼成一统”，埋首于对中亚国家税法制度的研究与写作。在这个过程中，我仿佛在与这些国家的立法者进行对话。在面对各个国家的税法条文时，我经常会不由自主地去猜想立法者的立法理由和价值考量。我似乎看到了法律条文起草者在起草条文时的苦思冥想，看到了法律草案审议时的激烈争论，从而一步步地窥探到了各国税收法律制度背后蕴藏着的人文精神和社会价值。每当这个时候，我就会产生一种莫名的成就感和满足感。正是这种美妙的感觉，使得我能够放下其他的事情，而专注于本书的写作而心无旁骛。虽然我的这一做法在外人看来有些难以理解，但学术研究如人饮水，冷暖自知，他人怎么能够理解其中的艰辛与快乐呢。

虽然每一本书都是由具体的人完成的，但在社会化大生产的背景下，任何一本书也都和其他产品一样，是社会分工和协作的结果。本书也是如此。虽然这本书是由我编撰完成的，但如果没有他人的支持与帮助，我不可能完成这一任务。因此，对于下列的人员和机构，我要表示我的谢意。

国家税务总局原副局长郝昭成先生退休前长期负责国际税收事务，处理过许多复杂的国际税收问题，是国内著名的国际税收专家。近年来他一直关注着我的这项研究工作。在本套丛书即将出版之际，他应邀欣然作序，其间不吝赞美之词。对于先生的赞许与鼓励，我当感激不尽。

我的老领导贾绍华教授二十多年来对我一直是有求必应，给我的教学科研工作和生活等各方面都提供了很大的帮助。这份情谊让我感动。

海南华宜财经研究院及其执行院长贾宜正博士为本套丛书的撰写提供了许多资料与方便。祝愿海南华宜财经研究院兴旺发达，祝愿贾宜正博士能够大展宏图。

新疆维吾尔自治区原国家税务局在完成自己本职工作的同时，组织翻译出版了中亚各国的《税法典》。这一套译本，为我撰写本套丛书提供了最基本的资料来源。在此我必须要对新疆维吾尔自治区原国家税务局的领导和组织、翻译这些法典的人们表示由衷的敬意和诚挚的感谢。

责任编辑卢关平先生热情周到的工作态度和高效严谨的工作作风，不仅大大缩短了本套丛书的出版周期，而且大大地提高了本套丛书的质量和水平。在此我要向卢关平先生致敬。

本套丛书最终能够编撰完成，最大的支持来自于我的工作单位西北大学及其法学院。吴振磊副校长、马朝琦处长、汪涛处长、韩志斌处长、李丰庆副处长、王思锋院长、胡征俊书记、李一凡书记、代水平副院长等领导和同事，帮助我解决了本书撰写和出版过程中的许多具体问题。我要对他们表示真心的感谢。

我的研究生李凌云、任美洁、耿金龙、但金鑫、任雅静、赵田田等6位同学，帮助我收集整理资料，校对书稿，从而减轻我许多重复性的劳动。我要对他们表示感谢。

我的家人不但免除了我的家务工作，而且还利用假期和周末休息时间帮我收集资料、校对文稿，从而把我从许多繁琐的事务性工作中解放了出来。我要对他们说一声感谢。

本套丛书在写作过程中，大量地参考和引用了许多机构和学者的税法译本和著述。虽然我无法在此一一列举他们的名字，但对于这些无名英雄们，我要真诚地说一声谢谢。

需要说明的是，中亚各国的税法修改比较频繁，而本人由于资料和语言条件的限制无法做到即时跟踪中亚各国税法修改的实时动态，故导致本丛书在一些具体内容方面，会与修改后的法律规定之间存在一些差异。读者在阅读本书时，敬请关注中亚各国税法的最新修改情况，以免造成不必要的损失。

鉴于本人学识有限，本书难免存在缺陷与不足，希望各位读者能够批评指正。

王鸿貌

2022 年 4 月 29 日于西安